Heinz Ludwig Arnold
Von Unvollendeten
Literarische Porträts

WALLSTEIN VERLAG

Für Chrissi

Inhalt

»Aber im Grunde genommen war die eigentliche Beschäftigung der Seele immer dieselbe: *to make* Meisterwerk.«

Stendhal: »Lucien Leuwen«, 1834/35

»...wer denkt in zwanzig Jahren noch an den verlogenen Plunder dieser Herren? Ich aber setze auf ein Los in einer Lotterie, deren Hauptgewinn nur in einem besteht: 1935 gelesen zu werden.«

Stendhal: »Henry Brulard«, 1835/36

Krieger, Waldgänger, Anarch

Über Ernst Jünger

> Das eigentlich Fesselnde an ihm war wohl, daß er in ganz ungewöhnlichem Maße vom Geschehen der Zeit abstrahieren konnte.
>
> E. J.

I.

»Zu den mannigfachen Kräften, die heute zusammenwirken, um die bescheidene Denkhütte eines deutschen Autors in ein Büro zu verwandeln, gehören auch Unmengen von Post. Ich halte darauf, daß wenigstens zu Sylvester mein Schreibtisch sauber ist. Aber bereits zu Neujahr setzen die Brieftauben wieder ihre ersten Spuren darauf ab. Zu ihnen gehört die Umsatzsteuer, die mit der Frage beginnt: ›Wieviel Angestellte beschäftigen Sie in Ihrem Betrieb?‹

An diesem Neujahrstage war auch der Brief unseres von mir seit langem hochverehrten Rudolf Alexander Schröder in der bewußten Angelegenheit dabei. Ich studierte seinen Inhalt, halb mit Erstaunen und halb mit dem Gefühl: ›Jetzt haben sie dich endlich erwischt.‹ Dann dachte ich mir: ›Der muß bei seinem Alter noch Mut haben, daß er so ein heißes Eisen anrührt, oder sollte das ein Zeichen dafür sein, daß das Eisen kälter geworden ist?‹«

Dieser Neujahrstag war der 1. Januar 1956, und die »bewußte Angelegenheit« war die Verleihung des Literaturpreises der Freien und Hansestadt Bremen, der damals Rudolf Alexander Schröder-Preis hieß. Es war der erste Literaturpreis, den Ernst Jünger bekam – sechsunddreißig Jahre nach der Veröffentlichung seines ersten Buchs »In Stahlgewittern«. Mit untypischer Selbstironie fuhr Jünger in seiner Dankesrede für diesen Preis, dem später zahlreiche Auszeichnungen gefolgt sind, fort:

»Ich hatte mich schon in der Hoffnung gewiegt, ganz

ungepriesen von dannen zu gehen. Von jeher habe ich der Ehrung gegenüber eine besondere Allergie gehabt. Daß dem so ist, verdanke ich vielleicht dem Feldmarschall von Hindenburg. Der sagte mir einmal um 1920 in Hannover mit seiner sonoren Stimme: ›Wissen Sie, das ist gar nicht günstig, daß der König von Preußen Ihnen als einem so jungen Menschen seinen höchsten Orden verliehen hat. Aus meinen Kameraden, die 1864, 1866 und 1870 den Pour le mérite bekommen haben, ist allen nicht viel geworden.‹ Da hatte er recht gehabt. Ich habe es in zwei Weltkriegen ja auch nur bis zum Hauptmann gebracht. Und konnte froh sein, daß es mich nicht wie Rommel und andere meiner Ordensbrüder noch den Kopf gekostet hat.

Hier könnte ich noch die Erfahrungen anknüpfen, die ich in einem anderen undankbaren Bereich, nämlich dem eines deutschen Autors, gemacht habe, aber ich will Sie nicht langweilen. Das Vaterland gehört zu unserem Schicksalskostüm. Man kann es nicht umtauschen.

Ich habe die Erfahrung gemacht, daß man im Niemandslande die besten Kameraden trifft, und bin immer zufrieden gewesen, im Kriege mit meiner Mannschaft, im Frieden mit meiner Leserschaft. Eine Hand, die in Ehren die Waffe hält, eine Hand, die die Feder in Ehren hält – sie ist stärker als alle Atombomben, als jede Rotationspresse.«[1]

Eine kämpferisch trotzige, unzeitgemäße und nicht nur darin für Ernst Jünger typische Rede. Es war das erste Mal, daß er sich nach 1945 persönlich an eine Öffentlichkeit wandte, sechs Jahre, nachdem 1949 das gegen ihn verhängte Publikationsverbot[2] aufgehoben worden war, und eines der ganz seltenen Male überhaupt, daß er so über sich selbst öffentlich gesprochen hat. Wie er dies tat, darin spiegeln sich freilich jene charakterologische Unbedingtheit und Beharrung auf Konsequenz und Richtigkeit des eigenen Lebenswegs, die vor allem mit Blick auf die deutsche Geschichte dieses Jahrhunderts immer wieder zu fast unversöhnlichem Streit geführt haben, wo öffentlich von Jünger die Rede war – bis hin zu jenem spektakulären Disput, der 1982 die Verleihung des Goethepreises an den siebenundachtzigjährigen

Schriftsteller begleitete. Auch da, in der Paulskirche, dem Symbolort deutscher Demokratie, dankte Ernst Jünger auf typische Weise:

»Ich habe nicht geahnt, daß ich an diesem ehrwürdigen Ort einmal das Wort ergreifen dürfte – indessen in einem langen, bewegten Dasein erlebt man alles und auch das Gegenteil. Durfte ich doch, zusammen mit meinem französischen kriegsblinden Kameraden Amblard, in Verdun, der künftigen Hauptstadt des Friedens, sechzig Jahre nach der großen Schlacht den Vorbeimarsch der Garnison abnehmen. Sechzig Jahre – das ist ein langer Marsch, der vom Krieg zum Frieden führt. Fast eben so lang ist der Weg vom Nationalrevolutionär bis zur Paulskirche. Doch ist er kein Umweg, geschweige denn ein Irrweg – dem würden Hecker und Garibaldi, Engels und der Jakobinerklub[3] zustimmen. (...) Ich weiß, daß ich Zeit meines Lebens, das bereits länger als das Goethes währt, vielen ein Ärgernis gewesen bin. Das begann schon in der Schule, wo ich meine Lehrer als der zugleich beste und schlechteste Schüler irritierte, und es setzte sich bei den Preußen fort, die mir ihren höchsten Orden gaben und denen ich als unbequemer Untergebener ein Dorn im Auge war. Solche Typen sind öfters in ihrer Geschichte aufgetaucht. Die Ambivalenz begleitete mich durch die mehr als sechzig Jahre meiner Autorschaft, die mir Gegner in allen Lagern eintrug, und es ist zu erwarten, daß sich daran auch wenig ändern wird. Doch fand ich auch zeitlebens Zustimmung. So freut es mich besonders, unter Ihnen meinen letzten Gefechtsläufer aus dem Ersten Weltkrieg und viele treue Leser zu wissen (...). In summa: Man muß mit seiner Konstellation leben: nach dem Gesetz, nach dem man angetreten.«[4]

Der Kritiker Friedrich Sieburg, ein Freund und Bewunderer Ernst Jüngers, schrieb 1955, er könne sich diesen Mann nie ganz ohne militärische Requisiten vorstellen. Ein anderer Kritiker, Günter Blöcker, meinte 1981, das Denken in militärischen Kategorien gehöre konstitutionell und biographisch zu Jüngers geistigem Habitus.[5] Die Selbstäußerungen in Jüngers beiden Dankadressen belegen solche Beobachtungen: Zufrieden war der Infanterieleutnant des Ersten und der

Hauptmann des Zweiten Weltkriegs mit seiner Mannschaft, zufrieden ist der Autor Ernst Jünger mit seiner Leserschaft – beide folgten ihm: in seinen Kämpfen gegen den Feind in kriegerischen und in seiner Aversion gegen die Rotationspresse, also wohl auch gegen die dort verbreiteten Anfeindungen, in friedlicheren Zeiten.

Der von Jünger gewählte Vergleich läßt sich ausmalen: So wie der vierundachtzigjährige Jünger 1979 die Parade der Garnison von Verdun[6] abnahm, in der über sechzig Jahre zuvor der französische Gegner gelegen hatte, so nahm der Siebenundachtzigjährige in der Paulskirche die Parade der Leserschaft ab, die zu seinen Ehren sich versammelt hatte. Nun ruhten die Waffen, nun schwieg – jedenfalls im Saal – die Kritik.

Jünger sprach aber noch etwas anderes an, das er gleichsam schicksalhaft in sich verkörpert sah: Ambivalenzen. Den Lehrern war er zugleich der liebste und der schlechteste Schüler gewesen; die Preußen hatten ihm ihren höchsten Orden gegeben, zugleich war er ihnen als unbequemer Untergebener ein Dorn im Auge gewesen – hierher gehört ein anderes Stereotyp von Ambivalenz, das Jünger immer wieder von sich behauptet hat: Er sei zwar ein guter Krieger, aber ein schlechter Soldat gewesen, also wohl tapfer im Kampf, aber miserabel beim Drill auf dem Kasernenhof.

Auch dieses militärische Bild steht für mehr.

II.

In einem Gespräch mit Friedrich Hansen-Loewe hat Ernst Jünger 1975 seine ambivalente Schülerexistenz etwas genauer beschrieben: »Was nun den schlechten Schüler anbetrifft, so war ich auch da in einer ambivalenten Lage insofern, als ich Situationen erlebt habe, in denen ich zugleich der schlechteste Schüler einer Klasse und der Lieblingsschüler von bestimmten Lehrern gewesen bin. Meine mangelhaften Leistungen während des Unterrichtes beruhten auch darauf, daß ich oft ganze Nächte lang mich der Lektüre hingegeben habe.

Im Nachherein bin ich doch der Meinung, daß ich damals durch eigene Kraft mehr gelernt habe, als mir die Lehrer vermitteln konnten. Dazu kam natürlich noch, was der Vater bei Tisch erzählte, was auch viel substantieller war als das, was man so offiziell in der Schule vermittelt bekam.«[7]

Das sind erste Ansätze zu einem Bild: Die eigene Kraft, das geheime Reich der Literatur, das durch die Lektüre errichtet und ausgebaut wird, die prägende Erscheinung des Vaters – sie alle waren stärker und wirkungsvoller als die gesellschaftliche Erziehungsnorm, der die Schule folgte; daß ihr mit mangelhaften Leistungen begegnet, ja entgegnet wurde, dient dem Rückblick als positives Signal. Im Drill des Soldaten wird sich diese ›verordnete‹ Norm wiederholen, die Entgegnung auf sie ist dann die kriegerische Tat des Einzelkämpfers.

In gewisser Weise ist diese Form der Selbstsetzung und Selbstbehauptung auch ein Stereotyp, das – freilich ohne das militärische Dekor – vielen Schriftstellerexistenzen eigentümlich ist.

Zehn Jahre später, im Gespräch mit dem französischen Literaturwissenschaftler Julien Hervier, fügte Jünger dem noch etwas hinzu: »Wenn die Rationalität einsetzt, wird die Gefahr größer, der Instinkt wird schwächer. Das Kind ist genial, jedes Kind ist genial. Der erste Einbruch in die Genialität entsteht dadurch, daß es zur Schule kommt.«[8] Es erinnert an Kleists Aufsatz über das Marionettentheater, wenn Jünger hier – Genialität und Instinkt in eins setzend – Rationalität zu dem erklärt, was deren angeborene Selbstverständlichkeit stört: Die Aura des Geheimnisses wird verletzt, wo es mit Rationalität erst ergründet und ausgemessen, dann verziffert und auf Begriffe gebracht werden soll.

Zum Bild, das Ernst Jünger von seiner Jugend entwarf, gehört eine andere Reminiszenz – sie eröffnet sein Buch »Subtile Jagden«: »Die Jagd konnte beginnen: der Vater hatte uns zu Weihnachten die Ausrüstung geschenkt. Die Alten sahen es gern, wenn die Söhne Steine, Pflanzen und Tiere eintrugen, wie es seit Generationen Brauch gewesen war. Der Großvater hatte viele Stunden auf sein Herbarium verwandt. Das gehörte zum Bildungsgang der Seminare und wurde manchem der jungen Lehrer zur Gewohnheit, der er bis an sein Ende treu blieb und die auch für die Schüler fruchtete.

Die große Zeit für solche Neigungen war schon vorbei. Die eigentliche Naturkunde, das liebvolle Betrachten, Vergleichen, Ordnen und Beschreiben von Objekten, galt kaum noch als Wissenschaft. Dem Behagen an der Anschauung war der Genuß an der exakten, gezielten und messenden Beobachtung gefolgt. (...)

Die Ausrüstung war vorerst bescheiden – Netz, Nadeln, Fangflasche, ein Kasten, dessen Boden mit Torf gefüttert und mit Glanzpapier bezogen war. Damit beginnen alle Entomologen, und die meisten in früher Jugend – subtile Jäger, die den Kerfen, den Entoma, nachstellen. Dazu ein Buch mit vielen Bildern: Fleischer, ›Der Käferfreund‹.

Damit war bereits eine erste Weiche gestellt. Die bunten Bilder waren Köder; bald saß ich an der Angel fest. Was den Zeitverlust angeht, so lief es fast auf dasselbe hinaus wie beim Schachspiel, doch war die Lockung stärker, denn die Partie erschöpfte sich nicht in reinen Kombinationen, sondern eröffnete zugleich ein unerschöpfliches Feld der Anschauung.«[9]

Ein anderes Reich, neben dem der Literatur, tat sich dem Knaben auf, wurde mit Hilfe des Vaters in der Tradition der Alten ihm aufgeschlossen: die Natur, ihr, so Jünger, »unerschöpfliches Feld der Anschauung«. Auch hier wird ein Gegensatz formuliert, analog dem von Rationalität und Instinkt: Die »Anschauung«, das »liebvolle Betrachten« als die »eigentliche Naturkunde« wird abgelöst von der Wissenschaft mit ihrer »exakten, gezielten und messenden Beobachtung«. Ihr wird zwar Respekt gezollt, die Sympathie aber gilt dem ›liebenden Erkennen‹, wie es ein später Aphorismus in »Blätter und Steine« formuliert, gilt der Anschauung der Bilder, welche die Natur schreibt, ihrer sie lesenden und erkennenden Betrachtung, die behagliche Kontemplation einschließt, ja erfordert: »Entfernte Dinge gewinnen Anklang, wie Wörter von ganz verschiedener Bedeutung Anklang gewinnen durch den Reim. Die Welt wird dichter, wird Gedicht.

Es gibt ein Schriftbild der Natur; das in der Betrachtung seiner feinsten Züge geübte Auge erkennt in ihnen die Charaktere eines Weltteils, einer Insel, einer Alpenkette, so wie der Kundige die Eigenart des Menschen aus seiner Handschrift zu deuten weiß. (...)

Das Lesen solcher Bilder setzt freilich, wie das von Partituren, lange Übung voraus. Es zielt auf Einheit, auf die Harmonie der Welt. Das Mannigfaltige hingegen wirkt wie der Vorstoß dieser Einheit; die Darbietung trifft das Bewußtsein überraschend und mit großer Macht. Hier wirkt der Eros stärker als der Nomos der Welt.«[10]

Wer so denkt und schreibt, setzt die Einheit und Harmonie der Welt voraus. Sie sind ihm ihr eigentlicher, aber geheimer Sinn; der wird nicht in Frage gestellt, sondern zu ergründen gesucht – und Anschauung führe, nach Jünger, eher zu ihm hin als Wissenschaft. Mit der Wissenschaft kommt die Moderne in den Blick, ihr analytisches Erkenntnisinteresse, das den geheimen Sinn aber nicht zu dechiffrieren vermöge, sondern nur zerlegend verziffere und auf die dem Menschen nützlichen Teilaspekte reduziere. Im Begriff ›Moderne‹ war für Jünger das Gegenteil der geheimen Harmonie benannt; sie bedeutet Verlust der Einheit und infolgedessen Zerrissenheit des Bewußtseins. Darunter leide der Mensch. In seinem Vortrag »Forscher und Liebhaber« belegte Jünger die Wissenschaft mit nun schon vertrauten Vergleichen: »Die Wissenschaft muß exakt sein, das heißt sorgfältig, genau. Allerdings ist Exaktheit nicht ihr Ziel. Der Forscher muß exakt sein, wie der Soldat Disziplin haben muß. Aber die Disziplin ist nicht das Ziel des Soldaten, wenn es auch immer wieder Zeiten gibt, in denen sie als solches betrachtet wird. Das heißt die Form vor das Wesen stellen, es führt zu leeren Paraden und läuft zum Unheil der Staaten aus. Disziplin ist die Methode, die zum Siege, Exaktheit ist die Methode, die zur Erkenntnis führt. Daher fundieren zwei durchaus exakte Wissenschaften den Weg der praktischen Vernunft: die Logik und die Mathematik.«[11]

Es ist bezeichnenderweise die Mathematik, mit der in Jüngers autobiographisch angereichertem Roman »Die Zwille« der einsame und einfühlsame Schüler Clamor Ebling nicht zu Rande kommt, und auch Logik ist seine Sache nicht: »Ursache und Wirkung vermochte Clamor schwer zu trennen – auch darin war er den anderen unterlegen, deren Gewandtheit er mit Staunen betrachtete. Er sah mehr das Nebeneinander der Bilder im Raum als ihre Folge in der Zeit. Durch ihre unbewegte Tiefe wurde er gebannt und so zum Fremdling in einer Welt, in der die Räder immer schneller kreisten – ein Hindernis.«[12]

Nicht nur der Mathematik und der Logik, auch der Dynamik der anstürmenden Moderne wird Clamor nicht Herr. Im Roman, dessen Geschehen um die Jahrhundertwende, gegen Ende der wilhelminischen Zeit situiert ist, scheitert der Schüler an den Normen eines Erziehungssystems, das Nützlichkeitsdenken und soldatische Gehorsamspflicht verband. Als Clamor einmal über einem geometrischen Satz brüten muß, heißt es: »Clamor kam über das Betrachten nicht hinaus. Der Satz war wie ein Stück Eisen, undurchdringlich, fugenlos. (...) er war auch abstoßend.«[13]

Aber wo der Betrachtung die Realien widerstehen, gewinnt sie als gelungene Anschauung der ›geheimen Schrift‹ offenbarenden Charakter: in der Kunst – Clamor, der die Schule verlassen muß, gewinnt ein Elternhaus, also Heimat, und die Aussicht, Maler zu werden. In der Kunst wird er sich von den Zwängen der normierten, der vermessenen und berechneten, der ›realen‹ und ›modernen‹ Welt befreien, die zerteilt ist und zerrissen und deshalb weit entfernt von der ›Heimat‹ des geheimen Weltplans: »(...) denn das Schöne gehört uns allen; an ihm gibt es kein Eigentum. Es ist unteilbar; wir finden uns in ihm. Wir finden und vergessen uns im Anderen; wir sind nicht mehr allein.«[14]

Clamor vermag die Welt nicht durch Erkenntnis zu erschließen, deshalb sucht er den Zugang zu ihrem Geheimnis durch die Kunst, die Malerei; denn im gelungenen Bild kann die Gleichzeitigkeit des Ungleichzeitigen sichtbar werden, kann die Oberfläche geheimere und tiefere Schichten und Zusammenhänge offenbaren, zur Anschauung bringen. Insofern ist dieser Roman, wie Martin Meyer in seiner bedeutenden Jünger-Monographie schreibt, nicht nur Erziehungsroman, sondern vor allem die Beschreibung einer Initiation:

»Denn auch am Ende sollen die Wege offen bleiben, die der Knabe einschlagen wird. (...) es (sind) mehr Ahnungen als Gewißheiten, eher Vermutungen als verfügbare Erkenntnisse, welche die Adoleszenz begleiten. (...) Daß der Schriftsteller hier wenigstens in Umrissen an einem Selbstporträt ›as a young man‹ arbeitet, ist offensichtlich. Die synthetische und synthetisierende Begabung Jüngers erweist sich der die Zeit gliedernden und nutzenden Analytik überlegen. Doch muß ein solcher Geist in den Widerspruch mit der Epoche geraten.«[15] Diese Schlußfolgerung Martin Meyers ist sicherlich zutreffend, wenn man heute zurückblickt auf Ernst Jüngers Leben und Schreiben.

Doch läßt der Rückblick ohnehin vieles komplexer erscheinen, als es sich einst zeigte oder auch nur andeutete; und wenn der Schriftsteller selbst aus so später Zeit auf die lang entrückte Jugend zurückschaut, zumal einer wie Jünger mit seiner synthetisierenden Begabung und eklektizistischen Neigung, wird sein Selbstporträt ›as a young man‹ schlüssiger ausfallen, als es einst auch nur zu vermuten stand; und nicht frei sein von Rationalisierungen.

Jünger entwarf sich in solchen Bildern ex post eine Jugend, in der die Ordnung des Elternhauses seine Individuation nicht behinderte, sondern seinen Neigungen gemäß förderte: Darin war der Vater die prägende Autorität, ein Exerzitienmeister in der Beobachtung der Natur und in der planenden Strategie des Schachspiels; die Mutter beförderte mit ihrer Goethe-Verehrung den Leseeifer des Knaben. Nur die öffentliche Schule war ein Raum des Schreckens, wurde schon dem Kind als Drohung präsentiert: »Ich mochte die Schule nicht, ich war noch gar nicht in der Schule, ich hatte aber das Gefühl, das ist etwas sehr Unangenehmes. Anscheinend sagten auch entweder meine Eltern oder das Dienstmädchen: Na warte mal, wenn du in die Schule kommst! Da dachte ich, das ist ein reines Schreckmittel, so etwas wie der schwarze Mann, das ist die Schule.«[16]

Und so, wie Jünger von seiner Schulzeit sprach, muß sie ein Schrecknis gewesen sein: »Da hatte ich wieder einmal versagt auf der Schule, und da haben mich die Eltern nach

Braunschweig geschickt in eine, was man eine Presse nennt. Das sind also Schulen, die nicht dem Staate unterstehen, sondern von Privatleuten geführt werden, und die hatten ziemlich rüde Methoden, diese Leute. Die prügelten ziemlich kräftig, und die Schüler, die da waren, die waren auch ... entweder waren sie zu dumm oder zu faul, und das ist aber nicht so.«[17]

1913 brach Jünger aus diesem System der elterlichen Ordnung und schulischen Unordnung aus; dieser Ausbruch grundiert eine Haltung, die Jünger sein ganzes Leben lang für sich beansprucht hat – Nonkonformismus: »Ich war damals auch schon ziemlich, was man so einen Nonkonformisten nennt, deshalb bin ich ja auch in die Fremdenlegion ausgerissen. Und ... an einen Krieg hatte ich wenig gedacht, dachte mehr so an afrikanische Erlebnisse, hatte viel gelesen in diesen Reisebeschreibungen, Stanley ›Der dunkle Weltteil‹ und ähnliches. Ich stellte mir das sehr schön vor. Es muß immer sehr warm sein, warm, und Tiere und primitives Leben. Ja, das kam dann anders.«[18]

War die Imagination vom Afrika der Schönheit, der Wärme und des einfachen Lebens vielleicht nicht bloß Flucht aus der ungeliebten Schule, sondern steckt in ihr möglicherweise auch der sehnsuchtsvolle Entwurf eines Gegenbildes zur kühlen, ja vielleicht auch herzlicher Liebe abgeneigten Ordnung des elterlichen Hauses? Es fällt immerhin auf, daß Jünger in all seinen Büchern auf kühle Distanz hält, daß der Vater fast immer nur als Objekt des Respekts und der Ehrfurcht durchscheint, daß die seltenen Frauenfiguren in Jüngers erzählenden Schriften schematisch und wie begriffliche Konstrukte wirken. Liebe erscheint bei Jünger nie als Leidenschaft, kaum je als umhüllende, wärmende Macht oder gar als sexuelle Kraft; wo von Sexualität die Rede ist, wirkt sie gezwungen und als Relikt von Verdrängung.

In der »Zwille« zum Beispiel wirken die zahlreichen sexuellen Anspielungen, die Jünger ungebrochen gibt, zuweilen wie abgestandene Altherrenwitze[19]; sie sollen offensichtlich der Charakterisierung einer Gesellschaft dienen, in der noch gewisse Mannbarkeitsriten galten: »Wenn aber der Bart keimt, wollen sie wissen, wie die Weiber gewachsen sind«[20]; und in der die Frauen den Vorstellungen des Mannes zu folgen haben: »Wenn solche Weiber Unfug stiften wollen, gehören sie wie aus heiterem Himmel quer übers Bett gelegt.«[21]

Immerhin beschreibt Jünger in der »Zwille« auch eine Gesellschaft, in der er aufgewachsen ist. Diese Beschreibung zeigt seine gedankliche Nähe zu Carl Schmitt und dessen politischer Theorie, die auf einer patriarchalischen Ordnung aufbaut und die Unterdrückung nicht nur der Frau, sondern der Geschlechtlichkeit des Menschen gleichsam voraussetzt: ›Freie Sexualität‹, d. h. in Freiheit vollzogene Sexualität des Mannes und der Frau würde das patriarchalische Ordnungssystem untergraben. Im Grunde ist die Struktur der jüngerschen Gedankenwelt auf ihrer familiären Sozialisationsstufe im Kaiserreich stehengeblieben. Dazu paßt auch Jüngers Sottise, er lese von dem, was seit 1888 gedruckt werde, nur noch das Kursbuch.[22]

Das Afrika-Abenteuer brachte alles andere als die Begegnung mit Tieren und Abenteuer à la Stanley; Jünger hat es 1936 in den »Afrikanischen Spielen« nacherzählt, freilich nicht ohne Stilisierung der eigenen Figur zum schon damals anarchistischen Einzelgänger, der die bürgerliche Zivilisation hinter sich läßt, um in den Tiefen des dunklen Erdteils der Natur näher zu sein – eine Haltung, die sicherlich nicht der knapp achtzehnjährige Ausreißer bewußt eingenommen, wohl aber der vierzigjährige Schriftsteller in den dreißiger Jahren für sich nachträglich in Anspruch genommen hat; eine Maske, die aber nicht paßt.

Afrika wurde nur am Rande erreicht; knapp sechs Wochen dauerte der Ausflug des Jungen, dann holte ihn der Vater zurück, sein ordnender Arm griff weit. Gesprächsweise kam Jünger darauf zurück und ergänzte, was er in den »Afrikanischen Spielen« geschrieben hatte, um eine kleine Geschichte: »Hinter dieser Eskapade zur Fremdenlegion verbirgt sich doch vielleicht etwas mehr als nur ein romantischer Akt. Es ist vielleicht auch das Zeichen dafür, daß ich schon damals dem Braten nicht recht getraut habe. In der Tat habe ich meinem Vater sehr viel zu verdanken dafür, daß er mich dann herausgeholt hat, denn die Geschichte hätte in Anbetracht der Tatsache, daß der Erste Weltkrieg sich bald daran anschloß, katastrophal enden können. In den ›Afrikanischen Spielen‹ habe ich im großen und ganzen über diesen Ausflug berichtet. Manche Dinge habe ich auch verschwiegen, zum Beispiel meine Rückkehr. Ich ging also im Entlassungsanzug der Fremdenlegion über die Grenze und wurde auch prompt durch einen Gendarmen verhaftet, dem dieser Anblick nicht ungewöhnlich war. Er sagte mir: ›Die Sache kostet Sie sechs Wochen Gefängnis, Sie haben sich der Wehrkraft entzogen, das wird in Metz abgeurteilt.‹ Mein Vater engagierte für mich damals einen vortrefflichen Rechtsanwalt, also wider alles Erwarten wurde ich freigesprochen. Ich erwähne diese Tatsache deshalb, weil, wenn ich eine solche Vorstrafe in den Papieren gehabt hätte, sich meine ganze militärische Existenz anders entwickelt haben würde.«[23] Daß Jünger hier von seiner »militärischen *Existenz*« spricht und vermutlich seine militärische *Karriere* meint, ist ein Versprecher, der – gleichsam freudsch – ins Bild paßt; freilich sollte er auch nicht überbewertet werden.

Immerhin: Die ordnende Hand des Vaters hatte den Ausreißer zurückgeholt in die Zivilisation des wilhelminischen Kaiserreichs. Und das eröffnete wenig später jene Bühne, auf der es das seinem Charakter innewohnende Schauspiel inszenieren konnte: den Krieg. In ihm übernahm Ernst Jünger eine Rolle, die seine Existenz prägte, als Krieger und Schriftsteller: »Als der Erste Weltkrieg ausbrach, war ich 19 Jahre alt. Ich dachte mir damals, ich sollte aufzeichnen von den bedeutenden Dingen, die mir bevorstanden, soviel ich davon sehen und hören konnte.«[24]

III.

Jünger zog in diesen Krieg wie in ein persönliches Abenteuer; die einzige Sorge, die er hatte: daß der Krieg zu früh enden könnte, um ihn noch ein Gefecht erleben zu lassen. Aber er fühlte sich auch getragen vom Gefühl einer Generation, die sich nach der Reichsgründung als Erbe des deutschen Idealismus verstand: »Aufgewachsen im Geiste einer materialistischen Zeit, wob in uns allen die Sehnsucht nach dem Ungewöhnlichen, nach dem großen Erleben. Da hatte uns der Krieg gepackt wie ein Rausch. In einem Regen von Blumen waren wir hinausgezogen in trunkener Morituri-Stimmung. Der Krieg mußte es uns ja bringen, das Große, Starke, Feierliche. Er schien uns männliche Tat, ein fröhliches Schützengefecht auf blumigen, blutbetauten Wiesen. Kein schönrer Tod ist auf der Welt ... Ach, nur nicht zu Haus bleiben, nur mitmachen dürfen!«[25]

So steht es am Anfang von »In Stahlgewittern«. Doch der da als Neunzehnjähriger auszog, um sich im Abenteuer zu finden und zu bewähren, geriet nicht auf ein Schützenfest, sondern in einen Krieg, der alle bisherigen Vorstellungen von Krieg übertraf, zumal der letzte 45 Jahre zurücklag und, da er mit Frankreichs Kapitulation geendet hatte, noch immer Anlaß nationalistischen Feierns war.

In diesem Krieg von 1914 bis Ende 1918, den der Fähnrich und Leutnant Jünger als Stoßtruppführer in den Gräben einer fast unverrückbaren Front mitmachte, überwand das Material die menschliche Anstrengung, es prägte den Krieg und die Krieger; das Material, mit dem dieser Krieg geführt wurde, hatte größere und gräßlichere Wirkungen als die kühnen Taten von Einzelnen. Es gab sie, und Jünger hat einige vollbracht; aber sie waren zwecklos für den Kriegsverlauf und auch sinnlos für den Einzelnen.

Hätten sie vielleicht einen Sinn gehabt, wenn der Krieg gewonnen worden wäre? Ernst Jünger 1975: »Man sollte aus der Niederlage die adäquaten Konsequenzen ziehen. Trotzdem stehe ich natürlich immer noch zu dem, was der Soldat im Ersten Weltkriege geleistet hat. Wenn ich mich an diese Tankschlacht von Cambrai erinnere: Es war der 2. Dezember 1917 – da steigt in mir die Erinnerung auf –, wir saßen also in unserem Trichter, und worüber unterhielten wir uns? Nicht darüber, daß es kalt war, nicht darüber, daß es schneite, nicht darüber, daß wir eine schlaflose Nacht hinter uns hatten, sondern wir fluchten darüber, daß die Division nicht den Befehl zum Angriff gab. Die Stellung war günstig, wir hätten Erfolg gehabt. Ich erwähne das, um anzudeuten, daß wir damals nicht etwa einer reinen Kriegslust gefolgt sind, sondern daß die Aufgabe von uns gesehen wurde. Wir wollten den Krieg gewinnen, und das halte ich für die Pflicht des Soldaten. An anderes hat er während des Krieges nicht zu denken.«[26]

Nicht der Kriegslust, aber doch dem Zweck des Krieges hat der Soldat zu folgen, und der heißt: Siegen. Daß der Sieg nicht ohne Töten zu gewinnen ist, wird stillschweigend und als selbstverständlich vorausgesetzt: Es gehörte für Jünger zur Funktion des Soldaten.

Noch der Achtzigjährige stand zu dem, wie er im Kriege gehandelt, und zu dem, was er darüber geschrieben hat: 1920 »In Stahlgewittern« – mit über 250 000 Exemplaren Jüngers erfolgreichstes und vielleicht folgenreichstes Buch –, es begründete einen Ruhm, dem die krasse Ablehnung stets nebenherlief; 1925 »Das Wäldchen 125« und »Feuer und Blut«, zwei Bücher, die das Panorama der »Stahlgewitter« gleichsam mikroskopieren und immer kürzere Zeitabschnitte des Krieges immer breiter darstellen. Davor war, 1922, noch »Der Kampf als inneres Erlebnis« erschienen, ein Traktat, der vitalistisch die Seelenlage des Kriegers im Kampf zu ergründen, aber auch zu begründen suchte.

Jünger war aus einem Kriege gekommen, der die ›heroischen‹ Taten des einzelnen ad absurdum geführt und zugleich die bis 1914 geltenden Ordnungsvorstellungen hinweggefegt hatte. Erlebnis und Ergebnis des Krieges hatten alles in Frage gestellt, woran er glaubte, hatten aber auch die Illusionen zunichte gemacht, nach deren Erfüllung er aufgebrochen war. Wo aber war der Sinn des Ganzen, wo doch kein Sieg war? Die Niederlage konnte keinen Sinn haben – Jünger hatte ja nicht gekämpft, damit das Kaiserreich beseitigt und die Republik errichtet würde; er wollte sich innerhalb der alten Ordnung selbst finden und individuell neu definieren. Doch der Sturm, der ihm dazu als persönliches Abenteuer und Bewährungsprobe gerade recht kam, hatte mehr entwurzelt, als er je ahnen konnte. Wenn aber nicht die Niederlage einen Sinn hatte – etwa den, daß ihr Revolution,

Republik und Demokratie folgten, was nicht eben wenig war im historischen Verständnis –, dann mußte der Krieg als solcher einen Sinn gehabt haben, mußte ihm jedenfalls ein Sinn abgewonnen werden.

Die Obsession, mit der Jünger fünf Jahre lang, in vier Büchern und zahlreichen Artikeln, sich am Kriege abgearbeitet hat, ist mit dieser Sinnsuche eng verknüpft. Sie ist nicht historisch oder, vorerst, gar politisch orientiert, sondern anthropologisch und ahistorisch, und vor allem wird sie voluntaristisch begründet und unter ein antirationales Dekret gestellt: »Die Zeiten der Aufklärung sind vorbei, der Krieg vollendet ihren Untergang, er wirft uns mit Notwendigkeit auf das Gefühl zurück.«[27]

So liest man in »Das Wäldchen 125« – ein Satz, den Jünger für die Gesamtausgaben gestrichen hat. Schon zuvor hatte Jünger in »Der Kampf als inneres Erlebnis« geschrieben – und damit den Rahmen gegeben, in dem nicht nur die Kriegsbücher, sondern später auch seine gesamten nationalrevolutionären Aktivitäten zu verstehen sind:

»Der Krieg, aller Dinge Vater, ist auch der unsere; er hat uns gehämmert, gemeißelt und gehärtet zu dem, was wir sind. Und immer, solange des Lebens schwingendes Rad noch in uns kreist, wird dieser Krieg die Achse sein, um die es schwirrt. Er hat uns erzogen zum Kampf, und Kämpfer werden wir bleiben, solange wir sind. (...)

Indes: Nicht nur unser Vater ist der Krieg, auch unser Sohn. Wir haben ihn gezeugt und er uns. Gehämmerte und Gemeißelte sind wir, aber auch solche, die den Hammer schwingen, den Meißel führen, Schmiede und sprühender Stahl zugleich, Märtyrer eigner Tat, von Trieben Getriebene.

Im Schoße versponnener Kultur lebten wir zusammen, enger als Menschen zuvor, in Geschäfte und Lüste zersplittert, durch schimmernde Plätze und Untergrundschächte sausend, in Cafés vom Glanze der Spiegel umstellt, Straßen, Bänder farbigen Lichtes, Bars voll schillernder Liköre, Konferenztische und letzter Schrei, jede Stunde eine Neuigkeit, jeden Tag ein gelöstes Problem, jede Woche eine Sensation, eine große überdröhnte Unzufriedenheit am Grund. Technisch noch produktiv, standen wir mit Ben-Akiba-Lächeln am Ende der Kunst, hatten die Welträtsel gelöst oder glaubten uns auf dem besten Wege dazu. Der Kristallisationspunkt schien erreicht, der Übermensch nahe herbeigekommen.

So lebten wir dahin und waren stolz darauf. Als Söhnen einer vom Stoffe berauschten Zeit schien Fortschritt uns Vollendung, die Maschine der Gottähnlichkeit Schlüssel, Fernrohr und Mikroskop Organe der Erkenntnis. Doch unter immer glänzender polierter Schale, unter allen Gewändern, mit denen wir uns wie Zauberkünstler behingen, blieben wir nackt und roh wie die Menschen des Waldes und der Steppe.«[28]

Schon hier, 1922, entwarf Jünger nicht mehr nur das Bild einer gesicherten Welt – des vom Kriege vernichteten Kaiserreichs –, gegen die er revoltiert hatte, sondern zeichnete in expressionistischer Manier die Moderne, wie sie Industrialisierung, Technik und Wissenschaft heraufgeführt, aber auch wie sie die Künstler – Maler und Schriftsteller – skizziert hatten.

Und diese Moderne stand nun siegreicher denn je gegen die alte Ordnung, gegen ihre Werte, mit denen Jünger aufgewachsen war. Der Krieg hatte mit ihnen *tabula rasa* gemacht und den Menschen zugleich auf die elementare Befindlichkeit des Höhlenmenschen zurückgeworfen, auf Feuer und Blut, hatte ihn »in der ganzen Unbändigkeit seiner entfesselten Triebe«[29] gezeigt. Doch mit welchem Ziel? Zu welchem Sinn?

Die Republik von Weimar war Jüngers Ziel nicht, sie hatte er nicht gewollt, er hat sie stets bekämpft – konnte da die Geschichte Sinn haben, die zu ihr geführt hatte? Aus seiner Abweisung des historischen Ergebnisses, das der Krieg bewirkt hatte, entwickelte Jünger konsequent die Abweisung der Geschichte überhaupt: eine Haltung, die historische Ursachenforschung verweigert und implizit sich historischer Verantwortlichkeit entzieht. Symptomatisch ist, daß alle Kriegsbücher Jüngers über Geschichte nie reflektieren. In ihnen geht es um die Gegenwärtigkeit des Krieges, des Kampfes, des Menschen im Kampf – es geht um seine prinzipielle Existenz, die nur dann bewahrt werden könne, wenn der Mensch sich auf seine Ursprünglichkeit berufe, auf Instinkt und Genius, die von der Aufklärung gleichsam säkularisiert wurden zu bloßen Funktionen. Aber gerade dieser Krieg hatte aus dem Krieger-Helden den Krieger-Funktionär gemacht, hatte die Bedeutung des einzelnen für den Krieg widerlegt und dies offenbart: als erster ›moderner‹ Krieg. Insofern war für Jünger die Moderne nur eine gesteigerte Form der von ihm verabschiedeten Aufklärung, die den Menschen von seiner wertvolleren Bestimmung getrennt habe: weil ihre Arbeitswelt sein Bewußtsein spaltet und Technik und Wissenschaft ihn sich unterordnen und weil das aufgeklärte Bewußtsein diese Zerissenheit, diese moderne Bewußtseins-Spaltung sich offenlegt und nicht mehr verdrängt – die parlamentarische Parteien-Demokratie war für Jünger von alledem nur das politische Abbild.

Aber was war, was ist eigentlich diese wertvollere Bestimmung des Menschen? Diese Frage, diese Aufgabe hatte ihm die Erfahrung des Ersten Weltkriegs gestellt; umrissen hat er sie in seinen Kriegsbüchern. Beantwortet hat sie der Schriftsteller Ernst Jünger mit seinem Lebenswerk. Erfüllt hat er sie nicht.

IV.

»Es dauert lange, bis man seine Aufgabe erkennt und seinen Stil findet, besonders in unserem Zeitalter. Für mich hat es über zehn Jahre gewährt, bis ich den Ersten Weltkrieg verdaut hatte. Das ließe sich auch so ausdrücken, daß der Vater überwunden werden muß. Überwunden freilich durch Arbeit, nicht durch Kritik. Und immer mit Respekt. Dazu kommt der enorme Anfall an Tatsachen. Sie müssen gemeistert werden, vor allem in den oberen Stockwerken, in denen der ethische und der musische Mensch zuhause sind. Das ist wertvoller als jeder technische Fortschritt. Und das Gelingen von Kunstwerken ist der Gradmesser dafür, ob die titanische Entwicklung unter Kontrolle gebracht werden kann.«[30]

So Ernst Jünger 1965 im Gespräch mit Curt Hohoff. Der damals Siebzigjährige hatte gerade für eine erste Gesamtausgabe das bis dahin vorliegende Werk einer gründlichen Revision unterzogen – einen Dienst am Leser hat er solche Bearbeitungen immer wieder genannt, ungeachtet der durchaus berechtigten Vorwürfe, die von nachträglichen Manipulationen, von historischen Angleichungen, von Harmonisierungen und Beschönigungen sprachen.

Zum Opfer gefallen ist solchen Bearbeitungen unter anderem ein Passus, der auch in den frühen Auflagen der »Stahlgewitter« noch fehlt und erst um 1924 eingefügt worden sein muß: »Obwohl ich mir vorgenommen habe, in diesem Buche die Betrachtung ganz zurückzustellen, so möchte ich doch hier diesen für das Kriegserlebnis so bedeutsamen Augenblick der ersten Erscheinung des Grausigen streifen. Das Grausige gehörte ja auch zu dem, was uns so unwiderstehlich in den Krieg hinausgezogen hatte. Eine lange Zeit der Ordnung und des Gesetzes, wie sie unsere Generation hinter sich hatte, bringt einen wahren Heißhunger nach dem Außergewöhnlichen hervor, der noch durch die Literatur gesteigert wird. So hatte uns neben vielen anderen Fragen auch die beschäftigt: Wie sieht wohl die Landschaft aus, in der man die Toten über der Erde läßt? Und dabei ahnten wir noch nicht einmal, daß man in diesem Kriege die Leichen oft monatelang Wind und Wetter überlassen würde, wie einst die Körper der Gehenkten am Hochgericht. – Und nun beim ersten Anblick des Grausigen hatten wir das Gefühl, das sich sehr schwer beschreiben läßt. Da auch das Sehen und Erkennen von Gegenständen auf Übung beruht, läßt sich etwas ganz Unbekanntes durch das Auge nur schwer entziffern. So mußten wir immer wieder auf diese Dinge, die wir noch nie gesehen hatten, starren, ohne ihren Sinn erfassen zu können – sie waren uns eben gänzlich ungewohnt. Wie in einem Traum, in einem Garten voll seltsamer Gewächse schritten wir über diesen Boden, der überall Tote mit verrenkten Gliedern, verzerrten Gesichtern und den schrecklichen Farben der Verwesung trug. Erst später konnten wir klar erkennen, was uns umgab. Und zuletzt waren wir so an das Grausige gewohnt, daß, wenn wir hinter einer Schulterwehr oder in einem Hohlweg auf einen Toten stießen, dieses Bild in uns nur den flüchtigen Gedanken löste: ›Eine Leiche‹, wie wir sonst wohl dachten: ›ein Stein‹ oder: ›ein Baum‹.«[31]

Als Jünger diesen Passus in die »Stahlgewitter« einfügte, entstanden bereits die ersten Stücke seiner spätexpressionistischen Prosa, die 1929 in »Das abenteuerliche Herz« gesammelt erschienen. Er kann gelesen werden wie ein Schlüssel, der die distanzierte Perspektive der Jüngerschen Stilistik und sein ambivalentes Verhältnis zum Schrecklichen erschließt, die Kälte seiner Beobachtung und die amoralische Unberührtheit von Leid. Mag sein, daß Jünger deshalb diesen Passus gestrichen, den Schlüssel versteckt hat. Martin Meyer hat ihn gefunden und so interpretiert: »Die ›Betrachtung‹ führt weit über den Horizont des unmittelbaren Erlebens hinaus, indem sie den Weg beschreibt, der einzelne Erlebnisse verkettet und am Ende, ›zuletzt‹, der Gewöhnung unterworfen hat. Und tatsächlich scheint damit auch das Pensum angedeutet, dem der Soldat in der Stilisierung des Autors ausgeliefert wird; er lernt den Umgang mit dem ›Grausigen‹. Wie eine Chimäre taucht die Idee des Bildungsromans in ihrer spätromantischen Fassung nochmals auf. Doch kann Jünger von keiner Auflösung mehr berichten, die den Gegensatz zwischen der Wirklichkeit und ihrem Bewohner harmonisiert hätte. Die ›Lebenswelt‹, in welcher sich der Infanterist bewegt, behält ihre Bedrohlichkeiten bei und gewährt lediglich kurze Exile der Entspannung. Im übrigen erzwingt sie fortwährend Anpassungen. Die vorletzte zeigt sich darin, wie sich der Soldat allmählich selbst zeigt: als ›Krieger‹, als ›Kämpfer‹, dem die geschichtlichen Horizonte immer ferner werden. Die letzte Anpassung ist Überwindung ins Ästhetische, als Ästhetik – oder genauer – als Ästhetisierung des Schreckens.«[32]

Es gibt noch einen anderen Schlüsseltext aus dieser Zeit, den Jünger – wie er sagt: sogar vor sich selbst – versteckt hat: die Erzählung »Sturm«, die 1923 in Fortsetzungen im »Hannoverschen Kurier« erschienen war und erst in den sechziger Jahren wieder aufgetaucht ist. Sturm ist Frontoffizier und zweifellos Jüngers Entwurf für ein *alter ego*; unter dem Namen Sturm hatte Jünger schon früh einzelne Stücke aus dem »Abenteuerlichen Herzen« veröffentlicht.

Im wesentlichen besteht die Erzählung aus den Unterhaltungen dreier Offiziere im Unterstand an der Front: »Neben den Ereignissen des Tages bildete ein gemeinschaftliches literarisches Interesse den Boden, aus dem ihr Gespräch erwuchs. Sie waren alle von einer wahllosen, für die literarische Jugend Deutschlands typischen Belesenheit. Gemeinsam war ihnen eine Urwüchsigkeit, die sich in ganz seltsamer Weise mit einer gewissen Dekadenz verwob. Sie liebten das auf den Einfluß des Krieges zurückzuführen, der wie eine atavistische Springflut in die Ebenen einer späten, an jeden Luxus gewöhnten Kultur gebrochen war. So zum Beispiel trafen sie sich in an Zeit, Ort und Bedeutung weit auseinanderliegenden Erscheinungen wie Juvenal, Rabelais, Li-tai-pe, Balzac und Huysmans unbedingt. Sturm hatte diesen Geschmack einmal definiert als Freude am Duft des Bösen aus den Urwäldern der Kraft.«[33]

Sturm wird beschrieben als eine »gleichmäßig hochentwickelte aktive und kontemplative Natur«, und: »Im Kampf war er tapfer, nicht aus einem Übermaß an Begeisterung oder Überzeugung, sondern aus einem feinen Ehrgefühl, das die leiseste Anwandlung von Feigheit als etwas Unsauberes von sich wies. In seiner freien Zeit führte er einen umfangreichen Briefwechsel, las viel und schrieb auch selbst. Diese Tätigkeit wurde von den beiden anderen mit großer Aufmerksamkeit verfolgt. Das eigentlich Fesselnde an ihm war wohl, daß er in ganz ungewöhnlichem Maße vom Geschehen der Zeit abstrahieren konnte. So gab er den Freunden durch seinen Verkehr das, was sie unbewußt im Trunke, in ihren literarischen und erotischen Gesprächen suchten: die Flucht aus der Zeit.«[34]

Sturm arbeitet an einer Erzählung, darüber spricht er mit den Freunden im Unterstand, er will in ihr »den Gegensatz (...) untersuchen zwischen dem Bewegungsdrange eines eigenartigen Menschen und der Begrenzung dieses Dranges durch den Rahmen, in den ihn die Umgebung spannt. (...)

das, was wir hier auf diesem kümmerlichen Boden erstreben – freie Entfaltung der Persönlichkeit inmitten der straffsten Bindung, die man sich denken kann –, möchte ich (...) zu abgerundetem Ausdruck bringen.«[35]

Doch noch im selben Gespräch wird die Literatur als Mittel der Selbstverständigung und Selbstsuche desavouiert zugunsten der Realität des Kampfes, wenn es von jenen Literaten, die nicht am Kriege teilnehmen, heißt: »Aber das ist der große Unterschied zwischen ihnen und uns, daß sie betrachten und schreiben, während wir tätig sind. Sie haben den Anschluß verloren, während in uns der große Rhythmus des Lebens schwingt. Hinter welchen Fahnen man steht, ist letzten Sinnes gleich, aber das ist gewiß: der letzte Feldgraue oder der letzte Poilu, der in der Schlacht an der Marne feuerte und lud, ist für die Welt von größerer Bedeutung als alle Bücher, die diese Literaten aufeinanderhäufen können. Auch wir versuchen, unsere Zeit zu überblicken, doch stehen wir im Zentrum, sie an der Peripherie.«[36]

Was Sturm aber letztlich charakterisiert, ist Unentschiedenheit, ist die Suche nach der Form, in der sich die Erfahrung des Krieges und vor allem des Kampfes in etwas überführen läßt, das weiterreicht, fortdauernden Lebenssinn ergibt. Doch Geschichte gerät da nicht in den Blick, und nicht Politik, die in die Geschichte eingreift. Zwischen der Realität des Krieges und einer außerhalb des Krieges bestehenden Realität, und der Realität vor und nach dem Krieg, in der Jünger sich ja nun schreibend befand, klafft ein Vakuum. Sturm wird am Ende der kleinen Erzählung fallen – und so mußte Jünger die Sinnfrage dort nicht abschließend behandeln noch gar lösen und seine Lösung begründen, er konnte sie in der Unentschiedenheit halten. Noch war für ihn die Zeit nicht gekommen, mit politischen Kommentaren in die Geschichte einzugreifen. Noch ging es um Selbstklärungen. Nicht *wofür* man kämpfte, ist immer noch wichtig, sondern *daß* man kämpfte. Man stand im Zentrum des Malstroms der Selbsterfahrung. Doch der Krieg war zu Ende, verloren zudem. Als die Erzählung »Sturm« entstand, ging es ja schon um den Übergang in eine neue Realität.

Jünger hatte in der »Stahlgewitter«-Passage von 1924 darüber reflektiert, wie er dem ersten Anblick der toten Soldaten, dem ersten Ansturm des ›Grausigen‹ begegnet war: Es wurde einerseits der Gewöhnung unterworfen. Andererseits, so Jünger, »mußten wir immer wieder auf diese Dinge, die wir noch nie gesehen hatten, starren, ohne ihren Sinn erfassen zu können (...). Wie in einem Traum, in einem Garten voll seltsamer Gewächse schritten wir über diesen Boden (...).«[37]

Die Realität des ›Grausigen‹ als Produkt auch historischer Ursachen und Wirkungen wird in Jüngers Betrachtung nicht erfaßt und im gesamten Buch nicht reflektiert; sie wird zum einen in die Distanz der Gewöhnung gebracht, zum anderen ins Bild des Traumes entrückt. Der geschichtliche Raum aber bleibt leer: ein Vakuum zwischen der rein funktionalen Krieger-Existenz und der ästhetisierenden Überhöhung ihrer Erfahrung. Blick und Reflexion spalten sich, um nicht beteiligt zu sein. Vielleicht die einzige Möglichkeit, um im Krieg überleben zu können, und sicher auch eine verständliche Form der Flucht vor der grausigen Wirklichkeit des Kriegs.

Doch Jüngers Reflexion wurde später eingefügt in die »Stahlgewitter«; ob sie in den unmittelbaren Kriegsaufzeichnungen stand, ist eher zweifelhaft. Gleichwohl: Die Perspektivik, die der Stilist Jünger hier enwickelt, ist charakteristisch für sein gesamtes Werk, und gewiß auch für seine Haltung als Schriftsteller.

Eine Vision von der Schriftstellerexistenz läßt Jünger den Leutnant Sturm in einer anderen Erzählung entwerfen, aus der Sturm seinen Kameraden vorliest: »Man kämpfte mit Helden, verriet mit Verrätern, mordete mit Mördern und mußte, in ihre Kreise gebannt, Kampf, Verrat und Mord als innere Notwendigkeiten erkennen. Und über allen als Sonne, unbeweglich, stand der Dichter, der Künstler, schleuderte Strahlen gegen das Geschehen und ließ es in gewollter Bahn um seine Achse schwingen. Er war ein Begnadeter, ein bewußt in den großen Stromkreis Geschlossener, ein Auge Gottes. Einen schlug Haß, den anderen Liebe zu Boden, einer tötete ein altes Weib, ohne zu wissen, warum; im Dichter fanden alle und alles Erlösung und Verständnis. Er war das große Bewußtsein der Menschheit, eine elektrische Entladung über der Wüste der Herzen. In ihm kristallisierte sich seine Zeit, fand Persönliches ewigen Wert. Er war die in grellen Schaum zerbrechende Spitze einer dunklen Woge, die im Meere der Unendlichkeit glitt. – – –«[38]

In Sturms Erzählung ist dies die träumerische Vision eines Schriftstellers, Falk, der, aus seinem Traum erwacht, immer wieder an der Form scheitert und verzweifelt ist »über seinen Mangel an Fruchtbarkeit«[39]. Für Jünger war es der frühe, noch visionäre Entwurf der eigenen Autorschaft; damals scheint Literatur schon auf als eine Möglichkeit, sich den empirischen Verhältnissen zu entziehen, die zu bestehen so schwierig geworden ist: Die geschichtliche Zeit wird übersprungen und damit ein Vakuum historischer Verständigung und ein Raum frei von realitätsgebundener Verantwortung erzeugt im Akt der Ästhetisierung sogar der schriftstellerischen Existenz, im Prozeß eines Schreibens als Entfernung aus der Realität.

V.

Die zwanziger Jahre aber sind noch die Zeit, in der Jünger versuchte, auch in der Realität Fuß zu fassen und sie nach seinen ideologischen Entwürfen mitzugestalten. Bis August 1923 war er Angehöriger der Reichswehr, danach begann er ein Studium der Naturwissenschaften in Leipzig, war kurze Zeit Landesführer für Sachsen im Freikorps Roßbach, machte Anfang 1925 ein zoologisches Praktikum in Neapel. Im selben Jahr heiratete er und brach im Mai 1926, nach der Geburt des Sohnes Ernst, sein Studium ab. 1927 zog die Familie nach Berlin.

1925 ist sein letztes Kriegsbuch erschienen: »Feuer und Blut«. In die zweite Auflage von 1926 rückte er ein »Vorwort zur 1. Auflage« ein, das in der ersten Auflage freilich so nie erschienen ist. Darin liest man: »Jahrelang jedoch und bei Beschäftigungen ganz verschiedener Art hat sich der Inhalt der wenigen Tage dieser großen Schlacht, die ich erleben zu dürfen das Glück hatte, mir immer wieder aufgedrängt als eine Ahnung, daß hier irgendwie der volle Sinn unserer Zeit verborgen liegen muß, und als eine Warnung, nicht weiterzugehen, ehe ich mir das Erlebte nicht auch innerlich durchaus zu eigen gemacht hätte.«[40] Die Manipulation mit dem Text sollte wohl vortäuschen, daß das einst »irgendwie« Geahnte nun zur innerlichen Gewißheit geworden ist – daß nun die Zeit erreicht sei, »weiterzugehen«, denn im Vorwort zur zweiten Auflage heißt es nun im Geiste der für die Folgejahre bestimmenden nationalistischen Propaganda der Jüngerschen Publizistik: »Wir Frontsoldaten beginnen in unserer Masse das dreißigste Lebensjahr zu überschreiten. Da wir nicht mit der liberalistischen Phrase, sondern von Grund auf verwandelt aus dem großen Kriege zurückkehrten, hat es für uns langer und schwerer Arbeit bedurft, um klar zu werden über den Sinn des Geschehenen. Wir dürfen sagen, daß wir nahe herangekommen sind an das Wesentliche; an den Abschluß unserer inneren Form. Es ist unser Recht und unsere Pflicht, diese Form nach außen zu kehren und sie auf allen Gebieten des Lebens zu verwirklichen! Dieser Verwirklichung, durch die ein neues Lebensgefühl sich einen neuen Staat zu schaffen hat, werden wir uns die nächsten Jahre voll Energie und Kühnheit zu widmen haben. Die Vorarbeiten sind geschehen, Verbindungen sind geschlossen, das Wesen des neuen Staates, zu dem der Weg nicht über Kompromisse führt, tritt klar hervor. Vaterlandsliebe, Kameradschaft, Mut und Disziplin werden in ihm zum Ausdruck gebracht werden, oder mit anderen Worten, er muß national, sozial, wehrhaft und autoritativ gegliedert sein.« Jünger hofft auf einen Sieg dieses »nationalistischen Programms«, »der in seiner vollen Schärfe erst möglich geworden ist durch einen verlorenen Krieg, durch eine äußerste Prüfung unserer Lebenskraft«.[41] Und dafür warb er schreibend in den nächsten Jahren.

Seine Kriegsbücher und seine gelegentlichen Einsätze fürs Freikorps können als »Vorarbeiten« gelten, die »Verbindungen«, die da »geschlossen« wurden, haben ihn mit national-konservativen und nationalrevolutionären Kreisen zusammengebracht, in deren Publikationsorganen er für die folgenden Jahre sein Forum fand. Er schrieb für die »Standarte«, die Wochenschrift der Frontsoldaten, den »Arminius. Kampfschrift für deutsche Nationalisten«, den »Vormarsch«, ebenfalls eine »Kampfschrift des deutschen Nationalismus«, »Die Kommenden« und den von Ernst Niekisch herausgegebenen »Widerstand. Zeitschrift für nationalrevolutionäre Politik«. Bis Anfang 1933 publizierte er etwa 130 Artikel.[42] Diese Artikel haben Jünger den Vorwurf eingetragen, Republik und Demokratie von Weimar bekämpft und so den Boden bereitet zu haben für Hitlers ›Drittes Reich‹.

Schon 1927 hatte Adolf Hitler Jünger, den er wegen seiner Kriegsbücher schätzte, ein Reichstagsmandat für seine Nationalsozialistische Deutsche Arbeiterpartei angeboten, doch Jünger hat es abgelehnt. Auch fällt immerhin auf, daß nach den für Hitler erfolgreichen Wahlen im September 1930 Jüngers unmittelbar auf politische Wirkung bedachte Artikel abnahmen gegenüber jenen, in denen er seine geschichtsphilosophischen Staats- und Gesellschaftsentwürfe vorbereitete – sie spiegelten zwar die aggressive nationalistische Propaganda der Zeit und machten sie zur Folie der eigenen Gestaltungsideen, waren aber doch vor allem um die metaphysische Begründung ihrer geschichtsphilosophischen Voraussetzungen bemüht. Der neunundsiebzigjährige Jünger hat das, was der Fünfunddreißigjährige einmal betrieben hatte, mit Distanz, aber durchaus im Einverständnis mit seiner Vergangenheit, zu kommentieren gewußt. So schrieb er 1974: »Für den Dichter, wenn wir bei dem Namen bleiben wollen, bedeutet die Politik eine eminente Gefahr. Er muß hier aus Eigenem abzweigen – nicht nur vom Ansehen und von der Achtung, die er sich durch sein Werk erworben hat, sondern auch von der Substanz. Politik und Dichtung: das ist Wille und Vorstellung. Wird dichterische Kraft in das Wollen investiert oder wird sie vom Willen durchsetzt, so erleidet sie Einbuße. Das ist ein Opfer, und es gibt Konstellationen, in denen es gebracht werden muß – vor allem, wenn viele selbst ihr Leben darbringen.

Die Einsicht, daß ich in der Politik nichts zu suchen hatte, verdanke ich Adolf Hitler; er war mein politischer Mentor ex negativo – – – inmitten der durch ihn entfachten Begeisterungsstürme fühlte ich, ganz abgesehen von ihrem Anlaß, ihrer Richtung und ihrem Inhalt, daß ich damit nichts zu tun hatte. Seitdem konnte ich ziemlich scharf den Erfolg und auch den Mißerfolg unterscheiden, der mir aus der Sache, von jenem, der mir aus dem Willen zuteil wurde.«[43]

»Der Wille« ist ein Aufsatz überschrieben, den Ernst Jünger am 6. Mai 1926 in der Zeitschrift »Standarte« veröffentlicht hat. Der Titel drückt aus, daß zur Entscheidung gereift ist, wonach er bisher nur erst auf der Suche gewesen war; Jünger rekapituliert: »Wir haben nach einem Sinn unseres Erlebnisses gefragt und haben nur feststellen können, daß dieser Sinn jedenfalls ein ganz anderer sein muß als der, den wird damals meinten (...). Wir sind ein Geschlecht, das sich schon auf große Leistungen berufen darf und das sich nicht vor den Vätern zu schämen braucht. Aber am Ende dieser Leistungen steht der Mißerfolg. Das wirft uns in einen tiefen Zwiespalt, das erschüttert unsere innere Sicherheit und damit unsere äußere Kraft. Wie standen unsere Väter dagegen fest in ihrer Welt! (...)

Lieber wollen wir uns der Sicherheit unserer Väter, der verstandesmäßigen Sicherheit, begeben. Ja, auch wenn wir das nicht wollten – wir müßten es. Wir müssen an einen höheren Sinn glauben als an den, den wir dem Geschehenen zu geben imstande sind, und an eine höhere Bestimmung, innerhalb deren sich das, was wir zu bestimmen wähnen, vollzieht. Sonst wird uns der Grund, auf dem wir stehen, mit einem Ruck unter den Füßen fortgerissen und wir taumeln in einer sinnlosen, chaotischen, zufälligen Welt. Was hilft es, daß der Verstand sich an die Dinge anklammert und sich ihrer zu bemächtigen sucht, wenn diese Dinge nicht in der Tiefe gefestigt und von Grund auf geordnet sind? Wir müssen glauben, daß alles sinnvoll geordnet ist, sonst stranden wir bei den Scharen der innerlich Unterdrückten, der Entmutigten oder der Weltverbesserer oder wir leben wie die Tiere als Duldende in den Tag hinein.«[44]

Nicht Erkenntnis, sondern der Glaube prägte hinfort Jüngers Lesart von Welt. Die Ordnungssysteme, die er noch entwerfen wird, im »Arbeiter«, in »An der Zeitmauer«, schließlich in »Die Schere«, seinem letzten Werk, sind nicht der Erkenntnis abgewonnen, sondern dem Glauben. Die Realität mag dafür ein paar Partikel hergeben, die Literatur mag dazuliefern, was dem Weltentwerfer ins Konzept paßt – zentraler Organisationspunkt all dieser Entwürfe ist, man weiß es aus Sturms Erzählung, der Dichter, der Strahlen gegen das Geschehen schleudert und es in gewollter Bahn um seine Achse schwingen läßt. Ob Stoßtruppführer oder Dichter – beide sind angetreten, die ihnen entgegenstehende Wirklichkeit mit ihren Mitteln zu besiegen und nach ihrer Vorstellung zu formen.

Ein Jahr nach dem Aufsatz »Der Wille« erschien im »Stahlhelmjahrbuch 1927« unter dem Titel »Grundlagen des Nationalismus« von Ernst Jünger der programmatische Aufsatz »Der Geist«. Darin liest man: »Der Geist ist männlicher und wegweisender Natur, er will nicht in der Welt verfließen, sondern er will sich ihrer bemächtigen. Er will, daß die Welt seine Welt ist, daß sie so ist wie er. (...) Der Geist braucht das Blut, weil er in das Leben gebettet ist, aber er braucht das Bewußtsein nicht. (...) Der Geist ist sinnvoll, daher sieht er in den Erscheinungen und ihre(n) Beziehungen nicht das Zweckmäßige, sondern den Sinn. Er spürt unter dem Mechanismus der Oberfläche der tieferen Bedeutung nach. Er will nicht theorethisieren (sic!), sondern schaffen, nicht zersetzen, sondern fruchtbar sein. Sein Bestreben richtet sich nicht darauf, die Welt in Atome zu zersplittern und künstlich wieder zusammenzusetzen, sondern er will ihre großen Bilder schauen. Er will sich in allen Dingen spiegeln, nicht aber der unbewegliche Spiegel aller Dinge sein. Er schätzt das Leben nicht nach seinem logischen, sondern nach seinem symbolischen Wert. Der Geist steht über den (sic!) Beweis, wie die Folgerichtigkeit des Schicksals über der Kausalität. (...) Geist ist nichts, was erworben wird, sondern er gehört zur angeborenen Mitgift des Lebens (...).«[45]

Damit ist das System perfekt, in dem Jünger sich künftig bewegte; beide Aufsätze zusammen begründen, nein: inkarnieren den Dichter als unanfechtbar über der Realität schwebenden Seher und Künder. Daß damit die Abweisung des Intellekts, die Unterordnung der Wissenschaft unter die ›Erkenntnis‹prospektion des Geistes einhergehen, versteht sich. Der Intellekt, das ist der »ungebundene« Geist – ohne Bindung an Blut und Erde: »Im Licht des ungebundenen Geistes wird das organische Bild der Welt zum mechanischen, die Kultur wird zur Zivilisation. Schicksalsgemeinschaften werden zu zufälligen Zusammenwürfelungen von Menschen, zu Massen, bestenfalls zu Zweckverbänden. Vaterländer werden zu Verkehrshindernissen. Der sogenannte geistige Adel oder die geistigen Arbeiter, ein Heer von höchst beweglichen und gewissenlosen Gehirnen, arbeitet an der Zersetzung des Glaubens, der billigen Ironisierung des Heroischen und der Unterwühlung jeder menschlichen Würde überhaupt. Während das Besondere, das was die Einzelnen verbindet und trennt, verneint wird, wird das Individuum, das Sinnlose, bis zur letzten Konsequenz bejaht, seine Rechte werden an jeder Straßenecke verkündet. Ein gieriger Individualismus macht sich breit und bereitet den Nihilismus vor. Der Verstand ist alles, der Charakter gilt nichts. Die Kunst wird zu einer literarischen und intellektuellen Angelegenheit, zum Ausdruck flüchtiger Massenströmungen ohne Bodenständigkeit, ohne blutmäßige Kraft, ohne Eigenart. Die Arbeit wird zur Produktion. Aus allen menschlichen Bindungen werden immer schärfer betonte Rechtsverhältnisse. Die Wissenschaft setzt für alles Geheimnisvolle und Wunderbare des Lebens eine mechanische Formel ein, und eine Moral für Feiglinge und Dreckseelen erklärt alles Unmittelbare, Machtvolle und Gefährliche dieses Lebens als das Unsittliche in ihm. Aber wo das Notwendige nicht mehr regiert, macht sich das Ueberflüssige breit, und das Leben duldet nichts Ueberflüssiges. Hinter dieser ganzen feinen, dünnen und unfruchtbaren Geschäftigkeit im lebenswarmen Raum steht schon das Schwert, das alle Diskussionen beendet und dessen Schärfe sich durch keine Theorien mildern läßt. Während in allen Beratungszimmern des Intellekts noch gemessen, gewogen und geklügelt wird, pocht unten schon die gepanzerte Faust gewaltig gegen das Tor und mit einem Schlage sind die schwierigen Probleme gelöst. Das Leben wertet die ungebrochene Kraft des letzten Barbarenvolkes höher als die Summe der Arbeit des freien Geistes. Und das Leben hat recht.«[46]

VI.

Ernst Jünger hat ein Leben lang der Rolle des Autors nachgesonnen und ihn vom bloßen ›Schriftsteller‹ abgegrenzt. Der Schriftsteller, das war für ihn der Literat, der Vertreter des ungebundenen Geistes, wie er 1927 geschrieben hatte. Als der Siebenundachtzigjährige 1982 in der Frankfurter Paulskirche den Goethepreis entgegennahm, bedankte er sich mit einer Lesung aus seinem zwei Jahre später erschienenen Buch »Autor und Autorschaft«, das die Früchte dieses Nachsinnens versammelt:

»Der Autor hat sein Gesetz, er hat sein Ganzes; die Teile tragen sich durch den Zusammenhang. Wenn man jedem Leser, Betrachter, Beurteiler erlauben würde, einen Abstrich zu machen, fiele alles dahin.«

»Die Eitelkeit des Papiers. Was ist das in hundert Jahren, in tausend, in zehntausend? Das gleich am Anfang. Aber auch: Du würdest schreiben, auf einer Insel allein. Darin verrät sich die sakrale und von den Umständen unabhängige Berufung; der Autor lebt im Volk, im Staat, in der Gesellschaft seiner Zeit und zugleich einsam im Walde, auf Patmos, am Sinai. Was dort geschah, ist wichtiger, als was er vermittelt; vielleicht kommt er mit leeren Händen zurück.«[47]

»Einem jungen Besucher: ›Sie können Schriftsteller werden. Autor müssen Sie sein.‹«[48]

Autorschaft wurde von Jünger als Amt begriffen – doch von wem verliehen? In diesem Zusammenhang fällt eine andere ›Maxime‹ auf, sie ergänzt am Rande die Belege zu diesem Versuch; in ihr vergleicht Jünger den Autor mit dem Militär, natürlich mit einem Feldherrn: »Der gute Autor hat, wie der gute Feldherr, immer noch etwas in Reserve; er gibt sich nicht völlig aus, läßt sich nicht gänzlich ein mit der Zeit und ihren Mächten, nimmt auch nicht jeden Vorteil wahr und jede Belohnung an.«[49] So gelesen, muß sich der Autor aber eben doch daran messen lassen, mit welchen Mächten, und zu welcher Zeit, er sich einließ. Aber auch hier: Dieser Jüngersche Autor ist Herr über die Geschichte, ein Erwählender. Auch ein Erwählter? Und von wem?

Entkleidet man die Vision des Dichters in Sturms Erzählung vom erfolglosen Schriftsteller Falk des zeitgemäß expressionistischen Pathos und zieht man von den Aufsätzen aus den Jahren 1926 und 1927 den ebenfalls zeitgemäßen nationalistisch-völkischen Schwulst ab, dann bleibt die gegen die Unbilden der Realität von Zeit und Geschichte dekretierte Figur des Dichter-Autors, der allein seinem Gesetz folgt, welches freilich wenigstens in der Assoziation an die Offenbarung des Johannes und an die Größe und Bedeutung jener Gesetzestafeln herangerückt wird, die am Sinai der Menschheit übergeben wurden. Diese Figur des Autors, die Jünger für sich in Anspruch genommen hat, war dieselbe, die er einst in den zwanziger Jahren für sich beschlossen hatte; nur ihre Gewänder haben sich verändert, doch sie behalten ihr wertvolles Dekor, ein vornehmes Pathos, welches im Alter noch kostbarer ausgelegt, noch zeitentrückter inszeniert, auf Ewigkeit angelegt wurde. Ob Waldgänger oder Anarch – auch ihre Konzepte hat Jünger sich entworfen auf dem Palimpsest des Kriegers, der im Kampf sich befindet, auf verlorenem Posten, »im Niemandsland zwischen den Gezeiten«, wie er am Ende seines Lebens sagen wird – verloren für, oder besser: erhoben über Zeit und Geschichte.

Ein Werk, das unter dem Dekret solcher ›Autorschaft‹ steht und entsteht, kann nur als alle seine Teile umschließende Ganzheit gedacht werden, und so behauptete Jünger ja auch stets, sein Werk sei eine Einheit. Die Geschichtlichkeit, der sein Werden ausgesetzt ist, versieht es dann bloß noch mit unterschiedlichen, oft nur äußerlichen Facetten, und die Bücher, die der Autor im Verlauf seiner nun mal der Zeit unterworfenen Lebensgeschichte hervorbringt, sind die wechselnden Formen, in denen er seine im Grunde immer gleiche

Botschaft verkündet. Daß Jünger seine ›Autorschaft‹ gern vom lateinischen Wort ›auctoritas‹ ableitete, unterstreicht die Unanfechtbarkeit seiner Botschaft nur, denn das Wort ›auctoritas‹ erschließt all jene Bedeutungen, die Jünger für seine ›Autorschaft‹ beanspruchte: »Gewähr, Beglaubigung, Sicherheit, Glaubwürdigkeit, Authentizität, Vollmacht, Muster und Vorbild, Einfluß, Rat, Wille und Beschluß.«[50] Sie alle begründeten die Unantastbarkeit der eigenen Position als Autor. Umwege oder gar Irrwege sind solcher ›Autorschaft‹ fremd, auch darauf beharrte Jünger: Denn da er sich außerhalb von Gesellschaft und Geschichte gestellt hat, konnten ihn auch ihre Verwerfungen, an denen er einmal beteiligt war, nicht mehr berühren.

Aber Jünger war ja beteiligt gewesen an der Geschichte: eingreifend in der nationalrevolutionären Zeit bis etwa 1933, und später als ihr Kommentator. Und sowohl der aktivistische wie der kommentierende Jünger haben stets noch ihre Leserschaft gefunden.

Der Historiker Hans-Peter Schwarz schrieb 1962 in seinem Buch über Politik und Zeitkritik des »konservativen Anarchisten« Ernst Jünger: »Seine Schriften kamen einem weitverbreiteten Orientierungsbedürfnis entgegen, das um so vernehmlicher nach einer verbindlichen, autoritativen Deutung der Geschichtsbewegung verlangte, je schneller deren Tempo und je unübersichtlicher der Verlauf des Gesamtvorgangs wurden. Ernst Jünger hat seine Leser nicht zuletzt darum an sich zu fesseln gewußt, weil jedesmal dann, wenn die politischen Umstände vom bewußten einzelnen Besinnung verlangten, eine neue Schrift aus seiner Feder eben diesem Wunsch nach Klärung der Lage Rechnung trug. In seinem Werk schien nach Meinung vieler der Zeitgeist zu einem Bewußtsein seiner selbst zu finden, und bei ihm sahen seine Anhänger ihre häufig nur halbbewußten Erfahrungen erhellend formuliert und in weite Zusammenhänge gestellt.

Die Zeitpunkte seiner jeweiligen Wirkung fielen mit einer bemerkenswerten Genauigkeit auf die Momente kritischen Bewußtseinszustandes in der deutschen Geschichte des 20. Jahrhunderts.«[51]

Das waren in den ersten fünf der zwanziger Jahre die Kriegsbücher, in ihrem zweiten Jahrfünft die nationalrevolutionären Aufsätze, Anfang der dreißiger Jahre der Aufsatz »Die totale Mobilmachung« und der ›planetarische Entwurf‹ des Krieger-Arbeiters in »Der Arbeiter. Herrschaft und Gestalt«. Und das war im Jahr des Kriegsausbruchs 1939 die einem Traum abgewonnene Erzählung »Auf den Marmor-Klippen«. Nach 1945 erschien die bereits während des Kriegs entworfene Schrift »Der Friede. Ein Wort an die Jugend Europas, ein Wort an die Jugend der Welt«; 1949 kam das Kriegstagebuch »Strahlungen« heraus, das im Selbstkommentar Jüngers distanzierte Haltung zu den Verbrechern und Verbrechen des ›Dritten Reichs‹ belegt. Und noch »Der Gordische Knoten« von 1953 kann als Kommentar zum Ost-West-Verhältnis gelesen werden, der anläßlich des Korea-Kriegs abgegeben wurde.

Zwei Jahre vor »Der Gordische Knoten« hatte Jünger den Essay »Der Waldgang« veröffentlicht: »Im Waldgang betrachten wir die Freiheit des Einzelnen in dieser Welt. Dazu ist auch die Schwierigkeit, ja das Verdienst zu schildern, das darin liegt, in dieser Welt ein Einzelner zu sein. Daß sie sich, und zwar notwendig, verändert hat und noch verändert, wird nicht bestritten, doch damit verändert sich auch die Freiheit, zwar nicht in ihrem Wesen, wohl aber in der Form. Wir leben im Zeitalter des Arbeiters; die These wird inzwischen deutlicher geworden sein. Der Waldgang schafft innerhalb dieser Ordnung die Bewegung, die sie von den zoologischen Gebilden trennt. Er ist weder ein liberaler noch ein romantischer Akt, sondern der Spielraum kleiner Eliten, die sowohl wissen, was die Zeit verlangt, als auch noch etwas mehr.«[52]

Das Zeitalter des Arbeiters verkündete Jünger schon 1932. Mit seinem ›planetarischen Entwurf‹ reagierte er auf die Irritationen der Moderne und räumte mit der bürgerlichen Welt auf, in deren Progression sich die Moderne entwickelte. Jünger selbst hatte sich ja in den zwanziger Jahren dem Ansturm der Moderne durchaus noch ausgesetzt und in ihren Erscheinungen eben jene Zerrissenheit wahrgenommen, die auch er selbst in sich gefunden hatte als Geschlagener des Weltkriegs.

In der Begegnung mit der Bildwelt des Zeichners Alfred Kubin hat Jünger diese Moderne beschrieben:

»Der erste Eindruck, den die Betrachtung einer solchen Zeichnung erregt, ruft einen gewissen Taumel, eine Störung des inneren Gleichgewichtes hervor, die in der Wahrnehmung begründet liegt, daß hier die gewohnte Ordnung, das Gefüge unserer Welt in seiner Festigkeit getroffen ist. Die Mittel, durch die dieses Erschrecken hervorgerufen wird, sind verschiedener Art. Sie beruhen einmal darauf, daß der sichtbare Zusammenhang dieser Welt in einer zunächst fast unmerkbaren Weise zerrissen wird. Diese Welt ist alt geworden, ihre Sprünge, Ritzen und Fugen treten etwas deutlicher hervor, und dieses Etwas genügt, das Ungeziefer, die Scharen der Ratten und Mäuse ahnen zu lassen, die unter den Böden und in den Gewölben und Kellern verborgen sind. Dann aber gibt es Stellen wie Glas, die so dünn geworden sind, daß man sie nicht mehr zu betreten wagt. Endlich aber sind die Dinge zweideutig geworden; sie rufen sogleich die Frage hervor, inwiefern ihnen noch zu trauen ist. Leben und Tod, Gesicht und Maske, Traum und Wirklichkeit fließen seltsam ineinander ein; das Bewegliche scheint erstarrt und das Starre unheimlich bewegt zu sein. Den Häusern, Bäumen, Gerätschaften und selbst dem Gerümpel haftet ein menschlicher und oftmals tückischer Charakter an, während der Mensch stumpf, tierisch oder automatenhaft im Bilde steht. Daher kommt es, daß das Auge diesen Anblick als eine Aufforderung zum Suchen empfindet; es sieht sich vor das Bild als vor ein Rätsel gestellt.«[53]

Der Text steht in dem Aufsatz »Die Staubdämonen« von 1931, der die langjährige Beziehung Jüngers zum Werk Kubins erstmals grundsätzlich formulierte. Was er beschreibt, trifft auch zu auf das Klima vieler jener »Aufzeichnungen bei Tag und Nacht«, die Jünger 1929 unter dem Titel »Das abenteuerliche Herz« erscheinen ließ und deren geheimes Motto ›Erwachen und Tapferkeit‹ heißen könnte. Sie sind voller Schreckensvisionen und Beschwörungen des Grauens, sind Träumen abgeschrieben oder intonieren das Entsetzen in surrealistischer Manier, immer auf der Suche nach den

Brüchen in der Realität, den apokalyptischen Untergang im Blick. Wie Kubins Bildwelt wird das »Abenteuerliche Herz« vom Zerfall der Welt geprägt:

»Leipzig

Traum: Ich schlief in einem altertümlichen Hause und erwachte durch eine Reihe seltsamer Töne, die wie ein nasales ›dang, dang, dang‹ klangen und mich sofort auf das höchste beunruhigten. Ich sprang auf und lief mit gelähmtem Kopfe um einen Tisch. Als ich an der Tischdecke zog, bewegte sie sich. Da wußte ich: es ist kein Traum, du bist wach. Meine Angst steigerte sich, während das ›dang, dang‹ immer schneller und drohender klang. Es wurde durch eine geheimnisvolle, in der Mauer verborgene Warnungsplatte hervorgebracht. Ich lief ans Fenster, aus dem ich auf eine alte, ganz schmale Gasse blickte, die im tiefen Schachte der Häuser lag. Unten stand eine Gruppe von Menschen, Männer mit hohen, spitzen Hüten, Frauen und Mädchen, altertümlich und unordentlich angetan. Sie schienen eben aus den Häusern auf die Gasse gelaufen zu sein; ihre Stimmen schollen zu mir herauf. Ich hörte den Satz: ›Der Fremde ist wieder in der Stadt.‹

Als ich mich umwandte, saß jemand auf meinem Bette. Ich wollte aus dem Fenster springen, aber ich war wie an den Boden gebannt. Die Gestalt erhob sich ganz langsam und starrte mich an. Ihre Augen waren glühend und nahmen mit der Schärfe des Anstarrens an Umfang zu, was ihnen etwas grauenhaft Drohendes verlieh. In dem Augenblick, in dem ihre Größe und ihr roter Glanz unerträglich wurden, zersprangen sie und rieselten in Funken herab. Es war, als ob glühende Kohlenbrocken einen Rost durchglitten. Nur die schwarzen, ausgebrannten Augenhöhlen blieben zurück, gleichsam das absolute Nichts, das sich hinter dem letzten Schleier des Grauens verbirgt.«[54]

Dieser traumatisch erfahrenen, ins Nichts sich auflösenden, dieser bewußt als ›Moderne‹ begriffenen Welt, die er untergehen sehen wollte, setzte Jünger seine monströse Werkstättenlandschaft des ›Arbeiters‹ entgegen, das Konzept eines kriegerisch-totalitären, in jede Nische der Gesellschaft hineinherrschenden Staats. Das Buch »Der Arbeiter« lieferte der gesamten national-konservativen Rechten Argumente und Visionen, die nicht einmal sonderlich neu und originell, aber in der Radikalität seines Entwurfs, in der scharfen Diktion seiner Sprache und in der virtuosen eklektischen Versammlung gängiger ›rechter‹ Vorurteile von brisanter Wirkung waren.

Schon seinen Aufsatz »Der Wille« von 1927 hatte Jünger mit klarem antizivilisatorischen und antiaufklärerischen Affekt in die betont kriegerische und wie eine Drohung formulierte Vision münden lassen: »Hinter dieser ganzen feinen, dünnen und unfruchtbaren Geschäftigkeit im lebenswarmen Raum steht schon das Schwert, das alle Diskussionen beendet und dessen Schärfe sich durch keine Theorien mildern läßt.«[55]

Anfang 1933 wurde diese Vision Wirklichkeit. Die Nationalsozialisten beendeten tatsächlich alle Diskussionen mit Gewalt und errichteten ihren Terrorstaat, der durchaus Züge jenes gewalttätigen »Arbeiter«-Staats trug, den Jünger kurz zuvor entworfen hatte.

Ernst Jünger hat sich daran nicht beteiligt, er zog sich zurück, erst nach Goslar, dann nach Überlingen an den Bodensee. Zwar hat er dem »Völkischen Beobachter« und dem Reichsrundfunk untersagt, aus seinen Schriften zu drucken und zu senden – aber er ließ sie weiterhin erscheinen, und zwischen 1939 und 1944 hatten seine Kriegsbücher aus den zwanziger Jahren, vor allem »In Stahlgewittern«, hohe Konjunktur. Und er diente dem ›Dritten Reich‹ auch als Soldat; er bekam am 26.8.1939 den Einberufungsbescheid. Am 26.9.1939 notierte er in seinem Tagebuch »Gärten und Straßen«: »So hört man, im oft dämonischen Konzert der Stürme, den Ruf des Vaterlandes und kann nicht fehlen, wenn man ihm gehorcht.«[56] War das ein Satz, der in Worten und stolpernder Grammatik einen vielleicht beabsichtigten Zwiespalt formuliert? Wohl kaum. Denn schon am 30.8.1939, vier Tage nach der Einberufung, schrieb er ins Tagebuch: »Während ich die Treppe hinunterging, wurde unten im Flur ein Telegramm abgegeben, das von Brauchitsch gezeichnet war und mir meine Beförderung zum Hauptmann mitteilte. Ich nahm das als Zeichen, daß Ares mir inzwischen nicht abhold geworden ist.«[57]

Noch 1985 antwortete Jünger Julien Hervier auf die Frage, wie er zu den Nationalsozialisten gestanden habe: »Natürlich war eine Reihe von sehr guten Gedanken da, deshalb hatten sie ja auch den großen Zulauf. Zum Beispiel, daß sie die Folgen des Versailler Vertrages weitgehend rückgängig machen wollten, das leuchtete mir natürlich ein. Aber die Art und Weise der Ausführung, die hat mich eben zunehmend befremdet, und eigentlich der wirkliche Abstand, den habe ich erst nach dieser Kristallnacht gewonnen. Das waren Dinge, die mir also von Grund auf widersprachen, und das hat auch eine der Ursachen gegeben zu meiner Konzeption von ›Auf den Marmor-Klippen‹. Da habe ich ja diese Verhältnisse, natürlich auch in mythischer Weise, sehr genau geschildert, und die Betreffenden, die fühlten sich ja dann auch betroffen, sofort.«[58]

VII.

Dieser Rückzug Jüngers in den Mythos ist bereits der vorweggenommene Gang des Einzelnen und der Eliten in den Wald, von dem er in »Der Waldgang« handelt. Auf dem Palimpsest des Kriegers erscheint nun schon auch der Schemen des Anarchen, welcher der Welt nur mehr innerlich und ›geistig‹ widersteht; in den »Marmor-Klippen« liest man: »Wenn wir indessen im Herbarium oder in der Bibliothek die Lage gründlicher besprachen, entschlossen wir uns immer fester, allein durch reine Geistesmacht zu widerstehen. Nach Alta Plana glaubten wir erkannt zu haben, daß es Waffen gibt, die stärker sind als jene, die schneiden und durchbohren, doch fielen wir zuweilen wie Kinder in jene frühe Welt, in welcher der Schrecken allmächtig ist, zurück. Wir kannten noch nicht die volle Herrschaft, die dem Menschen verliehen ist.«[59]

Schon in den »Marmor-Klippen« ist der Widerstand gegen die Realität einer, der aufgehoben ist im Rückzug aus der

Realität, und zwar auf eine ›höhere‹ Position: auf die der Kunst und der geschauten Natur – Bibliothek und Herbarium sind im Text dafür die Signale. Aber nicht nur im Text wollte Jünger diese ihm fortan nun eigene Widerstandshaltung gegen die ungeliebte Wirklichkeit bekunden, sondern auch mit dem Text, mit seiner mythisierenden und ästhetisierenden Form – kaum ein Buch Jüngers ist so wie die »Marmor-Klippen« auf ästhetische, sprachliche Formung aus, und noch in den schauerlichsten Szenen, die Folter und Mord beschreiben, spürt man den Willen zur literarischen Gestaltung, zu einer sprachlichen Überhöhung, die das Grauenhafte ästhetisierend kommensurabel macht.[60] Da ist nichts mehr von den zitternden Schreckensvisionen, den flimmernden Bildern des Grauens, das Jünger im »Abenteuerlichen Herzen« evozieren konnte. Die Position des Erzählers ist nicht mehr inmitten der Schreckensverläufe, die Jüngers Sprache einst zu bannen suchte; der Autor der »Marmor-Klippen« steht distanziert über den Dingen, die er nun auf bestmögliche Weise in ihre sprachliche Fassung zu bringen bemüht ist. Schon in der ein Jahr vor den »Marmor-Klippen« erschienenen zweiten Fassung des »Abenteuerlichen Herzens«, das nun den Untertitel »Figuren und Capriccios« trägt und laut Jünger nur 27 Seiten der ersten Fassung übernimmt, hat der Schriftsteller den Texten von 1929 die Unmittelbarkeit und die in der Sprache erkennbar vorhandene Irritation wegredigiert. »Meine Unzufriedenheit mit der ersten Fassung hatte verschiedene Gründe. Einmal fand ich sie zu sehr auf die Person bezogen, während ich mich inzwischen stärker den Sachen zugewandt hatte. Stilistisch könnte man das als den Übergang vom Expressionismus zum Surrealismus bezeichnen. Die Wendemarke ist der ›Sizilische Brief an den Mann im Mond‹.«[61] Der erschien 1930.

Nun aber ist die traumatische Angst vor den Schreckbildnissen einer zerrissenen, das Bewußtsein des Menschen aufreißenden Moderne, die in den Texten der zwanziger Jahre noch zu spüren war, in die Distanz der bloßen Beschreibung gerückt. Das Ringen um die Überwindung von Sinnverlust und Entfremdung, die in den Träumen hochgeschossen waren, ist aufgegeben zugunsten eines gemächlichen, fast genießenden Erstaunens, dessen literarische Fassung nichts mehr evoziert, sondern nur noch registriert: »Dies alles gibt es also« – so lautet das lapidare Motto der zweiten Fassung des »Abenteuerlichen Herzens«. Es könnte auch die Erzählung »Auf den Marmor-Klippen« einleiten; die Erfahrung der Zeit, die dieses Buch doch auch prägt, wird in den Mythos verlagert und in Zeitlosigkeit aufgelöst; erzählt wird aus der sichernden Distanz des Ästheten. Vom Schreckenstraum, der laut Jünger der Erzählung zugrunde liegt, ist kaum noch etwas zu spüren, seine literarisierte Form ruft nicht mehr den Schrecken hervor, der die konkrete Zeit ja prägte, sondern liefert nur noch seine ästhetisierten Abbilder. Daß »Auf den Marmor-Klippen« gleichwohl und zu Recht als Widerstandsbuch gelesen wurde, steht freilich auf einem anderen Blatt.

Ernst Jünger pflegte seine ›Autorschaft‹, so wie er sie für sich dekretiert hatte, fortan als Erzähler, Tagebuchschreiber und Essayist: ein seinem metaphysischen und ästhetischen Programm verpflichteter Kommentator seiner Zeit, der entschlossen war, sich von nichts mehr erschüttern zu lassen und auch nicht mehr handelnd in die Geschichte einzugreifen. Wesentliche Realität schien für ihn nur noch jene zu sein, die er selbst dafür erklärte – Dezisionismus und Eklektizismus sind die charakteristischen Merkmale dieser ›Autorschaft‹.

Daß Jünger den Zweiten Weltkrieg, in dem er den Vormarsch nach Frankreich als Hauptmann mitmachte, um dann in Paris im Stab des Oberbefehlshabers als Zensuroffizier zu arbeiten, mit Tagebuchnotizen begleitet, war insofern nur konsequent. Im Tagebuch, wie Jünger es dann mit »Strahlungen« nach dem Krieg publiziert hat, ist er als Autor Herr über die Zeit und die Geschichte, die er präsentiert. Jünger hat das Tagebuch wie kaum ein anderer Schriftsteller zur bewußten Selbstdarstellungsform mit literarischem Anspruch ausgebildet. Seine extreme sprachliche und stilistische Bemühtheit läßt den unmittelbaren Reflex auf erfahrene oder erlittene Wirklichkeit nicht zu, allenfalls beschreibt sie solche, freilich eher seltenen, Reflexe. Jüngers Tagebücher sind nachträglich zusammengestellt und redigiert, sind literarische Konstrukte. Ihr Gestus ist auf Deutung angelegt, nicht auf Authentizität. Sie sind durchzogen von Notaten zu Lektüren, Begegnungen, vornehmlich mit Künstlern und Schriftstellern im besetzten Paris, zu Ereignissen, die alle dem distanzierten und eklektischen Blick des sich kontemplativ gebenden Betrachters geschuldet sind – kaum je Berührtheit, gar Schmerz oder Überschwang. Wo Betroffenheit zu ahnen ist, verflüchtigt sie sich ins Typologische, Generalisierende – nur so könne die »titanische Entwicklung unter Kontrolle gebracht« werden, hat Jünger formuliert: in der Distanz der Ästhetisierung.

Betroffenheit also ist nur selten in den »Strahlungen« zu spüren, wo die Aufzeichnungen über Lektüren und Treffen mit Freunden und Bekannten gleichsam ›normal‹ sind zu einer Zeit, da in derselben Stadt Menschen von Deutschen gefoltert und gemordet und Juden zusammengetrieben und in die KZs abtransportiert wurden. Die Formel »Dies alles gibt es also« kann Jüngers Optik zwar erklären, aber nicht seine Haltung damals zum konkreten Geschehen im besetzten Frankreich verständlich machen. Auch seine Maxime »Doch im Innern ists getan« mochte für Jünger selbst glaubwürdig sein, sie zeigt aber eine Verschlossenheit gegenüber dem konkreten Leid, die zumindest erstaunt. Eine für Jüngers Haltung typische Notiz in den »Strahlungen« vom 18. August 1942 lautet denn auch: »In einem Papiergeschäft der Avenue Wagram kaufte ich ein Notizbuch; ich war in Uniform. Ein junges Mädchen, das dort bediente, fiel mir durch den Ausdruck seines Gesichtes auf: es wurde mir deutlich, daß es mich mit erstaunlichem Haß betrachtete. Die hellen blauen Augen, in denen die Pupillen zu einem Punkt zusammengezogen waren, tauchten ganz unverhohlen mit einer Art Wollust in die meinen – mit einer Wollust, mit der vielleicht der Skorpion den Stachel in seine Beute bohrt. Ich fühlte, daß es derartiges seit langem nicht unter Menschen gegeben hat. Auf solchen Strahlenbrücken kann nichts anderes zu uns kommen als die Vernichtung und der Tod. Auch spürt man, daß es überspringen möchte wie ein Krankheitskeim oder ein Funke, den man in seinem Innern nur schwer und nur mit Überwindung löschen kann.«[62] Erstaunlich, daß Jünger den Haß im Gesicht einer jungen Französin angesichts eines deutschen Besatzungsoffiziers in Uniform »erstaunlich« fand; stünde da »verständlich«, wäre »Strahlungen« ein anderes Buch, und Jünger ein anderer Schriftsteller gewesen. Auch wäre zu bedenken, wer damals »Skorpion« und wer »Beute« war – Jüngers Formulierung verrät seinen ahistorischen, in dem Falle sogar geschichtsfälschenden Egozentrismus.

Daß diese Form der egozentrierten Literarisierung als Beherrschung der Realität für Jünger seit 1939 zum vorrangigen Medium seiner Autorschaft wurde, belegen acht umfangreiche Tagebuchbände der 21-bändigen Gesamtausgabe: Dokumentiert wird darin die Zeit vom 3. April 1939 bis zum 2. Dezember 1948 und vom 30. März 1965 bis zum 15. Dezember 1995 – insgesamt fast 40 Jahre. Die Tagebücher zum Zweiten Weltkrieg galten noch den Reflexen und den Reflexionen seiner distanzierten Zeitgenossenschaft. Ein durchgängiges Thema des zweiten Tagebuchkomplexes, erstmals Anfang der achtziger Jahre unter dem Titel »Siebzig verweht« erschienen, ist das Nachsinnen über das Verfließen der Zeit, über Vergänglichkeit und Vergeblichkeit. Zwei Tage nach seinem 78. Geburtstag, auf dem Rückflug von einer Asienreise, notierte Jünger: »Mir scheint, daß der Optimismus, wie ich ihn gegen Ende des Zweiten Weltkrieges hegte, geringer geworden ist. Siehe ›Der Friede‹ und ›Über die Linie‹. (...)

Der Verlust des Krieges brachte neben der apokalyptischen Stimmung auch starke Hoffnungen – oder, besser: die Haltung von Menschen, die nichts mehr zu verlieren hatten außer der Zuversicht. Das ebnete sich bald wieder ein.

Ich will zunächst die Frage außer acht lassen, ob sich daran, daß der Weltgeist in seiner epochalen Gestalt präzis und mit unerbittlicher Logik fortschreitet, ein Optimismus knüpfen kann. Offenbar hat die Bewegung einen Sinn – ob aber einen erfreulichen?

Indessen lasse ich den Optimismus nur im Umfang reduzieren, nicht in der Qualität. Überhaupt und zu allen Zeiten darf man sich von ökonomischen, politischen und geistigen Wenden nicht zuviel versprechen; jede Blüte hat ihre, und meist nur kurze, Zeit.

Letzten Endes bleibt das Problem beim Einzelnen. Wenn er es löst oder sich der Lösung nähert, stellt sich Zuversicht ein. Mit ihm geht die Welt sowohl unter wie auf.«[63]

Die Skepsis, die nun den Optimismus einfärbt, gilt dem Sinn, der in der Geschichte als der verlaufenden Zeit steckt. Ihren unmittelbaren Emanationen hatte Jünger sich ja schon in den dreißiger Jahren zu entziehen versucht, durch eine nun bewußt distanzierende Ästhetisierung seines Schreibens und den Rückzug auf den Mythos. Auch in der Schrift »Der Friede«, im Zweiten Weltkrieg entstanden, wurde die geschichtliche Reflexion auf den Krieg nicht historischen, soziologischen oder psychologischen Kategorien unterworfen, sondern ins organische Bild von ›Saat‹ und ›Frucht‹ übertragen, was den Krieg in die Nähe einer naturgegebenen Katastrophe rückte. Die als Schlußfolgerung formulierte, aber bloß allgemein Hoffnung zum Ausdruck bringende Sentenz, der Krieg müsse für alle Frucht bringen, erinnert an die alte Denkfigur aus den zwanziger Jahren, mit der Jünger einst der Verzweiflung des geschlagenen Kriegers begegnet war: »Wir müssen glauben, daß alles sinnvoll geordnet ist«[64], hieß es damals. Nur wurde das Heil nach dem Zweiten Weltkrieg nicht mehr in der Transformation der Kriegerkaste in die angeblich organische Bewegung des zur Macht der Zukunft formierten Arbeiter-Kriegers gesucht, sondern sehr allgemein dem tapferen Einzelnen überantwortet: »So gleicht der Einzelne dem Lichte, das, sich entzündend, zu seinem Teile die Verdunkelung bezwingt. Ein kleines Licht ist größer, ist zwingender als sehr viel Dunkelheit. – Das gilt auch für den, der fallen muß. Er schreitet im guten Stande in die Ewigkeit. Der eigentliche Kampf, in dem wir stehen, spielt sich ja immer deutlicher zwischen den Mächten der Vernichtung und den Mächten des Lebens ab. – – In diesem Kampfe stehen die gerechten Krieger Schulter an Schulter wie je die alte Ritterschaft.«[65]

Noch einmal wurde da, freilich abgeklärter, antiquarischer, das alte Pathos heraufbeschworen, und pathetisch, nämlich nur als Geste, wirkt auch die Berufung auf die Hoffnung, die, wie Jüngers Lieblingswort heißt, stärker sei als die Furcht – die Furcht aber könne nur in der Brust des Einzelnen überwunden werden. Im Grunde formuliert es die Lebensmaxime Ernst Jüngers, seit er von den Schlachtfeldern des Ersten Weltkriegs zurückgekommen war. Immer wieder geht es darum, der Geschichte zu widerstehen, ihren ungewünschten Verlauf in der Zeit aufzuhalten und, da dies nicht gelingen kann, über ihre Realität hinwegzugehen, aus ihr herauszutreten, sich ihr jedenfalls nicht verantwortlich zu stellen. Jüngers Antwort auf die Forderungen der Zeit war ein egozentrisches metaphysisches Philosophieren ohne systematische Analytik und bar jeder Verbindlichkeit. Die Zeit, so Jünger 1951 in der kleinen Schrift »Am Kieselstrand«, sei nur die Bühne, ›hinter deren Kulissen wir uns in uns selbst verwandeln‹[66].

Aber was heißt Verwandlung? Im Jüngerschen Diktum sicherlich nicht: prinzipielle Veränderung. Dem entspricht auch die Tagebuchnotiz von 1978, wonach Jünger seinen Optimismus der fünfziger Jahre nicht in der Qualität, sondern nur im Umfang abnehmen lasse. Als Naturwissenschaftler, wie Jünger sich verstand, wußte er sehr wohl, daß ›Verwandlung‹ die Substanz nicht berührt, sondern nur die Gestalt verändert, in der sich die Substanz präsentiert, wie bei der Raupe, die ins Stadium der Verpuppung übergeht und schließlich als Schmetterling in Erscheinung tritt. Und Jüngers ›Substanz‹ war seine autonome ›Autorschaft‹, wie er sie als sinngebende Qualität gegen den Ansturm des Sinnlosen in den zwanziger Jahren dekretiert hatte. Nur ihr Erscheinungsbild verwandelte sich – auf dem Palimpsest des Kriegers erschien als Träger des Optimismus der fünfziger Jahre der Waldgänger und des später sich verstärkenden Skeptizismus die Fluchtfigur des Anarchen.

Den Krieger hatte Jünger aus der reinen Daseinsform seines Kampfes, dessen historische Funktion nicht reflektiert wurde, in die geschichtsprägende und die bürgerliche Gesellschaft vernichtende Gestalt des Arbeiters transformiert, die, wie es später in »Der Waldgang« heißt, das »Universum auf neue Weise durchdringen und beherrschen« sollte.

»Waldgänger aber nennen wir jenen, der, durch den großen Prozeß vereinzelt und heimatlos geworden, sich endlich der Vernichtung ausgeliefert sieht. Das könnte das Schicksal vieler, ja aller sein – es muß also noch eine Bestimmung hinzukommen. Diese liegt darin, daß der Waldgänger Widerstand zu leisten entschlossen ist und den, vielleicht aussichtslosen, Kampf zu führen gedenkt. Waldgänger ist also jener, der ein ursprüngliches Verhältnis zur Freiheit besitzt, das sich, zeitlich gesehen, darin äußert, daß er dem Automatismus sich zu widersetzen und dessen ethische Konsequenz, den Fatalismus, nicht zu ziehen gedenkt.«[67]

Den »großen Prozeß«, dem Jüngers Waldgänger sich nun, da er ihn bedroht, entzieht, hatte freilich seine »Arbeiter«-Schrift von 1932 selbst mitinitiiert. Doch nun heißt es: Seinem Vernichtungspotential könne nur entgehen, wer das »ursprüngliche Verhältnis zur Freiheit« gewinne, sich also unabhängig mache vom Ansturm der Geschichte. Der ›Kampf‹ des Waldgängers hat sich gegenüber dem von Krieger und Arbeiter spiritualisiert – die Schrift »Der Waldgang« macht deutlich, daß ihr Protagonist nicht mehr der kämpfende Anarchist ist, sondern der Künstler, der seine Kraft aus der unmittelbaren Anschauung der ›geschichtsfreien‹ Natur gewinnt – ihre Metapher ist der Wald. Knapp heißt es im »Waldgang«: »der Dichter ist Waldgänger«[68].

Dieser Gestus der Selbstbehauptung war aber nicht neu, er beteuerte nur ums andere Mal, was Jünger schon früh verkündet hatte: die Autonomie der ›Autorschaft‹ als »ursprüngliches Verhältnis zur Freiheit«. Dazu stand freilich in merkwürdigem Gegensatz – und charakterisiert den antimodernen Grundaffekt seines Denkens –, daß Jünger sich in der Natur wie in der Gesellschaft nach verbindlichen Ordnungen sehnte, nach einer Welt, die noch ›in Ordnung‹ war: »Gerade in einer Zeit, in der also alle Ordnungen, sagen wir, die moralischen und gesellschaftlichen Ordnungen, Schiffbruch erleiden und nur die technische Ordnung existiert, das heißt die Ordnung des Arbeiters, da tut es sehr gut, sich entweder in der Natur oder in der Geschichte Ordnungswelten sichtbar zu machen, die noch konstant sind, wie eben das Linnésche System. – Eine andere Ordnungswelt, mit der ich mich zur Zeit beschäftige, sind die Memoiren von Saint Simon. Die Ordnung am Hofe Ludwigs des Vierzehnten ist an sich bewunderungswürdig; obwohl mir die Gestalt dieses Königs an sich unangenehm ist, fesselt mich doch gerade dieses absolut peinlich durchgeführte gesellschaftliche System.«[69]

VIII.

Der Waldgänger hatte sich der »ethischen Konsequenz des Automatismus« einer leer laufenden, von geschichtlicher Hoffnung freien Welt noch nicht ganz entzogen, er hatte seine Freiheit noch im Widerstand zur Welt definiert. Vollends welt- und geschichtslos wird diese Freiheit in Jüngers letzter Gedankenfigur: dem Anarchen – er ist der Protagonist von Jüngers nach »Heliopolis« zweitem utopischen Roman »Eumeswil« (1979).

Hatte der Waldgänger noch eine wenigstens spirituelle Form des Widerstands zu leisten bekundet, so entzieht sich der Anarch nicht nur jeder Handlung, sondern auch jeder Äußerung seines nur noch im Geheimen entwickelten Denkens – ja noch mehr: »(...) das Anarchische bleibt auf dem Grunde als Geheimnis, meist selbst dem Träger unbewußt.«[70]

Damit war das Numinose endlich und endgültig erreicht: Es bedarf, um als Anarch zu existieren, nicht des Bewußtseins, nicht des Intellekts; der Anarch scheint demnach ›reiner Geist‹ zu sein, und zwar durchaus in dem Sinne, wie Jünger ihn bereits in seiner Apotheose von 1927 gefeiert hatte. Auch die anarchische Existenz ist außerhalb der Zeit, im Vor- und Unbewußten. Dort ist Geschichte, als zerteilte Zeit, aufgehoben.

Die innere Haltung des Anarchen formuliert Jüngers Protagonist so: »Als Anarch bin ich entschlossen, mich auf nichts einzulassen, nichts letzthin ernst zu nehmen – – – allerdings nicht auf nihilistische Weise, sondern eher als ein Grenzposten, der im Niemandslande zwischen den Gezeiten Augen und Ohren schärft.«[71]

Damit wäre endlich auch »die Zeit zur Strecke gebracht«, wie Jünger in »Eumeswil« formuliert. Und der Anarch steht, wie einst der Krieger auf den Schlachtfeldern von Verdun, wieder als Grenzposten zwischen den Fronten: Auch der ignorierte ja, wie es in »Sturm« hieß, die Fahnen, unter denen gekämpft wurde; es ging schon damals um den Kampf – um den Kampf als »inneres Erlebnis« und als Ausdruck von Leben schlechthin.

So führt Jüngers gesamtes Werk in letzter Konsequenz dorthin zurück, von wo es seinen Ausgang genommen hat, und die dekretierte ›Autorschaft‹ hat nur entwickelt, was nach Jüngers Meinung schon früh in ihm angelegt war – so sah er es, freilich apologetisch, auch in seinem letzten Buch »Die Schere«: »Der Rückweg zum Ursprung führt, wie über alles Zeitliche, auch über den Lebenslauf des Einzelnen hinaus. Er hat sein Mögliches, und damit Unvollständiges, getan. Es wird ergänzt werden. Das in ihm von Anbeginn verborgen Gewesene wird, und zwar von ihm noch, erkannt.«[72] Und: »Alles trifft ein – doch nicht wegen der strengen Notwendigkeit des Schicksals, wie sie selbst Schopenhauer annahm, sondern aus dem einfachen Grunde, weil es bereits geschehen ist.«[73]

Damit waren Zukunft und Vergangenheit endlich zur Deckung gebracht. Die Zeit steht still. Die Geschichte ist endlich beseitigt.

Der Kampf ist vorbei.

Zerstört oder *gestählt*

Über eine Differenz zwischen Erich Maria Remarque und Ernst Jünger

Bei der Vorbereitung dieser Überlegungen unterhielt ich mich mit einem Freund, dem Schriftsteller Hugo Dittberner, über Erich Maria Remarque, und der erzählte mir eine typische Geschichte: Als er seinen Wehrdienst antrat, hatte er Remarques Buch »Im Westen nichts Neues« bei sich. Das Buch lag noch auf dem Bett, während sich die jungen Rekruten am ersten Tag einrichteten und ihr neuer Ausbilder ihre Stube betrat. Der Unteroffizier fragte, wem dieses Buch da gehöre. Dittberner meldete sich, und weil er auch noch seine Uniformjacke nicht ordnungsgemäß geschlossen hatte, war er der erste, der die Stube von Grund auf, und allein, zu reinigen hatte.

Sofort fiel mir die dazu passende eigene Geschichte ein: Ich hatte, als ich 1960 meinen Wehrdienst beim Stab des Aufklärungsgeschwaders 51 leistete, ein paar Bücher von Ernst Jünger dabei, den ich damals persönlich kennengelernt hatte. Als der Geschwaderkommodore das erfuhr, bat er mich einige Male während der Dienstzeit zu sich, um mit mir, beim Cognac, über Ernst Jünger zu plaudern.

Erich Maria Remarque und Ernst Jünger: Es gibt kaum gegensätzlichere Biographien zweier deutscher Schriftsteller und zugleich kaum beispielhafter alternative Wege durch die deutsche Geschichte unseres Jahrhunderts als die ihren. Zumal jeder von ihnen seinen literarischen Ruhm mit einem Buch begründete, das Erfahrungen aus jenem Kriege bearbeitete, in dessen Folge sich dieses 20. Jahrhundert so grausam und mörderisch, so wirklichkeitsvergessen und ideologiebesessen entwickelt hat: Ernst Jünger 1920 mit »In Stahlgewittern«, Erich Maria Remarque 1928/29 mit »Im Westen nichts Neues«.

Beide Bücher fokussieren das Kriegserlebnis aus unterschiedlicher Perspektive: Jünger berichtet mit dem Blick des verwegenen Frontoffiziers, dessen Haltung der Kaiser durch die Verleihung seines höchsten Ordens Pour le mérite geradezu sanktioniert hatte – und in den Bearbeitungen der 1920er Jahre mit verstärkt heroisierender und ästhetisierender Tendenz; Remarque erzählt mit dem Rückblick auf eine Generation, die der Krieg entwurzelt, der er die Jugend geraubt hatte und die sich deshalb in der Nachkriegszeit nicht zurechtfand.

Beide Schriftsteller suchten nach Antworten auf die Sinnfrage, die der Krieg ihrer Generation gestellt hatte: für Jünger, weil er verloren worden war; für Remarque, weil er überhaupt stattgefunden hatte.

Während Remarques Buch bereits die Antwort auf diese Sinnfrage enthält, ja als solche entstanden ist: indem es berichtet von einer Generation, »die vom Kriege *zerstört* wurde – auch wenn sie seinen Granaten entkam«[1], beantwortet Jünger diese Sinnfrage, die er mit den »Stahlgewittern« formuliert hatte, im Laufe der zwanziger Jahre: in »Der Kampf als inneres Erlebnis« mit der Feier eines vitalistischen Prinzips, dem nichts heiliger ist »als der kämpfende Mensch«[2], und ab 1925 mit einem radikalen Nationalismus und der Projektion und publizistischen Vorbereitung eines heroischen Zeitalters für die eigene Generation, die vom Kriege *gestählt*[3] worden war.

Zerstört schrieb Remarque, *gestählt* schrieb Jünger – genauer läßt sich kaum fassen, wie sehr sich die Blicke der beiden Schriftsteller auf diesen Krieg unterschieden.

Freilich darf man nicht vergessen, daß Jünger ein Tagebuch mit zwar bearbeiteten, doch authentischen Schilderungen, Remarque aber einen Roman geschrieben hat, der eine *fiktive* Authentizität: also literarische Übertragbarkeit, Beispielhaftigkeit beansprucht; so daß Jüngers Haltung zum Krieg seinem Text unmittelbar abgelesen, Remarques Position aus seinem Text nur mittelbar erschlossen werden kann.

An zwei Passagen will ich kurz zeigen, worin die Differenz in den Darstellungen besteht:

Bei Jünger heißt es im Kapitel zum »Auftakt der Sommer-Offensive«: »Nun ging es in sausendem Laufe dem eigenen Graben zu. Vor unserem Draht pfiffen die Geschosse schon so, daß ich in einen wassergefüllten, drahtversponnenen Minentrichter springen mußte. Auf schwingendem Stacheldraht über dem Wasserspiegel pendelnd, hörte ich mit gemischten Gefühlen die Geschosse wie einen gewaltigen Immenschwarm über mich hinwegbrausen, während Drahtfetzen und Geschoßsplitter in die Böschung des Trichters fegten. Nach einer halben Stunde, als sich das Feuer beruhigt hatte, arbeitete ich mich über unser Hindernis und sprang, von den Leuten freudig begrüßt, in den Graben. (...) Alles freute sich über den glücklichen Ausgang und bedauerte nur, daß uns der ersehnte Gefangene auch diesmal entschlüpft war. (...) Diese kurzen, sportsmäßigen Sensationen waren indes ein gutes Mittel, den Mut zu stählen und die Eintönigkeit des Grabendaseins zu unterbrechen.«[4]

Auch bei Remarque wird ein Rückzug geschildert: »Wir laufen zurück, reißen spanische Reiter in den Graben und lassen abgezogene Handgranaten hinter uns fallen, die uns einen feurigen Rückzug sichern. Von der nächsten Stellung aus feuern die Maschinengewehre.

Aus uns sind gefährliche Tiere geworden. Wir kämpfen nicht, wir verteidigen uns vor der Vernichtung. Wir schleudern die Granaten nicht gegen Menschen, was wissen wir im Augenblick davon, dort hetzt mit Händen und Helmen der Tod hinter uns her, wir können ihm seit drei Tagen zum ersten Male ins Gesicht sehen, wir können uns seit drei Tagen zum ersten Male wehren gegen ihn, wir haben eine wahnsinnige Wut, wir liegen nicht mehr ohnmächtig wartend auf dem Schafott, wir können zerstören und töten, um uns zu retten und zu rächen.«[5]

Beides also Ausschnitte aus Schilderungen von Rückzugsgefechten. Bei Jünger beherrscht das berichtende ICH die Lage, fast tänzelnd bewegt es sich über die doch tödlichen Hindernisse, bloß »gemischte Gefühle« entstehen angesichts der Geschosse in der Luft, die, einem Bienenschwarm gleich, immerhin gewaltig über Jünger hinwegbrausen. Dann die doppelt geäußerte Freude, aber das Bedauern, den »ersehnten« Gefangenen nicht gemacht zu haben – eine sportive Übung das Ganze, eine willkommene Abwechslung in der Langeweile des »Grabendaseins«.

Bei Remarque keine Beherrschung der Situation, sondern der erbitterte Kampf gegen die drohende Vernichtung. Jeder Satz wird dominiert vom WIR, kein heldenhaftes ICH spielt da eine besondere Rolle. Es geht um den Existenzkampf von Lebewesen, die der Krieg aufs Schafott gezwungen hat: »gefährliche Tiere« wehren sich dagegen, abgeschlachtet zu werden; kein Gedanke, auch an keiner anderen Stelle in Remarques Buch, daß der Kampf je eine sportliche Angelegenheit sein könnte oder gar eine willkommene Abwechslung.

Nun könnte man einwenden: Jünger berichte konkret als Frontoffizier, Remarque aber erzähle als Schriftsteller die Erfahrung einer Generation entsprechend seiner Interpretation nur nach. Aber darum eben geht es ja: um die Differenz in der Haltung zum Krieg, um das Bewußtsein, mit dem das Grauen, das Leiden, der Tod – als unmittelbare Erfahrung oder als literarische Imagination – bearbeitet werden. Dazu zwei weitere Zitate.

Bei Remarque: »Wir sehen Menschen leben, denen der Schädel fehlt; wir sehen Soldaten laufen, denen beide Füße weggefetzt sind; sie stolpern auf den splitternden Stümpfen bis zum nächsten Loch; ein Gefreiter kriecht zwei Kilometer weit auf den Händen und schleppt die zerschmetterten Knie hinter sich her; ein anderer geht zur Verbandsstelle, und über seine festhaltenden Hände quellen die Därme; wir sehen Leute ohne Mund, ohne Unterkiefer, ohne Gesicht; wir finden jemand, der mit den Zähnen zwei Stunden die Schlagader seines Arms klemmt, um nicht zu verbluten, die Sonne geht auf, die Nacht kommt, Granaten pfeifen, das Leben ist zu Ende.«[6]

Jünger fügte 1925 in die »Stahlgewitter« eine Passage ein, die nun nicht mehr der unmittelbaren Anschauung abgeschrieben ist, sondern reflektiert über das Verhalten im Angesicht des Grausigen, der Toten: »Das Grausige gehörte ja auch zu dem, was uns so unwiderstehlich in den Krieg hinausgezogen hatte. Eine lange Zeit der Ordnung und des Gesetzes, wie sie unsere Generation hinter sich hatte, bringt einen wahren Heißhunger nach dem Außergewöhnlichen hervor; (...) Und nun beim ersten Anblick des Grausigen hatten wir das Gefühl, das sich sehr schwer beschreiben läßt. (...) So mußten wir immer wieder auf diese Dinge, die wir noch nie gesehen hatten, starren, ohne ihren Sinn erfassen zu können – sie waren uns eben gänzlich ungewohnt. Wie in einem Traum, in einem Garten voll seltsamer Gewächse schritten wir über diesen Boden, der überall Tote mit verrenkten Gliedern, verzerrten Gesichtern und den schrecklichen Farben der Verwesung trug. Erst später konnten wir klar erkennen, was uns umgab. Und zuletzt waren wir so an das Grausige gewohnt, daß, wenn wir hinter einer Schulterwehr oder in einem Hohlweg auf einen Toten stießen, dieses Bild in uns nur den flüchtigen Gedanken löste: ›Eine Leiche‹, wie wir sonst wohl dachten: ›ein Stein‹ oder ›ein Baum‹.«[7]

Eine gegensätzlichere Haltung zum Krieg läßt sich kaum denken als jene, die aus beiden Texten spricht. Während Remarque mit seiner realistischen Darstellung konkreter Verwundungen das Grauen evoziert und einzelne Soldaten als Leidende oder Sterbende unmittelbar vors Auge des Lesers stellt, rückt Jünger das Sterben, den Tod, die Toten bewußt in eine ästhetisierende Distanz, die den Soldaten an den Umgang mit dem Grausigen gewöhnen soll, um es ertragen zu können. Jüngers Ästhetisierung des Schreckens ist Flucht vor der banalen, und in der Banalität um so grausigeren Wirklichkeit, es ist auch eine Form ihrer Verdrängung, auch der Leser wird, durch seine Ästhetisierung, an den Schrecken gewöhnt. Remarque hingegen dramatisiert den Schrecken, um diese Verdrängung, die damals wohl allgemein war, aufzubrechen und die Ursachen für das offenzulegen, was er im Kriege sieht: die Zerstörung einer, seiner Generation.

Denn es ist ja dieselbe, es ist ihre Generation, von der bei Remarque ebenso wie in dieser Passage Jüngers die Rede ist: Doch nun spricht nicht mehr der kämpferische Stoßtruppführer in eigener Sache und erster Person Singular, sondern der nationale Propagandist, jener Krieger »unserer Generation«, die das Außergewöhnliche erleben wollten und dann zu »Tagelöhnern« des Grausigen wurden: aber gestählt, so Jünger, sind sie, und das meint: sind wir daraus hervorgegangen, um die Zukunft zu übernehmen. »Wir haben das neue Gesicht der Erde gemeißelt«[8], schreibt er im »Kampf als inneres Erlebnis«, und: »Das ist der neue Mensch, der Sturmpionier, die Auslese Mitteleuropas. Eine ganz neue Rasse, klug, stark und Willens voll. Was hier im Kampfe als Erscheinung sich offenbart, wird morgen die Achse sein, um die das Leben schneller und schneller schwirrt.«[9]

Von alledem weiß Remarques Buch nichts. Dafür aber umso mehr »über die von allen erlebten Schauer, über das Grauen, über den verzweifelten, oft rohen Trieb der Selbsterhaltung, über die zähe Kraft des Lebens, das dem Tode und der Vernichtung gegenübersteht« – darüber, so Remarque 1929 in einem Gespräch[10] mit Axel Eggebrecht, habe er gesprochen.

Deshalb aber will Remarques Buch auch nichts über jene von den Kommunisten in Anspruch genommenen »wahren Ursachen des Krieges« wissen, »die in den politisch-ökonomischen Voraussetzungen der bürgerlichen und kapitalistischen Gesellschaftsordnung liegen«, die nur »durch den gewaltsamen Sturz dieser Gesellschaftsordnung« zu beseitigen seien. So war es jedenfalls 1929 in der »Roten Fahne« zu lesen in einem Artikel über »Im Westen nichts Neues«, der mit dem Satz schließt: »Dieses Buch, das glänzend und hinreißend geschrieben ist, schweigt, und das ist seine tiefe Schuld – vor der neuen Generation.«[11]

Diese vom Kriege entwurzelte Generation wurde von den nationalistischen ebenso wie von den kommunistischen Propagandisten als neue Generation ausgerufen und für die jeweiligen Positionen in Anspruch genommen. Mit beiden Bewegungen wollte Remarque nichts zu tun haben, er ließ sich nicht vereinnahmen, sondern bestand auf seinem »militanten Pazifismus«[12]. 1929 war dafür nicht die günstigste Zeit, aber es war eine Zeit, die seiner bedurft hätte. Deshalb trifft der Vorwurf, Remarque hätte den Zeitgeist bedient, nicht zu. Im Gegenteil – nichts scheint damals dem propagierten Zeitgeist weniger entsprochen zu haben als das, was Remarques Buch leistete: das Verschwiegene unverhohlen zur Sprache gebracht, das Verdrängte ans Licht geholt zu haben. Immerhin zeigt der enorme Erfolg von »Im Westen nichts Neues«, daß offenbar in vielen Menschen insgeheim der entschiedene Wunsch danach vorhanden war: daß endlich Verständnis geweckt wurde »für eine Generation, die mehr als jede andere Schwierigkeiten hatte, nach vier Jahren Tod, Kampf und Schrecken ihren Weg in die friedlichen Bereiche von Arbeit und Fortschritt zu finden«, wie Remarque 1929 an den englischen General Ian Hamilton schrieb[13]; denn er verstand sein Buch auch als einen Aufruf an diese Generation, den »paralysierenden Fluch« des Todes, den sie so früh kennengelernt hatte, abzuschütteln.

Jedenfalls erkannten sich viele, die den Krieg mitgemacht hatten, wieder in Remarques Buch, eher als in den meisten anderen Büchern über den Krieg, die ihn je nach ihren ideologischen Interessen instrumentalisierten. Und es ist nicht von der Hand zu weisen, daß den radikalen Seelenfängern paralysierte Massen lieber waren als zu Bewußtsein gekommene Menschen. Dieses Bewußtsein galt es aber zu Tage zu befördern, das »traumatische Material zum Thema Krieg« freizusetzen.

»Im Westen nichts Neues«, 1928 von der »Vossischen Zeitung« in Fortsetzungen abgedruckt, erschien als Buch Ende Januar 1929 und wurde von Kritikern unterschiedlicher politischer Richtung als wahrhaftig akzeptiert. Dann wurde es sehr schnell ein Riesenerfolg. Im Mai 1929 lag die Auflage schon bei mehr als einer halben Million, ein Jahr später bei einer Million, bis dahin lag es in 23 Übersetzungen vor. 1930 wurde es in den USA verfilmt. (Bis heute übrigens hat es eine Weltauflage von fast zwölf Millionen Exemplaren in 59 Ländern erreicht.)

Dieser große Erfolg erst bewirkte, daß »Im Westen nichts Neues«, das ja ausdrücklich eine unpolitische Darstellung von Kriegserfahrungen sein wollte und, wie Carl von Ossietzky später schrieb, »in den unfreundlichen Farben der Wahrheit geschrieben«[14] war, zum politischen Fall wurde. Seine ideologiefreie Darstellung konnte erst in so massenhafter Verbreitung den extremen politischen Ideologien in die Quere kommen, eine wahrhaftige Literatur das falsche Bewußtsein, das sie propagierten, stören. Die Reaktionen zeigten, daß

Remarque mit seinem Buch den Nerv der Zeit, ihr Trauma, getroffen hatte, aus dem sich die radikalen Ideologen verführerisch bedienten.

So beschimpften die Kommunisten Remarques Pazifismus als »die furchtbarste Kriegsschuldlüge«[15] und vermißten eine parteiliche Entscheidung – natürlich in ihrem Sinne – und eine aktionistische Haltung. Ein Graf von Schlieffen monierte im »Deutschen Adelsblatt«: »Schöne und erhebende Ereignisse fehlen gänzlich« – und es trage »in unerhörter Weise zur Förderung des pazifistischen Geistes bei«.[16] Vor allem aber zogen natürlich die Nationalsozialisten gegen Remarque zu Felde. Im »Völkischen Beobachter« schmähte der an Hitlers Münchner Putsch beteiligte Hans Zöberlein, immerhin ein hochdekorierter Infanterist des Weltkriegs, Remarque seien nicht einmal die gewöhnlichsten Dinge der Front geläufig, »mit Ausnahme der Latrine, die er ausgezeichnet kennt«. Und: »Aus ›Im Westen nichts Neues‹ stinkt nur die Verwesung längst erstickter Charaktere.« Das Buch sei eine »jauchzende Entschuldigung der Deserteure, Überläufer, Meuterer und Drückeberger und somit ein zweiter Dolchstoß an der Front, an den Gefallenen aber eine Leichenschändung.«[17]

Die getroffenen Hunde jaulten, doch dabei blieb es nicht. Und sehr bald schon stellte sich heraus, daß die Nazis bereits einen erheblichen Einfluß in der Republik gewonnen hatten. Als nämlich Anfang Dezember 1930 in Berlin die amerikanische Verfilmung von »Im Westen nichts Neues« ihre deutsche Premiere hatte, randalierten die Nazis und protestierten gegen den Film, und bereits knapp eine Woche später verbot die oberste Filmprüfstelle des Staates weitere Aufführungen, weil der Film das deutsche Ansehen gefährde.

Bis dahin hatte Remarque in die heftigen Auseinandersetzungen um sein Buch nicht eingegriffen. Er hatte stattdessen eine andere, sehr ausführliche Antwort formuliert – den Roman »Der Weg zurück«, in dem er zeigte, was er damit meinte, daß der Krieg die junge Generation zerstört habe, der er die Jugend gestohlen hatte. Die Quintessenz dieses Buches lautete: »Das Vermächtnis der Toten heißt nicht: Rache –, es heißt: Nie wieder.«[18]

Mit diesem Satz schloß eine Erklärung Remarques, die verlesen wurde während einer Protest-Veranstaltung der Deutschen Liga für Menschenrechte gegen das Verbot des Films »Im Westen nichts Neues« im Januar 1931, auf der auch Käthe Kollwitz, Carl Zuckmayer und Heinrich Mann redeten und Beiträge von Albert Einstein, Arnold Zweig, Kurt Tucholsky und anderen vorgetragen wurden. In dieser ersten und von vielen seiner Anhänger längst erwarteten Stellungnahme Remarques heißt es:

»Ich habe lange nach einer Erklärung dafür gesucht, wie es möglich ist, daß Menschen, die den Krieg mitgemacht haben, schon heute, zwölf Jahre später, so völlig verschiedener Ansicht über die Wirklichkeit des Krieges sein können. Zweifellos bekommen selbst die furchtbarsten Erlebnisse durch die Tatsache, sie überwunden zu haben, noch etwas vom Glanz eines heroischen Abenteuers. Niemand wird die ungeheure Leistung der deutschen Soldaten herabsetzen können und herabsetzen wollen. Aber es muß mit aller Entschiedenheit dagegen Front gemacht werden, die Erinnerung an diese Leistung jetzt einseitig zu benutzen, den Krieg zu verherrlichen und darüber den grenzenlosen Jammer zu verkleinern, den er geschaffen hat.«[19]

Als Remarque dies aufschrieb, publizierte Ernst Jünger heftig und engagiert in nationalistischen und nationalbolschewistischen Blättern. Erschienen war gerade seine Schrift »Die totale Mobilmachung«, die in allem das Gegenteil war von jener Erkenntnis, die Remarque seiner Zeit eröffnete, aber leider näher an der Wirklichkeit, die sich nun zu entfalten begann.

Remarque hatte Mitte 1928 in einer kleinen Sammel-Rezension zu verschiedenen Kriegsbüchern Ernst Jüngers »In Stahlgewittern« »präzise, ernst, stark und gewaltig« genannt, und der Kritiker Günter Blöcker meinte gar, es sei nicht von der Hand zu weisen, daß Remarque von Jünger stilistisch einiges gelernt habe.[20] Das mag sein. Doch in allem, was Jünger als Schriftsteller in den zwanziger Jahren ausmachte, stand er im entschiedensten Gegensatz zu Remarque. Als 1930 eine Reihe von nationalistischen Publizisten in den

»nationalsozialistischen Briefen« auf Remarques »Im Westen nichts Neues« mit der Schrift »Vom Sinn des Krieges« antworteten, druckten sie darin auch einen Auszug aus Jüngers letztem Kriegsbuch »Feuer und Blut« ab: ein nachdrücklicher Hinweis darauf, wer in den Augen jener, die ein paar Jahre später in Deutschland die Macht ergriffen, der wahre literarische Gestalter des Krieges war.

Im Vorwort zur zweiten Auflage von »Feuer und Blut« hatte Jünger geschrieben, und damit genau jene Stimmung bezeichnet, gegen die Remarques Erklärung von 1931 gerichtet war: »Wir Frontsoldaten beginnen in unserer Masse das dreißigste Lebensjahr zu überschreiten. Da wir nicht mit der liberalistischen Phrase, sondern von Grund auf verwandelt aus dem großen Kriege zurückkehrten, hat es für uns langer und schwerer Arbeit bedurft, um klar zu werden über den Sinn des Geschehenen. Wir dürfen sagen, daß wir nahe herangekommen sind an das Wesentliche; an den Abschluß unserer inneren Form. Es ist unser Recht und unsere Pflicht, diese Form nach außen zu kehren und sie auf allen Gebieten des Lebens zu verwirklichen! Dieser Verwirklichung, durch die ein neues Lebensgefühl sich einen neuen Staat geschaffen hat, werden wir uns die nächsten Jahre voll Energie und Kühnheit zu widmen haben. (...) das Wesen des Staates, zu dem der Weg nicht über Kompromisse führt, tritt klar hervor. Vaterlandsliebe, Kameradschaft, Mut und Disziplin werden in ihm zum Ausdruck gebracht werden, oder mit anderen Worten, er muß national, sozial, wehrhaft und autoritativ gegliedert sein.«[21] Und in seinem 1932 erschienenen Buch »Der Arbeiter« entwarf er »Herrschaft und Gestalt« dieser durchmilitarisierten Arbeitergesellschaft, die, nachdem die aufgeklärte bürgerliche Gesellschaft hinweggefegt war, den neuen nationalen und sozialistischen Staat formen sollte.

Als dieser Staat entstand, hatten sich die Wege Jüngers und Remarques auch räumlich schon längst getrennt. Remarque war 1931 aus Berlin in die Schweiz gezogen, weil sein Leben bedroht war von den Nazis, auf deren Schwarzer Liste er stand. Auf ihren Scheiterhaufen verbrannten im Mai 1933 seine Bücher, auf dem Grundstück seines Schweizer Exils wurde im selben Monat ein Journalist umgebracht, den die Mörder vermutlich für Remarque gehalten hatten. Sein Publikum in Deutschland hatten ihm die Nazis genommen, doch das Publikum der übrigen Welt hatte er gewonnen – und alle seine Bücher, die er forthin schrieb, hatten nur ein Thema: Deutschland – seine aktuelle Geschichte, das Schicksal der Deutschen, ihr Verhalten als Täter und Opfer.

In der Schweiz half Remarque den Verfolgten der Nazis, finanzierte ihre Flucht und Emigration. Später ging er nach Frankreich. 1938 wurde er aus dem Deutschen Reich ausgebürgert. Kurz vor Ausbruch des Krieges reiste er Ende August 1939 mit dem Schiff in die USA, freilich folgte er, wie Thomas Schneider schön schreibt, mehr der angebeteten Marlene Dietrich, als daß er vor dem drohenden Krieg flüchtete.

Ernst Jünger hatte 1933 seine politische Publizistik aufgegeben, Berlin verlassen und sich zurückgezogen in die Provinz. Dort schrieb er kleine Reisetagebücher, erzählte seinen jugendlichen Ausbruch in die Fremdenlegion, privatisierte, wenn man so will, als Schriftsteller. Doch gleichzeitig erschienen alle seine frühen Kriegsschriften, die von Hitler überaus geschätzt wurden, vor allem »In Stahlgewittern«, das während des Zweiten Weltkriegs, zwischen 1939 und 1944, mehr verkauft wurde als in den gesamten 20 Jahren zuvor.

In jenen Augusttagen, da Remarque sich auf dem Schiff nach Amerika befand, bekam Jünger seine Einberufung zum Heer und Beförderung zum Hauptmann und notierte in seinem Tagebuch »Gärten und Straßen«: »Ich nahm das als Zeichen, daß Ares mir inzwischen nicht abhold geworden ist.«[22] Auf dem Vormarsch nach Paris redigierte er seine mythologisierende Erzählung »Auf den Marmor-Klippen«, die Fluchtgeschichte zweier geistiger Aristokraten vor dem mörderischen Regime des Oberförsters und eine sehr vermittelte Absage an die eigene politisch involvierte sogenannte Mauretanier-Vergangenheit. Doch die Produkte aus dieser kriegerischen Vergangenheit kursierten weiterhin, während Jünger in Paris seine Schrift »Der Frieden« entwarf – so etwas nannte Jünger seine ihm eigene Ambivalenz.

Remarque schrieb, in Amerika, auch zwei Romane, die von Flucht vor der Gewalt handelten – einer wurde nach »Im Westen nichts Neues« sein zweiter literarischer Welterfolg: »Arc de Triomphe« erschien 1945 und erzählt das Leben des deutschen Arztes Ludwig Fresenburg, der, aus Gestapohaft geflohen, in Paris als Emigrant unter dem Namen Ravic lebt und seinen Gestapo-Folterer tötet, nachdem er ihn zufällig getroffen hat.

Jünger war nach dem 20. Juli 1944 aus der Armee entlassen worden, obwohl er keine aktiven Kontakte zum Offizierswiderstand hatte, und durfte nach dem Ende des Krieges drei Jahre nicht veröffentlichen – danach erschien sein Pariser Tagebuch: »Strahlungen«, in dem viel von Büchern und französischen Schriftstellern, von Bibellektüre und Gängen durchs besetzte Paris zu lesen ist, aber doch, gemessen an der Wirklichkeit, ziemlich wenig über die unermeßlichen Leiden und millionenfachen Opfer der nationalsozialistischen Terrorherrschaft. Überhaupt schrieb Jünger fortan von höherer, der menschlichen Wirklichkeit ferner Warte – er als Autor wollte sich nicht mehr berühren lassen von der Geschichte, beschrieb in »Der Waldgang« die Selbstisolation des Einzelgängers von den Anfechtungen der Gesellschaft, reflektierte »An der Zeitmauer« als Seher-Autor in astronomisch-astrologischen Distanzen und nannte sich schließlich einen Anarchen, eine ebenso anspruchsvolle wie merkwürdige Mixtur aus Anarchist und Monarch, eine Existenz, die jegliche Geschichte und damit jegliche Verantwortlichkeit in der Geschichte negiert.

Aber schon früh, nämlich bald nach 1945 hatte sich Jünger ja von seiner doch historischen Verantwortung verabschiedet, als er im Vorwort zu den »Strahlungen« schrieb: »Nach den Erdbeben schlägt man auf die Seismographen ein.«[23] Als sei Jünger bloß ein Seismograph gewesen und gänzlich unschuldig an jenen Erdbeben, mit denen er das »Dritte Reich« bezeichnete.

Remarque war aus diesem Land, dem Jünger unter dem Zeichen des Ares wieder diente, vertrieben, war ausgebürgert worden, hatte nach dem Kriege die amerikanische Staatsbürgerschaft angenommen und lebte bis zu seinem Tode 1970 wechselnd zwischen Europa und Amerika. Aber anders als viele Schriftsteller, die die deutsche Literatur in Deutschland wieder zu Weltgeltung brachten, und schon gar anders als Ernst Jünger, arbeitete Remarque in all seinen Büchern seither – das letzte zu seinen Lebzeiten erschien 1963 in Deutschland – gänzlich unprätentiös die menschlichen Tragödien auf, die der Nationalsozialismus verursacht hatte, und die vielen Verweise, die Remarque in seinen späteren Romanen auf »Im Westen nichts Neues« gibt, signalisieren, worin er die Wurzeln auch dieser späteren Verbrechen sah: im Krieg, der den Menschen nur immer zerstören konnte und der auch jene Generation zerstörte und dadurch prägte, die dann ins »Dritte Reich« marschierte. Diese Tragödien fanden statt in den vielen Konzentrationslagern, wie Remarque 1952 in »Der Funke Leben«, und an der Front, wie er zwei Jahre später in »Zeit zu leben und Zeit zu sterben« erzählt hat – große Bücher, realistische Bücher, die noch heute in aller Welt gelesen werden und bezeugen, wie ein deutscher Schriftsteller all jenen Menschen ein dauerndes Denkmal setzte, die von der Geschichte des deutschen Größenwahns, zu dem ganz entschieden die Geschichte des Militarismus gehört, vernichtet wurden.

Man müßte nun eigentlich noch von jenen Wegen berichten, die diese Bücher in Ost und West genommen haben. Zum Beispiel davon, daß sie im Ostblock nach dem Tode Stalins deshalb gelesen werden konnten, weil Remarque zeit seines Lebens ein aus Deutschland ausgebürgerter Schriftsteller blieb und also ideologisch akzeptabel war, obgleich er sich nie hat vereinnahmen lassen von jeglicher politischer Fraktion und auch die realsozialistische Literaturkritik ihn schärfstens kritisierte als einen, dem es nur um die Menschen, nicht um ideologische Ausformungen der Gesellschaft ginge.

Aber zum Schluß sei noch ein anderes persönliches Erlebnis erzählt: Als ich Mitte der neunziger Jahre in Prag war, erzählte mir der spätere tschechische Botschafter in Bonn und Berlin, Frantisek Cerny, daß er der Leiterin des Goethe-Instituts dort vorgeschlagen habe, in Prag zu Remarques hundertstem Geburtstag eine Veranstaltung zu machen, und sie darauf geantwortet habe: Ach Remarque, der sei doch längst passé und im übrigen bloß ein Trivialschriftsteller.

Hingegen wurden Ernst Jünger, der drei Jahre älter war als Remarque, zu seinem 100. Geburtstag, den er noch erlebt hat, von Staats wegen die roten Teppiche ausgerollt: Bundespräsident, Bundeskanzler und Landesfürst pilgerten in sein Dorf und gaben ihm ein Festtagsmahl – Ernst Jünger, der gepriesen wird vor allem als exzellenter Stilist.

Remarque ein Trivialschriftsteller, Ernst Jünger ein blendender Stilist? Mich interessierte viel mehr als der rein literarische der historische Komplex, der sich mit beiden Autoren verbindet, der Wege, den beide jeweils durch die deutsche Geschichte gegangen sind und der den einen, Ernst Jünger, mit vielen Exponaten ins Bonner Haus der Geschichte der Bundesrepublik Deutschland geführt hat, in dem der Name Remarque nicht einmal genannt wird.

Der Fremde

Über Hans Henny Jahnn

> Wenn ich das Recht nicht habe, für meine Seele einzustehen, so ist alles Unsinn.
>
> H. H. J.

Er hat von sich selbst gern behauptet, er sei zwar berühmt, aber unbekannt.[1] Dabei war kein Mangel an Möglichkeiten, ihn zu kennen, ihn zu lesen, denn es hat fast in jedem Jahrzehnt nach seinem Tode mehr oder weniger erfolgreiche Bemühungen gegeben, sein Werk in Gesamt- oder Sammelausgaben herauszubringen. Aber man kannte ihn eben fast nur aus großer Entfernung – immerhin aber doch als einen ebenso bedeutenden wie fremden deutschen Autor des 20. Jahrhunderts. Hans Henny Jahnn ist trotz aller in Zeitungs-Artikeln und Symposien und Theateraufführungen immer mal wieder aufschäumenden Bemühungen von Kritikern, Literaturhistorikern und Anhängern immer noch mehr Legende der Literaturgeschichte – und ein Autor für Eingeweihte eher als der deutschen Leser Allgemeingut.

Zu Lebzeiten war er den meisten ein Skandalon: Jahnns Werk sträubte sich von Anfang an gegen konventionelle und einvernehmliche Lektüre; er hatte es dagegen errichtet. Das hat seit jeher zu Vorwürfen gegen den Autor Jahnn geführt: formal, er schreibe sich lediglich rauschhaft aus, habe keine ordnende Distanz zu dem, was er schreibe; in bezug auf seine Haltung, er sei humorlos, unkritisch und bar jeder Ironie; und inhaltlich, er sei ekelhaft. Und wenn die Kritik sich positiv zu seinem Werk zu äußern bemühte, ließ sie es häufig mit Bemerkungen gut sein, die das Werk Jahnns als ›erratischen Block‹ innerhalb der deutschen Literatur vorzeigten – und oft genug als unvermittelbar deklarierten.

Ist aber, was Jahnn als Mangel angelastet worden ist, nicht vielleicht vor allem auch ein Mangel der literarischen Kritik im Zugriff auf dieses Werk? Seine auf Archaik zielende Besonderheit, die eben nicht leicht erkennbar auf Traditionen zurückzuführen ist; seine Düsternis, Sprödigkeit und bis zum Wahn-Sinn gesteigerte Ekstase in Stückmonologen, Handlungsverlauf und Prosafluß; zugleich aber auch sprachliche Dürftigkeit auf langen Strecken der Prosa und in Dramen – diese völlige Uneinheitlichkeit des Werks, an dem aber Unerbittlichkeit, Unbedingtheit und Unerschütterlichkeit seines Autors ungebrochen fortgewirkt haben, machen es dem Leser freilich auch nicht leicht, das Ganze zu durchdringen und zu erschließen.

Lange Zeit auch war man auf karge Informationen und bloße Vermutungen hinsichtlich seiner Biographie angewiesen, denn es gab in der Öffentlichkeit so gut wie keine authentischen Lebenszeugnisse von Jahnn; ein paar autobiographische Aufsätze nur waren veröffentlicht; Eingeweihte kannten einige ganz frühe Tagebücher, die der Schüler mit seiner Liebe zum Freund Gottlieb Harms füllte, und das »Norwegische Tagebuch« ihrer gemeinsamen Zeit der Flucht vor dem Krieg; sie erschienen erst 1974, zusammen mit dem Bornholmer Tagebuch, das erstmals Einblick gab in die dunkle Zeit eines halben Exils aus dem nationalsozialistischen Deutschland, und zwei späteren kleinen Tagebüchern. Ungehoben war immer noch der vermutete biographische Schatz in dem riesenhaften Berg von Hans Henny Jahnns Korrespondenz.

Umfangreich darin sind die Briefe an den Schweizer Freund Walter Muschg, der 1967 seine »Gespräche mit Hans Henny Jahnn« veröffentlicht hatte, Gespräche aus den dreißiger Jahren, als Jahnn zeitweise bei Muschg in Basel Unterschlupf suchte und fand. Das in diesen Erinnerungen und Gesprächen Veröffentlichte war schon deutlich von Jahnns Neigung zur Selbststilisierung gezeichnet und entstellt. Und ihre Lektüre macht deutlich: Was hier als biographische Selbstanzeige Jahnns verzeichnet ist, steht zu geringen Teilen schon ähnlich in den Tagebüchern und zu großen in seinem Roman »Fluß ohne Ufer«, in den »Aufzeichnungen des Gustav Anias Horn«.

Drei Ebenen boten sich somit der biographischen Ermittlung an: die am geringsten stilisierten frühen Tagebücher, seine späteren Gespräche mit Muschg und schließlich sein Werk, in dessen zentralem Teil, dem Roman »Fluß ohne Ufer«, Jahnn sein Vermächtnis niedergelegt hat. Von Ebene zu Ebene schreitet die Selbststilisierung fort; die Vergangenheitsschilderung auf den biographischen Ebenen steht wie bei kaum einem anderen Autor im Dienste des sich ausbildenden Werks, so daß schließlich der Autor Jahnn ganz eingeht in die Figur des Gustav Anias Horn, Biographie und Werk in eins verschmelzend.

I.

Hans Henny Jahnn wurde am 17. Dezember 1894 als jüngster Sohn des Schiffsbauers Gustav William Jahn in Stellingen bei Hamburg geboren. Er besuchte die Realschule St. Pauli und die Oberrealschule »Am-Kaiser-Friedrich-Ufer« zu Hamburg, schloß dort mit dem Abitur im Jahre 1914, zu Beginn des Weltkrieges, ab. In einer nachgelassenen Skizze schrieb er: »Ich war etwa achtzehn Jahre alt. Ich saß noch auf der Schulbank. Ich befaßte mich theoretisch mit Kettenreaktionen, mit Musik, mit Problemen der Osmose; ich schrieb auch Dramen.«[2] Und in seinen Gesprächen mit Walter Muschg erzählte er: »Ich habe in der Schule maßlos gelitten. Es kam hauptsächlich von meinem Aussehen, ich muß abstoßend häßlich gewesen sein. Ich wurde von den Kameraden verhöhnt und mißhandelt und wehrte mich wegen meiner religiösen Überzeugung nie. Harms teilte diese, wehrte sich aber und walkte von Zeit zu Zeit auch einen meiner Gegner durch. So war ich der Verachtete, aber andererseits auch wieder sehr respektiert, weil ich ungewöhnlich begabt war. Ich war zwar bärenstark, aber wegen des langen Schulwegs ewig übermüdet. Dazu entsetzlich faul. Ich machte schon als Schüler eine Erfindung, die unter den Lehrern und Kameraden größtes Aufsehen erregte: ich fand ein Verfahren, um die Temperierung eines Klaviers durch elektrische Schwingungen zu verändern. Einer der Lehrer hatte solche Achtung vor mir, daß er mich nahe an sich zog und mir die ungewöhnlichsten Bekenntnisse über sich und sein Leben machte; aber zwischendurch sagte er immer: Weißt du, Jahnn, du bist doch verrückt, verrückt bist du doch.«[3]

Diese Äußerungen, natürlich wie viele Selbstaussagen Jahnns auch auf autobiographische Gestaltung bedacht, verweisen bereits auf all die Interessenbereiche und Tätigkeiten, die Jahnn stets gefesselt haben: Musik und Literatur; Instrumentenbau; und Religiosität war einer seiner ständigen Impulse, eine nahezu mystische Verbundenheit mit der Natur ein anderer.

Mit zwanzig Jahren hatte er bereits achtzehn Versuche, Fragmente und Skizzen zu Tragödien, Lustspielen und Mysterienspielen geschrieben, die jedoch literarisch kaum relevant sind. Sie deuten aber schon in die Richtung, die Jahnn vor allem in seinem umfangreichen dramatischen Werk einschlägt.

Bezeichnend für seine Dramen ist wiederum die Radikalität, mit der er seine Gedanken vorträgt: Protest gegen die inhumane Zivilisation, gegen das paulinische Christentum, gegen jenes Christentum, das die kreatürlichen Leiden des Einzelnen völlig ignoriere und sich in einer heuchlerischen Sexualmoral bewege. Während er an einem »Christus«-Stück arbeitete, als Schüler, schrieb er am 24. Juli 1913 seinem »herzallerliebsten Friedl«, dem Freund Gottlieb Harms, und trifft dabei auch das expressionistische Grundgefühl seiner Generation: »Die Menschen sind Sklaven geworden, weil sie sich von dem Höchsten haben frei machen wollen! Sieh nur, wie sie mut- und kraftlos in die Stadt strömen, die armen Menschen. Sie sind Sklaven! und schreien doch, als seien sie die Herren, sie pressen alles in Gesetz und Formeln und tuen dies und jenes, weil ihre Eltern es schon taten. (...) Ich aber will nicht Sklave sein, und Du sollst es nicht! (...) Ich will nicht in die Ketten, ich will meinen Weg gehen, den ich gehen muß, weil ich solch eine Kraft in mir habe! Ich will mir mein Gehirn nicht aussaugen lassen. Man tat es bis dahin! (...) Wir wollen keine Sklaven sein! Allein aber geh ich den Weg nicht; Du mußt mit, mein herzallerliebster Friedel!«[4]

Und wie ein Motto seines gesamten Lebens klingt, was er an den väterlichen Gönner Friedrich Lorenz Jürgensen schreibt, bevor er im Sommer 1915 mit Gottlieb Harms nach Norwegen aufbricht: »Mein Los wird ja nicht leichter. Ich werde einen Dornenpfad gehen, es wäre leichter sich fügen; aber ich will meine Seele nicht verkaufen. Wenn ich das Recht nicht habe, für meine Seele einzustehen, so ist alles Unsinn. Ob ich siege oder unterliege ist ja ganz gleich.«[5]

In Norwegen verbrachten Harms und Jahnn die meiste Zeit in Aurland, reisten aber auch durchs Land, verfolgt von der deutschen Militärbehörde, die ihnen immer wieder mal Nachweise ihrer Militäruntauglichkeit abforderte und damit drohte, gegen sie ein Verfahren wegen Fahnenflucht einzuleiten. Die Norweger hat Jahnn in seiner schon damals egozentrischen Art sogleich als abweisend empfunden, er spricht in seinen Briefen von ihrer kalten Zurückhaltung; jedenfalls dürften die beiden, und vor allem Jahnn in seiner schon früh rigide fordernden Manier, den ohnehin nicht gerade deutschenfreundlichen Norwegern selbst wenig vermittelnd erschienen sein. Jahnns Sehnsucht nach Norwegen, die er in seinem Werk immer wieder anspricht, gilt stets dem Land, nicht seinen Menschen: Die norwegische Landschaft betonte seine zweifellos trotz Harms Gegenwart empfundene, aber auch bewußt dargestellte Einsamkeit, ja sie rahmte sie gleichsam ein und zwang ihn noch mehr zur Selbstschau, zu der er ohnehin neigte.

Jahnn arbeitete in Norwegen an architektonischen und an Orgelbauplänen, die später fruchtbar wurden. Und er entwarf dramatische und epische Stücke: »Die letzten Zcenen des neuen Dramas sind fertig. (...) Ich bin zufrieden. Der Stoff ist mir niemals entglitten, trotz des ungeheuren Anwachzens, trotz des Vulkanartigen, das die Form oft sein mußte, um nicht vor diesen Menschen klein zu werden. (...) Der Pastor Ephraim Magnus ist wirklich etwas riesenhaft an manchen Stellen«[6] – so am 14. Januar 1917. Und sieben Tage später: »Ich werde die seltsamsten Bücher schreiben. (...) Neben allem stehen die Zeichnungen meiner Kirchen und Schlösser, sie sind nicht mehr von meinen Dichtungen zu trennen (...). Sie sind der Boden geworden, auf dem ich einzig und allein noch zu leben vermag. (...) Ich habe die Welt aufgegeben, ich habe das Königreich aufgegeben, nicht aber Ugrino und Ingrabanien. (...) Niemals sind mir die Werke anderer Dichter so klein erschienen als in dem Augenblick, da ich das Ungeheure meiner Werke übersehe, das erste revolutionäre geschaffen habe, ich meine nichts Staatsumstoßendes wie in meinen frühesten Dramen, die ich vor 5 oder 6 Jahren schrieb. Ich meine von jetzt an nur das Ungewöhnliche, wenn Du so willst, das Verbrecherische des Großen. Wie etwa Jesus ein Verbrecher war und noch ist und wie es manche nach ihm waren. – Ja, ja, wenn man mich versteht, wie ich verstanden sein will, wird mir Ugrino werden, mir und Euch.«[7]

Das ist mehr als deutlich und prägt alles aus, was kommen wird, bis hin zum blasphemischen Anspruch, der im Offenbarungston die konventionelle Welt zertrümmert und die eigene verkündend dagegensetzt – Nietzsche und der Expressionismus finden in Jahnn einen ganz besonderen Ausdruck, der sich auch nicht verändern wird, wenn die Welt wirklich aus den Fugen gerät und die Normalität gesellschaftlichen Verhaltens in planvolle Bestialität umschlägt. Alles, was Jahnn bis zu seinem Lebensende schreibt, sind nur modifizierte Artikulationen dieser frühen Erkenntnis. Ihr Innenbild, die eigene menschliche Voraussetzung für das nach ihm ›richtige‹ Verhalten, hat er 1915 im Brief dem Freund Franz Buse in Hamburg nahegelegt – es war schon so etwas wie eine Lebensanleitung für seine spätere Glaubens- und Lebensgemeinschaft »Ugrino«:

»Vor den Menschen mit denen Du umgehst sollst Du kühl und sachlich und klar sein. Zu den andern aber, die Deine Freunde oder Geliebten sind, darfst Du in göttlicher Wirrnis und elementarer Not oder hemmungsloser Raserei oder versengender Glut kommen. Und ausfließen aus Dir, rücksichtslos, sitten(-) und schamlos auch. Du verstehst mich doch und weißt, daß Du nur so Deine ganze unendliche Reinheit und Maßlosigkeit von Dir bringen kannst. Du sollst ehrlich sein in allen Deinen Worten und sagen, was in Dir gefühlt wird. Du mußt nach Ausdrucksformen in Dir suchen, die sich in den Verwirrungen Deiner Hochspannung aus Dir herausdrängen. Du mußt restlos in Dir sein! – Lieber Franz denk daran, was ich Dir sagte, daß es nichts Unreines an uns gibt, nichts, keinen Trieb, und keine geheime Sehnsucht. Sie alle müssen nur rein und restlos erfüllt werden, und nicht in einem Ersatz dafür ersticken. Du weißt, was Du von den Regeln und Ansichten und Urteilen der anderen halten mußt. Fast könnte man sagen, daß das Gegenteil ihrer Sprüche eine glänzende Richtschnur wäre.«[8]

In Norwegen schrieb Jahnn an dem Roman »Ugrino und Ingrabanien«, dessen nachgelassenes Fragment alle Motive bündelt, die Jahnn auch in seinen Briefen aus dieser Zeit anspricht und die er in seiner späteren Prosa ausgeschrieben hat; und vor allem stehen darin bereits utopische Entwürfe von jener Glaubensgemeinde »Ugrino«, mit deren Hilfe Jahnn der ihn umgebenden und als schrecklich empfundenen Wirklichkeit entkommen möchte; er wird sie nach seiner Rückkehr nach Deutschland ins Werk setzen.

Auch zwei Dramen entstanden in Norwegen: »Die Krönung Richards III.« und jenes Stück, mit dem Jahnn skandalös in die Literatur eintrat: »Pastor Ephraim Magnus«. Für dieses Stück, das immerhin die extremsten Szenen von blasphemischer Gewalt und exzessivster Sexualität, die der Expressionismus produziert hat, auf die Bühne bringen wollte, sprach Oskar Loerke Hans Henny Jahnn 1920 den damals angesehensten Literaturpreis zu, den Kleistpreis. Diese Auszeichnung hat sofort eine Welle der Kritik und der entschiedenen Ablehnung Jahnns provoziert, sie machte ihn sogleich als extremen Autor bekannt. Erst drei Jahre später, gegen Ende August 1923, wurde das Stück gespielt – die von Bertolt Brecht und Arnolt Bronnen inszenierte Uraufführung wurde aber schon nach nur einer Woche durch polizeilichen Beschluß abgesetzt.

Das Stück selbst wurde von der Theaterkritik heftig attackiert. Man hat von Jahnns Neigung zur Koprolalie und, so Paul Fechter, vom »hilflosen Gestammel einer peinlich kranken Seele« gesprochen. Julius Bab nannte den »Pastor Ephraim Magnus« kein Stück der Kunst, sondern des Wahnsinns, »freilich in einem Sinne, der Tieferes als eine grobe Ablehnung oder einen medizinischen Befund bedeuten soll. Es ist die Negation alles Sinnes.«[9] Zutreffend sah Bab, daß es Jahnn nicht nur um Kunst ging, sondern um die abendländische Zivilisation, deren Herkunft aus dem paulinischen Christentum und daraus gewachsene, bürgerlich angepaßte Kultur er als trieb- und menschenfeindlich bekämpfte – Bab sah in Jahnns Stück eine Gefahr für die bürgerliche Kultur und verdammte es in den »Giftschrank der Menschheit«.

Das, was Jahnn im »Pastor Ephraim Magnus« zeigte, war gleichsam das Gegenteil von dem, was das Publikum für normal hielt – deshalb führte er es ihm ja vor; deshalb aber auch konnte das Publikum daran keine künstlerische, keine ästhetische Erfahrung gewinnen. Katharsis ist da ausgeschlossen, wo die Annahme des provokant Gezeigten verweigert wird, aus welchen Gründen auch immer: als Abwehr möglicher Erschütterung oder einfach weil das, was sich auf Jahnns Bühne abspielte, nicht mehr ernst genommen wurde – auch dies wäre ja eine Form der Abwehr.

Jahnn hat zeit seines Lebens unter der Ablehnung seines ersten großen Stücks gelitten. Noch Jahre später schoben seine Gegner Pfarrern und Kirchenbehörden, in deren Kirchen er Orgeln reparieren wollte, Auszüge aus diesem Stück zu; nicht selten hat man ihm deshalb Aufträge entzogen oder gar nicht erst gegeben.

Im »Pastor Ephraim Magnus« präsentierte sich erstmals der ganze Jahnn, mit all seinen herausfordernden Stärken und maßlosen Schwächen, der Öffentlichkeit, die ihn sein ganzes Leben über immer nur schwer ertragen hat.

Aus der Distanz von Jahrzehnten hat Jahnn über sein Stück gesagt: »Ich betrachtete das Leid und die Schmerzen, die Schöpfungshärte – und ahnte, daß das menschliche Gehirn eine Fehlkonstruktion ist. Ich stellte mir das Irresein im konformen Denken, die Scheußlichkeit und nichtige Erhabenheit menschlichen Tuns bis an die Grenzen meiner Einbildungskraft vor. Und schrieb nieder, ohne mich zu zensurieren, was sich mit Worten ausdrücken ließ. Dabei gelangen mir ein paar dichterische Stellen.«[10]

Aber er war selbstkritisch genug zu erkennen: »Der ›Pastor Ephraim Magnus‹ ist nun, ich möchte beinahe sagen, wie die meisten weltanschaulichen Dramen der Literatur nicht für die Bühne geschrieben, sondern nur scheinbar. Das Werk ist zu sehr der mir eigentümlichen Sprache verhaftet, die nicht die Sprache der Schauspieler ist, so daß die Wirkung auf ein wie auch immer geartetes Publikum ausbleiben muß.«[11]

Der Monolog des sterbenden Ephraim Magnus darin ist unvergängliche Literatur. Noch Brecht hat sich seiner rühmend erinnert, als er Jahnn zum 60. Geburtstag feierte: »Und steigt der Mond herauf, und friert es in der Nacht, daß selbst Gedanken zu erstarren scheinen vor dem Eishauch, der durch alle Dinge dringt, der sich aufs Antlitz niederschlägt, die Brust hinabrinnt – die Seen sind zugefroren, starr und still die Flüsse, die Bäume stehn, die sonst nie lauschten, sind wie die Sterne weit ab. – Doch wird es Liebende geben, die außen bleiben und nichts fühlen wie die Blumen unterm Schnee – die ihre Hände halten und sich küssen und von Hochzeit reden wohl durch die halbe bleiche kalte Nacht.

Und Freunde, die man durch die Straßen einer fremden Stadt forteilen sieht, zum Tor hinaus, wo alles dunkel wird. Sie kennen keinen Weg, kein Haus, sie halten ihre Hände, sie brechen das letzte trockne Brot, kriechen in einem Schober unter. Und die doch weitergehn am nächsten Tag, am übernächsten Tag, die nicht umkehren, nicht umkehren – Deren Schritt jauchzender wird von Tag zu Tag, die sorglos werden trotz der Not. Die stille stehn vor Dingen und plötzlich lachen, weil sie schön sind.

Und Liebende, die beieinander schlafen – Gott weiß in welcher Lust – die sich fortstehlen irgendwie und irren, fremd in fremden Landen – und die doch in die Dome gehn und niederknien und Gott anrufen als Zeugen ihrer Ehe. Und denen ein Lächeln gegeben wird um ihren Mund, wenn nun das Weib gebiert, weil sie verstanden.

Und solche, die in kalten Zimmern sitzen und ihren heißen Kopf in Händen halten und keine Hilfe wissen vor dem Innern, das sich auftut.

Du – solcher Leiber sollen an den Wänden stehn, so Junger süße Leiber, die wahrhaft göttlich sind und Gott sich selbst in seinen Himmel wählte. Deren Schicksal so über allen Alltag gehoben ist, daß sie namenlos geblieben sind – denn wenn man später je ein Wort gebrauchte, weil sie Dichter wurden oder Musiker – es paßte nicht auf sie. Ihr Abbild war längst in den Himmel gebracht, und was so weit reicht, muß namenlos bleiben und weit ab von jedem Verstandenwerden.

Du sollst auf den Straßen suchen und in den Kirchen, wenn es keinen Bildhauer gibt, der solches aus sich weiß, der in den Himmel schaute irgendwie. Du sollst sie anhalten und sagen, es solle ihr Abbild von ihnen genommen werden und in Bronze gegossen werden –. Wir müssen wohl reife Knaben finden und Mädchen, die solche Knaben lieben, oder den Bildhauer, der alles weiß. Wir werden nichts versäumen, nun nicht mehr. Es ist ja der einsame, dunkle, ungewußte Weg der Liebenden geworden. – Aber sie werden jubelnder von Tag zu Tag – und stürben sie auch.«[12]

II.

In einer Phase der Versuche und des Übergangs zur Realisierung des Projekts Ugrino entstand 1922 ein anderes Stück, das, in Sprache und Form mißlungen, jene von Jahnn gemeinte Weltanschauung gegen die Konventionen propagiert: »Der Arzt / sein Weib / sein Sohn«. Darin begründet der Chirurg Menke sein Ausscheiden aus der menschlichen Gesellschaft mit den Worten: »Die europäische Menschheit – sie zum wenigsten – krankt an einem Ethos. Sie krankt daran. Sie erblickt es zuweilen in Halluzinationen – manchmal glaubt sie, es zu erfüllen oder erfüllen zu können. In ihren Gebräuchen, Gebärden, ihrem Handeln und Wohltun, in ihrer Gerichtsbarkeit und Moral, in jedem Gefühl, das sie sich erlaubt, opfert sie diesem Ethos. Verstöße dagegen nennt sie Befleckung. – Also in Augenblicken. In Wahrheit verletzt sie es in einer langen Kette von Verfehlungen. Sie flieht dem Nichts, der letzten Konsequenz, der Ruhe und Gleichmütigkeit, der Liebe ohne Fleisch, dem Nebel gleich. Aber sie übersieht das wie im Fieber, sich widerstreitende Tendenzen trennt sie nicht oder erkennend wird sie pessimistisch. Europa ist krank, das Hirn des Europäers ist krank, das ist mein Ernst, sein Blut, sein Same. *Er weist auf Müllers Stirn.* Dort sitzt der systematische Wahnsinn, der Fabriken und Kanonen in der Vorstellung erträgt.

(...) Das tragische Geschehen aber waltet, weil eine Norm zurechtgeschneidert worden ist.

(...) Um ein unbegreifliches Nützlichkeitsprinzip aufrechtzuerhalten, unterwirft man Mensch, Tier und die Landschaft unter dem Himmel einem Joch, das ohne Aussicht furchtbar ist.«[13]

Menke weicht wie Jahnn diesem Nützlichkeitsprinzip aus und zieht sich zurück in eine grenzenlos gedachte, romantizistische Ichbezogenheit, die aber keinen wirksamen Gegenpart zur Welt bietet. Auch hier ist der Tod – wie schon im »Pastor Ephraim Magnus« und später in fast allen Dramen Jahnns – der einzige Ausweg, dem Begrenzten, Nur-Nützlichen zu entkommen und einer fruchtbar-chaotischen Unendlichkeit sich hinzugeben. Darin liegt das eigentliche Motiv für Todessehnsucht und Düsternis, die das Werk Jahnns so auffällig durchziehen: als die negativen Folien einer unerfüllten umfassenden Liebessehnsucht. So gibt es immer wieder Lebensphasen, in denen Jahnn sich einem Gefühl von Verlassenheit und Trauer ausliefert und das auch offen ausspricht – so an den Freund Harms und ihre gemeinsame Geliebte, die spätere Ehefrau Jahnns, Ellinor Philips, in einem Brief vom 30. April 1924: »Ich empfinde es in letzter Zeit als maßlos quälend, daß ich mich in sogenannten menschlichen Dingen überschätzt fühle. Ich bin viel enger und kleiner als es manchmal den Anschein hat. Ich bin auch viel müder als es oft scheint. Ich möchte einmal ausruhen, ich möchte einmal Frieden; aber es scheint so, daß ich von so zerfahrener Konstitution bin, daß ich ihn nur finde, wenn ich erschöpft bin. Daß bei solcher Sachlage alles Schaffen, alles planmäßige Arbeiten zum Teufel geht, ist mir nachgerade klar. (...) Jedenfalls wird es mir von Tag zu Tag schwerer mich in der Welt und in mir selber zurecht zu finden. Das Bedenkliche aber dabei ist, daß die Welt mir nicht abscheulicher, ich mir aber immer greisenhafter werde. Ich weiß bestimmt, daß es eine

Zeit für mich gab, wo ich alle Grenzen wußte, alle Grenzen für gut und böse, schön und unschön. Heute taumle ich umher und weiß nie wo ich bin oder ein Ding oder eine Tat oder irgendetwas. Ich kann mich absolut nicht konzentrieren, mir klar werden, mich entscheiden. (...) Ich werde des Gefühls nicht mächtig, daß ich verbraucht, zu denen gehöre, die alles verlieren, was sie besessen, und sich nichts erfüllt, was sie sich wünschen.«[14]

Diese Gestimmtheit hatte untergründig viel mit der realen Situation um die ›Glaubensgemeinde‹ Ugrino zu tun. Verfolgt man die seit 1920 mitlaufende Aktivität Jahnns um diese Künstlerkolonie, so könnte man fast annehmen, manches seiner Dramen, und besonders »Der Arzt / sein Weib / sein Sohn«, sei lediglich ein bildhaftes Durchspielen jener Glaubenssätze, die in Ugrino verwirklicht werden sollten. Ugrino, das ist die große Idee Jahnns, eine neue Kultur – literarisch, musikalisch, in der bildenden Kunst – und damit eine neue Menschengemeinschaft aufzubauen, eine Glaubensgemeinde Gleichgesinnter, ja eine »Religionsgemeinschaft«, die laut »Satzungen aus der Verfassung der Glaubensgemeinde Ugrino« »das Erwecken einer letzte Konsequenzen umfassenden Gewissenhaftigkeit jedes einzelnen seiner Lebensführung, Lebensgestaltung und Lebensarbeit gegenüber (bezweckt) und das Schaffen von Kunstwerken, an die ein Wille zu solcher Gewissenhaftigkeit sich zu wenden vermag, um Gefühlsklarheit und Kraft zu gewinnen«[15].

Das Unternehmen aber war in seiner monströsen Ambitioniertheit von vornherein zum Untergang verurteilt. Jahnn hatte zwar ein großes Gelände in der Heide aufgekauft, das Geld dafür hatten reiche »Willige« oder »Wissende« beigetragen – so hießen die Förderer und beitragspflichtigen Mitglieder der unteren Ränge Ugrinos –, und man hatte begonnen, detailliert zu planen und sogar schon zu bauen. Aber nach einigen Jahren, 1925, zerfiel Ugrino, vor allem auch aus Gründen finanziellen Mangels.

Die jungen Zwanzigjährigen, die nach Ugrino drängten, waren enttäuscht von der deutschen Niederlage im Ersten Weltkrieg und von der Weimarer Republik mit ihrer ungefestigten Ordnung und suchten nach neuen Werten, die antimilitaristisch, antikapitalistisch und antibürgerlich waren: »Ugrino war für sie der Fluchtweg in ein reineres Reich. Jahnn erfüllte ihre Sehnsucht nach einem ›Gott‹. (...) Alle waren sie freilich von Jahnns persönlicher Ausstrahlung fasziniert. Wie so viele Deutsche der damaligen Zeit hielten sie nach einem Führer und einem erstrebenswerten Ziel Ausschau, dem sie ihre Energie und ihren Idealismus widmen konnten.

Jahnn machte sich den Idealismus seiner Anhänger kräftig zunutze und setzte sie als Sekretärinnen, Maschinenschreiber und Assistenten für Ugrino und zur Vorbereitung seiner Manuskripte ein. (...) Jahnns Haltung gegenüber den unteren Rängen schwankte. Einerseits genoß er es, sie einzuschüchtern, was ihm in seiner Rolle des geheimnisumwitterten Genies nicht schwerfiel. Er schwelgte in der Phantasie, eine große Gefolgschaft hinter sich zu haben. In Wirklichkeit interessierte ihn vor allem sein kleiner innerer Freundeskreis. (...) Jahnn hielt sich von den unteren Rängen fern, mied sie wie etwas, das ihm zuwider war. (...) Ein ehemaliges Ugrino-Mitglied erinnert sich, daß (Gottlieb) Harms als Vermittler zwischen der inneren Elite, die Ugrino leitete, und den gewöhnlichen Mitgliedern fungierte, während Jahnn als erhabener ›Halbgott‹ auf seinem Piedestal thronte. Ein zynischer Beobachter sah die Anhänger Ugrinos als rivalisierende Ferkelchen, die sich quiekend um die Zitzen der gewaltigen Muttersau Jahnn drängten.«[16]

Und Reiner Niehoff nennt Ugrino, das die alte heuchelnde und verlogene »kristliche« (so schrieb Jahnn) Welt ablösen sollte, eine autoritär verfügte, sakral und erhaben installierte »Schicksalsbühne«, auf der der Mensch, dem in sich strömenden Blut ausgeliefert, sich dem göttlich inkarnierten Priester-Dichter, der künstlerischen Seher- und Verkündergestalt anzuvertrauen habe.

Ugrino war ein durchstilisiertes hierarchisch angelegtes Kunst- und Künstlerprogramm: Geprägt von traditionellen Institutionen, »imitierte seine Oberleitung das Priestertum und erbte dessen hierarchisch-autoritäre Stellung innerhalb der Religionen«, seine Mitglieder hatten passiv zu bleiben, seine Schriften wurden durch die Leitung kanonisiert, Geltung hatte nur, was von der Leitung (Jahnn und Harms) dekretiert worden war – Ugrino war eine der monarchischen nachgebildete Ordnung mit der Orgel als ihrem heiligen »königlichen« Instrument und ihrem charismatischen Führer: Dichter, Seher und Priester Hans Henny Jahnn. Da gab es, so Niehoff, durchaus Assonanzen an spätere nationalsozialistische Ideen, die Jahnn dann allerdings mit seinem literarischen Werk gründlich desavouierte.[17]

Aber Ugrino scheiterte. Und Jahnn hat das Scheitern von Ugrino lange nicht verwunden. Erst 1932, sieben Jahre nach seinem faktischen Ende und ein Jahr nach Gottlieb Harms Tod, der für diesen Entschluß ausschlaggebend gewesen sein dürfte, löste er Ugrino auch formal auf. 1933 erzählte er dem Freund Walter Muschg: »Ich wollte, daß es (Ugrino) Realität werde. Dieses Unterfangen (...) war der nüchterne Versuch, auf Biegen und Brechen ein neues Weltbild in die Wirklichkeit einzubauen. So etwas tut man nur einmal. Wenn man damit scheitert, erholt man sich von der Niederlage nicht mehr. Was damals geschah, habe ich bis heute nicht verarbeitet. (...) Mein Ziel war: bauen, bauen, bauen – nämlich: vorhandenen Stein rhythmisch gliedern. Ich schuf hunderte von Entwürfen, dazu die Zeichnungen für meine ›Theorie des Gewölbes‹. (...) Ich war groß in der Wühlarbeit, hatte aber nur selten die Kraft, den Schlußstein auf meine Errungenschaften zu setzen: das tat er (Harms). Er ordnete, verschärfte, präzisierte auf beispiellose Art, was ich empfand. Meine Depressionen kannte ich erst seit seinem Tod, er hatte die herrliche Kraft, sie immer schöpferisch aufzulösen.«[18]

III.

Jahnns Liebe zu Gottlieb Harms war ausschließlich und gipfelte in einer regelrechten Hochzeitsfeier im Juli 1913 auf der Insel Amrum. Von Anfang an war Jahnn eifersüchtig, wenn Harms auch weibliche Liebschaften pflegte, so schon zu

Schülerzeiten, als Harms mit einer Hannah Arnold befreundet war. Um auch Harms' heterosexuelle Bedürfnisse zu befriedigen, hat Jahnn ihm 1918 Ellinor Philips zugeführt, die er später selbst geheiratet hat. Lange Zeit lebten sie zu dritt; später kam noch Ellinors Schwester Monna hinzu, die Harms heiratete. Jahnn stellte unermeßliche Liebesansprüche, die mit seiner Egomanie zu tun haben und, wegen der selbst empfundenen Häßlichkeit, tief wurzelnden Minderwertigkeitskomplexen. Als so radikal Liebender schloß er nichts aus, sowenig im Leben, das er diskret lebte, wie auch in seiner Literatur – exzessiv und radikal öffentlich natürlich dort.

Von solcher, mit Jahnn zu sprechen, Liebessehnsucht und Liebesmacht handelt sein bestes Stück, über das er, in einem Briefentwurf, im Dezember 1925 an Oskar Loerke berichtet: »So glaube ich auch, in meiner Medea ein Urtragisches Problem aufgewiesen zu haben, das Verschüttet in jedwedem ruht. Nicht jeder wird morden, nicht jeder wird seine Liebe uferlos branden lassen. (...) Bejaen aber, verlieren an jene urewigen Rhythmen kann man sich nur, wenn man das Maß sieht, mit dem nicht alles zur Deckung kommt, es können zwei Körper sich nicht durchdringen im gleichen Raum, ohne daß sie aufhören, ihr Ursprüngliches zu sein. Das wirft das Tragische Geschehen empor, an dem wir uns festigen sollen.«[19]

Jahnns Liebesansprüche zielten sozusagen aufs Ganze, aufs alles Umfassende und alles Durchdringende in der psychischen und physischen Erfahrung, er wollte Übereinstimmung in Liebe und Leben, in der Vorstellung und in der Wirklichkeit. Er wollte vor allem radikale Aufrichtigkeit. Auf diese Vorstellungswelt hin hat er Euripides' Tragödie »Medea« bearbeitet. In Jahnns »Medea« klingen zwar viele Motive an, die auch mit Ugrino verbunden waren; denn in Ugrino sollten ja all diese theoretischen Vorstellungen praktisch umgesetzt und konkret gelebt werden. Das Stück aber nur als literarischen Ausdruck für das Scheitern von Ugrino zu sehen, wie Interpreten dies formulierten, greift zu kurz. Denn es setzt jenen umfassenden Begriff von Liebe ins Bild, den Jahnn ansatzweise im engsten Ugrino-Kreis lebte, der sich aber als auf Dauer unrealisierbar erwiesen hat.

Im Mittelpunkt seiner »Medea« steht das Thema einer ›zerteilten‹ Liebe, die Jahnn zur Zeit der Niederschrift des Stücks an sich selbst erfährt: Was ihn im Leben fesselt und ins Künstlerische hinein befreien soll, ist die Paradoxie, ja Aporie einer verzweifelt eifersuchtsvollen Liebe, die ihn an den Freund Gottlieb Harms und zugleich an Ellinor Philips bindet – sie hatte er ja ins Haus geholt, weil er ihre Rolle im Liebespart mit Harms nicht übernehmen konnte. Aber Ellinors und Harms' Verhältnis überschattet zunehmend Harms' Verhältnis zu Jahnn. Zu innig wird Harms' und Ellinors Beziehung, als daß Jahnn sie auf Dauer ertrüge. Deshalb schickt Jahnn beide auf Reisen, nach Italien, und arbeitet derweil, ganz zurückgezogen, daheim, um das Geld zu beschaffen, mit dem er ihre Reise finanziert.

Der große Versuch, der Jahnns Lebensentwurf ist: so umfassend empfundene Liebe so ausschließlich auch zu *leben*, scheitert. Jahnns »Medea« wird getragen von seiner Auseinandersetzung mit diesem Komplex – einem Komplex in doppeltem Sinn: als Abarbeitung der eigenen psychischen Last und als Darstellung der komplizierten Verflechtung einer komplexen Liebe.

Jason wird bei Jahnn zum Beispiel deshalb schuldig, weil er Liebe nur als – nach Jahnn – äußerlich, als triebhafte Sexualität lebt, nicht aber auch als Eros und Menschenliebe. Der ältere Sohn Medeas, noch unschuldig und rein, spricht sehnsuchtsvoll von der Identität dieser Aspekte des Liebens:

»Oh, könnt / ich Götter bilden, buntem Stein / entringen meiner Phantasien über- / höhte Leidenschaften, vereinen / Geilheit und Erlösung und Tier und Mensch / und Mann und Weib und was mich sonst erregt!«[20]

Die Bereitschaft füreinander, die Jahnn ohne Unterschied der Personen, ja gar auch ohne Unterschied von Person und Kreatur allgemein verlangt, hat aber in der Welt der Konvention und der Interessen, weil sie wirklicher, also restloser Hingabe unfähig ist, ihre Grenzen. Deshalb überschärft Jahnn die Vorlage des Euripides und macht Medea zur Schwarzen und gibt dem Stück so auch noch einen antirassistischen Aspekt.

Vor allem scheitert Jason, der Heros der Argonauten, weil er sich weigert, ganz für die Geliebte einzustehen. Medea galt einst seine sexuelle Leidenschaft auf Kolchis; die alternde Medea aber bietet ihm keinen Reiz mehr:

»Abwand der Feige sich. / Sein Weib nicht länger küßte er. / Dem Anspruchsvollen war Medea / schon widerlich; um wieviel mehr / ein stinkend Aas ihm. Hättst du vermocht / zu küssen die Verwandelte, / gesundet wieder wäre sie / in deinen jungen Armen.«[21]

Aber Jason verweigert diese Liebe, die für Medea, und also für Jahnn, der Sinngrund schlechthin ist. Jason versteht Medea nicht, weil er die Kreatur nicht ernst nimmt und die Natur nicht begreift als umfassende Existenz. Jason lebt in einer geteilten, konventionellen Welt. Deshalb auch ist der Tod für ihn bloß eine Trennung. Für Medea dagegen ist der Tod ein Aspekt des Lebens, sie verleiht ihm einen Sinn als Manifestation der Liebe: Sie tötet beide Söhne, die sich im Tode inzestuös miteinander vereinen, und kann triumphierend sagen: »So hat denn endlich Liebe triumphiert / und nicht die Brunst. Kann größer noch mein Sieg sein als er ist?«[22]

Medea ist bei Jahnn von schauerlich heidnischer Größe. Solche Gestalten haben noch immer Jahnns Bewunderung gefunden, sie stehen im Zentrum seiner Stücke und seiner Romane: Für Jahnn ist wie hier für Medea der Tod keine Grenze, vor der die Möglichkeiten enden: zu sein. Deshalb sind die Orte des Todes, die Gruften, bei Jahnn stets gepanzerte, uneinnehmbare Festungen, und die Särge darin sind so konstruiert, daß die Körper nicht verwesen können.

In Jahnns »Medea« erlöst der Tod aus der Unerträglichkeit der diesseitigen Existenz, von der Jahnn einmal gesagt hat: »Es ist, wie es ist, und es ist fürchterlich.«[23] Dieser Satz formuliert das Leitmotiv seines opus magnum »Fluß ohne Ufer«, das mit einem Mord beginnt: mit der Ermordung der Verlobten des Gustav Anias Horn durch den Matrosen Tutein, der hinfort zum Lebensgefährten Horns wird.

IV.

»Medea« wurde am 4. Mai 1926 am Staatlichen Schauspielhaus in Berlin uraufgeführt – eine erste große Premiere Jahnns. Zu der Zeit arbeitete Jahnn bereits an seinem Roman »Perrudja«. Am 22. November schrieb er Harms nach Paris: »Die Arbeit am Perrudja geht nur sehr langsam vorwärts. Ich habe unter den eignen Stilwandlungen zu leiden, jedenfalls einstweilen.«[24]

Und drei Jahre später, am 15. April 1929, berichtet er dem Kritiker Herbert Ihering über das Manuskript, das keinen Verleger fand: »Der Roman Perrudja ist mein Schmerzenskind. Er hat seiner Abstammung nach schon soviele natürliche Feinde. Er ist einmal antikapitalistisch und zum andern ein wenig sentimental. Nicht gerade gegen die Technik eingestellt, wohl aber gegen die Technik, die es auf Vergeudung angelegt hat. Er hat eine große Apotheose, nämlich einen entsetzlichen Zukunftskrieg, der eine lauwarme Gleichberechtigung von Negern und Asiaten bringt. Aber der Inhalt ist nicht einmal wesentlich.«[25]

Wesentlich war Jahnn die Form geworden; denn die Inhalte, Leitmotive, Themen unterschieden sich nicht von jenen seines anderen Werks – und Lebens. In »Perrudja« nun hat Jahnn sich ganz dem Einfluß modernen Erzählens überlassen, wie er es bei James Joyce erfahren, ja gelernt hatte. Noch Ende 1926 waren die »eigenen Stilwandlungen« ein Problem für ihn gewesen – im Sommer 1927 hatte er aber die gerade erschienene deutsche Übersetzung des »Ulysses« gelesen und danach die gesamte Erzählkonzeption des geschriebenen »Perrudja«-Materials umkomponiert: Innere Monologe, Bewußtseinsströme, Wortprägungen, die Freiheit auch im Umgang mit der Syntax bestimmen diese dem expressionistischen Kostüm entwachsene Prosa – Jahnn stand nun ganz unter dem Eindruck des großen Vorbilds Joyce.

»Perrudja« erschien im November 1929 bei Gustav Kiepenheuer, finanziell unterstützt von der Lichtwark-Stiftung: als zweibändige Ausgabe in 1200 Exemplaren, die nur sehr schwer zu verkaufen war. Als Schriftsteller hatte sich Jahnn damit endgültig wenigstens in der Kritik etabliert – »Perrudja« wurde häufig besprochen, gelobt und verrissen, aber der Roman wurde von Autoren und Kritikern, darunter Alfred Döblin, Wolfgang Koeppen und Willy Haas als ein wesentliches Werk der literarischen Moderne in Deutschland angenommen.

Bis 1933 arbeitete Jahnn an einer Fortsetzung des »Perrudja«, vergeblich suchte er Mäzene für Reisen, die er unternehmen wollte, um die afrikanische Stimmung zu erfahren, in der diese Fortsetzung spielen sollte. Aber immer mehr entwickelte sich die historische Wirklichkeit gegen den utopischen Entwurf, der in der Schluß-Apotheose »Perrudjas« aufscheint. Jahnn brach die Arbeit am Roman schließlich ab – denn jene paradiesische Welt war nicht zu erreichen, in der die Liebe als das große geltende Gesetz Macht gewönne. Im Gegenteil: Der Terror etablierte sich.

V.

Schon am 28. Juli 1932 schrieb Jahnn an einen Hamburger Bekannten, Ernst Johannsen: »Weil nun die nationalsozialistische Bewegung dank der Machtmittel der Reaktion auf der ganzen Linie siegreich ist, weil ihr gegenüber eine Mehrheit steht, die sich gegen sie nicht wehren kann, weil sie humanistische Grundsätze mit Füßen tritt, weil sie bis jetzt mehr auf der Seite des Kitsches als der Kunst steht, weil sie eine Tugend besitzt, die aber auch in andern geistigen Lagern zu finden ist, daß sie gegen den Rationalismus auch das magische Denken ausspielt, soll ich die Bewegung als eine geistige Großmacht anerkennen. Und das eben tue ich nicht. Was an der Entwicklung der letzten dreißig Jahre fragwürdig ist, ist mir selbst bekannt. Aber leider, und ich glaube, auch darin haben Sie recht, finden sich die hauptsächlichsten Förderer der dreißigjährigen Unfruchtbarkeit auf Seiten der Nationalsozialisten. Z.B. alle Bildungsinstitute von der Schule bis zu den Universitäten. Ich glaube mich zu erinnern, daß Leute Herrn Einstein bekämpft haben, die auch noch nicht einen blassen Schimmer von dem erfahren hatten, um was es sich eigentlich bei der Relativitätstheorie handelt. Heinrich von

Kleist, Friedrich der Große, als Schutzheilige des Nationalsozialismus, das bedeutet doch wohl, daß die betreffenden weder den einen noch den anderen kennen gelernt haben.

Der Erfolg allerdings sagt nichts über eine geistige Bewegung. Um ganz klar zu stellen: Ich unterschätze die Macht des Nationalsozialismus in keiner Weise, denn der liebe Gott ist bekanntlich immer auf Seiten der Kanonen. Ich habe sogar eine entsetzliche Angst, eine Angst persönlicher Art, und eine Angst für die Allgemeinheit, weil ich trotz heftigen Grübelns eine wirksame Abwehr der Majorität gegen die Minorität nicht sehe. An die Wahlurne werden die Zweifler nicht gehen. Und wenn Herr Hitler nur mit Stimmen geschlagen wird, so wird das in sein Herz kein Loch machen.«[26]

Sechs Wochen später heißt es in einem Briefentwurf an Ellinor: »Es riecht nach 1914. Und wenn die Parole auch nicht sofort Krieg heißt, böse Zeiten ziehen herauf. Wirtschaftliche Abgründe, Peitschenhiebe für alles Geistige. Es wird schlimmer als es zu werden schien. In Tagen entwickelt sich, was vordem Monate zum Ausbrüten nötig hatte. So weiß ich nicht, was am Ende dieses Jahres stehen wird. Ich bin lebensmüde.«[27]

Anfang 1933 übernahm Hitler die Macht, Deutschland wurde nationalsozialistisch. Jahnn schrieb an den Schweizer Freund Walter Muschg: »Mir selbst geht es nun schlechter und schlechter. (...) Meine Einnahmen sind, wie Sie sich denken können, zusammengeschrumpft, und ich weiß nicht, was auf die Dauer geschehen soll. Jedenfalls muß ich mich innerlich darauf vorbereiten, ins Ausland zu gehen. Das, was wir scherzhafterweise in Stans besprachen, ob ich die Schweiz oder Skandinavien wählen solle, rückt als grausame Wirklichkeit heran.«[28]

Jahnn ging mit seiner Frau Ellinor erst für einige Monate in die Schweiz, wo Muschg die beiden unterstützte. Von dort leitete er den Kauf eines Gutshofs auf der dänischen Insel Bornholm ein, den er ab April 1934 bewohnte: zusammen mit seiner Frau Ellinor und beider Tochter Signe, mit Ellinors Schwester Monna, der Witwe Gottlieb Harms, und deren beider Sohn Eduard; und seit 1935 lebte auch Jahnns Geliebte

Judit Kárász auf dem Hof. Eine neue Lebensgemeinschaft begann. Jahnn, umgeben von Frauen, versuchte, den Hof und das Leben seiner Bewohner mit Landwirtschaft zu erhalten – was mehr schlecht als recht gelang; aber man überlebte, nicht zuletzt durch finanzielle Unterstützungen seitens Muschgs und anderer. Auch die Verbindung nach Deutschland brach nicht ab, mußte sogar gepflegt werden, weil Jahnn und seiner Entourage in Dänemark kein Asyl zugestanden wurde und alle in Abständen immer wieder nach Deutschland fahren mußten, um erneut nach Bornholm einzureisen.

Nicht zuletzt diese Gründe bestimmten Jahnns ambivalente Haltung zum Reich: »Der dänische Staat und die Staatspolizei betonen in der Öffentlichkeit, daß sie das Asylrecht unter allen Umständen wahren wollen. Also Juden und Kommunisten sind offenbar unbehelligt. Mein Unglück scheint zu sein, daß ich *nur* zum Verhungern in Deutschland verurteilt bin, aber keinerlei politische Verbrechen auf dem Gewissen habe. Ich könnte meine Stellung hier sofort festigen, wenn ich mich in irgend einer Form gegen den jetzigen deutschen Staat aussprechen würde. Aber das kann ich nicht. Und ich will es auch unter keinen Umständen. Jedes andre Schicksal ist mir lieber, als das eines wirklichen Emigranten. Ich weiß auch, daß zum wenigsten mein literarisches Schaffen sosehr deutsch und nicht jüdisch ist, daß ich größeren Widerhall im Auslande niemals finden werde. Und endlich: So schrecklich mir der Gedanke einer Diktatur an sich ist, und so unvorteilhaft ich auch von einzelnen Maßnahmen der jetzigen Regierung denke, so weiß ich doch, daß die vielgepriesenen Demokratieen [sic!] in ihrer Ausübung des staatlichen Rechtes um keinen Deut besser sind als die Diktaturen. Bleibt also nur die eine Peinlichkeit, daß es sich bei der deutschen Diktatur um ein weltanschauliches Staatsgebilde handelt, und daß gegenüber den politischen Gegnern die Gerechtigkeit fragwürdig wird. Aber die Ereignisse in Rußland unterscheiden sich in diesem Punkt nicht von den deutschen Verhältnissen. Vielleicht nur darin, daß die einseitige Rechtsauffassung noch viel allgemeiner und viel brutaler durchgesetzt wird. Ich muß mich zu dem Satz bekennen, den ich in meinem Bergenser Vortrag gesagt habe: ›Der Dichter muß sich wohl klar darüber werden, daß er nicht auf Seiten der Macht stehen kann. Und das gibt einen weiteren Anlaß ihn zu den Angeklagten zu stellen.‹ Auf der Seite der Ethik kann man die Demokratie gegen die Diktatur nicht ausspielen, weil sie wie keine andere Staatsform von der Bürokratie verseucht ist.«[29]

Dieser Brief, am 14. März 1935 an Muschg, belegt jene zweideutige Haltung, die Jahnn nicht nur aus taktischen, sondern aus Überzeugungs-Gründen gegenüber dem »Dritten Reich« eingenommen hat. Zwar ging es ums Überleben, immer war Jahnn getrieben von Geldsorgen – die materielle Katastrophe, die Sehnsucht nach der Befreiung vom Druck der materiellen Bedrängnisse haben ihn bis zu seinem Tode begleitet. Hier aber ging es auch um jene deutsche Verwurzelung, die auch Thomas Mann den endgültigen Bruch mit dem Reich erst spät, 1936 vollziehen ließ. Jahnn aber hat seine Beziehung zum Reich nie wirklich abgebrochen. Er kümmerte sich um Aufführungs- und Druckmöglichkeiten, traf sich bei seinen Deutschlandbesuchen mit dem Freund Gustav Gründgens, der sogar ein Treffen Jahnns mit Gründgens' Gönner Hermann Göring arrangierte.

Jahnns Briefe dokumentieren in aller Ausführlichkeit diesen lange Zeit verborgen gebliebenen Aspekt der Jahnnschen Existenz – sie erklären aber nicht, und hier funktioniert die Lektüre der Briefe nicht als Parallel-Lektüre zum Werk, die radikale Gegenposition des archaischen Prosa-Werks dieser Jahre zu solcher Ambivalenz. Es ist, als brächen Existenz und Werk in dieser Zeit auseinander, als sei die literarische Arbeit Flucht und Selbstbehauptung in einem. In einem Brief an Walter Muschg heißt es am 7. November 1936: »Ich fühle mich durch die Verhältnisse so sehr angegriffen, stehe in einem so ungleichen Kampf, daß ich mich vermindert fühle und bange, es möchte etwas auf das Werk eingewirkt haben.«[30]

Anfang November 1936 verschickte Jahnn den eben abgeschlossenen Roman »Das Holzschiff« an verschiedene Verleger, Mitte Dezember schreibt er wieder an Muschg: »Bis jetzt steht einzig fest, daß ein X. Kapitel im Entstehen ist, und daß es wahrscheinlich vollendet werden wird. Dies Kapitel, ich sagte es schon, ist der Versuch, meine Absicht mit dem Werk deutlicher werden zu lassen, nämlich daß der Mensch überfallen wird vom Abenteuer des Lebens, daß am Ende jeder Erkenntnis der Zufall steht, und daß die einzige Süßigkeit des Daseins im aufgezwungenen Verbrechen liegt, in der Unausweichbarkeit.«[31]

Dieses zehnte Kapitel ist die Keimzelle der monumentalen »Niederschrift des Gustav Anias Horn«, die dem »Holzschiff« folgt und mit ihm zusammen Jahnns monströsestes Werk, »Fluß ohne Ufer«, bildet, dem Jahnn die Bornholmer Zeit bis zum Ende des Krieges widmete.

Todessehnsucht und mythischer Hintergrund, eine tiefe Melancholie und die Erinnerung Jahnns an die Zeit mit Gottlieb Harms in Norwegen prägen die Figuren und die norwegisch nacherlebte Landschaft dieses im Wortsinn monumentalen Werks. Nicht nur die Handlung, sondern »Fluß ohne Ufer« selbst ist ein Werk von mythischen Ausmaßen – zwei Mythen sind zentral in ihm verwurzelt: Die mit Harms vollzogene Zwillingsbrüderschaft, auch in den Dramen vielfältig gespiegelt, wird fundiert im Gilgamesch-Mythos, der bereits im »Perrudja«-Roman eine Rolle spielt; und das Inzest-Motiv, ebenfalls in den Dramen anwesend, leitet sich vom Isis-Osiris-Mythos her und hat naturmythische Züge. Jahnn nun enthält sich in seinem Roman bei der Gestaltung dieser Mythen jeglicher kunstvollen Objektivierung; denn die Objektivierung bedeutet ja Verdinglichung der Figuren, also des Menschen, bedeutet Konventionalisierung und einen zivilisatorischen Prozeß, der den ›Mord an Gott‹ auslöst und dem Menschen nur noch die Schöpfung als das Abbild Gottes zurückläßt. Hier trägt Jahnn ein Thema aus, das ihn seit seiner Jugend beschäftigt hat in Christus-Roman und Christus-Drama: daß im Christentum der Geist der Liebe verraten worden ist, weil der Geist von der Liebe getrennt wurde und beide als höchste Werte in je eigenen Wertesystemen fixiert wurden.

Gustav Anias Horn und Tutein, im präludierenden Roman »Das Holzschiff« durch den Mord Tuteins an Horns Verlobter Ellena auf alle Zeiten hin fest aneinander gebunden, figurieren in »Fluß ohne Ufer« wie Gilgamesch und Engidu. Sie sind durch das Schicksal der Tat aneinandergekettet, doch ihr Einstehen füreinander, das zur Liebe wird, trägt sie über die schicksalhafte Tötung hinaus zu einem neuen Erleben, das mit der »Niederschrift des Gustav Anias Horn« einsetzt: Der Tod wird, wie in Jahnns »Medea«-Fassung, eben nicht als Ende begriffen, und die Tötung nicht als Mord. Auch hierin steht Jahnn eher im Mythos als in der ›geteilten Zeit‹: Ellena lebt in Horns Gedankenwelt weiter, sie bleibt, wie alle Toten in Jahnns Werk, präsent. Hans Henny Jahnn hat dazu am 22. Dezember 1942 seinem Freund Ludwig Voss geschrieben: »Das Menschliche ist nicht das Wichtigste. Ich glaube oft, daß ich kurz vor der Vollendung erlahme, weil ich zu dem ungeheuerlichen Mittel greifen muß, um das Unsinnige und Unausweichliche zu erklären: die Zeit umzukehren, rückläufig zu machen, sie ganz als Dimension einzufügen wie den Raum, mit dem wir uns einigermaßen vertraut gemacht haben. Von ihr, der Zeit, haben wir keine Vorstellung. Wir wissen, daß große Entfernungen ihre Gegendimension, fast ihr Gegenteil sind, man könnte geradezu von negativer Zeit sprechen, die etwas durchaus anderes als Vergangenheit ist. (...) Wir sind von allem Anfang an in den Raum hineingepreßt, der für uns freigelassen ist, und es ist die Frage, ob die Zeit nicht genau so eine Höhlung ist, die von Anfang bis Ende unveränderbar; daß also das Wort Schicksal den Begriff der totalen Lebenszeit enthalten könnte.«[32]

Das aber bedeutet: Befreiung von der Zeit im Mythos, Wegsprengen der Zeitfessel und des beengenden Raums, der von der Konvention über den Menschen gelegt ist – hieße wieder und wieder: Negierung der zivilisatorischen Prozesse, die die Geschichte ausgebildet hat. Ihr Maß bestimmt das Ausmaß der Inkommensurabilität des Jahnnschen Werks überhaupt. Jahnn war immer der Außenseiter, war der Fremde, weil er das Unmögliche wollte und unternahm. Und seine existentielle Mythologisierung ebenso unvollendet blieb wie Ernst Jüngers Epiphanie.

VI.

Als der Krieg dem Ende zuging, im April 1945, schrieb Jahnn an Heinrich Stegemann: »Wenn dieser Krieg einmal zuende sein sollte, dann werden die Menschen eine zeitlang nichts von ihm hören wollen. Sie werden den Versuch machen, wenn auch auf unzulängliche Weise, zu vergessen. Das Leiden, das Grauen, sie müssen überwunden werden. Jede neue Generation tut es, und selbst die gleiche vergißt in zwei drei Jahrzehnten. Wäre es anders, so würden keine Kriege sein. Aber sie werden immer wieder sein, weil auch die Wissenschaft sich um seine Vervollkommnung bemüht – – und mit der Seele des Menschen und der Tiere nicht mehr rechnet. Das Glück ist dank des Fortschritts abgeschafft. Ich glaube auch nicht, daß man es wieder erfinden kann.«[33]

Das ist ein bitterer Abgesang, der kaum mehr zu widerlegen ist.

Die Nachkriegszeit wird vor allem wieder eine Zeit der finanziellen Sorge Jahnns, der Bemühungen um die Publikation von »Fluß ohne Ufer«, die endlich 1949 und 1950 gelingt. Was er dem Werk noch hinzufügt, erreicht nicht, was er bis dahin geschrieben hat, und führt schon gar nicht darüber hinaus. Aber in einem bleibt er sich treu: Er bleibt ein Außenseiter, worüber er, wie er nicht nur einmal und nicht nur kokettierend sagte, nicht unglücklich war. Ernst Kreuder, wie auch Hans Erich Nossack, gehörte zu den wenigen Schriftsteller-Kollegen, die Jahnn bis zu seinem Tode am 29. November 1959 und darüber hinaus die Treue gehalten haben. Kreuder hat über Hans Henny Jahnn einmal gesagt: »Wer sich, vom Werk abgesehen, mit seinen Schriften beschäftigt, etwa über Klopstock oder Lessing, wird sehen, dass hier nicht gescheit gedacht wird, auch nicht brillant, sondern dass hier ein Alleingänger – wenn wir einmal die Worte ›tief‹ oder ›wesentlich‹ beiseite lassen – zum Kern der Dinge vordringt, unbeeindruckt, unbeeinflußt von dem bis dahin herkömmlichen erarbeiteten und zur Verfügung stehenden sogenannten Wissen über Leben und Werk solcher bedeutenden Autoren. Jahnn fängt noch einmal von vorn an, sein Blick wird nicht durch Vorurteile abgelenkt, durch das übliche was sich schickt oder was sich gehört, er ist nicht davon abzubringen, die Wahrheit zu finden und sie ohne Furcht und meist zu seinem persönlichen Schaden auszusprechen, was auch in Anbetracht unserer geschäftstüchtigen Konventionen als rücksichtslos gilt, und oft genug als schamlos.«[34]

Kreuder hat Jahnns Unbedingtheit begriffen. Diese Unbedingtheit, auf den Grund zu stoßen, läßt Jahnn die gesellschaftlichen Formeln vergessen, weil sie den uneingeschränkten Blick behindern.

Man sieht, daß dieser Blick noch immer behindert ist. Die literarische Kritik, gebunden von der verinnerlichten Begrifflichkeit sogenannter bürgerlicher Moral und klassizistischer Ästhetik, hat sich angesichts ihr so unbeirrt fremder Literatur in den fünfziger Jahren ebenso mokiert wie in den zwanziger Jahren, und in Teilen hat sie Jahnn ebenso diffamiert wie einst. Sie hat sich damals aus dem Zirkel ihres Vorurteils-Systems nicht zu befreien vermocht. Bedacht hat sie nicht, daß ebenso, wie literarische Formen in steter Provokation und Replik von Tradition, Soziabilität, gesellschaftlicher Wirklichkeit und sprachlicher Erneuerung sich verändern und erweitern, sich die Maßstäbe der Literaturkritik an jedem bedeutenden Stück Literatur, das entsteht, erst einmal auszubilden haben.

In der Rezeption des Werks von Hans Henny Jahnn hat diese Bewegung noch bis heute nicht stattgefunden. Jahnn blieb groß, aber draußen, und fremd. An seinem Grabe bat Hans Erich Nossack um Verzeihung »für die, die Dich zu spät erkennen und dann viel Wesens von ihrer Entdeckung machen werden. Wie sollten wir denn auch nicht vor Dir versagen? Jeder von uns spürte den Engel hinter Dir, der den berufenen beigegeben ist, doch der Anspruch des Engels war zu groß für uns, aus Angst um unsere kleinere Wirklichkeit machten wir uns taub. Aber immer blieb uns die Besorgtheit im Gewissen um einen Fremdling, der mit uns zu leben versuchte; denn unser Versagen hätte ihn ja zwingen können sich zu prostituieren. Doch Du hast nicht ein einziges Mal Verrat an Dir geübt.«[35]

Das ist ein hohes, auch für Jahnn zu hohes Maß, dem hat er gewiß nicht immer entsprochen, vielleicht auch nicht entsprechen wollen – eine Grabrede eben. Aber ist nicht viel wichtiger seine im Grund doch bleibende Aktualität, die freilich mit seiner gleich bleibenden Fremdheit verbunden ist? »Täuschen wir uns nicht, eine neue Symbolkraft muß unserer Sprache beigegeben werden, wenn nicht unsere Kultur und die Wirkung unseres Tuns zerfallen sollen. Die Worte, die wir in dieser Zeit gebrauchen, sind zu allermeist ausgekleidet und zerfetzt. Mit ihrer Hilfe kann alles bewiesen, alles zerwiesen werden. Unrecht können sie in Weisheit und Staatskunst verwandeln, Unmenschlichkeit mit Heldentum bekleiden. Die Weisheit der Lächerlichkeit preisgeben. (...) In dieser Zeit hat die Kunst, und die das Wort gebrauchende Dichtkunst vor allem, nur die eine Aufgabe, an der Zusammenfassung, am Blick auf das Ganze und in die Tiefe zu arbeiten. Überall dort einzugreifen, wo die bisher von der Masse Mensch und ihren Bürokratien Hinausgestellten versagt haben. Und sie haben versagt, um es zu wiederholen, vor der Natur, vor dem Tier, vor der fremden Rasse, vor dem Makrokosmos, vor dem Mikrokosmos, vor sich selbst. (...) Es ist ihnen kein Leitfaden aus der Vergangenheit für die Zukunft geblieben.«[36]

Das trifft auch im 21. Jahrhundert zu, vielleicht mehr denn je.

Hans Henny Jahnn schrieb es im Jahre 1932.

Die Entdeckung des Erzählens

Über die zweite Karriere des Friedrich Dürrenmatt

Die Welt, wie ich sie erlebe, konfrontiere ich mit einer Gegenwelt, die ich erdenke

F. D.

14. Dezember 1990, mittags gegen halb zwölf. Ich komme gerade aus dem Göttinger Studio des Norddeutschen Rundfunks, habe dort ein kleines Geburtstagsfeature auf den 70. Geburtstag von Friedrich Dürrenmatt für den 5. Januar 1991 aufgesprochen und collagiert, die sonore Stimme des Freundes, mit der ich meine Laudatio eingeleitet habe, klingt mir noch nach: »Die Geschichte meiner Schriftstellerei ist die Geschichte meiner Stoffe. Stoffe jedoch sind verwandelte Eindrücke. Man schreibt als ganzer Mann, nicht als Literat oder gar als Grammatiker, alles hängt zusammen, weil alles in Beziehung gebracht wird, alles kann so wichtig werden, bestimmend, meistens nachträglich, unvermutet. Sterne sind Konzentrationen von interstellarer Materie, Schriftsteller die Konzentration von Eindrücken. Keine Ausflucht ist möglich. Als Resultat seiner Umwelt hat man sich zur Umwelt zu bekennen, doch prägen sich die entscheidenden Eindrücke in der Jugend ein (...). Eindrücke formen uns, was später kommt, trifft schon mit Vorgeformtem zusammen, wird schon nach einem vorbestimmten Schema verarbeitet, zum Vorhandenen einverleibt, und die Erzählungen, denen man als Kind lauschte, sind entscheidender als die Einflüsse der Literatur. Rückblikkend wird es uns deutlich. Ich bin kein Dorfschriftsteller, aber das Dorf brachte mich hervor, und so bin ich immer noch ein Dörfler mit einer langsamen Sprache, kein Städter, am wenigsten ein Großstädter, auch wenn ich nicht mehr in einem Dorfe leben könnte.«[1]

14. Dezember 1990, gegen Mittag: Anruf aus der Kulturredaktion des Bayerischen Rundfunks: Herr Arnold, könn-

ten Sie uns bitte heute noch einen Nachruf auf Friedrich Dürrenmatt schreiben? Ich korrigiere: Sie meinen wohl einen Geburtstagstext! – Nein, sagt die Stimme am Telefon, einen Nachruf. Friedrich Dürrenmatt ist heute nacht gestorben, es kam gerade über den Ticker. – Wissen Sie, woran er gestorben ist? – Es hieß: an einem Herzinfarkt.

Es war der vierte Infarkt, den der seit seinem zwanzigsten Lebensjahr zuckerkranke Dürrenmatt nun nicht mehr überstanden hatte – der vierte, rechnet man als dritten einen Präinfarkt hinzu, den er am 12. Oktober 1975 erlitt, an einem Sonntagmittag, während wir recht üppig bei seinem Freund, dem Wirt Hans Liechti im Hotel du Rocher eines seiner Lieblingsgerichte aßen: eine große Platte mit Seezungen- und Egli-Filets. Lotti Dürrenmatt und ich fuhren Fritz in die Klinik eines Freundes nach Bern, wo nur noch das Sterbezimmer seiner Mutter frei war. Er merkte es sofort und flüsterte mir zu: Aber sag Lotti nichts! Wenig später nahm mich Lotti beiseite und sagte: Es ist das Sterbezimmer seiner Mutter. Aber sag ihm nichts. – Er blieb ein paar Wochen dort. Und schrieb während dieser Zeit an einem Erinnerungstext: »Vallon de l'Ermitage«, der von Neuchâtel erzählt und jenem Tal über der Stadt, in dessen oberer Spitze er mit seiner Frau Lotti seit Anfang der fünfziger Jahre wohnte, direkt unter dem Rocher de l'Ermitage: »Jenseits des Felsens gehört der Wald der Gemeinde. Durch ihn führen meine täglichen Spaziergänge, in den letzten zehn Jahren von meinen beiden deutschen Schäferhunden begleitet, mit denen ich Berndeutsch rede. (...). Der Spaziergang ist immer der gleiche: ein Rundgang, bei dem ich bisweilen die Richtung ändere. Beim Gehen konzipiere ich gern, kaum daß ich den Wald wahrnehme. (...) Die Stadt (...) bleibt mir von unserem Haus aus nicht nur durch die bewaldete Seite des Tälchens verborgen, über die ich den (Neuenburger) See erblicke, sondern vor allem auch durch mich selber, war ich doch hierher gezogen, um an keinem Kulturleben teilnehmen zu müssen. Kultur mache ich selber, und ich gehe in Neuchâtel ebenso ungern ins Theater wie in Zürich oder in München. Ich gehe überhaupt nicht gern ins Theater. Aber gesellschaftliche

Zwänge sind immer vorhanden, und so bin ich denn vor der deutschschweizerischen Kultur nach Neuchâtel geflüchtet.«[2]

Und in dem Film, den ich 1976 über ihn drehte, sagte er: »Seit 1952 wohne ich hier. Ich habe eigentlich fast keine Bekannten in Neuchâtel. Das heißt, ich habe einen Freund, den Wirt, Hans Liechti – das ist auch ein Partner für mich. Sie haben keine Ahnung, was zum Beispiel dieser Mensch mir im persönlichen Leben hilft, im Praktischen. Das Leben ist Partnerschaft. Ich bin kein Eremit, (...) ich hatte große Freundschaften mit Menschen, die mir sehr nahe waren. Leider sind jetzt fast alle gestorben. (...) Ich bin kein vereinsamter Mensch. Ich bin ein zurückgezogener Mensch, das ist etwas ganz anderes. Ich bin sehr froh über Besuche, ich habe lieber Besuche. Ich könnte nicht in Zürich leben. Ich hätte da zu viele Literaten um mich, ich hätte auch zu viele Menschen, die ich schätze. Ich sehe sie lieber einmal im Jahr als jeden Tag, es ist viel fruchtbarer.«[3]

Auch wenn er es abwehrte: Friedrich Dürrenmatt fand sich damals, in der Mitte der siebziger Jahre, in düsterer Stimmung, nach heftigen Niederlagen auf dem Theater, das seit den fünfziger Jahren sein Terrain gewesen war und auf dem seine neuen Stücke nun keine Rolle mehr spielten. Hans Mayer hatte schon recht, als er damals schrieb, Friedrich Dürrenmatt sei zur Zeit nicht sehr berühmt. Auch mir hatte er ja, in unserem ersten langen Gespräch, gesagt: »Ich stehe am Ende. Daß ich auf eine andere Weise auf etwas anderes komme, das ist dann eine andere Sache. Ich bin in einer Sackgasse, ich kann nur immer feststellen: In meinem ganzen schriftstellerischen Leben bin ich immer nur in Sackgassen gelandet, nehmen Sie, was Sie wollen: in vielen Stücken, und jetzt zuletzt im ›Mitmacher‹. Ich bin in Sackgassen gelandet, wo ich weiß: Jetzt kannst du aufhören zu schreiben, oder es geht dir eine Möglichkeit auf, wieder anders zu schreiben. So geht es jedenfalls nicht weiter.«[4]

Und als ich ihm darauf antwortete, daraus spreche eine große Resignation, protestierte er: »Nein! Das ist doch keine Resignation, das ist eine Art Realismus! Sehen Sie in mir etwa einen resignierten Menschen? Um Gottes willen! Bei diesem Wein, den ich Ihnen jetzt vorsetze!?«[5]

Es war diese tief melancholische, durch Sarkasmus nur wenig aufgeheiterte Stimmung, in der sich Friedrich Dürrenmatt befand, als ich ihn im März des Jahres 1975 kennenlernte. Spontan, nach einem mehrtägigen Rundfunk-Gespräch mit Max Frisch, war mein Wunsch entstanden, auch mit Friedrich Dürrenmatt zu sprechen. Ich hatte Frisch nach seinen Begegnungen mit Brecht gefragt; und er hatte einen Umweg über seine Arbeitsfreundschaft mit Dürrenmatt gemacht. So wurde ich neugierig auf Dürrenmatt: einen Weltautor, der sich aus dem literarischen Betrieb heraushielt, keine Interpretationsmuster für seine Literatur lieferte, unberührt, wie mir schien, unbekümmert um öffentliche Urteile – so jedenfalls spürte ich Dürrenmatt damals: unnahbar ... Vorurteile, natürlich, eine Aura, an der die veröffentlichte Meinung wirkt, ein Schleier, der für mich Realität war.

Und tatsächlich blieben Briefe nach Neuchâtel, wo der berühmte Schriftsteller lebte, ohne Antwort. Ich rief an, im Arche-Verlag hatte ich die Auskunft bekommen, Dürrenmatt sei in Arbeit vergraben, ein Rundfunkgespräch unwahrscheinlich. Dürrenmatts Sekretärin sagte mir dann wenigstens eine Beantwortung meiner Briefe zu. Darin wurde der von mir vorgeschlagene Gesprächstermin ohne weiteres akzeptiert, doch kurz vor dem Besuch wieder abgesagt: Dürrenmatt müsse nach Bern, ein neues Treffen sei nicht in Sicht. Ich kam in Bedrängnis. Ich rief an und beharrte: Der Sendetermin für das Gespräch sei bereits ausgedruckt, das Gespräch müsse unbedingt stattfinden. Ich rang mit Dürrenmatts Sekretärin.

Am Tag darauf bekam ich dann doch die Zusage für Freitag, den 7. März 1975. Ich fuhr nach Neuchâtel. Gegen 14 Uhr kam ich an und meldete mich telefonisch. Das Mißverständnis, ich werde erst für den nächsten Tag erwartet, klärte sich nur zäh auf. Dürrenmatt: Ich solle eben einfach um 15 Uhr kommen, gegen Abend aber habe er Besuch – keine Zeit für mich.

Sein über der Stadt am Berg liegendes Haus war nicht leicht zu finden, und dann läutete ich vergebens. Die beiden

Schäferhunde im Zwinger machten mir Angst, in den Garten einzudringen, mich vernehmbar zu machen. Ein Spaziergänger schließlich zeigte mir das über dem alten Haus liegende zweite Haus von »Monsieur Dürrenmatt«. Endlich wurde ich von Dürrenmatts Sekretärin in sein riesiges Arbeitszimmer geführt.

Dürrenmatt erschien mir alt. Die weißen Haare auf seinem mächtigen, ziemlich kahlen Schädel waren wirr. Schwerfällig und geübt ließ er sich, nachdem er mich in einem Sessel rechts neben sich plaziert hatte, mit seinem routinierten »Ach herrje« in die Couchecke fallen. Und dann gleich ein Gespräch, fast stürmisch, bald ein Monolog: Über seine sich nun fast über ein Jahr hinziehende Arbeit an einem Vortrag, nein, an der Nacharbeit dieses Vortrags, den er 1974 in Israel gehalten habe. Nichts habe er damals, als er den Vortrag schrieb, von diesem Lande gewußt, nicht mehr jedenfalls, als man von hier aus wissen könne; und seither sei er mit dem Studium dieses Weltteils beschäftigt: mit seinen Religionen, dem Judentum, dem Christentum, dem Islam; mit der Knebelung der Araber durch die Türken, dem Abbruch der arabischen Aufklärung vor 800 Jahren, den wahnsinnigen Geschlechter- und Herrscherfolgen in dieser Region, die nach ganz Asien hineinwirkten; und wie verständlich doch der arabische Irrationalismus sei, kennte man nur seine Geschichte – wie unvereinbar weit die Traditionen sich voneinander entfernt hätten zwischen Juden und Arabern, obwohl sie doch alle, Christen und Muslime, aus dem Judentum stammten.

»Meine Haupttriebfeder ist das Durchdenken der Wirklichkeit mit den Mitteln, die mir zur Verfügung stehen. Ich habe diese Mittel immer damit bezeichnet, daß ich sagte: Ich denke dramaturgisch. Das heißt, daß ich sie in meine Sprache, in meine Sprachregeln, in meine Darstellungsmittel hineinziehe und zur Darstellung bringe. Aber die Konfrontation mit der Wirklichkeit, die Konfrontation mit etwas, das wir erst erfahren, wenn wir es erfahren, also vorher nicht erfahren können, ist ein Erlebnis, das ein Schriftsteller zu bewältigen hat, das ihn nicht losläßt – das ihn aber auch in ganz bestimmte Schwierigkeiten stellt. Denn jede Reise ist ja nicht nur eine Verschiebung von einem Ort zum anderen, ist ja nicht nur ein Erlebnis von anderen Menschen, von anderen Schicksalen, sondern ist auch eine Reise zu anderen Wurzeln, zu einer anderen Geschichte. So hieß es für mich zuerst einmal auch: Was ist die Geschichte, wie kam es dazu? Aber noch viel mehr: Was ist eigentlich das jüdische Phänomen? Und dazu kam: Was ist eigentlich das Phänomen der Araber? Diese Menschen konnte ich ja nicht einfach als Feinde oder als Schemen sehen, ich mußte sie auch in meine Konzeption hineinziehen, ich mußte sie auch zu begreifen versuchen, ich mußte den ganzen Konflikt zu begreifen versuchen. (...) Ich muß wagen, ein eigenes Bild zu machen. Heute – wo wir umstellt sind von Fachwissen, von Leuten, die nur ein bestimmtes Fachwissen haben – müssen wir wieder wagen, uns ein eigenes Bild zu machen. Ich glaube, gerade für den Schriftsteller, der formulieren kann, indem er schreibt – ich bin im Reden kein guter Formulierer, ich bin ja ein *Schriftsteller* –, ist es eben die Pflicht, die Dinge aus der gewohnten Sprache, aus den gewohnten Terminologien hinauszuheben in ein Neudurchdachtes, in einen neu gesehenen Versuch.«[6]

Aber es ging in diesem Buch nicht nur um Israel und Palästina. Es ging auch um etwas anderes, das von nun an immer mehr Dürrenmatts Schreiben bestimmte: die Verlagerung der Darstellung von der gleichnishafte Anschauung fordernden Bühne in die vielgestaltige: reflektierende, berichtende, erzählende Prosa.

Dieser Dürrenmatt, das spürte ich bald, war nicht der verzweifelte Schriftsteller, der ans Ende seiner Produktion gekommen war, keiner, der sich aufgab, weil sein Theaterruhm verblaßte, sondern ein Schriftsteller, der seine Themen, und darin immer wieder sich selbst in Frage stellte, sie fragend durchdrang, neu durchdachte. Und so wurde aus dem Vortrag in Israel ein umfangreicher Essay – eine nachträgliche Rechtfertigung vor seinen Gastgebern von 1974. Aber ich spürte auch, daß dieser Vortrag durch das intensive Studium neuer Zusammenhänge sich inzwischen zur Last ausgewachsen hatte, zu einer Last, die sich aus immer neuen Einstiegen,

Erkenntnissen und Einfällen bei jeder neuen Korrektur des jeweils bei einer Abschrift für abgeschlossen gehaltenen Manuskripts anhäufte. Doch bald wurde mir klar, daß eben dies die Arbeitsweise des Schriftstellers Friedrich Dürrenmatt war.

In diesem ersten Gespräch erlebte ich Dürrenmatt gleich so unverstellt, ohne eine Rolle nach außen, dem Interviewer gegenüber. Da war nicht nur die Scheu weg. Bei mir entstand spontan eine große Sympathie für diesen Mann, den mir dieses erste Gespräch als genauen, bohrenden Frager zeigte, als einen Sucher nach einer Wahrheit, von der er gleichzeitig wußte, daß er sie nicht zu erreichen vermochte, von der er wohl auch ahnte, daß es sie vielleicht gar nicht gab. Und würde sie, wenn es sie gab, irgendeine Bedeutung haben für die politische und gesellschaftliche, kriegerisch, haßerfüllt und irrational verlaufende Leidensgeschichte des Nahen Osten? Sehr schnell bekam ich eine nachdrückliche Vorstellung von dem Einzelgänger Friedrich Dürrenmatt, von seinen Zweifeln, seiner Ahnung um die Ohnmacht der Schreibenden. Ich saß keinem thronenden Weltautor, keinem abweisenden Zyniker, keinem naturburschenhaften Genie oder immer nur genau kalkulierenden Theatermacher und Schriftsteller gegenüber, sondern einem vom Zustand der Welt betroffenen Menschen, der sich im Schreiben befreien mußte, trösten mußte, wenn man so will, immer wieder. Der aber gewiß keine Tröstungen gab, die er selbst nicht besaß: »Wenn ich Trost gebe, lüge ich; dann beruhige ich mich, ich beruhige Sie, und das ist falsch. Ich kann es nicht. (...) Meine Produktion ist mein Trost, mein aktives Handeln, mein Mich-Ausdrücken, das Formulieren der Trostlosigkeit ist mein Trost. Ich liebe das Wort Verzweiflung nicht, weil ich kein verzweifelter Mensch bin, weil ich mich doch auszudrücken vermag. Leben ist Bewegung. Trost hat etwas von Unbewegtheit. Deshalb bin ich gegen den Trost. Ich will nicht trösten. Ich kann nicht über mich hinaus. Was mich ansporntr: Etwas zu formulieren, etwas zu machen, auch wenn das ganz unsinnig ist, auch wenn ich das Gefühl habe, daß das, was ich tue, nicht stimmt. (...) Das Tun ist wichtig.«[7]

Ich fragte, ob ich rauchen, eine Pfeife anzünden dürfe. »Aber natürlich! – Einen Moment.« Er ruckte sich hoch, ging hinaus, ich hörte ihn kramen, dann kam er zurück, hatte drei Pfeifen, zwei kannte ich von Fotos aus der Presse. Er legte sie vor mich auf den Glastisch. Etwas wehmütig sagte er: »Ich rauche schon seit vielen Jahren nicht mehr. Die schenke ich Ihnen.« Ich war ziemlich gerührt, noch heute stehen die Pfeifen auf meinem Schreibtisch, auch ich rauche schon lange nicht mehr.

Dann gab's Kaffee und ein Pflümli, oder eher zwei, und wir kamen auf die Bilder zu sprechen, die in den Fluren und Zimmern hingen, Zeichnungen und Collagen von Dürrenmatt, dazwischen große Ölbilder; phantastische Gebilde allesamt. Er arbeitete gerade, mit einer besonderen Radier-Technik, an einer Tuschradierung, zeigte sie mir: ein haarig verhangener Papst, auf einem riesigen haarigen Mammut reitend, im Hintergrund ein bizarres Eisfeld. Dürrenmatt führte mich durchs Haus, zeigte andere Bilder, wir gingen durch den schönen wilden Garten ein paar Treppen im Zickzack hinunter zum alten, von den Hunden bewachten Haus, das einst mit den Kindern zu eng wurde und den Neubau erforderte – noch mehr als das neue hing das alte voller großer Bilder und kleinerer Zeichnungen; und in beiden Häusern an den schönsten Stellen Bilder von dem Malerfreund Varlin.

Die andere Produktion, der andere Trost, der – mehr noch als das Schreiben – die Welt um Friedrich Dürrenmatt versinken ließ: seine, wie er sagte: ›privat‹ betriebene Malerei: »Ich habe gestern bis um fünf Uhr morgens gezeichnet, und dann wurde mir erst bewußt, daß ich nur eine Pyjamajacke anhatte, daß ich eigentlich total durchfroren war, nachdem ich drei Stunden lang gezeichnet hatte.« Ich fragte: »Das passiert Ihnen beim Schreiben nicht? Das Zeichnen also ist die Leidenschaft.« Und die Antwort: »Es gibt auch Momente der großen Leidenschaft beim Schreiben, Momente, in denen ich entwerfe. Wenn ich jetzt an das denke, was ich als Stück machen möchte, dann packt mich eine große Leidenschaft. Aber die unmittelbare Leidenschaft, ein blankes Papier oder einen Karton vor sich zu haben und nun etwas Technisches ausführen zu müssen, das gibt es, glaube ich, im Schreiben gar nicht. Es ist eine Leidenschaft, die auch in etwas Technischem besteht, in einem technischen Bewältigen. Das Schreiben hingegen ist schon etwas viel Abstrakteres. Ich habe sehr lange darunter gelitten, daß ich beim Schreiben nicht dieses unmittelbare Verhältnis zur Materie habe wie beim Zeichnen.«[8]

Eigentlich hatte er immer Maler werden wollen. Und immer hat er gezeichnet und gemalt. Auch viele seiner Freunde waren Maler: Hans Falk, Varlin, früher Teo Otto, der Bühnenbildner. Nur wenige Schriftsteller, sie kamen schon lange nicht mehr. Aber nicht nur die Zeitströmung hatte sie weggeschwemmt; Dürrenmatt war kein bequemer Freund: Er schwieg lieber, statt Höflichkeiten auszutauschen, und statt Meinungen einfach hinzunehmen, setzte er sich ziemlich hartnäckig damit auseinander.

Daß er kein Maler geworden ist, hat er immer bereut, war wütend bei dem Gedanken, nicht zur Kunstschule gegangen zu sein, keine Äpfel abgemalt, Zeichnen nicht gelernt zu haben, sagte öfter: Er habe immer einen Schritt zu weit tun wollen. Könnte das nicht auch eine Erklärung für den Schriftsteller Dürrenmatt sein: immer einen Schritt zu weit tun? Oder, wie er einst in seiner Dramentheorie formuliert hat: Alles zur schlimmstmöglichen Wendung treiben, um zu zeigen, wohin die Reise führt? Aber geht Literatur, die wirkungsvoll ist, nicht immer einen oder mehrere Schritte zu weit? Ist das nicht eine ihrer grundlegenden Bedingungen? Liegen darin nicht die Gründe für ihre antizipatorische, ihre kritische und konstruktive Kraft? Und zwar jenseits von dem, was Dürrenmatt, auf den Vorwurf eines gesellschaftlichen Eskapismus angesprochen, schlicht die tagespolitische Einschätzung nannte? Dürrenmatts Antwort: »Was ist der Schriftsteller, was ist der Künstler? Es ist das menschliche Dokument einer menschlichen Situation, das bleibt. Es ist der menschliche Hilfeschrei, der hängen bleibt, der nicht vergeht. Was wissen wir von den vergangenen Zeiten? Wir wissen nur abstrakt von ihnen. Aber wir wissen von gewissen Gedichten, wir wissen von gewissen menschlichen Dokumenten – von ihnen wissen wir das Menschliche dieser Zeiten. Und so ist es auch heute. Die Rechnung geht nicht auf. Das Statistische, das Politische spielt sich auf einer anderen Ebene ab als das unmittelbar Erlebte, das unmittelbar Menschliche.«[9]

Als es draußen schon dämmerte und die erste Flasche Bordeaux, ein Château Ausone von 1961, auf dem Tisch stand, begannen wir endlich, für den Rundfunk auf Band zu sprechen, und ich war froh, dann doch noch eine gute Stunde Gespräch aufnehmen zu können. Aber die Pflicht allein trieb mich nicht mehr sonderlich an. Das laufende Band, das beobachtet werden mußte, wurde fürs spontane Gespräch zunehmend lästig. Wir ›arbeiteten‹, bis es plötzlich läutete und der Besuch kam. Ich wollte gehen, anderntags weitermachen. Aber nein, ich solle noch zum Essen kommen, er habe mit seinem Anwalt nur eine Stunde zu tun. Also kam ich gegen neun Uhr ins Restaurant du Rocher zu Hans Liechti.

Dort bekam die Sympathie füreinander das massive Fundament des Genießens: Fleisch, Fisch, Gemüse, Salat; keine Soßen, kein Brot, keine Kartoffeln: Hans Liechti kochte für Dürrenmatt Diät. Die beiden hatten, zwei Jahrgänge auseinander, dieselbe Schule besucht und sich erst wenige Jahre zuvor in Neuchâtel gefunden, ein nicht nur gastronomisch erfreuliches Ereignis; Liechti sammelte auch moderne Kunst, und natürlich hingen in seinem Restaurant ein paar Bilder von Dürrenmatt.

Immer mehr erschien mir vieles an Dürrenmatt als das, was landläufig ›barock‹ heißt: die Figur, die Freude am Essen und Trinken; wie sich dann herausstellte: an ausschweifenden Gesprächen; am Zur-Neige-Trinken, überhaupt am Auskosten. Und bei allem zeigte sich eine in jedem Falle entschiedene Konsequenz. Noch etwas anderes fiel mir auf: Mit der Zeit erschien Dürrenmatt immer jünger, vor allem wenn er offenen Mundes laut und dröhnend lachte, ein Gelächter zwischen Lippen und Zäpfchen. Es war zu spüren: Das äußere Bild vom älteren Herrn verschleierte eine geradezu jungenhafte geistige Lebendigkeit.

Dann brach der Anwalt auf, fuhr zurück nach Bern. Und Dürrenmatt schlug vor, bei sich oben noch einen alten Wein zu trinken. »Sie bekommen auch meine besten Weine!« Drei Flaschen hatten wir schon. Dennoch meinte er, man könnte doch auch noch ›arbeiten‹, aufs Band sprechen; und mimte lallend, wie dieses Gespräch dann verlaufen würde.

Oben begleitete ich ihn in den opulenten Weinkeller hinunter, und also tranken wir weiter, alte Bordeaux, erst über die Jahre 1919, 1917 und 1898 hinab zum Hundertjährigen, einem Grand Cru Classé von 1875, dann auf derselben Strecke zurück in die Gegenwart und in den hellen Tag hinein. Dabei redeten wir. Manchmal auf Band. Es schien, also wollte Friedrich Dürrenmatt sich von der Seele reden, was sich seit der Niederlage, die er 1973 mit seinem Stück »Der Mitmacher« erlitten hatte, in ihm aufgestaut hatte.

Diese Niederlage hatte ihn spürbar getroffen – doch er kam, wie ich bald merkte, in keine Schreibkrise, sondern allenfalls in eine Theaterkrise. Zwar hatte er neue Stücke im Kopf, auch Skizzen dazu im Heft, aber die genügten ihm nicht mehr; denn das Theater ist ein Zeige-, kein Denkinstrument, es erlaubt keine komplexen Hypotaxen, keine Relativsätze. Dürrenmatts Denken aber suchte nach einer literarischen Form, in der er mehr zeigen konnte als mit seinen Stücken, flexiblere Formen, in denen er erzählen und reflektieren konnte – was die Bühne ja nicht zuließ. Und so entwickelte Dürrenmatt aus dem heftigen inneren Konflikt mit seinem Komödienschreiben, seinem Schreiben prinzipiell, mit sich selbst als schriftstellerischer Existenz sein, wie er sagte: ›dramaturgisches *Erzählen*‹. Sein ›dramaturgisches‹ *Denken* erfand er sich als philosophierendes Erzählen und erzählendes Philosophieren.

»Theaterschreiben«, so sagte er, »ist eine ungeheure Begrenzung der Darstellung des Menschen. Das Theater stellt den Menschen ja nur in einer ganz bestimmten Formel dar. Und je mehr man sich für den Menschen interessiert, für die Lage des Menschen, um so dringlicher wird meine alte skeptische Frage: Inwieweit kann das Theater die Welt darstellen, unter welchem Aspekt kann das Theater den Menschen darstellen? Ich stehe vor der Frage: Was kann ich mit diesem Medium darstellen und was nicht? Und da kommt gerade die Art von

Prosa, die ich schreibe, weil ich auch ein sehr reflektierender Mensch bin, mir insofern entgegen, als ich darin viele Dinge zu sagen oder zu formulieren wage, die ich früher nicht zu formulieren wagte, weil ich sie nicht formulieren konnte.«[10]

Und so trieb dieser von einer Theaterkrise ausgelöste Konflikt, erstmals bei Dürrenmatt auf solch grundsätzlich neue Weise, umfängliche Äußerungen zur Hintergrundswelt seiner Stoffe und Gedanken hervor, große erzählte Kommentare seiner Werke, wenn man so will. Aber die lieferten nicht Theorie nach, wollten auch nicht vermeintliche Mißverständnisse aufklären. Diese Form des Erzählens entwickelte sich zu einem eigenen Genre: keine Umsetzungen mehr von Einfällen in Bilder und Szenen, sondern Darstellungen von deren Fundament, deren Phantasie- und Gedankengrund selbst: Abläufe, Zusammenhänge, Konzeptionen, Komplexe. Nichts Persönliches, wie bei Max Frisch immer wieder, und damals gerade, 1975, in »Montauk« zu ihrem Ende getrieben – und Dürrenmatt nannte »Montauk« ein durch und durch verlogenes Buch, schalt mich, weil ich eine Rezension geschrieben hatte mit dem Titel »Vom Gelingen eines Scheiterns« –, sondern im Zusammenhang von Welt-Entwicklung und Welt-Erfahrung Gedachtes: Her- und Darstellung von untergründigen Zusammenhängen, anschaulich gemachtes Denken. Die beiden damals gleichzeitig entstehenden Bücher: der zum Monster-Essay gewachsene Israel-Vortrag »Zusammenhänge. Eine Konzeption« und der große Kommentar zum einst durchgefallenen Stück »Der Mitmacher. Ein Komplex« verdanken sich diesem neuen Schreibansatz: nichts Historisch-Chronologisches oder Abstrakt-Philosophisches prägte die neue Form, sondern die Verbindung und das Ineinander von historischem Wissen, persönlicher Erfahrung, erzählerischer und gedanklicher Phantasie und antizipatorischem Denken. Nichts Stichhaltiges im akribischen, sondern Zutreffendes im planend entwerfenden, eben: konzeptionellen und komplexen Sinne. Gegenüber dem Heer der angeblich versachlichenden Vereinfacher und Wahrheitswisser versuchte sich Dürrenmatt im Denken nur mit dem eigenen Kopf.

Als ich nach meinem ersten Besuch Friedrich Dürrenmatt im Frühsommer 1975 zum zweiten Male besuchte, redigierten wir das Gespräch, das wir im März geführt hatten. Es war so ausführlich und dabei auch so grundsätzlich geraten, daß Dürrenmatt einer Veröffentlichung als Buch zustimmte. Es sollte in Peter Schifferlis Arche-Verlag erscheinen, in dem Dürrenmatt von Anfang an mit den vielen schönen Pappbändchen zu Hause war, Einzelausgaben seiner Stücke, Geschichten, Vorträge. Freilich war Schifferlis Produktions- und Publikationspolitik nur schwer zu durchschauen. In keiner der Einzelausgaben war notiert, in welcher Auflage sich ein Stück oder ein Prosatext von Dürrenmatt befand – war eine Auflage ausverkauft, druckte Schifferli nach. Er druckte Dürrenmatt wie Geld. Deshalb sind Dürrenmatt-Erstausgaben aus der Arche fast unbekannt, weil sie nur sehr schwer als solche zu verifizieren sind.

Auch auf andere Weise war Schifferli ein eigenwilliger und nicht immer autorenfreundlicher Verleger. Er hat nie einen Lektor beschäftigt – was er von Dürrenmatt druckte, druckte er nach angeliefertem Autor-Manuskript, unbesehen. Außerdem vergab Schifferli für Dürrenmatts Werke nie Lizenzen, etwa für Taschenbücher. Das war für sein eigenes Geschäft natürlich lukrativer, solange er blindlings auf den Erfolg Dürrenmatts setzen konnte. Für den Autor Dürrenmatt hat sich das als weniger glücklich herausgestellt. Denn der Markt orientierte sich in den späten sechziger und Anfang der siebziger Jahre um, vor allem in den Schulen las man Taschenbücher, und für Schüler waren damals selbst die Arche-Bändchen noch recht teuer. Im preiswerteren Taschenbuch kam der Dramatiker Dürrenmatt gar nicht vor. Egoistisch hat sein Verleger damals versäumt, den Schriftsteller Friedrich Dürrenmatt an die nachwachsenden Generationen zu vermitteln. Das änderte sich erst Anfang der achtziger Jahre, als Dürrenmatt zum Diogenes-Verlag ging.

Aber all dies kümmerte Dürrenmatt nicht. Als ich ihn einmal darauf ansprach, meinte er nur, er verdiene sein Geld mit dem Theater. Doch auch das änderte sich bald. Als er mir einmal eine Halbjahresabrechnung von Schifferli zeigte, sah ich, daß hinter so opulenten Verkaufszahlen wie »53 000 mal ›Die Physiker‹, 64 000 mal ›Besuch der Alten Dame‹« immer zu lesen stand: 10% – worauf ich sagte: Fritz, jetzt rufst Du Peter Schifferli an und sagst ihm, du willst ab sofort mindestens 12% – doch das war später.

Während wir noch bei der gemeinsamen Redaktion unseres Gesprächs saßen, fragte mich Dürrenmatt unvermittelt: »Willst Du mein Lektor werden?« Er hatte nie einen gehabt, mit niemandem je so detailliert über sprachliche und formale Fragen an einem Text diskutiert – wenn er, früher und selten genug, mit Frisch über dessen oder seine Arbeiten geredet hatte, war es um prinzipielle, strukturelle, thematische und häufig theaterpraktische Probleme gegangen – um Prosa, soweit ich mich erinnere, überhaupt nicht. Wir aber kamen plötzlich in ein Gespräch über kleine und große praktische Schreibprobleme, deren Erörterung Dürrenmatt Spaß zu machen schien, weil er darüber weder mit Kollegen noch mit einem Lektor je gesprochen hatte. Spontan sagte ich: Ja. Da ich ohnehin gern Dürrenmatt las, warum dann nicht gleich im Manuskript, oder gar schon beim Wachsen eines Manuskripts?

Und so gab mir Friedrich Dürrenmatt, als ich wieder nach Hause fuhr, ein Manuskript von 275 Seiten mit, auf dem geschrieben stand: »Stoffe. Zur Geschichte meiner Schriftstellerei« und meinte: Lies das doch mal durch, ob es was taugt.

Ich las es in den Sommerferien in Irland, und ich las es immer wieder, lange hatte ich einen solchen Text nicht zu Gesicht bekommen – die beiden ebenso faszinierenden, aus demselben Erzählansatz entstandenen Texte, die 1976 als Israel-Essay »Zusammenhänge« und als »Mitmacher-Komplex« erschienen, kannte ich nur erst aus Dürrenmatts Erzählungen, an ihnen arbeitete er damals noch, ich las und lektorierte ihre Manuskripte erst nach den Ferien im Herbst 1975 – schon damals wurde mir klar, daß im Grunde alle drei Prosa-Projekte zusammenhingen und demselben Impuls entsprungen waren: dem eigenen Denken auf die Spur zu kommen, von Anfang an. Und alle waren auch aus der Erfahrung heraus entstanden, daß sich Dürrenmatts vielspuriges Denken eben übers Theater nicht mehr vermitteln ließ. Dürrenmatt: »Die ›Zusammenhänge‹ waren das jüngste Prosastück von den dreien; zuerst schrieb ich – seit 1968 – an den ›Stoffen‹, dann wurde diese Arbeit durch den ›Mitmacher‹ unterbrochen, dann begann ich 1973 den ›Mitmacher-Komplex‹, und erst 1974, aus einem Vortrag in Israel, entwickelten sich die ›Zusammenhänge‹. (...) Die Arbeit an den ›Zusammenhängen‹ griff wieder auf die ›Stoffe‹ zurück – alle Prosaarbeiten hängen also zusammen, so daß ich zuerst dachte, es würde sich eine Trilogie ergeben: ›Zusammenhänge‹, ›Mitmacher-Komplex‹ und ›Stoffe‹. Heute ist das gar nicht möglich, weil die ›Stoffe‹ viel zu umfangreich sind und immer noch wachsen. Aber trotzdem besteht ja dieser innere Zusammenhang der Prosa. Man könnte groteskerweise sagen, ›Zusammenhänge‹ und ›Mitmacher-Komplex‹ sind auch ein Teil der ›Stoffe‹.«[11]

Der erste Band der »Stoffe« sollte 1979 noch bei Peter Schifferli im Arche-Verlag erscheinen, Schifferli hatte ihn bereits setzen lassen, ich habe mit den Fahnen im Frühjahr 1979 ein Seminar über Frisch und Dürrenmatt an der University of California in Los Angeles bestritten; er erschien aber erst 1981 und war nach Dürrenmatts Verlagswechsel zu Diogenes sein erstes neues Buch im neuen Verlag. 1990 erschien dieser erste Band der »Stoffe« neu: nun unter dem neuen Titel »Labyrinth« zusammen mit dem zweiten Band des »Stoffe«-Komplexes: »Turmbau«.

Begonnen hatte das große Unternehmen der »Stoffe« nicht 1968, wie Dürrenmatt im Gespräch sagte, sondern um 1969/70, und zwar mit jenem Text Dürrenmatts, aus dem ich am Anfang zitiert habe – es war der Versuch einer Bestandsaufnahme: nicht als Autobiographie, nicht als Tagebuch, sondern als ein Aufspüren der eigenen literarischen und existentiellen Wurzeln, Motive und Bilder, aber auch als eine Beschreibung der Umsetzung seiner grundlegenden Erkenntnis- und Schreibvoraussetzungen. Dabei ging es Dürrenmatt weniger um jene Stoffe, die als Theaterstücke, Hörspiele, Romane oder Erzählungen schon ausgearbeitet waren, obgleich auch in ihnen Stoffe abgelagert sind, die wieder und wieder als durchgehende Motive auftauchen. Vielmehr hat Dürrenmatt das Unternehmen der »Stoffe. Zur Geschichte meiner Schriftstellerei« vor allem deshalb begonnen, weil er sich von den ungeschriebenen Stoffen, den unerledigten Geschichten befreien wollte, aber auch, weil er bereits gestaltete Stoffe in neuer, veränderter Gestalt im Kopf hatte: »Dabei«, so Dürrenmatt, »verhalten sich die ungeschriebenen oder nicht vollendeten Stoffe unmittelbarer zu meiner Welt, zur Welt, wie ich sie erlebte und erlebe, als die geschriebenen Stoffe, die gefiltert, umgeformt, verformt, zwar immer wieder neu gestaltet, aber doch schließlich abgeschlossen, zur Sprache gebracht, damit der Sprache angepaßt, angenähert sind. – Darum sind die ungeschriebenen und die unvollendeten Stoffe wichtig (...), sie sind noch Versuch, noch nicht Abschluß, der immer nur zweifelhaft sein kann: Enden ist stets willkürlich, ein Aus-der-Hand-geben, ein Verlieren schließlich, ein Vergessen, resignierend wie jedes Vergessen. Das noch nicht Geschriebene und das Unvollendete dagegen gehören mir.«[12]

Aneignen und Sich-Befreien, das war für Dürrenmatt die Bewegung des Schreibens: hineingerissen werden in Themen, Zusammenhänge, Stoffe, aus deren Bann nur ihre Gestaltung zu befreien vermag; um nur immer wieder in andere Zusammenhänge und Stoffe zu locken, in neuen Bann und ähnliche existentielle Auseinandersetzungen zu ziehen, aus denen sich der Autor wiederum nur schreibend befreien kann – und hineingerät in einen neuen Kampf mit seiner labyrinthisch gefesselten Schreibexistenz.

Dieses Projekt »Stoffe« wurde das schriftstellerische Abenteuer des Friedrich Dürrenmatt in den siebziger und achtziger Jahren und begründete seine zweite schriftstellerische Karriere, in der er das Erzählen als die ihm angemessene Form der Aneignung von Welterfahrung und Vermittlung seines ›dramaturgischen Denkens‹ für sich entdeckte. Rein äußerlich ist dies das Ins-Auge-Fassen seiner gesamten schriftstellerischen Existenz; und näher angeschaut: der Versuch, erfahrene Welt und erdachte Gegenwelt dialektisch aufeinander zu beziehen und daraus eine literarische Erfahrung zu filtern, eine konzeptionelle Schreibweise, die der erfahrbaren Welt noch beizukommen vermag, eine, wie Dürrenmatt formuliert: Dramaturgie des Labyrinths: »Was heute gilt, galt damals: Dramaturgie des Labyrinths, Minotaurus. Indem ich die Welt, in die ich mich ausgesetzt sehe, als Labyrinth darstelle, versuche ich, Distanz zu ihr zu gewinnen, von ihr zurückzutreten, sie ins Auge zu fassen wie ein Dompteur ein wildes Tier. Die Welt, wie ich sie erlebe, konfrontiere ich mit einer Gegenwelt, die ich erdenke.«[13]

Die in zwei Bänden gesammelten »Stoffe I – IX« sind das Ergebnis dieser dramaturgischen Ästhetik. Aber ›Ergebnis‹ nicht als Ablagerung oder Abschluß eines Schreibprozesses, sondern als dieser Prozeß selbst, den die Dramaturgie organisiert und der – vielschichtig und vielgestaltig, auch im Nebeneinander von Vergangenheit, Gegenwart und Zukunftsentwurf, von Erleben, Denken und Phantasie – durch die neun Bücher der »Stoffe« hindurch und über sie hinausführt: zurück zu den »Zusammenhängen« und dem »Mitmacher-Komplex« ebenso wie zu der späten Erzählung »Durcheinandertal«. Denn es ist nur eine andere, nämlich die komplex erzählte, nicht verkürzend dramatisierte Form desselben Prozesses von Weltgestaltung, in dem sich die künstlerische Existenz Friedrich Dürrenmatts von Anfang an bewegt hat – und der ihn, den Künstler, immer umgetrieben hat, in seiner Malerei ebenso wie in seiner Literatur, bis zu seinem Tod.

Den Grundrahmen dieses schriftstellerischen Abenteuers begrenzen zwei, wenn man so will, ›Daten‹: eingangs die frühesten Eindrücke des Knaben im Emmentaler Heimatdorf Konolfingen, aus denen sich malerische und literarische Motive und Stoffe entwickelten; und am Ende der Entschluß des Fünfundzwanzigjährigen, Schriftsteller zu werden. Zwischen diesen beiden zeitlich bestimmbaren Polen türmt Dürrenmatt das Erzählgebirge seiner »Stoffe« auf, dessen Gipfel, Schluchten und Höhlen bis in unsere Zeit und noch weit darüber hinaus reichen. Oder rein formal gesprochen: Zahlreiche Erzählschichten, Zeitschichten, Bericht und Fiktion gehen ineinander über, durchdringen einander: Erdachtes erhellt Erlebtes, und der Bericht von Erlebtem wiederum legt Motivstränge offen, die zu schon bearbeiteten Stoffen geführt haben oder die, in neuen Ausformungen der alten Stoffe und Motive, hier wieder aufgenommen werden. Dürrenmatt erzählt Geschichten so, als wolle er wie mit dem Lichtkegel einer Taschenlampe von seiner Position aus Teile des dunklen Welt-Labyrinths anschaulich machen und mit den Teilen eine Ahnung vom Ganzen vermitteln.

Die einzelnen Kapitel der »Stoffe« tragen die Titel von großen Erzählungen, die von diesem Erzählverfahren hervorgebracht wurden: darunter »Der Winterkrieg in Tibet«, »Mondfinsternis«, »Der Rebell« im ersten, »Querfahrt«, »Das Haus« und »Vinter« im zweiten Band.

In Buch eins ist es »Der Winterkrieg in Tibet«, dessen motivische Keime zurückreichen in Dürrenmatts Zeit während des Zweiten Weltkriegs beim Schweizer Bundesheer: umgesetzt in einen endlosen Alptraum vom ewigen Kriegführen auf und in den Gebirgen Tibets, wo nach einem dritten Weltkrieg weitergekämpft wird, stellvertretend für alle, die den Krieg immer noch und immer wieder wollen, aus ideologischen oder aus egoistischen oder aus sogenannten ›heldischen‹, möglicherweise auch bloß aus biologischen Gründen. »Der Winterkrieg in Tibet« steht in den »Stoffen« wie ein Urmodell labyrinthischer Erfahrung für das gesamte Werk Dürrenmatts: als zur Anschauung gebrachter Kampf mit Ideologien und Weltkonzepten, dessen Wurzeln in den Dorf- und Stadterlebnissen, aber auch in den Lektüren des jungen Dürrenmatt steckten, von wo her sie sich später vertieften und verzweigten. Aber da schaltete Dürrenmatt zum Beispiel in diese Erzählung auch das alte Prosa-Fragment »Aus den Papieren eines Wärters« ein, dessen Erzählhaltung und Erzählstoff nun erst, im größeren Rahmen des »Winterkriegs«, erzählerisch aufgingen. Das Unternehmen der »Stoffe« diente also auch dazu, bislang ungelöste Erzählprobleme zu erledigen.

Anders liegt der Fall im Kapitel »Mondfinsternis«, das sich mit den geistigen Einflüssen des Elternhauses befaßt, auch im Zusammenhang mit Faschismus und Krieg, von denen die Schweiz damals umgeben und wie in einem Gefängnis der Freiheit eingeschlossen war. Aus der Schilderung seiner verschiedenen Fluchten in die Einzelgängerei destillierte Dürrenmatt da jenes Motiv, das zuerst zur Idee einer Erzählung, eben der »Mondfinsternis«, dann aber, ohne daß die Erzählung damals geschrieben wurde, zum Stück »Der Besuch der alten Dame« geführt hatte. Nun, nachdem die »Alte Dame« ein weltberühmtes Stück geworden war, erzählte Dürrenmatt innerhalb dieses Kapitels der »Stoffe« auch diese Erzählung noch: auch als Illustration der ästhetischen Überlegung, welche Stoffe und Motive auf welche Weise eine Erzählung oder aber ein Theaterstück hergeben könnten.

Aber wieder entstand aus der Darstellung einer künstlerischen Problematik nicht nur ein poetologisches Demonstrationsobjekt, sondern eine eigenständige Geschichte: von Walt Lotcher, der in Amerika zum Millionär wurde und nun sterbenskrank in sein Schweizer Heimatdorf zurückkommt, um den Familien des Dorfes seinen Reichtum anzubieten, damit sie jenen Mitbürger töten, der ihm einst die Freundin ausspannte. Dürrenmatt zeigte daran, wie eine dramaturgisch ›schwache‹ Fabel zwar eine fast klassische Novelle von finster-komischer Stimmung, aber kein zwingendes Bühnengleichnis zu tragen vermag. Die dramaturgisch ›starke‹ Fabel führte einst zur »Alten Dame«.

Und im dritten Fall entwickelte Dürrenmatt die wie nur angetuscht wirkende Erzählskizze mit dem Titel »Der Rebell« aus literarischen Zusammenhängen (z. B. der Lektüre Franz Kafkas und Rudolf Kassners) – fast eine methodische Übung, von der Dürrenmatt sagte, es sei, »als ob ich eine fingierte Schachpartie, von der ich nur die geplante Eröffnung und das geplante Endspiel im Gedächtnis behielt, noch einmal nachspielte, denn in Wirklichkeit erfand ich ebensoviel als ich wiederfand, ohne unterscheiden zu können, was ich erfunden und was ich wiedergefunden habe«[14].

Damit beschrieb Dürrenmatt noch einmal, was ein Teil seines literarischen Verfahrens in den »Stoffen« ist: Stoffe und Motive nachzuspielen, fortzuspielen oder zu Ende zu spielen, die im Werk vielfältig vorhanden sind und die noch immer fruchtbar werden, wenn sie neu oder anders und weiter entfaltet werden – dramaturgisch organisiert in einem erzählerischen Diskurs, der ein großartig böses Spiegelbild vom Pandämonium der Welt liefert. Gern erläuterte er sein dramaturgisches Verfahren am Atommodell: »Für mich ist ein Stoff ein Urmodell, und wenn ich einen Stoff bearbeite, heißt das, daß ich eine Konzeption, eine Konstellation weiterdenke – ich arbeite und denke an meinen Stoffen so weiter, wie die Physiker am Atommodell weiterdenken; so ein Stoff kann zuerst ein ganz einfaches Modell sein, dann wird das Modell komplizierter, es verändert sich auch in der Aussage, im ganzen Bereich seiner Aussagemöglichkeit, seiner Ausdrucksmöglichkeit, und das ist das Entscheidende: Ganz bestimmte Konstellationen lassen mich einfach nicht los. Früher waren diese Konstellationen, zum Beispiel bei den griechischen Tragikern, gegeben (...) als Mythen. Und wir müssen diese Mythen selber wieder erschaffen, müssen sie neu schaffen, neu sehen. Wir schaffen also unsere Mythen neu, und wir formen sie weiter fort, und das ist genau mein Arbeiten an den Stoffen.«[15]

In diesem Sinne suchte und versuchte Dürrenmatt Gegen-Welt-Bilder: als Versuchsanordnungen, als Hypothesen, die verworfen oder schließlich akzeptiert werden können, aufgestellt mit den Mitteln der Phantasie und mit einer Methode, die er seine ›dialektische Dramaturgie‹ nannte.

Dürrenmatt beschrieb das Abenteuer seines Schreibens: das Projekt der »Stoffe« auch oft als Querfahrt durch das labyrinthische Gewirr seiner Wahrnehmungen. Und so ist das Kapitel »Querfahrt« im zweiten Band der »Stoffe« auf extreme Weise ein Konzentrat dessen, was die unentwegte Arbeit an den »Stoffen« insgesamt charakterisiert: Vernetzung von Erfahrungen mit Lektüren und Menschen, beim Schreiben und Malen, bei Begegnungen und Erlebnissen, die zeitlich weit auseinanderliegen. Die erzählerische Kombinatorik der Phantasie und der Vorstellungskraft Dürrenmatts ist vielschichtig.

»Querfahrt« setzt ein mit Erinnerungen an das Jahr 1943, an die Rückkehr aus Zürich, wo Dürrenmatt ein Semester studiert hatte, nach Bern, wohin die Familie schon 1935 von Konolfingen umgezogen war; 1943 ist aber auch das vierte

Jahr, in dem die Schweiz vom Kriege rundum bedroht ist, eingesperrt, wie Dürrenmatt es nennt, in Freiheit gefangen – eine Empfindung, die Dürrenmatts erwachendes revoltierendes Bewußtsein nährte, zugleich aber mit der Ahnung von der Sinnlosigkeit seines Protestierens versah und den Zweiundzwanzigjährigen in Verzweiflung stürzte. Davon zeugen die ersten schriftstellerischen Versuche, die aus diesem Jahr stammen: das ungespielte erste Stück »Komödie«, die erste Prosa »Weihnacht«, aber auch die Themen und Motive seiner Malerei. Immer noch wollte Dürrenmatt, obwohl er schrieb, damals ja Maler werden. Erst 1946 hat er sich endgültig für die Literatur entschieden.

1943 jedenfalls will er in einem Dorf im Wallis seine »Komödie« beenden. Daneben liest er Jean Paul, den »Titan«, den »Siebenkäs«. In Siebenkäs' Inszenierung des eigenen Sterbens findet er ein wichtiges Motiv, »die Parodie des Todes und der Auferstehung«[16]; mit ihm verknüpft Dürrenmatt die Erweckungsgeschichte des Lazarus.

Sechzehn Jahre später, 1959, kuriert Dürrenmatt im Waldhaus Vulpera im Unterengadin seinen Diabetes, er läuft viel, der Arzt probiert neue Medikamente, aber immer wieder zeigt der Teststreifen das gefährliche Grün, kein Mittel schlägt an. Er sinniert: »Der Tod hat für mich ein grünes Gesicht«[17] – und zeigt es immer wieder. »Wann krepiere ich denn endlich!«[18] Da schon tauchen die Worte auf, die Schwitters später im »Meteor« einmal sagen wird. Der sich immer wieder zeigende grüne Tod holt Lazarus ins Bewußtsein, mit ihm das Motiv der Auferstehung, deren Dogmatisierung durch die Kirche Dürrenmatt als Skandalon empfindet, und aus alledem wächst schließlich eine erste Vorstellung vom »Meteor«. Weitere Stoffe entwickeln und verbinden sich mit anderen, konzentrieren und formen sich: Der Teststreifen als Orakel, die Irrwege des vergeblichen Suchens nach hilfreichen Mitteln gegen die Zuckerkrankheit als Irrwege des Ödipus, die Wege und Irrwege der Wissenschaften mit ihren Hypothesen und verifizierenden oder falsifizierenden Verfahren, die Verantwortlichkeit der Wissenschaftler angesichts ihrer Erkenntnisse: Das alles grundierte dann vor dem »Meteor« noch ein anderes Stück: »Die Physiker«.

Und noch einmal Dürrenmatt: »Ich glaube, daß es ein wesentlicher Teil der schöpferischen Phantasie jeder Kunst ist, daß sie aus zwei Quellen kommt, nämlich einerseits aus der assoziativen Quelle, aus der visionären, die aus verschiedenen Teilen der Erscheinungen eine Vision baut; und andererseits aus dem Logischen. Die Phantasie besitzt auch eine Logik, sie ist ohne Logik nicht möglich, sonst zerfließt sie. Die Logik ist ein Teil der Phantasie; ich behaupte sogar, daß Phantasie und Mathematik eng zusammengehören – ohne Phantasie ist Mathematik gar nicht möglich, ohne Phantasie sind auch Hypothesen nicht möglich, von jeder Induktion muß durch die Phantasie ein Sprung auf einen Schluß gewagt werden.«[19]

Diese Kombinatorik hat Friedrich Dürrenmatt einmal seine »Gedankenklempnerei«[20] genannt. Sie und seine Lust am Erzählen machten es immer wieder und machen es noch immer spannend und unterhaltsam, Dürrenmatt auf seiner erzählerischen Querfahrt zu begleiten.

Ich hatte das Glück, vieles von dem, was nun nur noch als Lektüre nachzuvollziehen ist, entstehen und sich langsam entwickeln zu sehen: zu den »Zusammenhängen« und zum »Mitmacher-Komplex«. Vor allem aber war es faszinierend, wie aus den 275 Manuskript-Seiten, die ich im Sommer 1975 las, im Verlauf vieler Jahre und Gespräche das Erzählgebirge der »Stoffe« wuchs: und ihre Titel »Labyrinth« und »Turmbau« markieren genau den Schreibprozeß, der es hervorbrachte.

Meine Querfahrt mit Friedrich Dürrenmatt endete am 14. Dezember 1990, mittags gegen zwölf. Und was ich für seinen Geburtstag gesprochen hatte, wurde als Nachruf gesendet.

Die anarchische Vernunft der Poesie

Über Heinrich Böll

Erhaben ist das Asoziale, und es muß einer Humor haben, es erhaben zu finden.
H.B.

Im Jahre 1972 verlieh die schwedische Akademie dem Schriftsteller Heinrich Böll »als dem wichtigsten Protagonisten der modernen westdeutschen Literatur«[1] den Nobelpreis für Literatur. Während des festlichen Banketts, das der schwedische König den Nobilitierten nach der Preisverleihung am 10. Dezember 1972 in Stockholm gab, dankte der 55jährige Heinrich Böll mit seiner Erinnerung: »Gewalt, Zerstörung, Schmerz, Mißverständnisse liegen auf dem Weg, den einer daherkommt, aus den Schichten vergangener Vergänglichkeit in eine vergängliche Gegenwart. Und es schufen Scherben, Geröll und Trümmer, schufen Ost- und Westverschiebungen nicht, was nach so viel, viel zuviel Geschichte zu erwarten gewesen wäre: Gelassenheit; wohl, weil man uns nie ließ; den einen zu westlich, den anderen nicht westlich genug; den einen zu weltlich, den anderen nicht weltlich genug. Immer noch herrscht Mißtrauen unter den Demonstrativ-Teutschen, als wäre die Kombination westlich und deutsch doch nur eine Täuschung der inzwischen unheilig gewordenen Nation. Wo doch gewiß sein müßte: Wenn dieses Land je so etwas wie ein Herz gehabt haben sollte, lag's da, wo der Rhein fließt. Es war ein weiter Weg in die Bundesrepublik Deutschland.

(...) Der Weg hierhin war ein weiter Weg für mich, der ich, wie viele Millionen, aus dem Krieg heimkehrte und nicht viel mehr besaß als die Hände in der Tasche, unterschieden von den anderen nur durch die Leidenschaft, schreiben und wieder schreiben zu wollen. Das Schreiben hat mich hierhergebracht.«[2]

Willy Brandt, der andere große deutsche Nobelpreisträger, erinnerte sich an Heinrich Böll, wenige Wochen nach dessen Tod am 16. Juli 1985, in der auch von Böll herausgegebenen Zeitschrift L'80 so: »Unvergeßlich: dieser wohltuende Mangel an Dämonie. Diese Stimme, das Gegenteil eines metallischen Organs, leise und vernehmlich auf Menschlichkeit beharrend, dem Spießertum in die Parade fahrend. Bei alledem: schon am Klang seiner Stimme war zu spüren, wie dieser Mann Zurückhaltung übte. Zurückhaltung, jene selten werdende Form der Achtung vor anderen. Daß dieser eigentümliche Klang auch signalisierte, wie sehr Heinrich Böll eigentlich auf die Zurückhaltung anderer angewiesen war, wurde gerne überhört. (...) Den Anspruch des Empfindsamen auf etwas Abstand, etwas äußere Ruhe (...) wollte er nicht durchsetzen. Heinrich Böll war in allem von einer Freigebigkeit, die nicht selten die Grenzen dessen, was für vernünftig gilt, zu überschreiten drohte.«[3]

Heinrich Böll ist nur 67 Jahre alt geworden und gewann doch in den 40 Jahren seiner schreibenden Existenz eine gesellschaftliche Repräsentanz, die kein Autor im gesamten Deutschland nach 1945 je erreicht hat, auch nicht Günter Grass, der mir nach Bölls Tod in der ihm eigenen Art wörtlich sagte: Nun müsse er, Grass, stellvertretend für Böll, auch noch dessen Last für Deutschland tragen. Solches Verständnis von gesellschaftlicher, in diesem Falle wohl eher nationaler Repräsentanz hat Böll nie in Anspruch genommen und nie zur repräsentativen Funktion verkommen lassen: Die Rolle eines deutschen Meisterschreibers akzeptierte er nicht.

Seit Heinrich Böll tot ist, hat Deutschland an Menschen und Land zugenommen, ist größer, aber auch kleinmütiger geworden; es hätte sich reicher fühlen dürfen und stellt sich als ärmer geworden dar; es ist aus der bundesrepublikanischen Nische herausgetreten und hat nun mit den rauheren Winden in einer sehr veränderten Welt zu kämpfen. Statt zusammenzuwachsen, driftet es auseinander. Das neue und größere Deutschland wird nur langsam erwachsen, noch spricht es mit brüchiger Stimme.

Heinrich Bölls Stimme aber war eine Stimme der alten Bundesrepublik; es war eine Stimme, die sich auf Zwischentöne und Koloraturen verstand, die sich aber auch, mit leisem Ton zwar, doch ganz entschieden in der Sache, einmischte in die öffentlichen Angelegenheiten, wo sie anrüchig wurden, in einer Zeit, die er sehr bewußt miterlebte. Zu dieser bundesrepublikanischen Zeit gehörte Böll ebenso markant wie das Wirtschaftswunder und der Kanzler Adenauer, dazu gehörten die Schwierigkeiten der Deutschen im Umgang mit der Last geschichtlicher Schuld und insbesondere der Jugend mit ihren autoritären Elternhäusern der fünfziger Jahre, auch die Studentenrevolte der sechziger Jahre und der Terrorismus und seine Verfolgung in den siebziger Jahren – und weil Heinrich Böll mitten in dieser Zeit lebte, reagierte er auf all diese gesellschaftlichen Realien in seinen erzählenden Büchern, in zahlreichen Aufsätzen, Stellungnahmen, Gesprächen: In unterschiedlichster Form machte er sich als Autor und radikal-demokratischer Bürger seines Landes bemerkbar.

Bölls Einfluß war keiner politischen Macht verdankt oder gar verpflichtet – und war deshalb um so wirkungsvoller. Seine gesellschaftliche Rolle wuchs ihm zu, und sie wurde oft zur Last. Sie wurde ihm geschenkt, weil auch er immer mehr gab als nahm. Sie beruhte auf Klarheit und Aufrichtigkeit, kam aus einer gänzlich unambitionierten, uneitlen, trotz aller Kümmernisse unbekümmerten, der eigenen menschlichen Begrenztheit bewußten Selbstverständlichkeit. Bei Heinrich Böll paarte sich Toleranz mit Entschiedenheit, Bescheidenheit mit innerer Souveränität, Freimütigkeit mit Zurückhaltung.

Er hat sich diese Authentizität und die damit verbundene moralische Autorität vor allem mit seinem frühen Werk erschrieben; aus dieser Authentizität heraus konnte er unbefangen politisch und moralisch argumentieren, noch in der medial angeheizten Terroristendebatte der siebziger Jahre. In dieser öffentlichen Rolle hat Böll noch einmal das moralische Kraftfeld seiner Literatur aktiviert.

Mehr als jeder andere deutsche Schriftsteller seit 1945 wurde Heinrich Böll so, wie Günter de Bruyn es einmal gesagt hat, ein »Vorbild für moralisches Verhalten«: seine Welt war auch die seiner Bücher: »Köln, Bonn, der Rhein, ein rheinisch getönter Katholizismus, kleine Leute, Leidende, Mitleidende, Schwache, denen die Täter- und Machertypen gegenübergestellt werden, und im Kriege der Muschkote oder der kampf- und karriereunwillige Obergefreite, der den militärischen Absurditäten zum Opfer fällt. (Es) war (...) eine Sicht von unten, aus dem Schützenloch, nicht vom Feldherrnhügel, eine detailbesessene, eigne Sichtweise, die aber von vielen, die das ähnlich erlebt hatten, geteilt wurde. Das machte die Identifizierung mit seinen Figuren leicht möglich, half durch Selbstbestätigung seelische Kriegsschäden zu überwinden und machte das Unbehagen an einem Wohlstandsstreben, das schnelles Vergessenkönnen zur Voraussetzung hatte, bewußt.«[4]

Aber es war nicht nur diese Froschperspektive aus dem Schützengraben, die von Bölls Leserschaft favorisiert wurde. Es gab damals ja nicht nur die Kriegsheimkehrer, die Vertriebenen, die Verlierer des Wirtschaftswunders; es gab auch dessen Gewinner.

Und es gab zum Beispiel meine Generation, die gerade heranwuchs, die den Krieg, in dem sie geboren worden war, noch nicht begreifen konnte, die erst später erfuhr, was der Krieg, was das »Dritte Reich« gewesen und was während seiner Zeit geschehen war. Von den Eltern erfuhren wir es ja meist nicht. Und auch in der Schule nur ausnahmsweise und zu wenig. Das nach 1945 von den Siegermächten den Deutschen verordnete demokratische Bewußtsein war in der deutschen Gesellschaft noch nicht tief verankert – zwar funktionierten die öffentlichen demokratischen Institutionen geradezu vorbildlich; doch in den Familien herrschte noch vielfach ein obrigkeitsstaatlich orientiertes Klima. Und wir zerrten an diesen Zügeln, die uns hielten, wollten weg von der Schule, die zumeist nur noch langweilte, weg von Zuhause, wo man nichts zu sagen hatte – hinein ins Leben, aber in ein farbiges Leben, in dem das Besondere, das außerhalb und etwas unterhalb unserer ertragenen häuslichen Bürgerlichkeit lag, eine größere Rolle spielte.

Mein erster Kontakt zu Heinrich Böll kam damals zustande, 1959. Ich war Schüler, stand vor dem Abitur, doch statt mich auf die Prüfungen vorzubereiten, gründeten wir eine Zeitschrift für alle Gymnasien in Karlsruhe. Wir wollten formulieren, was uns auf den Seelen saß, wollten uns mitteilen, und vor allem wollten wir über Literatur schreiben, über das, was wir lasen, worüber wir diskutierten und stritten. Über Albert Camus' Pessimismus zum Beispiel und seinen »Mythos von Sisyphos«, über Sartres skeptischen Optimismus und sein Stück »Die schmutzigen Hände« und die Verantwortlichkeit des Intellektuellen, über Alain Renais' Film »Nacht und Nebel« und Bergmanns »Schweigen« und über den Antikriegsfilm »Hunde wollt ihr ewig leben« – das waren die Themen, die uns berührten, die von den meisten Lehrern bei den Schülern aber nicht gern gesehen und schon gar nicht mit ihnen besprochen wurden.

Doch schon lange zuvor, und lange bevor zum Beispiel Günter Grass' »Blechtrommel« erschien, die ich mir im Spätherbst 1959 beim Buchhändler auslieh, las und zurückgab, weil ich sie mir nicht leisten konnte, waren wir angesteckt von Heinrich Böll: von der Unmittelbarkeit seines Erzählens, der Schnörkellosigkeit und Gradlinigkeit seiner Sprache, die uns betraf und die uns ansprach. Ich hatte fast alle seine Bücher gelesen: »Wanderer, kommst du nach Spa...«, den »Bahnhof von Zimpren« und »Wo warst du, Adam?«, auch die Romane: »Haus ohne Hüter«, »Und sagte kein einziges Wort«. Manches davon war sogar Schullektüre gewesen, nicht eben üblich damals, aber uns als Ausdruck von Zeitgenossenschaft nahegebracht von einem Lehrer, der voller Literatur steckte und unkonventionell war, der den Deutschunterricht auch schon mal mit dem Leitartikel der FAZ eröffnete und uns seine Thesen ermitteln und diskutieren ließ – und den wir, wenn wir uns nachts herumtrieben, auch schon mal zusammen mit dem Mathematiklehrer, der auch ein vorzüglicher Pianist war, in einem Karlsruher Nachtlokal antrafen.

Ich las auch schon Ernst Jünger – aber spontan angenommen hatte ich Heinrich Böll.

Ich schrieb ihm damals einen Brief mit der Bitte, sich uns Schülern in unserer Zeitung »Mosaik« als Schriftsteller vorzustellen und dafür einen Text über sich selbst zu verfassen. Nun, eigens schreiben könne er nichts für uns, antwortete er ziemlich rasch, aber er habe gerade einen kleinen Text über sich selbst verfaßt, den er uns gerne geben wolle und den er beilege – und da lasen wir dann in seiner kleinen autobiographischen Skizze »Über mich selbst«: »Geboren bin ich in Köln, wo der Rhein, seiner mittelrheinischen Lieblichkeit überdrüssig, breit wird, in die totale Ebene hinein auf die Nebel der Nordsee zufließt; wo weltliche Macht nie so recht ernst genommen worden ist, geistliche Macht weniger ernst, als man gemeinhin in deutschen Landen glaubt (...). Geboren in Köln, am 21. Dezember 1917, während mein Vater als Landsturmmann Brückenwache schob; im schlimmsten Hungerjahr des Weltkrieges wurde ihm das achte Kind geboren; zwei hatte er schon früh beerdigen müssen (...).

Die Vorfahren mütterlicherseits waren Bauern und Bierbrauer; eine Generation war wohlhabend und tüchtig, dann brachte die nächste den Verschwender hervor, war die übernächste arm, brachte wieder den Tüchtigen hervor, bis sich im letzten Zweig, aus dem meine Mutter stammte, alle Weltverachtung sammelte und der Name erlosch. Meine erste Erinnerung: Hindenburgs heimkehrende Armee (...); später: die Werkstatt meines Vaters: Holzgeruch, der Geruch von Leim, Schellack und Beize; der Anblick frischgehobelter Bretter, das Hinterhaus einer Mietskaserne, in der die Werkstatt lag; mehr Menschen, als in manchem Dorf leben, lebten dort, sangen, schimpften, hängten ihre Wäsche auf die Recks (...). Nie wohnten wir weit vom Rhein entfernt, spielten auf Flößen, in alten Festungsgräben, in Parks, deren Gärtner streikten; Erinnerung an das erste Geld, das ich in die Hand bekam, es war ein Schein, der eine Ziffer trug, die Rockefellers Konto Ehre gemacht hätte: 1 Billion Mark; ich bekam eine Zuckerstange dafür; mein Vater holte die Lohngelder für seine Gehilfen in einem Leiterwagen von der Bank; wenige Jahre später waren die Pfennige der stabilisierten Mark schon knapp, Schulkameraden bettelten mich in der Pause um ein Stück Brot an; ihre Väter waren arbeitslos; Unruhen, Streiks, rote Fahnen, wenn ich durch die am dichtesten besiedelten

Viertel Kölns mit dem Fahrrad in die Schule fuhr; wieder einige Jahre später waren die Arbeitslosen untergebracht, sie wurden Polizisten, Soldaten, Henker, Rüstungsarbeiter – der Rest zog in die Konzentrationslager; die Statistik stimmte, die Reichsmark floß in Strömen; bezahlt wurden die Rechnungen später, von uns, als wir, inzwischen unversehens Männer geworden, das Unheil zu entziffern versuchten und die Formel nicht fanden; die Summe des Leidens war zu groß für die wenigen, die eindeutig als schuldig zu erkennen waren; es blieb ein Rest, der bis heute nicht verteilt ist. Schreiben wollte ich immer, versuchte es schon früh, fand aber die Worte erst später.«[5]

Geschrieben hat er schon früh, als Siebzehnjähriger, Achtzehnjähriger: meistens Prosa, kurze Prosa, ein paar Romane, Gedichte – so erzählte er. Aber davon hat nichts überlebt, Böll hat alles verbrannt. Damals sei er wohl, meinte er einmal, als Schreiber ein Bewohner des ›elfenbeinernen Turms‹ gewesen. Andererseits wurde er in einer relativ demokratischen Tradition erzogen, zwar im katholischen Glauben, aber schon damals mit kritischer Distanz zur Kirche. Und die nationalsozialistische Zeit hat er als permanenten Schrekken empfunden. Auch seine soziale Sensibilität hatte schon früh Wurzeln getrieben, in Literatur und Wirklichkeit. Zu seinen ersten literarischen Arbeiten sagte er mir in einem Gespräch 1971: Die »stehen ganz sicher unter dem Einfluß der Dostojewski-Lektüre. Das Ambiente von ›Raskolnikov‹ und ›Arme Leute‹ fand ich in der Nachbarschaft, in den Mietskasernen, in denen mein Vater seine Werkstatt hatte; das ganze Milieu war mir sehr vertraut. (...) Mein Vater war Bildhauer und Schreinermeister zugleich, er hatte also Bildhauer als Handwerk gelernt – das gab es im 19. Jahrhundert noch – und er war ein sehr guter Handwerker beziehungsweise Kunsthandwerker. Und wir haben den wirtschaftlichen Niedergang des Kleinbürgertums, soziologisch gesprochen, mit voller Wucht und sehr bewußt miterlebt: die Wirtschaftskrise, das alles, was mit der Arbeitslosigkeit zusammenhing; und daraus ergab sich natürlich eine sozialkritische Einstellung: aus dem Erlebnis und der Erfahrung. (...)

Die politische Entwicklung von 1933 an habe ich, obwohl ich sehr jung war, sehr bewußt verfolgt. Das ergab sich durch Gespräche mit meinen Eltern, Geschwistern, Freunden, wir hatten sehr viel Betrieb zu Hause, viel Besuch. Und so war 1945 für mich ganz klar die Konsequenz von 1933. Die Intensität des sozialen Elends aller Schichten liegt früher als 1945; das intensive Erlebnis liegt früher, weil es unmittelbar war und auch in einem Alter, wo ich selber gar nichts daran ändern konnte, während ich nach dem Kriege immerhin Ende zwanzig war, verheiratet und eigene Verantwortlichkeit hatte für mein wirtschaftliches Weiterkommen oder Durchkommen.«[6]

Den Krieg hat er von Anfang bis Ende mitgemacht. Vielleicht hat er ihn auch deshalb einigermaßen unbeschadet überlebt, weil er sich immer wieder in jenen Zwischenraum der alltäglichen Existenz zurückziehen konnte, in dem für ihn jener Rest bestand, den er später einmal Poesie, Fiktion und Widerstand genannt hat, und in dem er als ein Schreibender existieren konnte: wenigstens als Briefeschreiber. 878 Briefe allein umfaßt seine Korrespondenz aus dem Krieg, die er zwischen 1939 und 1945 auch an seine Familie, aber zum allergrößten Teil an seine Freundin und seit Silvester 1942 Ehefrau Annemarie Cech geschrieben hat – Briefe anstelle eines Tagebuchs, wie Böll mir einmal sagte, weil er ein Gegenüber brauchte: die persönliche Leserin damals ebenso wie später den Leser, den er als Schriftsteller immer in sein Schreiben einbezog – nicht indem er auf ihn hinschrieb als imaginierte Person, wohl aber als Echoraum seiner dialogisch angelegten Literatur. Bölls Schreiben ist nicht nur in sich selbst begründet, sondern auf des Lesers Empathie hin gerichtet. Er war insofern ein unmoderner Schriftsteller, als er noch auf dem alten kathartischen Wege der Einfühlung des Lesers Sympathie für die Schwachen und Unterlegenen der Gesellschaft zu gewinnen trachtete.

Diesen Impuls zeigen die Briefe aus dem Kriege sehr deutlich. Böll nahm den Krieg damals noch nicht in seiner historischen Dimension wahr, sondern sah und empfand darin nur die leidende, die selbst erlittene Existenz. Er denkt noch nicht in geschichtlichen Kategorien, sondern empfindet ganz und gar existentiell und schaut deshalb auf seine unmittelbare Umgebung, auf die ihm erkennbare, von ihm wahrnehmbare Realität, die er sehr genau beschreibt – und was wichtig ist für ihn: Sein Denken endet in Gott, im Glauben; noch sind ihm historische, politische, gar soziologische Kategorien fremd. Drei Säulen stützen den Soldaten Heinrich Böll im Krieg und lassen ihn sein Elend ertragen: existentiell die Familie und Gefährtin Annemarie; geistig und metaphysisch Gott und sein fast unerschütterlicher Glauben; und schließlich der unbedingte Wunsch, Schriftsteller zu werden – schon am 12. Februar 1941 schrieb er an Annemarie Cech: »Gott hat mir nicht umsonst eine so tiefe Empfindsamkeit gegeben und hat mich nicht umsonst so leiden lassen, ich habe gewiß eine Aufgabe zu erfüllen (...). Ich glaube, ich habe den Auftrag, den Menschen eindringlich zu sagen, daß es nichts so Geheimnisvolles, nichts so Verehrungswürdiges gibt wie das Leid; nichts, das so unmittelbar uns geschenkt ist, regelrecht geschenkt, nicht auferlegt.«[7]

Und am 1. Juli 1941 schrieb er, wieder an Annemarie Cech: »Ich müßte ein großes Buch schreiben können, das nur ein voller Gesang wäre des menschlichen Leidens, der menschlichen Leidenschaft und eine Symphonie aller Schönheit und Verworfenheit des Lebens. Ich habe die Kraft dazu und die Fähigkeit, ich weiß es so genau wie nie, und es tötet mich fast die Tatsache, daß es jetzt einfach unmöglich ist – unmöglich aus den lächerlichsten Gründen –, es zu schreiben. Wenn es lange andauert, werde ich daran zugrunde gehen. Ach, meine Seele lechzt geradezu nach irgendeinem Werk ...«[8]

Heinrich Bölls frühe Erzählungen haben das Klima der Briefe aus dem Kriege, in denen er sein Leben beschreibt, seine Umgebung, das Elend der Etappe mit Wacheschieben und tödlicher Langeweile. Er haßte die Wehrmacht, weil sie geistlose Masse war, in die er hinabgezogen wurde, und die vor allem eines verhinderte: seine Schriftstellerei.

Doch die Briefe klingen hoffnungsvoller, weil sie unerschütterlich auf Gott bauen und auf eine gemeinsame Zukunft mit seiner Frau. Die Erzählungen entstehen zwar auch auf diesem privaten Glaubensgrund, aber sie zeigen ihn nicht vor – Böll hat sich auch später öffentlich immer wieder über die Kirche als Institution der Macht, nie aber über seinen persönlichen Glauben geäußert; der galt ihm als absolut privat und hatte der Öffentlichkeit ebensowenig zugänglich zu sein wie die Privatheit seiner Familie, die ihm stets und in allen Angriffen, die er bei seinen Einmischungen ins öffentliche Leben auf sich zog, existentieller Wurzelgrund war.

Schon in den vierziger und frühen fünfziger Jahren war Heinrich Böll heftiger politischer und klerikaler Kritik ausgesetzt. Denn was er erzählte, handelte ja nicht eigentlich vom Krieg, seine Geschichten lieferten weder Schlachtbeschreibungen noch schilderten sie Fronterlebnisse – allenfalls wird von Rückzugsgefechten berichtet. Das Ambiente seiner Geschichten aus Kriegs- und Nachkriegszeit besteht aus Etappe und Lazarett, aus Kneipe und Hinterhof, und auf der Folie ihrer Stoffe taucht immer wieder ein Grundthema auf: der Zerfall der bürgerlichen Gesellschaft und ihre ständigen Versuche, sie zu restaurieren; und als Gegenentwürfe zu solcher Restauration des schon längst Verlorenen gesellschaftliche Alternativen, die bei Böll mit urchristlichen und anarchischen Vorstellungen verbunden waren. Sie erscheinen nicht als theoretische Modelle, sondern als charakterisierende Beimischungen seiner Figuren, deren Verhalten mit genauer Gestik ausgestattet ist. Dieser Hintergrund und die detailliert und konkret geschilderten Räume, in denen sich Bölls Figuren bewegen, geben dem Realismus seiner Erzählungen und Romane die Tiefenwirkung, tragen seine Melancholie und machen ihn dauerhaft; aber auf gewisse Weise auch salopp: gestorben wird in Bölls Erzählungen nicht weihevoll, sondern real, ja manchmal wie hingerotzt, und die Menschen leiden nicht abstrakt, sondern sichtbar. Auch ist Bölls Erzählen oft mit liebevoll ironischen und satirischen Einschüssen durchsetzt. Und sein Humor ist nie höhnisch.

Vor allem schaut er genau hin. »Bölls Genie«, hat Willy Brandt gesagt, »war auch eine große Begabung zur selbständigen Wahrnehmung: Hinzusehen und sich vorstellen zu können, was das bedeutet.«[9] Vom genauen Hinschauen hat Heinrich Böll in seinem berühmten »Bekenntnis zur Trümmerliteratur« gesprochen: »Die ersten schriftstellerischen Versuche unserer Generation nach 1945 hat man als Trümmerliteratur bezeichnet, man hat sie damit abzutun versucht. Wir haben uns gegen diese Bezeichnung nicht gewehrt, weil sie zu Recht bestand: (...) es war Krieg gewesen, sechs Jahre lang, wir kehrten heim aus diesem Krieg, wir fanden Trümmer und schrieben darüber. Merkwürdig, fast verdächtig war nur der vorwurfsvolle, fast gekränkte Ton, mit dem man sich dieser Bezeichnung bediente: man schien uns zwar nicht verantwortlich zu machen dafür, daß Krieg gewesen, daß alles in Trümmern lag, nur nahm man uns offenbar übel, daß wir es gesehen hatten und sahen, aber wir hatten keine Binde vor den Augen und sahen es: ein gutes Auge gehört zum Handwerkszeug des Schriftstellers.

Die Zeitgenossen in die Idylle zu entführen, würde uns allzu grausam erscheinen, das Erwachen daraus wäre schrecklich, oder sollen wir wirklich Blindekuh miteinander spielen?

(...)

Wer Augen hat zu sehen, der sehe! Und in unserer schönen Muttersprache hat Sehen eine Bedeutung, die nicht mit optischen Kategorien allein zu erschöpfen ist: wer Augen hat, zu sehen, für den werden die Dinge durchsichtig – und es müßte ihm möglich werden, sie zu durchschauen, und man kann versuchen, sie mittels der Sprache zu durchschauen, in sie hineinzusehen. Das Auge des Schriftstellers sollte menschlich und unbestechlich sein: man braucht nicht gerade Blindekuh zu spielen, es gibt rosarote, blaue und schwarze Brillen – sie färben die Wirklichkeit jeweils so, wie man sie gerade braucht. (...) Aber wir wollen es so sehen, wie es ist, mit einem menschlichen Auge, das normalerweise nicht ganz trocken und nicht ganz naß ist, sondern feucht – und wir wollen daran erinnern, daß das lateinische Wort für Feuchtigkeit Humor ist –, ohne zu vergessen, daß unsere Augen auch trocken werden können oder naß; daß es Dinge gibt, bei denen kein Anlaß für Humor besteht.«[10]

Heinrich Bölls Blick als Erzähler der Wirklichkeit war auf den konkreten Menschen gerichtet, deshalb ist er auch immer ein Erzähler des Details und der Gesten gewesen. Seine Darstellungen zielen nicht auf die abstrakte Menschheit, sondern auf den einzelnen Menschen, oder auf überschaubare, kleine Gesellschaftsgruppen; und er beschränkte sich auf den genau geschilderten Wirklichkeitsausschnitt, erhob für ihn den Anspruch des Typischen, des Exemplarischen.

So schildert der 1953 erschienene Roman »Und sagte kein einziges Wort« die Entfremdung eines Mannes und Vaters von Frau und Familie und erklärt dieses einander Fremdwerden ebenso schlicht wie konkret mit Wohnraummangel. Ein Nachkriegsphänomen. Kritik an der Konsumzivilisation wird nicht direkt geübt, sondern gleichsam über Bande: Böll stellt das genaue Bild individuellen Leids gegen die Skizze einer pharisäischen Umwelt, die nur das eigene, wachsende Wohlergehen im Auge hat, und trifft ein unechtes Christentum ebenso wie das bloß verbale Wohltätigkeitsgetue als doppelte Moral der Wohlstandsgesellschaft.

Im Roman »Haus ohne Hüter« ein Jahr später erzählt Böll das Schicksal zweier Kriegerwitwen mit ihren vaterlos aufwachsenden Söhnen parallel und gegeneinander. Beide Frauen gehen an ihrer Existenz zu Grunde: die eine, die reiche Witwe eines Schriftstellers, aus Selbstmitleid; die andere, arme, aus finanzieller Not in Onkelehe lebende, erlischt als Mensch an der Lieblosigkeit ihrer Beziehung und an den Vorurteilen ihrer Umwelt gegenüber ihrer Beziehung.

Ein positives Gegenbild entwarf Böll mit seiner Erzählung »Das Brot der frühen Jahre«. Das Brot – für Böll ein Zeichen im Sinne des kirchlichen Sakraments – ist für ihren jungen, in der Lieblosigkeit der Nachkriegszeit aufgewachsenen Helden Walter Fendrich ein doppeltes Symbol: sowohl von Liebe als auch von Gier und Selbstsucht. Umhergetrieben in einer am Schicksal des Einzelnen uninteressierten, unbeteiligten Gesellschaft trifft er plötzlich auf ein junges Mädchen, das seine Resignation vertreibt und ihn für die Liebe öffnet. Die unwirtliche Realität wird in der individuellen Liebesbeziehung überwunden.

Diesen Gegenentwurf hat die Kritik als märchenhaftes Szenario fern von der Wirklichkeit verworfen – sie nahm den utopischen Mehrwert von Bölls Erzählung nicht wahr, den Anteil urchristlicher und anarchischer Vorstellungskraft. Diese Vorstellungskraft, die Bölls gesamtes Werk grundiert, bringt vor allem die Frauenfiguren seiner Literatur hervor. In ihnen manifestieren sich Zärtlichkeit und Liebe – in der Zärtlichkeit des Miteinander, in solcher Liebe allein erkennt Böll das unverfälschte Sakrament wahrer Ehelichkeit, nicht in der klerikal verordneten und bürgerlich besiegelten Institution ›Ehe‹. Um diese echte, die wahre Heiligkeit des ehelichen Sakraments geht es Böll in seinem Roman »Ansichten eines Clowns«. So wie in »Das Brot der frühen Jahre« – doch mit unglücklicherem Ausgang – plädiert Böll dort für ein, wie der Germanist Bernd Balzer es umschrieben hat, »machtfreies, nicht verrechtlichtes, nicht institutionalisiertes Miteinander zweier Menschen auf der Ebene der ›elementaren Dinge‹ des Lebens und im Medium der Zärtlichkeit«[11].

Doch Heinrich Bölls im wahrsten Sinne positiver Realismus wurde von der institutionalisierten politischen und klerikalen Öffentlichkeit und von einer an ihre republikanische Freiheit noch nicht gewöhnte Kritik als Angriff auf Sitte und Moral gewertet, die nach dem barbarischen Nationalsozialismus doch wieder in ihr bürgerliches Recht eingesetzt werden müßten, und das im Tiefsten wahrhaftige Gesellschaftsbild Bölls wurde als Angriff auf diese bigotte Restauration erkannt – zu Recht. Aber was als bloß zeitkritische Attacke wahrgenommen wurde, kam aus einem elementaren religiösen Impuls.

So wie er sich weigerte, von diesem Impuls öffentlich zu sprechen, hat sich Heinrich Böll auch immer gewehrt gegen die öffentlichen Festlegungen auf seine Rolle als zeitkritischer Schriftsteller – Gesinnung gebe es bei ihm immer gratis, hat er in einem Aufsatz geschrieben, und 1962 antwortete er auf die Frage, wie sich das Trachten des Schriftstellers nach Wahrhaftigkeit mit seiner öffentlichen Rolle als zeitkritischer Autor vertrage: »Fast alle diese Fragen sind Gewissensfragen: Die Öffentlichkeit hat kein Recht, über das Gewissen eines Schriftstellers von ihm selbst Auskunft zu erhalten. Wir leben ja nicht in Machtbereichen, wo die Selbstkritik oder die öffentliche Reue zu den Lebensgewohnheiten gehört. Schließlich liegt der Öffentlichkeit vor, was ein Schriftsteller publiziert. Mag sie sich also ein Instrument schaffen, ihn danach zu beurteilen. (...) Es gibt eine innere Wahrhaftigkeit der Form, die viel wichtiger ist als die innere Wahrhaftigkeit des Inhalts, der immer sozusagen geschenkt wird, und da er fast immer eine erfundene Wahrheit, eine erfundene Mitteilung ist und außerdem nur im Zusammenhang mit der Form, mit dem Rhythmus, mit seiner eigenen Gesetzlichkeit gefunden werden kann, ist es sehr schwer, darüber Auskunft zu geben.«[12]

Ausführlich Auskunft gegeben hat Heinrich Böll über die Zusammenhänge und Hintergründe seines Schreibens ein Jahr später. Im Wintersemester 1963/64 hat er in Frankfurt vier Vorlesungen über seine Literatur und Poetik gehalten. Die dort vorgetragenen Forderungen an die Literatur im Allgemeinen erschließen ein anderes Verständnis seines Werks als das kurzfristig tagespolitische zeitkritischer Provenienz: »Moral und Ästhetik erweisen sich als kongruent, untrennbar auch, ganz gleich, wie trotzig oder gelassen, wie milde oder wie wütend, mit welchem Stil, aus welcher Optik ein Autor sich an die Beschreibung oder bloße Schilderung des Humanen begeben mag (...).«[13]

Eine der Voraussetzungen Bölls war, »daß Sprache, Liebe, Gebundenheit den Menschen zum Menschen machen, daß sie den Menschen zu sich selbst, zu anderen, zu Gott in Beziehung setzen – Monolog, Dialog, Gebet«[14]. Walter Muschg hat in den Vorbemerkungen zu seiner leidenschaftlichen Untersuchung über »Die Zerstörung der deutschen Literatur« im »Dritten Reich« definiert: »Unter Moral verstehe ich nichts anderes als die im Wesen der Literatur selbst liegende geistige Verantwortung.«[15] Die Essenz dieser Bestimmung würzt auch das gesamte Werk Heinrich Bölls. Denn dieser Satz protestiert, wie Bölls Poetik, gegen einen *institutionalisierten* Humanismus, gegen das *ritualisierte* Gewissen, gegen eine im Grunde asoziale Unverbindlichkeit, die gern im Namen der Menschheit spricht, den einzelnen Menschen aber nicht mehr erkennt.

Bölls Humanismus, die Voraussetzung für eine neue Literatur nach dem Nazi-Terror, war individueller Natur. Weil er offen und klar für sich sprach, konnte er so auch für andere sprechen, für Leidende, Verfolgte, gegen die verallgemeinernden Pharisäer in Kirche und Politik, und erst dann und deshalb immer auch für seine Generation; denn Böll fühlte sich innerlich frei, er war, wie er sagte, »obwohl gebunden, nicht unterworfen«[16].

Gesellschaft, wie sie Böll nach 1945 in Deutschland vorfand, war eine Gesellschaft ohne Sprache, eine Gesellschaft der leeren Wörter und Phrasen; griffig, aber nicht begreifend. Bölls Position aber war engagiert, er nannte sie lieber »gebunden«, aus einer Abneigung gegen jenes politische Engagement von sogenannten Künstlern, das seine höchsten und widerlichsten Triumphe feierte, als es sich, ohne jegliche moralische Bindung, den totalitären Ideologien verband, die den Mord alltäglich machten. Aber das Wort ›Gebundenheit‹ hat bei Böll auch noch andere Klänge, Klänge der Disharmonien, die den modernen ›Realismus‹ der Literatur bestimmten: »Wirklichkeit ist dieses Nicht-wohnen-Können der Deutschen, wie es einem nicht nur aus der Nachkriegsliteratur entgegenkommt (...).«[17]

Das erinnert an Hans Egon Holthusens Wort vom »unbehausten Menschen«[18]. Es hat seinen Grund auch in der Erkenntnis, daß das Arkadien des 20. Jahrhunderts die Schlachthöfe waren. Unsere Literatur habe keine Orte, sagte Böll – sie sei heimatlos. Es fehlte der Sprache auch die Wohnung: gerade nach 1945, als selbst die Sprachgebäude zerfallen, von den Nationalsozialisten zerlogen und ausgebombt waren. Auch nach 1945 tönte die Sprache noch kaum anders; denn noch immer lebte man in den alten, doch eigentlich schon für zerborsten gehaltenen Sprachgehäusen; »Sprachfindung«[19] nannte Böll deshalb die erste Aufgabe der neuen Generation: »Etwas aus einer fremden ins Gelände der eigenen Sprache hinüberzubringen«, sei eine Möglichkeit, »Grund unter den Füßen zu finden«[20], oder erst wieder Grund unter die Füße zu legen. Böll 1964: »Die Humanität eines Landes läßt sich daran erkennen, was in seinem Abfall landet, was an Alltäglichem, noch Brauchbarem, was an Poesie weggeworfen, der Vernichtung für wert erachtet wird.«[21] Und wie seine Menschen mit dem Humor umgehen – Böll schloß seine Vorlesungen mit einem Bekenntnis: »Humor – das macht ihn möglicherweise denen, die ihn nicht haben, so verdächtig – setzt einen gewissen minimalen Optimismus und gleichzeitig Trauer voraus: da das Wort *humores* Flüssigkeit, auch Säfte bedeutet und alle Körpersäfte, also Galle, Träne, Speichel, auch Urin meint, bindet es ans Stoffliche und gibt diesem gleichzeitig eine humane Qualität. Weinen und Lachen sind Merkmale des homo sapiens. Mir scheint, es gibt nur eine humane Möglichkeit des Humors: das von der Gesellschaft für Abfall Erklärte, für abfällig Gehaltene in seiner Erhabenheit zu bestimmen. (...) Erhaben ist das Asoziale, und es muß einer Humor haben, es erhaben zu finden.«[22]

Fast alle Bücher Heinrich Bölls leben von dieser Erhabenheit des Asozialen – selbst der formal etwas überanstrengte Roman »Billard um halb zehn«, gewiß aber »Ende einer Dienstfahrt«. Stärksten literarischen Ausdruck fand dieses wesentliche Element seiner Poetik aber in seinem 1971 erschienenen Roman »Gruppenbild mit Dame«, für den er schon deshalb den Nobelpreis zu Recht bekam, weil das Buch die Summe seines Schreibens bis dahin war, ja eigentlich auch darüber hinaus geblieben ist – eines Schreibens, das die Erinnerung bewahren wollte an Krieg und Nachkriegszeit, das zeigen wollte, welche menschliche und moralische Vernichtungsarbeit der Krieg verrichtet hatte und wie sehr die Restauration der bürgerlichen Verfallsgesellschaft nur institutionell gelungen war, herzlos und lieblos. Dagegen wollte Bölls Schreiben anleiten zu einer Besinnungs- und Bewältigungsarbeit im Bewußtsein der Scham angesichts der historischen Verbrechen und des Fortwirkens ihrer mentalen Ursachen in der Gegenwart.

Der Roman »Gruppenbild mit Dame« geht zurück auf die Zeit vor und während des Zweiten Weltkriegs und zieht seine Erzählspur durch die Nachkriegszeit bis in die Gegenwart der späten sechziger Jahre. Seine Protagonistin Leni Pfeiffer, die menschlichste Figur, die Böll je gezeichnet hat, versammelt als zentrale Person im Gruppenbild das in seiner farbigen Vielfalt typische Böll-Personal um sich: die jüdische Nonne Rahel, die Leni Pfeiffer zum wahren, nämlich zum sinnlichen Glauben erzogen hat; den Unteroffizier Alois Pfeiffer, der sie heiratet und bald an der Ostfront fällt; den russischen Kriegsgefangenen Boris, den sie gegen alle Widerstände liebt – als der gegen Ende des Krieges verhaftet wird und stirbt, verweigert Leni sich jeglicher bürgerlichen Normalität und erzieht ihren gemeinsamen Sohn Lev zur Leistungsverweigerung. Umgeben sind sie von Menschen, die eine praktische Solidarität mit ihnen leben: Gastarbeiter, Müllwerker und Frauen, die nach damaligen bourgeoisen Begriffen längst nicht mehr ›anständig‹ sind.

Im bunten und vielfältigen Meinungsspektrum all dieser Figuren über Leni Pfeiffer wird ihre Biographie von dem als Verfasser getarnten Autor glaubwürdig vermittelt und erscheint die Wahrhaftigkeit ihrer ganz selbstverständlichen und schutzlosen Menschlichkeit überzeugend. Diese natürliche Menschlichkeit, das Agens der Literatur Heinrich Bölls, wird aber nicht primär thematisch, sondern als Leni Pfeiffers beständiges Widerstehen erlebt und erfahren – als Widerstand gegen ihre eigene Entmündigung, in der sich die Beseitigung des Besonderen zugunsten der Norm abbildet, als solidarisches Handeln der Gruppe von Außenseitern um sie herum gegen die normierten Technokraten, gegen eine stupide Administration, gegen eine habgierige und spießbürgerliche Verwandtschaft. Typisch für Böll ist auch, daß Leni Pfeiffer, über die er da als Erzählerfigur des namenlosen Verfassers recherchiert, in ihrer kleinbürgerlichen Solidarität einfach tut, was sie tun muß, um nicht vor sich selbst würdelos zu werden: nämlich helfen ohne Arg. Denn alles, was sie tut, tut sie aus Neigung, und sie hat nun einmal die angeborene Neigung zu helfen und sich in dieser Hilfe ganz zu geben. Auch die Hilfsbereitschaft wird von Böll nicht als etwas Besonderes, sondern als das gleichsam Naturgegebene vermittelt.

Damit hat Böll nachdrücklich demonstriert, daß seine Literatur nicht außerhalb, sondern innerhalb des Menschenmöglichen angesiedelt ist. Mögen die einen das Sentimentalität, die anderen es Humanitätsduselei, dritte wiederum Anarchismus genannt haben – diese kritischen Varianten zeigen nur, wie sehr Böll sich, zusammen mit seiner zentralen literarischen Figur, bewußt zwischen alle Stühle gesetzt hat – Leni Pfeiffer erscheint mir im Rückblick wie die Schwester Hans Schniers, der die lernunwillige bundesrepublikanische Gesellschaft genau beobachtete und seine »Ansichten eines Clowns« über die verlogene Borniertheit ihres leitenden, auch klerikalen Personals mehr als zehn Jahre zuvor unter dem Motto räsonierte: »Diese Leute verstehen nichts. Sie wissen zwar alle, daß ein Clown melancholisch sein muß, um ein guter Clown zu sein, aber daß für ihn die Melancholie eine todernste Sache ist, darauf kommen sie nicht.«[23]

Ich habe Heinrich Böll 1971, kurz vor Erscheinen von »Gruppenbild mit Dame« in Köln in der Hülchrather Straße 7 besucht, um mit ihm eines meiner Porträtgespräche zu führen. Mich interessierte ja schon immer die Figur des Autors hinter seiner Literatur, und ganz besonders bei Heinrich Böll, dessen Bücher mich seit meiner Jugend begleitet haben – damals sprachen wir natürlich auch über seinen neuesten Roman. Böll hatte einmal gesagt, wenn er je etwas Autobiographisches schriebe, dann würde er dafür nicht die Ichform, sondern die Er-Form des Erzählens wählen; also fragte ich, da er nun einen fast anonymen Verfasser als Erzähler eingesetzt habe, ob dieser Verfasser mit ihm, Heinrich Böll, ebenfalls Verfasser vieler Romane, die sich in diesem Buche schnitten, identisch sei und ob es viel Autobiographisches in diesem Roman gebe. Und er meinte: Nein – gab aber immerhin zu, daß sein Temperament und seine Ausdrucksweise und auch seine Lebenshaltung in diesem Roman enthalten seien, aber nicht autobiographisch im Sinne von mitgeteilten biographischen Details.

Böll sagte, er habe an dem Buch zwar sehr lange gearbeitet, aber nicht sehr lange daran geschrieben. Also hat ihn diese Figur im Grunde in allen Romanen schon beschäftigt. Vielleicht, sagte er wörtlich, »ist Leni Pfeiffer die Frau, die ich immer darstellen wollte und nie so richtig hingekriegt habe«. Auch vom Temperament her lassen sich Ähnlichkeiten zwischen dem Clown Hans Schnier und Leni Pfeiffer feststellen – beide sind Vertreter einer idealisierten menschlicheren Gegenkultur zur bestehenden Gesellschaft. Und in diesem Sinne ist »Gruppenbild mit Dame« eine Fortschreibung seines Lebensthemas: dem Menschen eine Gegenkultur zu errichten. Ich fragte Böll, ob sich eine solche Gegenkultur bei der fortschreitenden Technisierung und ›Vergesellschaftung‹ durchsetzen könne. Und er antwortete: »Ich glaube, daß sie notwendig ist, unbedingt notwendig und wahrscheinlich die einzige Möglichkeit für die Menschen, sich vor dem Faschismus der Automation, der Computerwelt zu schützen. Ich sehe die Mechanisierung der Welt für mich als eine Erscheinungsform des Faschismus, als eine Weiterentwicklung des Faschismus. (...) Die Priorität ökonomischer Überlegungen bei der Planung von Städten, Arbeitsstätten, von Existenzen wird ja immer stärker. Der Profit ist doch eigentlich das Beherrschende (...).« Er verstand seinen Roman als Gegenentwurf zu dieser Gesellschaft – und auf meine Frage, ob sein literarisches Modell realisierbar sei, meinte er: »Es ist realisierbar, wenn Solidarität entsteht mit gleichzeitiger Analyse der Umwelt. Nicht auf eine romantische Weise – obwohl das Buch romantische Züge haben mag. Aber man muß schon ganz genau wissen, in welcher Welt man lebt, wenn man sich von ihr abschirmen will.« Böll setzte dabei auf eine »profitlose und klassenlose Gesellschaft«, und zwar »nicht ironisch, sondern leichtherzig«.[24]

Sieht man es von heute an, dann überwiegen die, wie Böll sagte, »romantischen« Züge des Buches, und es wird deutlich, wie sehr Heinrich Böll gerade diesen Roman als Gegenbild zur realen Welt und ihren zerstörerischen Verläufen entworfen hat: auch als eine Art Bildungsroman, von dem der Leser lernen könnte, die eigene Welt mit anderen Augen zu erfahren, wenn er sich denn einließe auf die unmittelbare soziale Sensibilität dieser Leni Pfeiffer und der Gruppe ihrer Freunde. Böll argumentierte da sehr entschieden mit dem, was er die »Vernunft der Poesie« nannte, deren Ort die Literatur sei, die sich nicht vom Zwang der »überkommenen

Vernunft« unterwerfen lasse. Für diese Vernunft der Poesie hat Böll in seiner Nobelvorlesung am 2. Mai 1973 in Stockholm gesprochen: »Es trifft zu und ist leicht gesagt, Sprache sei Material, und es materialisiere sich, wenn man schreibt, etwas. Wie aber könnte man erklären, daß da – was gelegentlich festgestellt wird – etwas wie Leben entsteht, Personen, Schicksale, Handlungen – daß da Verkörperung stattfindet auf etwas so Totenblassem wie Papier, wo sich die Vorstellungskraft des Autors mit der des Lesers auf eine bisher unerklärte Weise verbindet, ein Gesamtvorgang, der nicht rekonstruierbar ist, wo selbst die klügste, sensibelste Interpretation immer nur ein mehr oder weniger gelungener Annäherungsversuch bleibt, und wie wäre es erst möglich, jeweils den Übergang vom Bewußten ins Unbewußte – beim Schreibenden und beim Lesenden – mit der notwendigen totalen Exaktheit zu beschreiben, zu registrieren, und das dann auch noch in seiner nationalen, kontinentalen, internationalen, religiösen oder weltanschaulichen Verschiedenheit, und dazu noch das ständig wechselnde Mischungsverhältnis von beiden, bei beiden, dem Schreibenden und dem Lesenden, und die plötzliche Umkehrung, wo das eine zum anderen wird, und in diesem plötzlichen Wechsel das eine vom anderen nicht mehr zu unterscheiden ist? Es wird immer ein Rest bleiben, mag man ihn Unerklärtheit nennen, Geheimnis meinetwegen, es bleibt und wird bleiben ein wenn auch winziger Bezirk, in den die Vernunft unserer Provenienz nicht eindringt, weil sie auf die bisher nicht geklärte Vernunft der Poesie und der Vorstellungskraft stößt, deren Körperlichkeit so unfaßbar bleibt wie der Körper einer Frau, eines Mannes oder auch eines Tieres. Schreiben ist, für mich jedenfalls, Bewegung nach vorn, Eroberung eines Körpers, den ich noch gar nicht kenne, von etwas zu etwas hin, das ich noch nicht kenne; ich weiß nie, wie's ausgeht (...) insofern ist alles, was man mit einem oberflächlichen Wort modern, was man besser lebende Kunst nennen sollte, Experiment und Entdeckung – und vorübergehend, nur in seiner historischen Relation schätzbar und meßbar, und es erscheint mir nebensächlich, von Ewigkeitswerten zu sprechen, sie zu suchen.

Wo kommen wir ohne diesen Zwischenraum aus, diesen Rest, den wir Ironie, den wir Poesie, den wir Gott, Fiktion oder Widerstand nennen können?«[25]

Es ist dieser menschliche und zugleich poetische Rest, auf dem Heinrich Böll immer beharrt hat: dieser Zwischenraum in unser aller täglicher Existenz, in dem jenes anarchische, ja kindliche Grundbedürfnis nach Fliegen und Spielen und Ungebundenheit sein darf und gelebt werden kann – jene Momente, in denen wir die Zwänge, in denen wir leben, nicht spüren. Und Böll hat in seinem Werk Figuren geschaffen, die uns den Widerstand gegen diese Zwänge vorgelebt und sich das Recht genommen haben, dieses existentielle Bedürfnis zu leben. Auch wenn die Gesellschaft es ihnen meist verweigert hat. Gegen diese Verweigerung haben sie gekämpft. Und schon deshalb haben sie immer, auch wenn sie verloren haben, ein wenig in ihrem Eigensinn gewonnen. Denn die Vernunft der Poesie ist eine anarchische Vernunft.

*

Doch hat Böll diese Freiräume von wahrer Humanität und Vernunft nicht nur literarisch vorgestellt. Er hat sie auch realiter erkämpft, hart erkämpft, und immer für andere. So hat er sich, nicht nur als Präsident des Internationalen PEN-Clubs, stets für die verfolgten Schriftsteller und Intellektuellen in aller Welt eingesetzt, im damals noch faschistischen Spanien und in Portugal, im Griechenland der Junta, im Chile des Diktators Pinochet und in der Sowjetunion. Er tat dies, wo es notwendig war, auch öffentlich; aber meist insgeheim und deshalb vermutlich sogar wirkungsvoller. Und er hat jenen hierzulande öffentlich widersprochen, die mit eben diesen Ländern sympathisierten. Auch im eigenen Lande ist er laut und entschieden für Rechtlichkeit eingetreten, als in der Terrorismushysterie der siebziger Jahre die Öffentlichkeit auf Standrechtsmentalität gebracht zu werden schien. Dafür wurde er angefeindet, attackiert, verleumdet; der Nobelpreis hat ihn davor nicht geschützt.

Diese Kämpfe haben an ihm gezehrt. Und er hat sich zur Wehr gesetzt mit einem Buch, das die damals unter dem

Eindruck des Terrorismus stehenden Verhältnisse in der Bundesrepublik mitten ins Herz traf – er schrieb, aus selbst erlittener Erfahrung mit der Gewalt der Medien – der BILD-Zeitung und rechter Kommentatoren – die Erzählung »Die verlorene Ehre der Katharina Blum oder: Wie Gewalt entstehen und wohin sie führen kann«: ein Buch, das die Reflexe einer Gesellschaft sammelte und verarbeitete, die in ihrer demokratischen Sozialisation zutiefst verunsichert worden war.

Katharina Blum ist in ihrer gradlinigen Charakterzeichnung eine jüngere Schwester der Leni Pfeiffer. Bei einem Fest zur Weiberfastnacht lernt Katharina einen jungen Mann kennen: Ludwig Götten, der von der Polizei im Zusammenhang terroristischer Umtriebe gesucht wird. Sie verliebt sich in ihn und nimmt ihn mit nach Hause; als die Polizei ihn verhaften will, hilft sie ihm zu fliehen. Daraus macht die ZEITUNG, ein Boulevard-Blatt, das von jedermann damals als die BILD-Zeitung erkannt worden ist, eine reißerische Dauerstory und denunziert Katharina als Terroristenliebchen. Als der ihr nachstellende Reporter Tötges ihr auflauert und sie sexuell belästigt, erschießt sie ihn.

Böll hat diese Geschichte als Dekonstruktion erzählt: Katharina hat Tötges erschossen – nun wird der Fall erzählerisch seziert und dabei genau das Programm des Untertitels umgesetzt: Analysiert wird, »wie Gewalt entstehen und wohin sie führen kann«. Am Ende ist die Antwort auf diese Frage klar: das Ensemble von allgemeiner Hysterie, individueller Feigheit, Denunziation aus bloßer Vermutung, Erfolgsdruck bei der Polizei und Sensationalismus bei der Presse produziert ein Klima, in dem es nur noch Jäger und Gejagte gibt, nur noch niedere Instinkte, die keinen Raum lassen für Nachdenklichkeit, Rücksicht und Normalität.

Bölls Erzählung traf damals ins Zentrum einer sich pluralistisch definierenden Gesellschaft, die gleichwohl unfähig geworden war, auf die Verunsicherung jener Zeit differenziert und überlegt demokratisch zu reagieren.

Leider arbeitete Volker Schlöndorffs Verfilmung des Buchs gerade umgekehrt: im Film wurde die Geschichte in ihrer verlaufenden Chronologie erzählt, nicht retrospektiv dekonstruiert; statt dessen wurde eine Klimax aufgebaut, die dann in den Schüssen Katharina Blums auf den Journalisten Tötges gipfelte und sich zugleich entlud. Die schöne reine Angela Winkler in der Rolle der Katharina erschoß den fiesen Mario Adorf in der Rolle des Tötges – und die Zuschauer klatschten; sie klatschten einer Erschießung Beifall. Das konnte eigentlich nicht im Sinne Bölls gewesen sein.

*

Heute, eine halbe Generation nach Heinrich Bölls Tod, sieht die Welt ganz anders aus: Aus Diktaturen wurden Demokratien, das sowjetische Imperium ist vergangen, Deutschland ist nicht mehr geteilt, dafür gewöhnen wir uns daran, daß auch wir Deutsche wieder an internationalen Kriegen teilnehmen.

Was Böll angeht, so sind die alten Kämpfe längst vergessen, und ganze Bibliotheken ideologischer und soziologischer Kampfschriften sind Makulatur.

Was Bestand hat, ist das literarische Werk Heinrich Bölls, das Dokument einer ständigen Bemühung um die Vernunft der Poesie.

Einst hatte Heinrich Böll zum Impuls seines Schreibens gesagt: »Keine andere Wahl haben, das ist ein großes Wort, aber ich habe auf die Frage, warum ich schreibe, bisher keine bessere Antwort gefunden: Kunst ist eine der wenigen Möglichkeiten, Leben zu haben und Leben zu halten, für den, der sie macht, und für den, der sie empfängt. So wenig wie Geburt und Tod und alles, was dazwischen liegt, Routine werden können, so wenig kann es die Kunst. Freilich gibt es Menschen, die ihr Leben routiniert leben; nur: sie leben nicht mehr. Es gibt Künstler, Meister, die zu bloßen Routiniers geworden sind, aber sie haben – ohne es sich und den anderen einzugestehen – aufgehört, Künstler zu sein. Man hört nicht dadurch, daß man etwas Schlechtes macht, auf, ein Künstler zu sein, sondern in dem Augenblick, in dem man anfängt, alle Risiken zu scheuen.«[26] Das gilt auch heute noch. Und wird viel zu wenig gelebt.

Auf der Suche nach dem revolutionären Ich

Über Peter Weiss

> Hier war meine Situation gezeichnet, die Situation des Bürgers, der zum Revolutionär werden möchte und den die Gewichte alter Normen lähmen.
>
> P. W.

»Schreiben ist ja doch die Auseinanderlegung der Emotionen, die man in sich hat. (...) eigentlich ist das meiste, wozu ich von Kindheit an, über die Jugendjahre und über das erste politische Bewußtsein hinweg, Stellung genommen habe, geleitet gewesen von einer Unversöhnlichkeit. All die Situationen im Leben, die Grundunterdrückung, die man erfährt als Kind, die Grundungerechtigkeiten, Verleumdungen, die Hetze und die Gemeinheiten, die man als Kind erlebt – sie sind schon die Vorbereitung für ein späteres politisches Engagement. Und es braucht gar nicht unbedingt politisch zu sein, sondern es ist ein soziales Gewissen, ein soziales Empfinden, das man in sich hat und dessen Wurzeln ganz tief liegen in den frühesten Erlebnissen. Und diese Reaktionen werden weitergeführt, später dann natürlich artikuliert, nicht mit einem wüsten Geschrei wie als Kind und auch nicht mit Ausbrüchen des Hasses wie in pubertären Zeitläuften, aber doch – es muß eine Gewalt dahintersein, etwas Unversöhnliches.«[1]

Von solcher Unversöhnlichkeit erzählte mir Peter Weiss, als ich ihn im September 1981, ein halbes Jahr vor seinem Tod, in Stockholm besuchte und ein langes, über zwei Tage reichendes Gespräch mit ihm führte. Mir wurde sofort klar, daß diese Sätze sein Credo enthielten, daß er mit ihnen den Grundimpuls seines Schreibens benannt hatte, der von den ersten Stücken aus den vierziger Jahren bis hin zu seinem opus magnum reichte, zur »Ästhetik des Widerstands«, deren dritter und letzter Band damals gerade erschienen war und über die wir miteinander sprechen wollten. Aber ich empfand diese Sätze als leise gesprochen, nicht aggressiv, sondern ohne Groll, fast milde, und ich meinte zu spüren, daß der Antrieb seiner Unversöhnlichkeit geringer geworden war, daß er sich seine Unversöhnlichkeit vom Leibe geschrieben hatte.

I.

Peter Weiss lebte über 40 Jahre lang in Stockholm, war seit 1945 schwedischer Staatsbürger. Geboren in der Nähe von Berlin, emigrierte er 1934 mit seinen Eltern über London nach Prag und kam schließlich 1939 nach Schweden, wo er freilich nie richtig heimisch geworden ist.

Schweden galt in den fünfziger und sechziger Jahren als Musterstaat Europas. Von Sozialdemokraten regiert, oft in Koalition mit der kleinen, aber moderaten Kommunistischen Partei, versöhnte Schweden zum Wohle seiner Staatsbürger kapitalistische Wirtschaftsprinzipien mit einer stark reglementierenden sozialen Praxis. Das bundesrepublikanische Westdeutschland wurde von Adenauer und seiner CDU unterm demokratischen Gewand noch autoritär regiert, in harter Konfrontation zur DDR, die damals, vor allem nach dem Mauerbau von 1961, einem strammen sozialistischen System bolschewistischer Bauart folgte. Die kommunistische Partei, die in Schweden mitregierte, war in Westdeutschland seit 1956 verboten.

In diesem Klima betrat Peter Weiss die literarische Bühne in der Bundesrepublik Deutschland. 1960 veröffentlichte er den schon 1952 entstandenen Prosa-Text »Der Schatten des Körpers des Kutschers«, und in den beiden Jahren danach die autobiographischen Bücher »Abschied von den Eltern« und »Fluchtpunkt«. Mehr noch als »Fluchtpunkt« setzt sich der »Abschied von den Eltern« mit den Ursachen der Unversöhnlichkeit auseinander, die Peter Weiss aus der individuellen Erfahrung von Empörung und Befreiung in die öffentliche Erfahrung von Widerstand und Revolte bzw. Revolution zu verwandeln suchte: »Ich war immer gegen die Machthaber, die Autoritäten, ich gehörte eher zu den Unterdrückten, den Fliehenden, und ich habe gelernt, wie viele andere auch, das, was mir an die Existenz will, zu bekämpfen. Da muß man kraß unterscheiden: Wer stellt sich dagegen, wer läßt sich fangen. Dieser Konflikt geht ja doch durch alle Erscheinungen der Ungerechtigkeit, der Ausplünderung, der Unmenschlichkeit hindurch: Wer wird ausgebeutet und wer ist derjenige, der zum Ausbeuter wird? Das sind immer Dinge, die man sowohl psychologisch als auch gesellschaftskritisch erklären kann. Aber man muß eine Entscheidung treffen, man muß sie selbst treffen; wie ja auch Sartre sein ganzes Werk auf der Notwendigkeit aufbaut, sich zu entscheiden, auf der Notwendigkeit, eine Partei zu ergreifen, Stellung zu beziehen und gegen das zu kämpfen, was einem an den Hals will, selbst dann, wenn es aussichtslos erscheint.«[2]

Vor solcher Entscheidung aber standen erst Selbstverständigung und Selbstfindung und dann die Entscheidung für den Weg, auf dem das Individuum sich der Gesellschaft stellte und seine Selbstbestimmung Realität werden sollte und konnte. Dieser Weg war kein politischer, sondern von Anfang an ein künstlerischer und führte Peter Weiss erst zur Malerei und zum Film, der das Bildhafte in ein anderes Medium überführte, und schließlich zu Theater und Literatur: »(...) die ganz frühen Versuche, die eigene Situation auszudrücken, sei es nun in Zeichnungen, in Bildern, in Gedichten, sind die ersten Stellungnahmen zum Verhältnis gegenüber der Außenwelt, die ich als zumindest behindernd erlebt habe, und dann immer mehr auch unterdrückend und beschneidend, und da war die Kunst, waren die künstlerischen Formen doch ein Mittel, die man dem entgegenstellen konnte. In der Malerei, die hauptberuflich zwanzig Jahre meiner Existenz in Anspruch genommen hat, war es das Visuelle, die Vision der Welt, in der man lebt, und ich habe versucht, diese verschiedenen Details der Außenwelt zu fassen und festzuhalten. Man will in dem allgemeinen Zerfließen und in der allgemeinen Haltlosigkeit nach etwas greifen, was einem das Gefühl des eigenen Daseins gibt, und das, glaube ich, ist eine ganz wichtige Funktion der Kunst.«[3]

Als Peter Weiss 1939 nach Schweden kam, war er 23 Jahre alt und gleichsam sprachlos. Das Gefühl von Heimat, des, wie er es nannte, »eigenen Daseins«[4], suchte er in der künstlerischen Arbeit, und zwar zuerst und vor allem in der Malerei, die keine Sprache, weder das Deutsche noch das Schwedische, brauchte, sondern einfach die Farbe, die Form, den Blick. Und er hatte auch noch keine eigene Theorie. Was er malte, lehnte sich an die alten Meister an: Emil Nolde, Lionel Feininger, Klee – später wurden auch Breughel und Hieronymus Bosch Vorbilder: die magische Genauigkeit ihres visionären Realismus, der Fundus ihres reichen, dramatischen Welttheaters. Aber in die Bilder drang auch der zerstörerische Zeitgeist der dreißiger Jahre: die Düsternis, die Furcht, die Bedrohung der Menschen durch den Krieg, doch eher unbewußt, von politischen Kämpfen war da noch nicht die Rede: »Dieser magische Realismus, der damals eine Art ›Formsprache‹ war, hat diese Dinge ausgedrückt. Es geht ständig um vertriebene Menschen, um geknechtete Menschen, um den Kampf aus der Unterdrückung heraus – das ist alles drin, das sind ganz frühe, fundamentale Erlebnisse gewesen. Und erst Ende der vierziger, Anfang der fünfziger Jahre, als man anfing, etwas Luft um sich herum zu verspüren, und man sich wieder umsah in der Welt – wir saßen doch jahrelang eingesperrt in diesem kriegsbedrohten Schweden –, da erst, nachdem wir anfingen zu reisen – erste Reise nach Paris, erste Reise nach Berlin wieder nach dem Krieg, das waren große Erlebnisse, die sich natürlich dann niederschlugen in der ganzen Art des Reagierens –, da kamen hinzu die großen politischen Auseinandersetzungen, die stattfanden, die allmählich ins Bewußtsein drangen.«[5]

Da entstanden dann erste Stücke: »Der Turm« und »Die Versicherung«, experimentelle Filme und Prosa, und es entstand, 1952, jener komplex modernistische Text »Der Schatten des Körpers des Kutschers«, mit dem Peter Weiss acht Jahre später als Schriftsteller in Deutschland erstmals in Erscheinung trat und sogleich zum Geheimtip der Literaten avancierte. Dieser »Mikro-Roman«, wie Weiss ihn nannte, ist deshalb für ihn so bedeutend, weil er seine Poetik der Selbstvergewisserung literarisch umsetzte in eine Ästhetik: in die Darstellung genauester Wahrnehmung: »Zum ersten Mal in meinen Aufzeichnungen um weiter als einen sich im Nichts verlierenden Anfang hinausgeratend setze ich nun fort, indem ich mich an die Eindrücke halte die sich mir hier in meiner nächsten Umgebung aufdrängen; meine Hand führt den Bleistift über das Papier, von Wort zu Wort und von Zeile zu Zeile, obgleich ich deutlich die Gegenkraft in mir verspüre die mich früher dazu zwang, meine Versuche abzubrechen und die mir auch jetzt bei jeder Wortreihe die ich dem Gesehenen und Gehörten nachforme einflüstert, daß dieses Gesehene und Gehörte allzu nichtig sei um festgehalten zu werden und daß ich auf diese Weise meine Stunden, meine halbe Nacht, ja, vielleicht meinen ganzen Tag völlig nutzlos verbringe; aber dagegen stelle ich folgende Frage, was soll ich sonst tun; und aus dieser Frage entwickelt sich die Einsicht, daß auch meine übrigen Tätigkeiten ohne Ergebnis und Nutzen bleiben. Mit dem Bleistift die Geschehnisse vor meinen Augen nachzeichnend, um damit dem Gesehenen eine Kontur zu geben, und das Gesehene zu verdeutlichen, also das Sehen zu einer Beschäftigung machend, sitze ich neben dem Schuppen auf einem Holzstoß, dessen knorplige, mit Erde, Moos und welkem Laub beklebte Wurzelstücke einen bitteren, morschen Geruch ausströmen.«[6]

Als dieser Text 1960 im renommierten Suhrkamp Verlag veröffentlicht wurde, brach Peter Weiss seine Arbeit als Maler sofort ab und begann damit, wie er sagte, »eigentlich erst richtig meine schriftstellerische Arbeit«[7]. Beiden Künsten gleichzeitig konnte er nicht dienen, er mußte ganz in einem künstlerischen Medium aufgehen, konnte nicht wechseln, wie Dürrenmatt oder Grass, von der Literatur in die wortfreie Malerei. »Ich habe mich noch eine Weile mit Collagen beschäftigt, habe die Collagen zum ›Kutscher‹ und zu ›Abschied von den Eltern‹ gemacht. Aber die Malerei war, aus rein praktischen Gründen, nicht mehr möglich, weil sie zu viel Zeit beanspruchte; ich hatte so vieles, was ich als Schreiber darstellen wollte, daß der Tag einfach zu kurz für beides war. Man kann ja solch ein Handwerk nur ganztägig machen: Entweder ist man Maler oder man ist Schriftsteller. (...) Und als ich dann anfing, mich ernsthaft mit größeren Kontinuitäten beim Schreiben zu befassen, blieb einfach kein Raum mehr für die Malerei.«[8]

Zu den größeren Kontinuitäten, die ihn nun drei Jahre lang beschäftigten, gehörte die Abarbeitung an der eigenen Geschichte als einer Geschichte des revoltierenden Individuums. Sie gehörte noch zum Prozeß der Selbstvergewisserung und konnte nun literarisch begonnen werden. Die im »Schatten des Körpers des Kutschers« erarbeitete Genauigkeitsästhetik konnte er nun auf die eigene Jugend fokussieren, der er schon zehn Jahre zuvor in einer gründlichen Psychoanalyse auf die Spur zu kommen versucht hatte. Nun, nachdem im November 1958 die Mutter und im März 1959 der Vater gestorben war, war die Zeit gekommen, sich endlich, nach vielen vergeblichen Versuchen, auseinanderzusetzen mit den »Portalfiguren«[9] seines Lebens. Denn solange die Eltern noch lebten, mußten, peilend zwischen Aufruhr und Unterwerfung, alle früheren Versuche solchen Auseinandersetzens natürlicherweise scheitern, weil die Rigorosität der eigenen Gedanken, der Aufruhr, sich nicht vereinbaren ließen mit der Rücksichtnahme auf die noch Lebenden. Und die Tatsache, daß Peter Weiss seine radikalen Gedanken auch nicht für sich ins Geheime schrieb, sondern erst der Tod des Vaters Anlaß zur Niederschrift wurde, belegt, wie weit die wenigstens gefühlsmäßige Unterwerfung des Schriftstellers unter die Konvention familiären Rücksichtnehmens reichte: »Vielleicht kann man es so sagen, daß diese beiden autobiographischen Bücher Ausdruck der individuellen Befreiung waren, der Suche, ein Versuch, den Weg zu schildern, den der Schreiber gegangen ist, und zu analysieren, was ihm während dieser Emigrationsjahre persönlich, auch privat widerfahren ist.«[10]

In »Abschied von den Eltern« liest man: »Mein Vater aber war ungreifbar, in sich verschlossen. Morgens, wenn ich mich neben ihm im Badezimmer wusch, betrachtete ich ihn mit einer forschenden Spannung. Dünnes, farbloses Haar breitete sich um seine größen, platten Brustwarzen und die Mitte seiner Brust aus. Seine Haut war von weißlicher Schwammigkeit. Unterhalb des Nabels war der Ansatz einer Narbe zu sehen. Sein Geschlecht blieb verborgen, nie hat er sich mir nackt gezeigt. Beim Waschen hatte ich mein Nachthemd heruntergezogen und mit den Ärmeln um die Hüften gegürtet. Das Nachthemd hing um meine Beine wie ein Rock. Mein Vater überwachte die Waschung. Wenn er sah, daß ich vor dem kalten Wasser zurückschreckte, konnte er den Waschlappen ergreifen und mein Gesicht und meinen Hals damit abreiben. Die Beziehung in die mein Vater im Heim zu mir trat war eine erzwungene. Auf das Drängen der Mutter hin machte er sich zuweilen zu einer züchtigenden Instanz, die seinem zurückhaltenden Wesen nicht entsprach.«[11]

Als Peter Weiss seinen Vater so beschrieb, hatte er ja schon längst gehandelt, hatte sich von der Familie abgesetzt, war den eigenen Weg gegangen und im schwedischen Exil, gestützt durch die frühen Auseinandersetzungsübungen, auf dem eigenen Weg geblieben: Die Eltern haben dem 22jährigen diesen Weg in die bildende Kunst probeweise sogar zugestanden, auch wenn sie handfeste Vorbehalte dagegen hatten. Gleichwohl hat sich die gefühlsmäßige Unterwerfung des Sohnes unter die Erwartungen der Eltern bis zu deren Tod gehalten. Da die Abnabelung schon früh erfolgt war, blieb beim Tod nur noch die *empfundene* Befreiung von der Konvention. Die Unterwerfung war auf natürliche Weise beendet, aber das Aufruhrpotential, das in dieser Unterwerfung gesteckt hatte und das früher unterdrückt wurde, hatte nun kein Ziel mehr.

Vielleicht gerade deshalb liefert Peter Weiss Buch »Abschied von den Eltern« ein so detailbesessenes, naturalistisch schilderndes Bildnis der Eltern: Der nun unnütze Aufruhr vereist in der Kälte der Darstellung. Von Liebe ist in diesem Buch kein Hauch, und auch die beschriebene Schwierigkeit des Schriftstellers später beim Geschlechtsakt ist mit dem Schlagwort vom Ödipus-Komplex nur notdürftig etikettiert. Vielmehr treffen hier zwei Isolationsprozesse zusammen, die für den Schriftsteller Peter Weiss von konstituierender Bedeutung wurden: Die Isolation erklärt zum einen den rigorosen Moralismus seiner politischen Ansprüche, die zuweilen zu unverständlichen Festlegungen führten; zum anderen wird die Isolation verständlich als Grundlage einer expressiven Schreibweise, als Notwehr-Schreiben, das den Ausbruch sucht – hierin wiederum läßt sich auch ein Grund finden für die spätere Extroversion ins Dokumentarische: der Versuch, in den Dingen der Realität einen Halt für die eigene Entwicklung und Person zu finden.

Die erste Isolierung des jungen Peter Weiss wird von äußeren, politischen Ereignissen bestimmt – sie gibt den Rahmen ab für das, was sich im Inneren der Familie als Isolierung ausgewirkt haben mag: Mit dem zweijährigen Sohn Peter zieht die Familie Weiss 1918 nach Bremen; als Peter 13 Jahre alt ist, geht die Familie nach Berlin. Doch bereits 5 Jahre später, 1934, muß die Familie vor den Nazis fliehen, sie geht nach London ins Exil, zieht, weil die Geschäfte des Vaters es erzwingen, nach zwei Jahren in die tschechische Hauptstadt Prag und nach weiteren 3 Jahren in die schwedische Hauptstadt Stockholm. Peter folgt zwei Jahre später nach.

Dieser Lebensverlauf belegt, in welchem Maße der ohnehin von Natur aus introvertierte Junge Peter Weiss immer wieder von neu sich ergebenden Kontakten abgeschnitten und zunehmend zurückgeworfen wurde auf seine eigene Erlebenswelt, die sich schon früh auf Bücher berief. Denn der Kontakt, das, auch belehrende, Gespräch innerhalb der Familie fand nicht statt; statt Belehrung wurde Ermahnung erteilt, statt Offenheit trat ihm die Abgeschlossenheit der Erwachsenenwelt mit den ihr eigenen, erstarrten Bedingungen entgegen: »Zuhause lebte ich wie ein Belagerter. Mein Zimmer glich einer Festung. Die Wände hatte ich angefüllt mit Bildern von Masken und Dämonen, und mit meinen eigenen Zeichnungen, die mit schreienden Figuren den Eintretenden zurückschreckten. Ich fühlte die Sprengkraft, die in mir lag, und ich wußte, daß ich mein Leben dem Ausdruck dieser Sprengkraft widmen mußte, zuhause aber sah man meine Versuche als Verwirrungen an, mit denen man nicht ernsthaft zu rechnen brauchte. Herausfordernd verließ ich nachts mein

Zimmer, nackt, in einer namenlosen Erregung. Ich hörte das Knarren von der Matratze unter den Leibern meiner Eltern, hörte ihre schweren Atemzüge, vielleicht lagen sie schlaflos und dachten an mein Elend.«[12]

Die Lebenssituation, in der sich der junge Peter Weiss selbst und die Umgebung der Familie erlebte, war bezeichnet von der bourgeoisen Strenge einer repräsentativen Kaufmannsfamilie von wilhelminischem Zuschnitt, die selbst, da jüdischer Abkunft, diese Strenge als gesellschaftliche Selbstbehauptung entwickelt haben mag; und von der Beziehungslosigkeit zu den Eltern, die für die Eigenregung des Jungen keine angemessenen Antworten fanden: »Doch ich hatte andere Dinge auf der Suche nach Nahrung für meine angewachsenen Bedürfnisse gefunden, Dinge, die mir Antwort gaben auf meine Fragen, gedichtete Worte, die plötzlich meine Unruhe stillten, Bilder, die mich in sich aufnahmen, Musik, in der mein Inneres mitklang. In den Büchern trat mir das Leben entgegen, das die Schule vor mir verborgen hatte.«[13]

Und, bleibt anzufügen, das auch in der Beziehung zu den Eltern, von deren Seite jedenfalls, ausgespart blieb. Kein Wunder, daß sich bei Weiss in der sterilen Atmosphäre dieser Umgebung dann die Sehnsucht nach den gegenteiligen Extremen ergab: »(...) ich bevorzugte das Anrüchige, Zweideutige, Düstere, suchte nach Schilderungen des Geschlechtlichen, verschlang die Geschichten von Kurtisanen und Hellsehern, von Vampiren, Verbrechern und Wüstlingen, und wie ein Medium fand ich zu den Verführern und Fantasten und lauschte ihnen in meiner Zerrissenheit und Melancholie.«[14]

Wiederum erscheint hier das grundlegende Motiv von *Aufruhr* und *Unterwerfung*: als Illustration eines *Doppellebens*, dem das sensible jugendliche Talent in einer ihn diktierenden Leere verfallen muß.

Das Wort Doppelleben bezeichnet denn auch auf sehr genaue Weise das Verhältnis von Peter Weiss zu seinen Eltern, und die Niederschrift und Offenbarung dieses Doppellebens nach dem Tode der Eltern ist der Versuch, durch die Enthüllung und Rechenschaftslegung dieses Verhältnisses die eigene Identität wiederherzustellen. Aus dem Gegeneinander beider

Stränge dieses Doppellebens wird im Rechenschaftsbericht die in Ursache und Wirkung zerlegte Analyse der eigenen Entwicklung: Was damals emotional erfahren und erlitten wurde, löst sich nun auf in die rationale, emotionslos getönte Analyse. »Abschied von den Eltern« ist kein trotziger Rechtfertigungsakt gegenüber den nun toten Eltern, sondern ein *ins Recht-Setzen* der eigenen Person. Peter Weiss stellt die Balance her zwischen sich und den Eltern, und das heißt, daß er auch die Eltern in ihr Recht setzt. »Abschied von den Eltern« – das bedeutet also auch ihre Begrüßung. Zwischen *Aufruhr* und *Unterwerfung* liegt das Dritte: die gegenseitige Anerkennung, der die Erkenntnis des anderen vorausgegangen sein muß. Sie vollzieht Peter Weiss in diesem Bericht. Der endet mit dem beim tatsächlichen Abschied von den Eltern zu Beginn der vierziger Jahre ausgesprochenen Wunsch: »Ich war auf dem Weg, auf der Suche nach einem eigenen Leben.«[15]

Aber angekommen zu sein scheint er nie. Peter Weiss blieb bis zu seinem Lebensende Exilant, ein, wenn man will, Heimatloser. Und bis hin zur »Ästhetik des Widerstands«, und auch in diesem Buch noch als Prozeß demonstriert, ist sein Werk eine Suche nach Selbstverständigung.

Spätestens mit »Abschied von den Eltern« aber kam Peter Weiss erst einmal an in der deutschen Literatur. 1962 lud ihn Hans Werner Richter in die Gruppe 47 ein. Doch er blieb ein Außenseiter – in Deutschland, und sogar in der Gruppe 47, hat er sich, als jüdischer Emigrant und als neutraler Schwede, ganz offensichtlich doppelt als einer von Draußen empfunden. Denn später schrieb er in seine Notizbücher: »Daß ich von außen komme, als ein Unzugehöriger, als einer, der etwas Fremdartiges anzubieten hat, das habe ich nicht nur aus den Reaktionen vieler Kritiker erfahren, sondern auch bei meiner Teilnahme an einigen Treffen der Gruppe 47. Hier kam ich ja nun mit deutschsprachigen Schriftstellern zusammen, vor allem mit solchen, die seit jeher in diesem Land lebten, die hier, während des Kriegs, oder während der Jahre des Faschismus, aufgewachsen waren. Bei der ersten Begegnung schon mit Kollegen entstand nicht, wie ich erhofft hatte, ein

Gedankenaustausch über Schwierigkeiten unsres Handwerks, sondern die Empfindung eines Gegensatzes, der zusammenhängen mußte mit der Verschiedenheit unseres Hintergrunds. Ich versuchte lange, dies zu leugnen, ich bin auch jetzt noch nicht gewiß, ob ich mir, mit dem Exil, ein Gebrechen zugezogen habe, das unheilbar ist, und all meine Reaktionen prägen muß, oder ob denen, die einmal aus Deutschland vertrieben wurden, für immer etwas anhaftet, was sie gegenüber den anderen, die hier beheimatet sind, als eine Art Aussätzige kennzeichnet.«[16]

Dabei hatte er bei der Gruppe 47 nachhaltigen Erfolg. 1962, auf der Tagung der Gruppe in Berlin, las er aus seinem neuen Prosatext »Das Gespräch der drei Gehenden«: »Obgleich auch Schriftstücke und Berechnungen angefertigt wurden, bestand die eigentliche Tätigkeit, in allen Abteilungen, in einem Suchen, Zurückschieben und Ausbauen von gegenseitigen Beziehungen, dies alles war schwer zu überblicken, lag selten offen, verbarg sich zumeist unter Handhabungen, die einen praktischen Anschein hatten, so konnte ich irgendwo eintreten, sah nur neben einer Maschine zwei Köpfe hinter großen entfalteten Papieren, während doch in der Tiefe Hände ineinandergriffen, oder der Blick eines sorgfältig und regelmäßig Zählenden war scheinbar auf eine Tabelle, die er hochhielt, gerichtet, während er doch einen Nacken in einiger Entfernung traf. Besprechungen über Aktenbüchern galten Verabredungen für den kommenden Abend, ein eiliges gemeinsames Wandern den Korridor entlang zielte nicht zur dringenden Ausfertigung einer Reihe von Telegrammen, sondern zum Verschwinden in einer Garderobe. In meinem gepolsterten Diktatzimmer wurden wenig Worte verloren, kaum war die Tür geschlossen, zog sie schon ihren Jumper über den Kopf und knöpfte den Rock auf, und nach einigen Tagen oder Wochen, je nach dem Verlauf des gegenseitigen Einklangs, vollzog sie die gleiche Hingabe in andern Revieren, während neue Hilfskräfte bei mir eintraten. Und dabei blühte unser umfassender Betrieb, er blühte unter einlaufenden Geldern, und was abfloß war schon von vornherein auf vervielfältigte Wiederkehr berechnet, alle hatten wir Zeit, während die Apparate für uns arbeiteten, und vom Wartezimmer der Laufjungen bis zum Marmorsaal der höchsten Direktion konnten alle ihren geheimen Wegen nachgehen. Nein, unter unsäglicher Mühe bewegte ich mich in diesen Räumen, zwischen diesen langen Tischen, auf denen die Stöße der Orderpapiere lagen, seitwärts ging ich, die Arme voller Akten, trug sie hin und her, von einem Tisch zum andern, schlug unendliche Ziffernreihen in die Maschinen, gab Rapporte ab, lief die Gänge entlang, um neue Aufträge zu erhalten, bis ich bei einem der obersten Verwalter einen Vertrauensposten bekam und ihm die Einkäufe von Weinlagern, Automobilen und Rennpferden besorgte, und ihm behilflich war bei der Übernahme einer mittelalterlichen Burg, mit Türmen und Wallgraben.«[17]

Für diesen Text bekam Peter Weiss beinahe sogar den Preis der Gruppe 47, nur knapp unterlag er in der Abstimmung Johannes Bobrowski. Dies war kein Text der Erinnerung, sondern einer übers Erinnern. Drei Männer, Abel, Babel und Cabel, erzählen gegenwärtige und erinnerte Erfahrungen; aber immer wieder brechen sie ihre Berichte ab, stellen das Berichtete in Frage und erzählen es neu und anders. Dieses Mißtrauen in die Wahrnehmung der Wirklichkeit fügte sich durchaus in den damaligen literarischen Konsens, wie er von Max Frischs Romanen, vornehmlich von »Stiller«, und in Uwe Johnsons Mutmaßungsprosa vorgegeben war. Doch radikalisierte Weiss diesen modernistischen Existentialismus um eine entscheidende Farbe: um den Doppelaspekt von Sexualität und Gewalt.

Das so offen durchgespielte Thema von der Ambivalenz der Sexualität spielte auch eine Rolle in einem neuen Theaterstück, aus dem Peter Weiss ein Jahr später auf der Gruppentagung in Saulgau, dazu die Trommel schlagend, einige Szenen vorlas und das den barocken Titel trug: »Die Verfolgung und Ermordung Jean Paul Marats, dargestellt durch die Schauspielgruppe des Hospizes zu Charenton unter Anleitung des Herrn de Sade«. Mit diesem Stück wurde Peter Weiss auf einen Schlag weltberühmt: Es bot sowohl ein totales, auf verschiedenen Handlungsebenen verlaufendes und deshalb verwirrendes Theaterspektakel, das die verrückte Welt im wahren Wortsinne im Irrenhaus ansiedelte und dort ein politisches Thesenstück zum Besten gab, in dem der radikale vitalistische Individualismus de Sades und die konsequent revolutionäre Gesellschaftlichkeit Marats einander konfrontiert werden: »Sade sagt, es komme auf nichts anderes an als darauf, sich selbst zu verwirklichen – eigentlich ein egoistischer Zug, der aber auch, was die Kunst betrifft, eine große Befreiung beinhalten kann; denn es ist ja sehr wichtig, daß man manchmal auf alles pfeift, was rundherum passiert, und daß man sagt: Ich habe dieses einzige Leben, und daraus will ich so viel machen wie möglich und will so viel eigene Erfahrungen gewinnen wie möglich. Während die Gegenstimme von Marat sagt: Es kommt auf dein Ich, auf deine persönlichen Dinge nicht an, sondern es kommt darauf an, daß erst einmal die Gesellschaft verändert wird um dich herum. Dieser Konflikt zieht sich ja bis heute hin.«[18]

Es war, als verbänden sich darin die beiden Grundzüge der Weiss'schen Existenz – individueller künstlerischer Subjektivismus und revolutionärer Aktionismus im kollektiven Dienst einer unterdrückten Gesellschaft – zu einem explosiven Theater-Gemisch. Aber es war eben nur: Theater, nicht Wirklichkeit. Doch auch das Theater konnte unterschiedliche Akzente setzen, die Regie konnte die Figur de Sades oder die Figur des Revolutionärs Marat im Stück betonen, so daß es immer auch auf die Inszenierung ankommen würde, welche der beiden Positionen in der Aufführung durchdrang. Im Stück war eine Ambivalenz angelegt, an der sich die damals konfrontierten Systeme und deren leitende Ideologien ablesen ließen. Peter Weiss selbst hat in späteren Bearbeitungen des Stücks die Figur des Revolutionärs Marat gegenüber der de Sades verstärkt. Das war ein Hinweis auf seine politische Entwicklung. Absehbar war damals noch nicht, wie schnell Peter Weiss, nicht ohne eigenes Zutun, ins Sperrfeuer dieser Systeme geriet.

II.

Während das Marat/de Sade-Stück überall auf Europas Bühnen gefeiert wurde, arbeitete Peter Weiss an einem anderen Theaterkomplex, dem wie ein Palimpsest Dantes »Göttliche Komödie« zu Grunde lag: ein »dreiteiliges Drama divina commedia«[19], wie Peter Weiss es nannte. Dessen »Inferno«-Teil war angelegt als eine große Collage aus Stoffen, die ihm die eigene Biographie im Spannungsfeld des Nationalsozialismus und der bundesrepublikanischen Gegenwart lieferte.

In dieses Spannungsfeld gehörte die, eher zögerliche, Auseinandersetzung der deutschen Öffentlichkeit mit der systematischen Vernichtung des europäischen Judentums durch das nationalsozialistische Deutschland. Sie wurde damals fokussiert von dem großen ersten Auschwitz-Prozeß, der vom 20. Dezember 1963 bis zum 20. August 1965 in Frankfurt am Main stattgefunden hat. Davon konnte die Arbeit des Peter Weiss nicht unberührt bleiben.

Im Januar 1965 las Peter Weiss im Westdeutschen Rundfunk[20] aus seiner Ortsbeschreibung »Mein Auschwitz« vor: »Die Güterzüge scheppern auf dem Bahnhof von Auschwitz. Lokomotivpfiffe und polternder Rauch.

Klirrend aneinanderstoßende Puffer. Die Luft voll Regendunst, die Wege aufgeweicht, die Bäume kahl und feucht. Rußgeschwärzte Fabriken, umgeben von Stacheldraht und Mauerwerk. Holzkarren knirschen vorbei, von dürren Pferden gezogen, der Bauer vermummt und erdfarben. Alte Frauen auf den Wegen, in Decken gehüllt, Bündel tragend. Weiter ab in den Feldern einzelne Gehöfte, Gesträuch und Pappeln. Alles trübe und zerschlissen. Unaufhörlich die Züge oben auf dem Bahndamm, langsam hin- und herrollend, vergitterte Luken in den Waggons. Abweichgeleise führen weiter, dem alten Lager zu, und noch weiter, über öde Felder, zum Ende der Welt.

Außerhalb der Siedlungen, die nach der Räumung wieder bewohnt sind und aussehen, als sei der Krieg vor kurzem erst vorüber, erheben sich die Eisengitter vor der Anlage, die heute zu einem Museum ernannt ist. Busse und Automobile stehen am Parkplatz, eben tritt eine Schulklasse durch das Tor, ein

Trupp Soldaten mit weinroten Mützen kehrt nach der Besichtigung zurück. Links eine lange Holzbaracke, hinter einer Luke Verkauf von Broschüren und Postkarten, Wärterstuben, von Öfen geheizt, an den Wänden Bilder von fröhlich lachender Jugend. Gleich hinter der Baracke niedrige Betonwände, darüber eine grasbewachsene Böschung, ansteigend zum flachen Dach mit dem kurzen dicken viereckigen Schornstein. An Hand der Lagerkarte stelle ich fest, daß ich schon vor dem Krematorium stehe, dem Krematorium mit der begrenzten Kapazität. Die Baracke vorn, das war die Baracke der Politischen Abteilung, da befand sich das sogenannte Standesamt, in dem die Zugänge und Abgänge verzeichnet wurden.

Da saßen die Schreiberinnen, da gingen die Leute mit dem Emblem des Totenkopfs aus und ein.

Ich bin hierhergekommen aus freiem Willen. Ich bin aus keinem Zug geladen worden. Ich bin nicht mit Knüppeln in dieses Gelände getrieben worden. Ich komme zwanzig Jahre zu spät hierher.«[21]

Peter Weiss hat sich immer als jemand empfunden, der von jener Hölle verschont geblieben war, in der Millionen andere stellvertretend für ihn umgebracht worden waren. Das bedeutete für ihn Verpflichtung. Deshalb besuchte er Auschwitz. Diesem Ort war der »Paradiso«-Teil des »Drama divina commedia« gewidmet. Aus ihm entstand schließlich das Oratorium »Die Ermittlung«.

Peter Weiss hatte einige Male als Besucher am Auschwitz-Prozeß teilgenommen, vor allem hatte er die konzise Berichterstattung über diesen Prozeß durch Bernd Naumann in der »Frankfurter Allgemeinen Zeitung« studiert und für den Text der »Ermittlung« fruchtbar gemacht: also transformiert und zum Teil rhythmisch bearbeitet.

Im Januar 1965 schrieb Peter Weiss an seinen Verleger Siegfried Unseld: »Ich bin jetzt dabei, mein Auschwitz-Stück ins Reine zu schreiben, es ist doch ein selbständiges Drama geworden, und es lässt sich mit der ursprünglichen Dante-Idee nicht vereinen. Was ich aus dem 1. Teil, INFERNO, mache, weiss ich noch nicht (...) Das Auschwitzstück werde ich voraussichtlich nennen: DIE VERNEHMUNG ZUR SACHE, Drama in 33 Gesängen. Oder so ähnlich. Ich nehme an, dass ich bis Ende Februar das Manuskript fertig habe.«[22]

Zwei Monate später antwortete Unseld, der das Stück inzwischen gelesen hatte: »Dir ist wiederum Neues, Erstaunliches gelungen, diesen Vorgang in seiner ganzen Ungeheuerlichkeit einzuschmelzen in eine gleichbleibende sprachliche Form, und ihn so zu zeigen als führtest Du eine Führung durch eine Leichenfabrik vor. Das Ganze ist in sich rund, dicht, geschlossen. Es ist wieder ein Stück, das seinen Weg machen wird.«[23]

Das Stück machte seinen Weg, doch geriet es auch zwischen die Fronten des Kalten Kriegs. Die konservativen bis reaktionären Wirtschaftskreise in der Bundesrepublik lehnten es als sozialistisches Propagandastück ab, die DDR mit ihrem pauschalen Antifaschismus-Anspruch reklamierte es für sich – und die westdeutschen Intellektuellen und Kritiker stritten um seine Aufführbarkeit. Daß »Die Ermittlung« so zwischen die Fronten kam, hatte mit der Aufführung eines anderen Weiss-Stücks zu tun und der beweglichen Interpretation seiner Protagonisten, von der bereits die Rede war. Als nämlich das Rostocker Theater im März 1965 den Marat/de Sade aufführte, wurde die Position de Sades deutlich zurückgesetzt, das Stück wurde dominiert von der Rolle des Revolutionärs Marat und so zu einer deutlichen Kritik am ›kapitalistischen Westen‹ umgedeutet. Diese gleichsam offizielle DDR-Interpretation seines eigentlich ambivalenten, im Westen so erfolgreichen Stücks hat Peter Weiss, unter dem persönlichen Eindruck der Premiere, in verschiedenen Interviews kurz danach bestätigt: »Diese Aufführung ist wunderbar. Sie entspricht in ihrer politischen Konsequenz völlig den Intentionen des Stücks. Erstmals siegt Marats revolutionäres Prinzip.«[24] Und gleichsam ergänzend: »Ich habe immer wieder betont, daß ich das Prinzip Marats als das richtige und überlegene ansehe. Eine Inszenierung meines Stückes, in der am Ende nicht Marat als der moralische Sieger erscheint, wäre verfehlt.«[25]

Das hat Peter Weiss in dieser Schärfe nicht wiederholt, aber die ›revolutionäre Interpretation‹ wirkte fort, zumal die

Rostocker Inszenierung, der Weiss applaudiert hatte, im April 1965 auch in Hamburg gezeigt und von der konservativen westdeutschen Kritik als »zu marxistischer Propaganda verfälscht«[26] abgelehnt wurde.

Freilich wirkte damals noch zweierlei auf die kritische Meinungsbildung über Peter Weiss in den westdeutschen Medien: seine Teilnahme an einem von der DDR-Führung erkennbar propagandistisch angelegten internationalen Schriftstellertreffen im Mai 1965 in Ostberlin, das von fast allen westdeutschen Schriftstellern gemieden wurde und an dem der schwedische Staatsbürger Weiss gleichsam als Abgesandter der westdeutschen Literatur eine Rede hielt: »Für uns, die wir in der westlichen Gesellschaft leben und arbeiten, ist die Verbreitung der Wahrheit, von der Brecht spricht, mit großen Schwierigkeiten verbunden. Zunächst müssen wir die erste Schwierigkeit überwinden, die Wahrheit überhaupt aufzufinden, und wenn wir sie gefunden haben, müssen wir als Partisanen arbeiten, um die Wahrheit zu verbreiten.«[27]

Und in einem Fernseh-Interview, das nach dieser Rede der publizistische Scharfmacher des DDR-Fernsehens, Karl-Eduard von Schnitzler, mit ihm führte, bezeichnete sich Peter Weiss auf Schnitzlers Frage, ob er Kommunist sei, explizit als Sozialist.[28]

Partisan und Sozialist: Das war nun allerdings eine Position, die damals selbst von den schärfsten Kritikern der westdeutschen Verhältnisse unter den nonkonformistischen Intellektuellen der Bundesrepublik nur mit großer Skepsis zur Kenntnis genommen wurde, während die konservative Presse ihn, den im Westen doch hochgeehrten Autor, des Verrats bezichtigte und nicht nur an seinem politischen Instinkt, sondern auch an seiner Intelligenz zweifelte. In der DDR hingegen wurde Peter Weiss hinfort als Bündnispartner gehandelt. Um so mehr, als er auch auf neutralem Boden, in einem Interview mit Thomas von Vegesack in »Stockholms Tidningen« im Juni 1965 sagte: »Meine Solidarität mit den sozialistischen Ländern gilt diesem System als Möglichkeit. Ich erklärte in Berlin, daß der Sozialismus Selbstkritik und volle Redefreiheit voraussetzt. Aber ich glaube, daß der

Sozialismus das einzige System ist, das sich entwickeln wird. Ich stelle mich ganz hinter den Marxismus-Leninismus als Grundidee, weil er Kritik, Veränderung voraussetzt.«[29]

Das Interview erschien unter dem Titel »Die Unmöglichkeit der Neutralität«. Drei Monate später veröffentlichte Peter Weiss sein Manifest »10 Arbeitspunkte eines Autors in der geteilten Welt«[30], und darin folgte einer theoretisch und analytisch überaus anfechtbaren und wenig überzeugenden Darstellung der unterschiedlichen Positionen im Kalten Krieg die entscheidende ideologische Fixierung: »Die Aufgabe eines Autors ist hier: immer wieder die Wahrheit, für die er eintritt, darzustellen, immer wieder die Wahrheit unter den Einstellungen aufzusuchen. – Die Richtlinien des Sozialismus enthalten für mich die gültige Wahrheit. Was auch für Fehler im Namen des Sozialismus begangen worden sind und noch begangen werden, so sollten sie zum Lernen da sein und einer Kritik unterworfen werden, die von den Grundprinzipien der sozialistischen Auffassung ausgeht. Die Selbstkritik, die dialektische Auseinandersetzung, die ständige Offenheit zur Veränderung und Weiterentwicklung sind Bestandteile des Sozialismus.«[31]

Mit etwas genauerem Blick auf die Praxis des Sozialismus hätte Peter Weiss auch damals schon erkennen müssen, daß seine Beschreibung mit der Realität des Sozialismus nichts zu tun hatte. Dabei war er kein blinder Parteigänger. Aber er urteilte naiv und gleichsam mit Maßgaben einer schwedischen Neutralität, in der die Gegensätze zwischen den ideologischen Systemen nicht so schroff einander entgegenstanden wie in diesem geteilten Deutschland. Und er glaubte wohl auch, gerade aus dieser neutralen Perspektive und verbunden mit seinem persönlichen Lebensschicksal deutlich Position beziehen zu sollen und zu können. Er wollte, als nun erfolgreicher Theaterschriftsteller, nicht den Rahm abschöpfen und den Mund halten und die Außenwelt lassen wie sie ist, wie er seinem Verleger Siegfried Unseld schrieb[32], sondern an den Auseinandersetzungen teilnehmen und klar Stellung beziehen. In diesem Deutschland wollte er Zivilcourage zeigen – und entschied sich in einer der heißesten Phasen des

Kalten Krieges für die Seite, auf der er zu finden hoffte, was er aus schwedischer Sicht für Sozialismus hielt.

»Peter Weiss als Partisan? Zum Lachen. Dieser in West-Berlin hochgehätschelte ›Marat‹-Dramatiker hat nicht nur keinen Grund, sich zu beklagen, er lebt bereits von der Nachsicht seiner Kritiker. Glaubt er denn, daß die von ihm ausdrücklich gutgeheißene ›Marat‹-Aufführung des ›Volkstheaters Rostock‹ (jüngst als Gastspiel in Hamburg) hierorts nicht als weltanschaulich manipuliert erkannt wurde? Daß er also in West-Berlin den Marat-Psychologen, in London den Sadisten und in der Sowjetzone den marxistisch-kommunistischen Weltveränderer spielen kann, ohne daß ihm einer das Geschäft nachrechnet?«[33]

Ein Angriff wie dieser eines Michael Müller im »Münchner Merkur« war mustergültig für die westdeutschen Reaktionen, und die wiederum wurden von der DDR postwendend beantwortet – das ideologische Ping-Pong in Sachen Peter Weiss hielt noch eine Zeitlang an: Peter Weiss wurde von der westdeutschen Seite als ›sozialistischer Partisan‹ abgestoßen und von der ostdeutschen als »Bündnispartner« engagiert – in jedem Falle wurde er im ideologischen Kampf der Systeme öffentlich instrumentalisiert. Er hat sich davon nicht beeindrucken lassen. Weshalb er sich wohl auch kaum etwas dabei gedacht haben dürfte, als er ausgerechnet am Rande der Rostocker ›Marat‹-Aufführung mitteilte, er habe gerade ein neues Stück über Auschwitz abgeschlossen. Seine westdeutschen Kritiker haben auch darin später durchaus eine politische Parteinahme sehen wollen.

Das alles waren keine guten Voraussetzungen für die Aufnahme und die Wirkung der »Ermittlung« in der Bundesrepublik, eines Stücks, das wie keines zuvor eines der sensibelsten Themen der jüngsten deutschen Geschichte zum Thema hatte und von einer unzweifelhaft moralischen Position her auf das öffentliche Bewußtsein in Deutschland wirken sollte. Weshalb auch Autor und Verlag auf jeglichen finanziellen Gewinn von vornherein verzichteten und das Stück zur allgemeinen Aufführung am 19. Oktober 1965 freigaben.

Bereits vor seiner Aufführung am 19. Oktober 1965 wurde das Stück skeptisch beurteilt von den nonkonformistisch liberalen und entschieden abgelehnt von den stramm konservativen Kritikern: als kommunistisches Propagandastück und Auschwitztheater – als ein Muster dieser Kritik sei der »Bayern-Kurier« zitiert: »›Auschwitz‹ heißt die neue Wahrheitsfindung des sozialistischen Elegikers. In elf Gesängen soll der Leichengeruch der schrecklichsten aller Todesmühlen auf die Bühne gebracht werden. Ursprünglich kündigte Peter Weiss eine Trilogie nach dem Vorbild der ›Göttlichen Komödie‹ an. Es blieb beim Torso, der den Titel ›Die Ermittlung‹ erhielt. (...) Neunzehn Bühnen beabsichtigen, dieses kommunistische Thesenstück im kommenden Winter in der Bundesrepublik aufzuführen. In einer Starbesetzung kündigt es das Deutsche Fernsehen an. Der dramenschreibende Partisan landet also seinen großen Coup. Im Sog der Vergangenheitsbewältigung verspritzt er die Propaganda eines unmenschlichen Regimes.«[34]

Propagandisten wie Peter Hornung hatte Peter Weiss freilich selbst auch einige Munition geliefert, als er in seinem Gespräch mit Thomas von Vegesack zur »Ermittlung« gesagt hatte: »Das Stück entbehrt nicht der aktuellen Sprengkraft. Ein Großteil davon behandelt die Rolle der deutschen Großindustrie bei der Judenausrottung. Ich will den Kapitalismus brandmarken, der sich sogar als Kundschaft für Gaskammern hergibt.«[35]

Aber auch von Theaterkritikern, die nicht mit solch ideologischer Brille lasen, kamen Einwände gegen die Ring-Uraufführung. Am vehementesten lehnte Joachim Kaiser in seinem nicht so sehr theaterkritischen als moralischen »Plädoyer gegen das Theater-Auschwitz« die Theatralisierung von ›Auschwitz‹ ab: »Angesichts dieser einzigartigen theatralischen Wiedergutmachungs- und Aufklärungsaktion, die von unendlichem gutem Willen und wohl auch von der Angst zeugt, sich durch eine Weigerung scheußlichen Verdächtigungen auszusetzen, kann man frohlocken – aber auch tief erschrecken. (...) Nur um die eine Frage, die die deutschen Intendanten so einmütig beantworten, geht es mir: Kann sich die Bühne eine Auschwitz-Dokumentation leisten? Wird da nicht der unselige, aber typisch deutsche Versuch gemacht, auf dem Theater Ersatzentscheidungen herbeizuführen, während man sich um reale Sinnesänderungen herumdrückt? Ist die Uraufführungsorgie nicht ihrerseits sogar ein Zeichen von Beflissenheit, Trägheit und falschem Eifer? (...) Und jetzt soll die vergewaltigte Bühne leisten, was Prozeßberichte, Zeugen, Schicksale und Wirklichkeiten nicht leisten? Wenn Kunst ihre eigentümliche Macht in Bewegung setzen soll, muß sich ein Künstler stellen, müssen Freiheit, Auffassung und Gestaltung mit dabei sein. Vertreten indessen blutige Dokumente die Darstellung, dann wird die Wahrheit nicht gefördert, das Gewissen falsch aufgerührt und falsch beschwichtigt. Dann geschieht der Bühne Gewalt, moralische Entscheidungen sind zu ästhetischen Erlebnissen verharmlost, und den Opfern hat keiner geholfen.«[36]

Siegfried Melchinger fragte weniger leidenschaftlich nach der Aufführbarkeit der »Ermittlung« und betonte ihre Resistenz gegenüber dem üblichen Theaterbetrieb: »Diesen Herbst wird an vielen deutschen Bühnen eine Stück zur Aufführung gelangen, dessen Thema schon den Sprachgebrauch dieses Satzes fragwürdig macht. Ist es ein ›Stück‹, kann es zur ›Aufführung‹ gebracht werden, darf die Stätte, wo es gezeigt wird, ›Bühne‹ heißen? Es handelt sich um ›Die Ermittlung‹ von Peter Weiss. Das Thema ist der Auschwitz-Prozeß. Er wird ohne direkt merkliche Übertragung vorgeführt; das monatelang abgehandelte Verfahren ist einem Verkürzungsprozeß unterworfen worden, der es gleichsam im Brennspiegel zeigt: als ein auf zweieinhalb Stunden berechnetes Konzentrat. Die Angeklagten tragen ihre wirklichen Namen. Die berichteten Greuel sind aktenkundig. Die Aussagen sind wörtlich den Stenogrammen entnommen, wenn auch (...) konzentriert. Der Autor hatte, während er den Text schrieb, die Gesichter vor sich, die er in zahllosen, im Gerichtssaal verbrachten Stunden gesehen hatte. Wie kann das – die Frage muß gestellt werden – ›Theater‹ sein?«[37]

Dazu sagte Peter Weiss in einem Gespräch mit Hans Mayer: »Zunächst soll aus dem ungeheuren Material von Zeugenaussagen, das ich bearbeitet habe, die große Maschinerie eines solchen Lagers angezeigt werden: Wie diese Maschinerie funktioniert hat, wie sie von Komplex zu Komplex führt, von der Ankunft in dieser Institution bis zum Ausgang, nämlich dem Weg durch den Schornstein; wie diese verschiedenen Teile, die ich dann im Untertitel als Gesänge benenne, sich mehr und mehr vergrößern, bis sie in den Maßstab des sogenannten Unvorstellbaren gelangen. Für mich ist die Hauptsache bei dieser Arbeit gewesen, dieses Unvorstellbare zu überwinden und es sachlich und vorstellbar zu machen. Nun war es ja so bei der Arbeit, daß keine Prozeßprotokolle vorhanden waren. Es wurde im Auschwitz-Prozeß kein Protokoll aufgeschrieben wie zum Beispiel beim Oppenheimer-Prozeß, sondern ich hatte mich vor allen Dingen an die Presse zu halten, an die Reportagen. (...)

Ich finde es absolut möglich, dies auf der Bühne darzustellen, sonst hätte ich es als Stück auch gar nicht geschrieben. Das ist klar, daß ich mir beim Schreiben vorstelle, daß das Stück auf einer Bühne zu Hause sein muß, sonst hätte ich einen Essay geschrieben.«[38]

Und entsprechend dem Adornoschen Diktum in ihren Köpfen rieben sich manche Kritiker an der kulturindustriellen Verwertung des Stücks und an der Tatsache, daß es auf der Bühne stellvertretend Fragen erörtere, die in die Mitte der Gesellschaft gehörten – als seien, was auch Joachim Kaiser übersah, die Aufführungen nicht das Mittel, dieses Thema mitten in die Gesellschaft hineinzutragen. Was der Kritiker Hermann Naber so umschrieb: »Nicht der Vergangenheit, die man gern vergessen möchte, sondern der sich verschließenden Gegenwart gilt die ›Ermittlung‹.«[39]

Am 19. Oktober wurde das, wie Weiss es schließlich nannte, »Oratorium«»Die Ermittlung« an 25 Bühnen aufgeführt oder in szenischen Lesungen präsentiert: an zwei Theatern und acht Orten (darunter die Volkskammer) der DDR und an 15 Theatern in der Bundesrepublik und London, wo Peter Brook eine Lesung leitete.

Die westdeutsche Kritik reagierte durchaus differenziert auf das Stück. In den Gazetten der DDR, die ja alle, wie Jurek

Becker einmal formulierte, nur einen einzigen Chefredakteur hatten, folgten die sogenannten Kritiken allesamt einem Grundgedanken: »Das Stück von Weiss ist eine einzige große Anklage des schwelenden Faschismus in der Bundesrepublik und von unvergleichlicher Härte.«[40]

Mit diesem Satz hatte Manfred Wekwerth das Stück bereits im Sommer in einem Brief an Friedrich Wolf bezeichnet, den Präsidenten der DDR-Akademie der Künste. Wekwerth hatte von einer »üblichen Theateraufführung« abgeraten und statt dessen eine Lesung angeregt, an der dann auch hohe Funktionäre, die in Nazi-Gefängnissen gesessen hatten, mitwirkten und die, gegen Bedenken von Peter Weiss, der sich so unmittelbar nicht ausnutzen lassen wollte, in der Volkskammer der DDR stattfand. Der DDR-Germanist Ernst Schumacher jubelte: »Es gehört zu den bedeutungsvollsten Manifestationen der sich hier herausbildenden sozialistischen Gesellschaft der DDR, daß sich für die Lesung des Oratoriums in Berlin am Abend der deutschen Ringaufführung Persönlichkeiten des kulturpolitischen Lebens zur Verfügung gestellt haben, an der Spitze der stellvertretende Ministerpräsident Alexander Abusch. (...) In der Identifizierung mit dem Anliegen von Weiss, die Wahrheit über das zu Auschwitz führende und über Auschwitz hinaus fortwirkende System zu ermitteln und gleichzeitig einen erhabenen Epitaph für die Opfer zu errichten, bewies sich die nur im Sozialismus mögliche Identität von fortschrittlicher Kunst und Politik.«[41]

Nach der Lesung erläuterte Alexander Abusch in einem Interview: »(...) daß die eigentliche Fabel der ›Ermittlung‹ nicht allein vom Auschwitz-Prozeß handelt und zeigt, was gestern geschah, sondern daß hier ebenso die Art und Weise aufgedeckt wird, wie die westdeutsche Klassenjustiz die Verantwortlichen des Systems von Auschwitz – damit meine ich die IG-Farben, Krupp, Siemens und andere Konzerne, die aus den Arbeitssklaven unermeßliche Profite zogen – mit allen Mitteln verteidigt, so daß sie überhaupt nicht auf die Anklagebank kommen.«[42]

Die DDR instrumentalisierte das Stück gnadenlos und machte Peter Weiss zum Zeugen ihrer eigenen Ideologie.

Deshalb waren nach den Aufführungen in der DDR auch die immer gleichen Formeln zu lesen: Der Name Auschwitz sei für immer »mit blutigen Lettern in die Geschichte des deutschen Monopolkapitals eingegraben«[43], oder »die Verfolgten von Auschwitz« seien »auch die Verfolgten des Bonner Staates«[44] usw. Und Klaus Höpcke, damals Feuilletonchef des »Neuen Deutschland«, später stellvertretender Kulturminister der DDR, mißbrauchte »Die Ermittlung« schamlos zur ideologischen und militaristischen Propaganda, als er schrieb, das damals gerade eröffnete Manöver der Warschauer Paktstaaten namens »Oktobersturm« ziehe die »militärischen Konsequenzen der Ermittlung der Naziverbrechen plastisch sichtbar«.[45]

Dagegen formulierte Hans Daiber in der westdeutschen Kritik entschieden, wie wenig sich die »Ermittlung« instrumentalisieren lasse, wenn man sie richtig aufnehme: »Wer ›Die Ermittlung‹ von Peter Weiss als Agitation gegen die Bundesrepublik und ihre Gesellschaftsform hinstellt, der versimpelt den Fall genauso wie jemand, der in Mitteldeutschland so tut, als habe Ulbrichts Staat ein Monopol auf Antifaschismus.«[46]

Kritische Stimmen zum Stück sammelte in seinem wöchentlichen Kommentar Axel Eggebrecht – und verstärkte sie: »Martin Walser hat dazu geäußert: ›Die gegenständliche Fülle der Nachrichten und die darin enthaltene Brutalität unterbindet die Reflexion. Das Bewußtsein bleibt leer.‹ Die Äußerung findet sich in der letzten Nummer der ›Zeit‹. Dort stellt auch der Stuttgarter Kritiker Hellmuth Karasek nüchtern fest: ›Die Ermittlung sagt über die Angeklagten nicht mehr und nicht weniger aus, als es der Frankfurter Prozeß tat.‹ Und der Weiss doch wohl nahestehende Kritiker Professor Walter Jens bescheinigt dem Autor zwar ›hohen Kunstverstand‹, findet aber, man könne sich eine schärfere Charakterisierung der angeklagten Akademiker wie Kleinbürger wünschen. Und manchmal, so wörtlich, ›klingt das keimfreie, akkurat gegliederte und in Zeilenverse zerteilte Hochdeutsch ein wenig gar zu schön, zu poetisch, zu wenig verfremdet‹. Ich glaube, hier wird ein gewichtiger Einwand erhoben. Jens ist ganz gewiß nicht verdächtig, einem platten Naturalismus das Wort zu reden; er sieht aber eine bedenkliche Folge der eben erwähnten Stilisierung. ›Das vermeidbare Auschwitz‹, sagt er, ›das geschichtlich zu rekonstruierende, das wiederholbare Auschwitz scheint mir bei Weiss zu kurz gekommen zu sein. Ich sehe Boger, aber ich sehe dahinter nicht das fördernde SS-Mitglied, den Herrn Großindustriellen.‹ Jens fragt, was der Zuschauer, besonders der junge, nun eigentlich ›auf Exzesse starrend‹ erfahre. ›Zwingt die Ermittlung uns, auf die Gegenwart zu reflektieren? Entlarvt sie die Gesellschaft, der die Greueltaten zuzuschreiben sind? Macht sie Gründe sichtbar?‹ Mit solchen Zweifeln erscheint mir der Tübinger Professor radikaler als der neu bekehrte Parteigänger der Kommunisten, Weiss.

Wenn dieser einer schwedischen Zeitung erklärte, ihm ginge es um eine Brandmarkung des Kapitalismus, der noch mit Gaskammern Geschäfte machte, dann stimmt das einfach nicht. Diese Hintergründe spielen nämlich bei ihm nur eine beiläufige Rolle. Da er keinen Zeugen benennt, erfahren wir auch nicht die Namen der I.G.-Farben-Direktoren Ambros oder Bütefisch, die ebenso im Prozeß auftraten wie manche NS-Größen, die noch heute hohe Stellungen einnehmen. Bei Weiss sind das alles anonyme Puppen. Hingegen reißen die präzisen Aussagen über Folter und Tod nicht ab. Diese Monotonie steigert die Wirkung nicht, sie stumpft ab. Berichte über die ersten Bühnenaufführungen sprechen von spürbarer Ermüdung des Publikums.«[47]

Solche im Kern politischen Kommentare waren selten, und mit diesem nahm Axel Eggebrecht den Autor Peter Weiss gegen seine eigenen überspitzen Interview-Bemerkungen in Schutz. Naturgemäß überwogen die vielen theaterkritischen Urteile, in denen die moralischen Voraussetzungen des Stücks nun akzeptiert, ja gelobt wurden, in denen aber vor allem auch die Aufführbarkeit dieses formal und thematisch neuartigen Stücks besprochen wurde. Jede der unterschiedlichen Aufführungen und Lesungen zeitigte unterschiedliche Reaktionen – aber den meisten war doch gemeinsam, daß sie sich von der Ernsthaftigkeit der Weiss'schen Unternehmung überzeugen ließen und sich jeglicher politischen Kritik am Autor enthielten. Sogar Boulevardzeitungen wie die »B(erliner)Z(eitung)«, die Peter Weiss zuvor scharf attackiert hatten wegen seiner Parteinahme für die DDR, nannten »Die Ermittlung» nach ihrer Aufführung »wahrhaftig, intelligent und – hoffentlich – nachhaltig wirksam« und seine Absicht mit dem Stück »legitim und ehrenhaft«.[48] Und Springers BILD-Zeitung schrieb gar: »Es ist ein harter Abend, der seinem Publikum nichts schenkt. Ihn durchzustehen bedeutet eine geringe Buße leisten für das, was ein Volk an sechs Millionen Menschen verbrochen hat.«[49]

Insgesamt ist die westdeutsche Kritik dem Stück in seiner formalen Besonderheit und seinem historischen Gewicht weitgehend gerecht geworden – sieht man von Artikeln in Zeitschriften der industriellen Interessenverbände, von Springers »Welt« mit ihrem der DDR entkommenen Feuilletonchef Günther Zehm, von Parteiorganen der CDU und natürlich den neofaschistischen Blättern ab, in denen die auch latent antisemitischen Angriffe gegen Weiss und die aufführenden Theater fortgesetzt wurden und die in ihrer ideologischen Verblendung der Instrumentalisierung des Stücks durch die DDR-Medien durchaus verwandt waren. So schrieb Günther Zehm in der »Welt«: »Doch im Falle der ›Ermittlung‹ von Peter Weiss geht es auch nicht allein darum, daß ein kommunistischer Autor ein gesellschaftskritisches Stück gegen den Westen geschrieben hat und daß dieses Stück im Westen aufgeführt wird. Es geht vielmehr – man mag die Dinge drehen und wenden wie man will – um einen Akt beispielloser Geschmacklosigkeit: die Protokolle des Auschwitz-Prozesses, die Protokolle der deutschen Schande, wurden dazu mißbraucht, von der Bühne herunter eine regelrechte Kollektiv-Gehirnwäsche zu veranstalten, und zahlreiche Theater, sämtliche Rundfunkanstalten und das Fernsehen haben sich dazu hergegeben, bei diesem Unternehmen mitzuhelfen.«[50]

Dieser Instrumentalisierung, die das Stück ja gar nicht hergibt, hatte sich Peter Weiss naiv ausgesetzt, und er hat sich ihr nur schwach widersetzt, als er sie erkennen mußte. Auschwitz war ebensowenig eine nur westdeutsche Angelegenheit wie der Antifaschismus nur eine Haltung in der DDR war. Ihr bloß auf das westdeutsche Feindbild hin instrumentalisierter Antifaschismus hat sich ja denn auch als hohl und letztlich wirkungslos herausgestellt – aber auch in Westdeutschland haben erst einige Jahre nach dem Auschwitz-Prozeß jene Auseinandersetzungen eingesetzt, die mit der Schuld der Väter am Nationalsozialismus so entschieden umgingen, wie das von einem Stück wie der Weiss'schen »Ermittlung« implizit gefordert wurde. Dazu hat damals, die extremen Reaktionen in beiden deutschen Staaten vergleichend, Dieter E. Zimmer geschrieben: »Hier wie dort der Versuch, die Fakten, deren ganzer unerbittlicher Grausamkeit Peter Weiss (als Sohn jüdischer Eltern war er für die Öfen von Auschwitz bestimmt) sich und seine Zeitgenossen aussetzte, als er das Funktionieren der Ausbeutungs- und Vernichtungsanstalt beschrieb, möglichst weit von sich fortzuschieben und sie nicht auf sich beziehen zu müssen. Und hier wie dort wird er doch manchem die Ausflucht versperrt haben.«[51] Denn Auschwitz war eine gesamtdeutsche Angelegenheit, Schuld und Sühne waren auf alle Deutschen verteilt, und dabei seien die Österreicher keineswegs vergessen.

Einzig Stephan Hermlin hat in der DDR diese gesamtdeutsche Verantwortung in einer Diskussion über die Rezeption der »Ermittlung« formuliert und dabei auch die DDR-Presse kritisiert: »Die ›Ermittlung‹ behandelt Deutschland und die Deutschen, und wenn die ›Ermittlung‹, gewollt oder ungewollt, nachweist, daß die Hauptschuldigen an der Vernichtung Leute sind, die heute in einem anderen Staat an der Macht sind, und wir rechtens feststellen können, daß sie bei uns entmachtet sind, so glaube ich nicht, daß man in einer Presse, in welcher auch immer, triumphale Töne anschlagen kann. Weil dieses Stück sich immer wieder an das Herz jedes einzelnen Deutschen richtet, weil Auschwitz eine gesamtdeutsche Angelegenheit im äußersten Sinne ist, und weil ich glaube, daß eine ernste und bohrende und selbstkritische Reaktion auf dieses Stück jedem besser angestanden hätte, als das, was man zum Teil lesen konnte.«[52]

III.

Peter Weiss immerhin mußte schon bald erfahren, daß seine Worte in der DDR nur dann zählten und veröffentlicht wurden, wenn sie ihren Machthabern ins Konzept paßten. Sein etwas naives Credo – »Wenn ich für den Sozialismus eintrete, dann tue ich dies, weil zu meiner Vorstellung des Sozialismus die freie Meinungsäußerung gehört. Es ist völlig unvereinbar mit den Grundlagen derjenigen sozialistischen Gesellschaftsordnung, die ich anstrebe, daß einzelne Vertreter der Literatur und Kunst unterdrückt werden.«[53] –, dieser gutgemeinte Glaube des Peter Weiss wurde in seinem Umgang mit der DDR bald enttäuscht. Zwar wurde er 1966 mit dem Heinrich Mann-Preis der Deutschen Akademie der Künste (Berlin/Ost) ausgezeichnet. Doch drang er weder mit seiner Stellungnahme für Wolf Biermann durch, der schon Ende 1965 in der DDR kaltgestellt wurde, noch wurde fünf Jahre später sein »Trotzki«-Stück aufgeführt, worüber er freilich nicht erstaunt sein konnte: Doch daß er, der wenige Jahre zuvor noch als der Bündnispartner gefeiert worden war, wegen eben dieses Stücks am 8. Juni 1970 mit einem Einreiseverbot in die DDR belegt wurde, hat ihn ebenso tief verletzt wie die Tatsache, daß man ihm gegen Ende der siebziger Jahre die Publikation der ersten beiden Teile seiner Trilogie »Die Ästhetik des Widerstands« nicht erlaubte. Man wollte in der DDR wohl erst einmal abwarten, wohin sich dieser monumentale Text entwickelte. 1983 erschien dann im Henschel-Verlag ein erster Band.

Dieses große poetische Manifest hatte er, im neutralen Schweden, auch ein Stück weit auf die DDR hin geschrieben; denn er hatte gehofft, es würde gerade in einem sozialistischen Staat als Ästhetik seines humanen, und das hieß bei ihm immer auch: kritischen Sozialismus gelesen werden – so wie er diesen ›kritischen Sozialismus‹ verstand: »Indem die marxistische Gesellschaftswissenschaft bei mir eine solche Rolle zu spielen begann, begann auch die Notwendigkeit der ständigen Kritik, die ja zum Marxismus gehört; denn ohne das kritische Bewußtsein ist der Marxismus leblos. (...) Es geht um Grundideen, um Grundgedanken, auf welche Weise eine gesellschaftliche Veränderung zu erreichen ist, und man ist ständig wach für die Fehler, die dabei gemacht werden. Gerade die ›Ästhetik des Widerstands‹ ist ja eine ständige Auseinandersetzung mit den Fehlern und mit den Mißgriffen und mit den direkt mißglückten und schauerlichen Ereignissen, die im Namen dieses Sozialismus begangen wurden.«[54]

Das war naiv gesehen und doch immer noch im Glauben an die revolutionäre Vernunft der Geschichte, und das heißt an einen handlungsfähigen Menschen formuliert: Regeneration durch Erkenntnis. Die Grundfrage der »Ästhetik des Widerstands« hatte ihm ja die eigene Existenz aufgedrängt; er empfand seine Situation als »die Situation des Bürgers, der zum Revolutionär werden möchte und den die Gewichte alter Normen lähmen«[55]. Als solcher hatte er sich eingemischt, hatte sich zwischen alle ideologischen Stühle plaziert, hatte Vietnam bereist, Kuba, hatte vor allem Bücher und Stücke geschrieben, mit denen er die Welt aufrütteln und verändern wollte – und war letztlich doch nur ein berühmter, aber hinsichtlich seiner politischen Absichten wirkungsloser Schriftsteller geblieben, dessen Beharrlichkeit von manchen alerteren Kollegen aus dem alten literarischen Nonkonformismus der sechziger Jahre belächelt wurde. Als Peter Weiss in der letzten Dekade seines Lebens die »Ästhetik des Widerstands« schrieb, war er gänzlich außer Mode geraten. Und kam zu der Frage: »Kann man sich als Schreiber irgendwo an einen Schreibtisch zurückziehen und da nur immer reflektieren und sich äußern zu bestimmten Themen, an denen man eigentlich doch vorbeigeht, weil man nicht direkt körperlich daran teilnimmt? Dieser Konflikt war wahrscheinlich einer der Anlässe, einmal zu untersuchen, wie das denn ist für einen Menschen, der tatsächlich in dem Kampf steht, und nicht nur als Reflektierender. Natürlich sind das Erfahrungen, die sich während der sechziger Jahre herausgebildet haben in den direkten Kontakten mit kämpfenden Menschen, die entweder auf den Barrikaden oder in Befreiungskriegen stehen und über die ich schon geschrieben hatte – Revolutionäre, Taktiker oder Theoretiker. Und nun der Versuch, diese ganzen

Dinge, die ich durchformuliert hatte und zu denen ich Stellung ergriffen hatte, mir noch näher heranzuziehen an den eigenen Leib und meine eigene Vergangenheit, meine eigenen Erfahrungen, meine Erlebnisse zu verrücken in die Dimension des unmittelbar Teilnehmenden.«[56]

Aber so sehr er sich die Geschichte der historischen Kämpfer: in Stalins Sowjetunion, im Spanischen Bürgerkrieg, unter Hitlers Nationalsozialismus auch vergegenwärtigte und ihr Handeln im gerechten Glauben und im Widerspruch dieses Glaubens zur Wirklichkeit der Geschichte darstellte – es blieb doch nur Literatur, also wiederum ein am Schreibtisch erdachtes und erfülltes Konstrukt. Auch wenn er dem widersprach: »Natürlich kann man sagen, das ist eine Konstruktion; aber gleichzeitig ist es auch keine Konstruktion, denn erlebt habe ich alles. Ich habe es nur nicht erlebt als Mensch, der in Konzentrationslagern saß oder der direkt im illegalen Kampf war, sondern als einer, der all das mit angesehen hatte, der viele von diesen Menschen getroffen und sich immer mit diesen Sachen auseinandergesetzt hatte. Ich habe erlebt, wie nahe einem das alles ist.«[57]

Obgleich in der »Ästhetik des Widerstands« viel von Identifikationen mit Ideen und Menschen die Rede ist, wurde es kein Buch der Identifikation mit einer vorgegebenen Ideologie – Peter Weiss hat nicht dem Sozialismus seine Bibel nachgeschrieben; wohl aber hat er, was er schon im Zusammenhang mit der »Ermittlung« versuchte, nun auf andere Weise realisiert: Er hat die »Ästhetik« im Muster der »Divina commedia« geschrieben. Im ersten, dem »Inferno«-Teil, sucht und erobert sich der Ich-Erzähler die künstlerischen Ausdrucksmittel, um sich in einer Welt der Unterdrückung zu orientieren. Im zweiten Teil, der »Purgatio«, werden die gewonnenen künstlerischen Ausdrucksmittel, wird die erarbeitete Ästhetik als Werkzeug der Erkenntnis und der Veränderung eingesetzt, und der Erzähler gewinnt zu seiner Individuation als Schreibender die Statur des politischen Menschen. Der dritte Teil, »Paradiso«, ist, wie die »Ermittlung« fünfzehn Jahre zuvor, nicht die Einlösung der Veränderung und Erlösung in einer idealen Welt der Gleichen, sondern die Darstellung der Niederlage, der Zerstörung: In einem furiosen Kapitel wird dort die Ermordung der antifaschistischen Widerstandskämpfer durch die Nazis in Plötzensee erzählt – das Paradies ist die Hölle auf Erden. Das letzte Kapitel ist ein großer konditionaler Text, in dem die vergänglichen Illusionen der geschichtlichen Realität konfrontiert werden: das Ende des Krieges war kein Sieg, sondern der Anfang einer neuen verheerenden Entwicklung. Nur ganz am Ende der »Ästhetik des Widerstands« wird eine Hoffnung formuliert: »(...) und ein Platz im Gemenge würde frei sein, und die Löwenpranke würde dort hängen, greifbar für jeden, und solange sie unten nicht abließen voneinander, würden sie die Pranke des Löwenfells nicht sehn, und es würde kein Kenntlicher kommen, den leeren Platz zu füllen, sie müßten selber mächtig werden dieses einzigen Griffs, dieser weit ausholenden und schwingenden Bewegung, mit der sie den furchtbaren Druck, der auf ihnen lastete, endlich hinwegfegen könnten.«[58]

Doch die Hoffnung ist im Konjunktiv formuliert. Daß die unten im Gemenge voneinander abließen und mächtig würden des einzigen Griffs – es ist die Hoffnung auf eine unerreichbare Veränderung der menschlichen Geschichte und der menschlichen Natur. Sie ist vermittelbar nur als ästhetische, nicht als reale Erfahrung: Literatur.

Damals im September 1981, als wir lange zusammensaßen und über die »Ästhetik des Widerstands« sprachen, hat Peter Weiss *seine* Hoffnung ausgesprochen: »Wir müssen uns den Zugang zur Literatur, zur Kunst, zum Ausdruck gleich welcher Form gleichzeitig mit dem Weg zur politischen Organisation erobern. Der Widerspruch und die Vielfalt dieses Widerstands werden dadurch hervorgehoben, daß zwei so entgegengesetzte Begriffe wie Widerstand, also revolutionäres, tatkräftiges Eingreifen, und Ästhetik miteinander verflochten werden, und mit Ästhetik ist alles angesprochen, was sich im Kopf vollzieht und auch wieder der Situation des Autors entspricht – auf der einen Seite greift er ein, nimmt teil an den politischen Ereignissen, auf der anderen Seite sitzt er da, grübelt, teilweise in Melancholie und in Hoffnungslosigkeit versunken, aber er macht weiter, er macht seinen Kram, reflektiert, versucht, irgend etwas zu formulieren: die Situation des Künstlers.«[59]

Es war die Situation des Schriftstellers Peter Weiss, der als Schreibender revolutionär in die Geschichte eingreifen wollte und über die Illusionen und vergeblichen Hoffnungen solchen Eingreifens dann doch nur ein Buch geschrieben hat: das große und in weiten Teilen großartige Manifest eines vermutlich unauflösbaren Widerspruchs.

Gegen Ende unseres Gesprächs, als wir über die vielen kritischen Reaktionen auf die drei voluminösen Bände der »Ästhetik des Widerstands« zu sprechen kamen, sagte er noch: »Ich hatte nach der Reaktion auf den zweiten Band kaum noch mit einer so positiven Aufnahme gerechnet. Ich habe dann aber den Eindruck gewonnen, daß sich viele nach dem dritten Band noch einmal mit dem ganzen Werk auseinandergesetzt und dann herausgefunden haben, daß es doch einige Qualitäten enthält. Und in der Beziehung finde ich, daß die Aufnahme bisher sehr, sehr positiv war. Und zu den positivsten Reaktionen gehört für mich, daß das Buch jetzt in der DDR erscheinen wird.« Ich fragte: »Mit allen drei Bänden und ungekürzt?« Und Peter Weiss freute sich: »Mit allen drei Bänden und ungekürzt, jetzt zum Frühjahr 1982. Das ist ein ganz großer Schritt auch in der inneren Auseinandersetzung zwischen den verschiedenartigen Auffassungen; denn es wird in der ›Ästhetik des Widerstands‹ ein Geschichtsbegriff vertreten, der keineswegs mit der Geschichtsschreibung in der DDR übereinstimmt. Und trotzdem wird jetzt erkannt, daß hier Dinge zur Sprache gebracht werden, die auch wichtig sein könnten für ein sozialistisches Land. Da sehe ich einen sehr großen Fortschritt und Möglichkeiten zu einer weiteren Zusammenarbeit, die sehr fruchtbar werden kann.«[60]

Peter Weiss hat das Erscheinen der »Ästhetik des Widerstands« in der DDR zwar noch mit vorbereitet, aber dann nicht mehr erlebt. Am 10. Mai 1982 ist er in Stockholm gestorben.

Einzelkämpfer für Heldenfiguren

Über Rolf Hochhuth

Den Namen Rolf Hochhuths habe ich zum ersten Mal 1960 oder 1961 gehört. Ernst Jünger zeigte mir eine von Hochhuth bei Bertelsmann herausgegebene Anthologie, in der, glaube ich, Jüngers Erzählung »Die Eberjagd« abgedruckt war. »Sehen Sie«, meinte Jünger zu mir, »der hat Mut, der druckt mich« – nämlich zu einer Zeit, da Jünger nichts weniger als Mode war und von so manchem, der ihn später als literarischen Solitär in den Himmel hob, noch als mindestens erzreaktionär beschimpft wurde.

Rolf Hochhuth war damals Lektor beim Bertelsmann-Lesering und hatte sich außer als Herausgeber von Anthologien vor allem als Herausgeber von Friedrich Schnack und Otto Flake verdient gemacht – Flake, den er, mehr noch als Jünger, dem er über den Tod hinaus treu blieb, oft als seinen Lehrmeister bezeichnet.

Als Autor habe Hochhuth damals, so heißt es, den üblichen Erstlingsroman auf autobiographischer Grundlage versucht. Er hat ihn jedenfalls nicht veröffentlicht. Was vermutlich weise war, aber dennoch verwunderlich erscheint angesichts nicht nur der Schreibwut, sondern vor allem auch der Veröffentlichungslust dieses Autors, dessen Werke – Stücke, Erzählungen, das, was er ›Romane‹ nennt, das, was er ›Gedichte‹ nennt, und Reden über Reden – in immer neuen Zusammenstellungen, immer neuen Ausgaben an den Leser weitergereicht werden.

Vieles davon wurde von der Kritik ungnädig aufgenommen, auch weil Hochhuth sich stets eigenwillig gegen die verordneten Normen stemmte, obgleich er in seiner literarischen Manufaktur zumeist überaus konventionell geblieben ist. Und über dem vielen Geschriebenen, und dem vielen Konventionellen wurde Hochhuth fast vergessen –, ein Schriftsteller, dessen manchmal penetrante Beharrlichkeit und dessen weitreichender Erfolg Anlaß genug ist, darüber nachzudenken, was die deutsche Literatur, und was darüber hinaus die deutsche Gesellschaft an diesem Schriftsteller hatte und hat.

Ich kenne kaum einen Autor, der so sehr auf immer wieder demselben moralischen und historischen Erkenntnisgrund schreibt wie er. So begegnet der Hochhuth-Leser auch in Hochhuths Frankfurter Poetikvorlesungen mit dem beziehungsreichen Titel »Die Geburt der Tragödie aus dem Krieg« auf Schritt und Tritt den alten Bekannten: Jacob Burckhardt, Theodor Mommsen und Golo Mann, Goethe und Schiller, Churchill, Napoleon und Hitler – und natürlich Nietzsche (wenn Hochhuth-Schriften Namensregister enthielten, müßte für manche Namen fast jede einzelne Seite aufgelistet werden).

Von Nietzsche, der so heftig gegen das Übliche anphilosophierte, wie Hochhuth gegen es anschreibt, borgte sich Hochhuth den Titel seiner Vorlesungen und variierte ihn mit Clausewitz' Formel vom ›Krieg als Fortsetzung der Politik mit anderen Mitteln‹. Hochhuth begründet seine Titelwahl damit, daß »Politik und Krieg am Beginn der Dichtung stehen. Keineswegs aber die Musik, wie Nietzsche als Werbetexter für Bayreuth behauptet hat – um dann jedoch in der letzten seiner Schriften, deren Publikation er noch selber bis zum 2. Januar 1889 beaufsichtigt hat, in ›Ecce homo‹, die ›Nutzanwendung ... der ›Geburt der Tragödie‹ auf die ›Wagnerei‹, wie er verächtlich schreibt, als ›verfehlt‹ zu verwerfen. Siebzehn Jahre, nachdem 1872 ›Die Geburt der Tragödie aus dem Geiste der Musik‹ – eine historische Fälschung – erschienen ist, schreibt er, sie habe ›mit dem gewirkt und selbst fasciniert, was an ihr verfehlt war ...‹«[1]. In seiner zweiten Vorlesung erklärt Hochhuth dann freilich die »Geburt des Dramas aus der Politik«[2] mit den Intentionen des Regisseurs Erwin Piscator. Beides ist richtig.

Charakteristisch für Hochhuth als Essay- wie auch als Redenschreiber ist zweierlei: Zum einen macht er kaum einen Unterschied zwischen (geschriebenem) Essay und (vorgetragener) Rede, und beide wirken gleichermaßen atemlos; wobei ich nicht weiß, ob der Durchschuß von Hochhuths Argumenten und Behauptungen mit auch noch den nebensächlichsten Fakten, die oft keinerlei begründende Beziehung zueinander haben, Ursache ist oder aber Wirkung dieses immer etwas gehetzt wirkenden Sprechens. Zum anderen breitet er gern seine Lesefrüchte aus, zitiert ausgiebig und mit Lust, und vor allem immer wieder sich selbst. Dazu gehört auch seine Manie, alles und jedes mit Motti zu begrüßen – es gibt Gedichte, die nicht länger sind als die Galerie der Motti, die ihnen vorstehen.[3]

Wenn man genau hinschaut, dann erkennt man bald, daß vieles im Werk Rolf Hochhuths Wiederholung ist – seine Leser begegnen also nicht nur ständig alten Bekannten, sondern auch alten Argumenten. Warum aber sollte er die Argumente wechseln, wenn sie stichhaltig sind? Mögen die Argumente alt sein, veraltet sind sie meist nicht. Das eben macht ja Hochhuth aus: seine Aktualität und seine Beharrlichkeit. Und noch etwas anderes ist ihm eigen: daß er beim Erzählen unentwegt vom Hölzchen aufs Stöckchen kommt, die reflektierenden und erzählerischen Digressionen haben manchmal Jean Paul'sches Format, die exkursiven Blasenbildungen in seinen Texten sind enorm.

Aber, und deshalb wird Hochhuth offensichtlich doch auch immer wieder gern gelesen: Hochhuth, auch wenn er über komplizierte Zusammenhänge berichtet, erzählt sie und macht sie leicht, und er erzählt möglicherweise sogar wegen so vieler immer wieder eingeschobener Fakten und vielleicht gerade durch seine Atemlosigkeit recht kurzweilig, manchmal mitreißend. Gewiß hat auch seine durchgängige Redundanz etwas mit Wiedererkennungseffekten beim Leser zu tun – die meisten fühlen sich ja wohl im gewohnten Gelände.

Doch Hochhuths Literatur-Gelände sind meist hochgradig vermint. Kein deutscher Schriftsteller hat mit seiner Literatur soviel brisante Themen so wirkungsvoll in Szene gesetzt wie Rolf Hochhuth.

Das begann 1963 tatsächlich auf der Szene, nämlich auf jener der Berliner Freien Volksbühne, als Erwin Piscator, der politischste aller berühmten Regisseure schon vor 1933, nach vielen vergeblichen Versuchen Hochhuths, das Stück unterzubringen, am 20. Februar dessen »christliches Trauerspiel« »Der Stellvertreter« tatsächlich inszenierte. Dieses Stück plazierte mitten ins Land des erzkatholischen Kanzlers Konrad Adenauer, das sich damals noch restriktiv, also eher nicht mit seiner jüngsten Vergangenheit befaßte, die These von der, milde gesprochen: kalten, verantwortungslosen Haltung des Papstes Pius XII. gegenüber dem Genozid des europäischen Judentums durch die deutschen Nazis vor seiner Tür. Es wurde Hochhuths größter Erfolg: In den zehn Jahren nach seiner Uraufführung spielten es mehr als 60 Theater in 26 Ländern.

Wirkung erzielte Hochhuth auch, als er 1965 im »Spiegel« den Essay »Der Klassenkampf ist nicht zu Ende« veröffentlichte, in dem er den Kanzler Erhard attackierte, weil der gegen einen von Georg Leber, damals noch Gewerkschaftsführer, propagierten Fonds zur Vermögensbildung für Arbeiter mobilisiert hatte. Hochhuths Essay, so der Rhetoriker Gert Ueding, sei immer noch »so aktuell wie am ersten Tag« und von der »Geschichte seither auf höchst bestürzende Weise bekräftigt, wenn nicht überboten«[4] worden. Seinerzeit trug er ihm von Erhard, der »keine Lust« hatte, sich »mit Herrn Hochhuth über Wirtschafts- und Sozialpolitik zu unterhalten«, jenes sprichwörtlich gewordene Verdikt ein: »Da hört der Dichter auf, da fängt der ganz kleine Pinscher an«[5], das ausgerechnet diese so kluge Hunderasse seither mit deutschen Intellektuellen in Verbindung brachte. Und liest man den Essay heute wieder, so muß man feststellen, daß sich an seinen Grunderkenntnissen tatsächlich nicht viel geändert hat – wohl aber erscheinen in der allgemeinen Sicht die wirtschaftlichen und ökonomischen Verhältnisse schlieriger, weil die dahinter stehenden Interessen verfilzter sind als damals, seit es mit dem selbstverschuldeten Untergang eines mißratenen Sozialismus den so schön scheidenden »Klassenkampf« nicht mehr geben darf.

Der nächste Skandal kam zwei Jahre später mit Hochhuths zweitem Stück »Soldaten«, in dem er nicht nur den Luftkrieg des britischen Kriegspremiers Churchill gegen deutsche Städte als ruchlos verurteilte, sondern ihm auch die Schuld am Tode des polnischen Exilpremierministers Sikorski zusprach, weil der Churchills mit Stalin ausgehandelte Kriegspolitik störte. Wegen des Stücks wurde Hochhuth in Abwesenheit von einem englischen Gericht wegen Verunglimpfung Churchills zu einer immens hohen Geldstrafe verurteilt, die angeblich noch heute zahlbar ist; weshalb Hochhuth, wie er gern erzählt, auch heute noch im britischen Fahndungsbuch steht und in der EU, wegen Pfändungsgefahr keinen, wie er sagt, Backstein besitzt. Er lebt in Basel, darum und gern.

Nach den »Soldaten« freilich verpufften die Skandalisierungseffekte der inzwischen über ein Dutzend Hochhuthschen Stücke. Keines, von den realitätsfernen »Guerillas« von 1970, die das amerikanische Sozialsystem auf ziemlich abenteuerliche Weise aushebeln wollten, bis zu dem unsäglich naiven Wende-Drama »Wessis in Weimar« und dem »Global Player«-Stück »McKinsey kommt« hatte noch eine so skandalisierende oder gar weiterreichende politische Brisanz. Und literarischen Innovationswert ohnehin nicht. Hochhuths Dramatik ist auch nicht wegen ihrer im Grunde traditionellen, durch unzählige dokumentarische Beigaben, die seine Thesen beglaubigen sollen, nur aufgeblähte Form interessant, sondern allemal wegen dieser Thesen und Themen, die, wenn sie treffen, und das tun sie dann eben doch, tatsächlich sichtbare Wirkung erzielen. Aber wer kennt heute noch die Inhalte jener vergangenen Stücke, deren Namen man kaum mehr erinnert: »Die Hebamme« (damals eines der meistgespielten Stücke auf deutschen Bühnen), »Lysistrate und die Nato«, das Hemingwaystück »Tod eines Jägers«, »Juristen«, »Ärztinnen«? Zeitstücke, die Themen auf der Bühne abhandelten wie dramatisierte Leitartikel.

Aber Themen, die Hochhuth an die Seele gehen, und Thesen, für die er kämpft, verpackte er nicht nur in Stücke, sondern ließ sie in allen möglichen literarischen Gewändern auftreten, vorzüglich auch in erzählenden Texten und in Gedichten.[6]

Eines seiner schönsten Prosastücke, das Hochhuths menschlichen und also literarischen Impuls am genauesten zeigt, ist die relativ kurze Erzählung »Berliner Antigone«[7] von 1965, in der Hochhuth das antike Drama um Kreon und Antigone ins Naziregime verlegt: Anne hat die Leiche ihres Bruders Bodo aus der Berliner Anatomie gestohlen, um sie menschenwürdig zu bestatten. Ihr Bruder wurde hingerichtet, weil er, als Schwerverwundeter dem Kessel von Stalingrad entkommen, dem »Führer« die Schuld an der Niederlage von Stalingrad gegeben hat. Keine Gewalt kann Anne dazu bringen, das Grab ihres Bruders preiszugeben. Am Ende wird auch sie hingerichtet.

Leopold Ahlsen, der daraus ein Fernsehstück gemacht hat, merkte an, daß Hochhuths erzählende Kunst darin bestehe, daß er alles, was zu sagen sei, im Grunde in »beiläufigen Nebensätzen« mitteile, »wodurch dieser Eindruck von Fülle bei gleichzeitiger äußerster Kargheit zustande kommt«[8]. Das trifft Hochhuths erzählende Arbeiten, wo sie denn gelingen, sehr genau.

Zum Beispiel auch jene lange Erzählung »Eine Liebe in Deutschland« von der im »Dritten Reich« verbotenen Liebe einer Deutschen mit einem polnischen »Fremdarbeiter« (so hieß das damals) und ihrem tödlichen Ende, die 1978 erschienen ist und beiläufig auch einen »furchtbaren ›Juristen‹« erwähnt, der, so in einem Vorabdruck in der »Zeit«, noch nach Hitlers Tod einen deutschen Matrosen mit Nazigesetzen verfolgt habe. Als der »furchtbare Jurist«, seinerzeit Ministerpräsident von Baden-Württemberg, sich von dieser ›Nebenbemerkung‹ angesprochen, ja getroffen fühlte und dagegen klagte, schaute man gründlicher nach; und Filbinger mußte gehen. Si tacuisses ... Aber da jene, die besser geschwiegen hätten, sich öffentlich so erregten, ohne auch nur einen Deut Selbstzweifel zu zeigen, demonstrierten sie im Grunde nur ihre Unbelehrbarkeit in Sachen Rechtsstaat und Demokratie.

Der Erzählung »Eine Liebe in Deutschland« liegt, wie so häufig bei Hochhuth, eine wahre Geschichte zu Grunde. Überhaupt liebt Hochhuth die Dramatisierung oder erzählerische Aufbereitung wahrer Geschichten. In denen geht es immer um Einzelne: um berühmte historische Figuren wie zum Beispiel Pius XII., Churchill, Hemingway; oder um jene, die von der Geschichte verloren wurden, obgleich das, was sie taten, mehr als erinnerungs–, nämlich gedenkwürdig ist. Dieses Gedenken holt Hochhuth in seinem Werk nach, darin sieht er geradezu eine schriftstellerische Verpflichtung. An jenen, die im Licht stehen, zeigt er mit viel dokumentarischem Belegaufwand die Schattenseiten; den anderen setzt er die vergessenen, aber verdienten Epitaphe: zum Beispiel schon im »Stellvertreter« dem SS-Obersturmführer Kurt Gerstein, der die katholische Kirche über den Judenmord informierte, damit der Papst Hitler mäßige; dem Johann Georg Elser, der Hitler 1939 im Bürgerbräukeller in die Luft sprengen, oder dem Schweizer Maurice Bavaud, der Hitler erschießen wollte – beide wurden von den Nazischergen ermordet; oder Erich Maria Remarques tapferer Schwester, die den Nazis Geisel wurde; oder dem St. Galler Kantonspolizeichef Paul Grüninger, der einige Tausend jüdische Flüchtlinge illegal in die Schweiz einreisen ließ und also rettete und deshalb 1941 aus dem Dienst entlassen und dem noch 1970 (!) ausdrücklich die Pensionsberechtigung abgesprochen wurde. Auch dem britischen Mathematiker Alan Turing hat er 1987 in einer Erzählung Gerechtigkeit widerfahren lassen – Turing, der für die Briten im Zweiten Weltkrieg den deutschen Code »Enigma« geknackt hat, nahm sich, wegen seiner Homosexualität vor Gericht gebracht, 1954 das Leben.

Das sind Hochhuths würdige Helden. Helden nicht nur seiner dramatisierten oder erzählten Geschichten, sondern als Helden auch die Schwungräder der Geschichte. Darum hatte sich Hochhuth ja seinerzeit auch mit Adorno gestritten, den er so zitiert: »Die Nichtigkeit, die das Konzentrationslager den Subjekten demonstrierte, ereilt bereits die Form von Subjektivität selber. Der subjektiven Betrachtung ... haftet ein Sentimentales und Anachronistisches an.« Und kontert mit der berechtigten Empörung: »Das muß man zweimal lesen in seiner Ungeheuerlichkeit: Weil also in den KZs Menschen bis zur totalen Entwürdigung zu Nummern entpersonalisiert worden sind, wurde das Nichts, die Nichtigkeit, zu denen man sie machte, diese ›Subjekte‹, auch zur Forderung an die Kunst, den Menschen, den einzelnen, aus ihr zu verbannen, ihn nicht mehr gelten zu lassen!«[9]

Was man auch aufblättert in Hochhuths Werk, man wird darin stets jene »immerwährende Fürsorge für den Einzelnen« wahrnehmen, die er auch bei seinem Lehrer Burckhardt gefunden hat, und immer wieder wird er sich empören über jene, die – wie seiner Meinung nach Marx und Engels – behauptet haben, »daß ... angeblich der Einzelne nichts mehr bewirke, folglich auch nicht mehr haftbar sei, sondern nurmehr der Hampelmann sogenannter ›gesellschaftlicher Bedingtheiten‹«.[10] Aber das haben Marx und Engels gar nicht behauptet.

Gleichwohl – Hochhuth kämpft für Helden und Einzelgänger, und deshalb liebt er ja auch seinen Ernst Jünger, in dessen »Waldgang« eine schöne Passage wie auf ihn zugeschnitten scheint: »Ein Wunder muß geschehen, wenn man solchen Wirbeln entkommen soll. Und dieses Wunder hat sich unzählige Male vollzogen, nämlich dadurch, daß inmitten der unbelebten Ziffern der Mensch erschien und Hilfe spendete. Das galt bis in die Gefängnisse, ja gerade dort. In jeder Lage und jedem gegenüber kann so der Einzelne zum Nächsten werden – darin verrät sich sein unmittelbarer, sein fürstlicher Zug. Der Ursprung des Adels liegt darin, daß er Schutz gewährte – Schutz gegenüber der Bedrohung durch Untiere und Unholde. Das ist das Kennzeichen der Vornehmen, und es leuchtet noch auf im Wächter, der einem Gefangenen heimlich ein Stück Brot zusteckt. Das kann nicht verloren gehen, und davon lebt die Welt. Es sind die Opfer, auf denen sie beruht.«[11] Es könnte das Motto sein, das Hochhuths gesamtes Werk überschreibt.

Schaut man sich freilich unsere globalisierte und verwaltete Welt an, dann fragt man sich, ob nicht doch die Soziologen und Geschichtsphilosophen Recht behalten gegenüber dem Einzelkämpfer Hochhuth. Sein Werk ist ja so vielgestaltig und mit Blick auf die bloß literarische Qualität wahrlich zerklüftet – da findet sich neben großartigen packend erzählten Passagen langatmig Dröges, manch Abseitiges, aber nie eigentlich wirklich Abstruses, vielfach Erhellendes, oft witzig Polemisches (so die schöne Formulierung, Nietzsches Zarathustra sei »kein Mensch, sondern ein Tiraden-Automat«), und das in vielen Formen: epischen, dramatischen, rhetorischen, und alles durchsetzt von vielen Gedichten, die für Hochhuth freilich weniger Lyrik als »geformtes Tagebuch« sind – zum Beispiel dieses:

Fahndungsbücher
Nur in England bin ich im Fahndungsbuch;
mein Neffe wäre fast nicht mehr heimgekommen:
in Dover, nach seinem London-Besuch,
aus dem Schulbus herausgeholt und vernommen,
hat Bernd – erst siebzehn – blauäugig bestritten,
mich persönlich zu kennen, ein Verwandter zu sein;
so ließen nach zwanzig Minuten die Briten
ihn wieder laufen; er schiffte sich ein ...[12]

Rolf Hochhuth ist, trotz haufenweise möglicher literarischer Mängelrügen und trotz vieler seiner theater- und literaturbetrieblichen Eskapaden, in der deutschen Literatur und Geschichte wie das Salz an der Suppe. Hätte es ihn nicht gegeben – man hätte ihn erfinden müssen.

Katz und Krebs

Über Günter Grass

> ... den jungen Ruhm, mit dem ich sonst nicht viel anfangen konnte, auf politischem Feld zu nutzen.
> G. G.

Im September des Jahres 1989 feierte ein Schriftsteller den dreißigsten Geburtstag seines größten literarischen Erfolgs: Er las, merklich auch sich selbst zum Vergnügen, im Studio des Göttinger Deutschen Theaters vor ständig knapp einhundert Zuhörern an zehn Tagen das ganze dicke Buch vor, dessen Inhalt gegen sein Ende hin noch einmal kurz auf den Nenner gebracht wird: »Unter Glühbirnen geboren, im Alter von drei Jahren vorsätzlich das Wachstum unterbrochen, Trommel bekommen, Glas zersungen, Vanille gerochen, in Kirchen gehustet, Luzie gefüttert, Ameisen beobachtet, zum Wachstum entschlossen, Trommel begraben, nach Westen gefahren, den Osten verloren, Steinmetz gelernt und Modell gestanden, zur Trommel zurück und Beton besichtigt, Geld verdient und den Finger gehütet, den Finger verschenkt und lachend geflüchtet, aufgefahren, verhaftet, verurteilt, eingeliefert, demnächst freigesprochen, feiere ich heute meinen dreißigsten Geburtstag und fürchte mich immer noch vor der Schwarzen Köchin – Amen.«[1]

Es dauerte dann nochmals fast auf den Monat genau zehn Jahre, bis Günter Grass 1999 für dieses Buch den Nobelpreis zugesprochen bekam, auf den er – anders als Heinrich Böll, der 1971 davon überrascht wurde – so lange gewartet hatte.

Siebzig Jahre vor Grass hatte Thomas Mann den Nobelpreis erhalten, und zwar ausdrücklich für seinen 28 Jahre zuvor erschienenen ersten großen Roman »Die Buddenbrooks«. Und auch Günter Grass wurde ausdrücklich für seinen ersten Roman »Die Blechtrommel« mit dem Nobelpreis geehrt, und nicht für sein Gesamtwerk. Aber man wird davon ausgehen dürfen, daß der Preis sowohl im Falle Thomas Manns als auch im Falle des Günter Grass wenn schon nicht beider gesamtes literarisches Werk, so doch gewiß die repräsentativen öffentlichen Figuren meinte, die beide in ihrer Zeit darstellten: Thomas Mann für die erste, Günter Grass für die zweite Hälfte des 20. Jahrhunderts.

Freilich muß sich Günter Grass diese Rolle mit Heinrich Böll teilen. Von Böll unterscheidet ihn wohl, daß Böll diese repräsentative Rolle des Schriftstellers und mahnenden Intellektuellen als öffentliche Figur eher abgewehrt, Günter Grass sie eher gesucht hat. Während Böll auf die öffentlichen Dinge eher spontan reagierte und seine Empörung deshalb immer authentisch erschien, wirkten und wirken Grassens Einmischungen meist gut getimet und geschickt inszeniert. Vielleicht lag das auch daran, daß Böll durchaus öffentlich zugeben konnte, Fehler gemacht und sich geirrt zu haben, Grass hingegen gegenüber der Kritik an sich selbst überaus empfindlich ist und oft empört reagiert.

Seit der Stockholmer Auszeichnung ist Grass augenscheinlich jeglicher Kritik enthoben. Vor der politisch gerichteten, literarisch eher schwachen Novelle »Im Krebsgang« zumindest ging die gesamte literarische Kritik auf die Knie, verneigte sich die Nation der Leser und machte das Buch zum Bestseller. Kaum eine kritische Stimme drang durch, und sogar Marcel Reich-Ranicki, der noch 1995 Grass' Roman »Ein weites Feld« in Text und Bild geradezu zerfetzt hatte, machte seinen versöhnlichen Kniefall vor dem Nobelpreisträger und erzählte den Zuschauern seiner Fernsehsendung »Solo«, er habe während der Lektüre dieses Buches an manchen Stellen Tränen in den Augen gehabt.[2]

Die nun nobilitierte »Blechtrommel« des damaligen Anfängers Grass hatte Marcel Reich-Ranicki einst[3] immerhin als »geschwätzig« und »um mindestens zweihundert Seiten« zu lang verrissen: Dieses »überladene Prosagebilde«, so hatte er 1960 geschrieben, sei voller »unverdauter und vielleicht auch unverdaulicher Brocken«, enthalte jedoch auch ein paar »großartig geschriebene« Szenen – doch Sketche nur. Sein Autor, Grass, sei »ohne epischen Atem«, die Beschreibung der Nachkriegszeit »ganz und gar schwunglos und uninteressant«. Und am Schluß seiner Kritik, die er drei Jahre später denn doch einer verhaltenen Selbstkritik unterzog,[4] fragte sich Reich-Ranicki damals: »Was wird aus dem Grass werden?«

Grass hat sein Künstlerleben trotz früher literarischer Neigung und Versuche nicht als Schriftsteller begonnen, sondern als bildender Künstler. Schon immer beanspruchte er, dessen bildkünstlerischer Ruf doch wohl eher von seiner literarischen Berühmtheit substituiert wird, mit seiner Arbeit als Zeichner, Grafiker, Bildhauer und nun auch Aquarellierer einen neben der Literatur gleichsam zweiten vollgültigen Beruf zu haben. Und gern behauptet er, nur als Schriftsteller sei er Autodidakt – wohl um mit seiner bildkünstlerischen Ausbildung Qualität und Bedeutung seines bildkünstlerischen Werks zu beglaubigen. Immerhin nannte er die optischen, akustischen, riechbaren Reize seiner Heimatstadt Danzig als prägende Erfahrungen, die sein Interesse an bildender Kunst mehr als an Literatur geweckt haben.

Dort, im Danziger Vorort Langfuhr, ist Günter Grass am 16. Oktober 1927 geboren, dort, wo es zweifellos nicht nur die künstlerischen Anreize zum Zeichnen und zur Malerei gab, sondern wo, wie Grass ein andermal sagte, »auch die Quelle meiner Literatur vergraben liegt«[5]. Dieser Quelle entsprang ein großes literarisches Werk, die »Danziger Trilogie«, und aus ihr hat sich der Schriftsteller Grass ein Leben lang bedient. Danzig – diese Heimat ist auch als Gdansk immer ein Sehnsuchtsort des Günter Grass geblieben.

Die Vorfahren seines Vaters lebten seit langem als Handwerker in Danzig, waren deutsch und Lutheraner; die Familie der Mutter war katholisch, slawischer Herkunft, kam aus der Kaschubei, südwestlich von Danzig zwischen Weichsel und Stolpe – eine charakteristische Mischung in der jahrhundertelang europäisch orientierten Stadt, die entsprechend dem Versailler Vertrag seit 1920 als Freie Stadt Danzig unter dem besonderen Mandat des Völkerbundes stand, bis sie, bei Ausbruch des Zweiten Weltkriegs, vom nationalsozialistischen Deutschland einverleibt wurde.

Grass' Eltern lebten bescheiden, sie hatten im Parterre des Langfuhrer Labeswegs Nr. 13 eine Zweizimmerwohnung und betrieben dort zugleich einen Kolonialwarenhandel. Noch heute beruft sich Grass gern darauf, daß er von daher seinen außergewöhnlich gut ausgebildeten Geschäftssinn bezogen hat. Der Vater streckte sich nach der Politik. Als Danzig nationalsozialistisch infiziert wurde, steckte auch ihn der Geist der ›großen neuen Zeit‹ an, und er trat 1936 der Hitlerpartei bei. Günter Grass wurde katholisch erzogen, besuchte Volksschule und Gymnasium, war im Jungvolk und in der Hitlerjugend und glaubte, nach eigenem Bekunden, noch bis zum Ende des Krieges an den deutschen Endsieg.

Aber für den jungen Günter gab es auch schon die anderen Infektionen: Eine Zeichenlehrerin, Bildhauerin von Beruf, nahm sich seiner an, lud ihn zu sich nach Hause ein und gab ihm Gelegenheit, die damals als ›entartet‹ denunzierte Malerei in Katalogen aus den zwanziger Jahren kennenzulernen. In der ihm eigenen Art kommentierte Grass das später so: »Jedenfalls habe ich in diesen Katalogen geblättert und dort zum ersten Mal bewußt Picasso-, Heckel-, Kirchner-, Barlach-Abbildungen gesehen. Das überzeugte mich nicht, aber es ließ mich auch nicht los. Es war ein regelrechter Einbruch in dem Bereich, der mich weit mehr als Jungvolk oder Hitlerjugend oder katholische Kirche interessierte, dem Bereich Kunst. Das wirkte nach. Es wirkte in dem Sinne nach, daß ich hier 1945 ein Vorwissen hatte, viel stärker als in der Literatur.«[6]

Und so wollte der 14jährige Günter Maler, Bildhauer, Bühnenbildner werden. Und las Künstlerbiographien, die ihm Eindruck machten. Doch schrieb er auch schon, meist Gedichte, und war, wie er erzählt hat, durchaus auf Anerkennung versessen.

Dann kam der Krieg, und mit ihm das leider Übliche für einen 1927 Geborenen: 1943 Schulabbruch, Reichsarbeitsdienst, Einsatz als Luftwaffenhelfer, Kriegsdienst als Panzerschütze, leichte Verwundung und Lazarett, schließlich amerikanische Kriegsgefangenschaft und Entlassung. Da die Heimat verloren war, ging er nach Westen und verdingte sich dort, wo es die Schwerstarbeitermarken für Nahrung gab: in den Kaligruben zwischen Hildesheim und Hannover. Als er erfuhr, daß es die Eltern in die Nähe von Köln verschlagen hatte, reiste er ihnen nach, und gegen den Wunsch des Vaters entschied er sich dafür, Bildhauer zu werden. Mit neunzehn Jahren begann er ein Praktikum als Steinmetz, studierte ab 1948 an der Kunstakademie Düsseldorf Bildhauerei und Grafik bei Sepp Mages und Otto Pankok und verdiente sich das Studium als Schlagzeuger einer kleinen Jazzband; 1953 ging er nach Berlin, um an der dortigen Hochschule für Bildende Künste bei Karl Hartung zu studieren: »Da war ich wieder der Realität konfrontiert: Berlin 1953, voller Trümmer, leergefegte Riesenplätze, die heute alle wieder bebaut sind, und an windigen Tagen, besonders im Sommer, bei kontinentaler Hitze, immer Ziegelsplit zwischen den Zähnen; diese Trümmerreste waren allgegenwärtig, und natürlich war die Teilung der Stadt, obgleich es keine Mauer gab, prägend bis in die künstlerischen Personen hinein. Westberlin, das war das Lager von Gottfried Benn, und drüben war's Brecht.«[7]

Damals entstanden schon die ersten jener Gedichte, die dann vier Jahre später in Grass' erstem Gedicht-Band »Die Vorzüge der Windhühner« erschienen sind und die weder in Brechts noch in Benns Lager paßten. Einige dieser Gedichte gelangten über seinen Bildhauer-Lehrer Hartung auch an dessen Freund Gottfried Benn: »Benns Kommentar dazu war: ›Interessant, interessant, der Mann wird mal Prosa schreiben‹, worüber ich gelacht habe; es war ja überhaupt nicht an Prosa zu denken zu dem Zeitpunkt.«[8]

Daß Gottfried Benn, der Großmeister der autonomen künstlerischen Form, in den Gedichten des Günter Grass diese von ihm favorisierte Form lyrischer Konzentration nicht zu erkennen vermochte, ist verständlich; sein Hinweis auf den Prosaschreiber, der da offenbar in nuce bereits vorhanden war, läßt aufhorchen. Die meisten frühen Gedichte von Grass lebten eher vom freien Fluß der Sprache als von der Erfüllung vorgegebener lyrischer Formen. Kaum ein Gedicht klingt vertraut, kaum eines tönt epigonal. Denn Grass ging nie bei Gedichteschreibern in die Schule. Er lernte nicht bei Rilke oder den Expressionisten, nicht bei Benn oder Brecht. Seine Gedichte kommen aus dem eigenen Bauch, oder anders: Sie stammen aus derselben Werkstatt wie seine bildnerische Kunst. Da überrascht es nicht, daß Grass in einem Gespräch 1970 sagte, am meisten liege ihm Lyrik, denn schließlich komme er von der Lyrik her – sie sei für ihn stets die Möglichkeit und Chance gewesen, Bestand aufzunehmen.[9]

So wie Grass als bildender Künstler gegen seinen ihn zur Abstraktion anleitenden Lehrer Karl Hartung auf der Gegenständlichkeit seiner Zeichnungen und Skulpturen beharrte, die er allenfalls ein wenig ins Groteske verschob, verweigert der Lyriker Grass seinem Anschauungs- und Phantasiematerial jeglichen äußerlich vorgegebenen Formzwang und entwickelt aus seiner unmittelbaren Gegenständlichkeit heraus eine ureigene Formsprache, die ebenfalls von ihren grotesken Verschiebungen lebt.

Die Interpretation solcher Gedichte ist schwer, weil sie nirgendwo herkommen und nirgendwo hinwollen. Sie spielen mit dem Material der Umgebung, in der sie entstanden sind: dem Atelier, mixen momentane und persönlichste Einfälle zu grotesk verschobenen Bildern, die dann auch auf Zeichenblättern erscheinen. Der Text hat keinen Ort, um den sich die Sprache versammelt, sondern er mäandert assoziierend durch die unterschiedlichen Räume und Ebenen der sich verändernden Wahrnehmung: Alles ist in Bewegung, im Fluß. Zwingend sind solche Gedichte meist nicht, oft haben sie den Gestus des Beliebigen, Austauschbaren, den man, positiv gewendet, auch als Gestus des Spielerischen bezeichnen könnte. Gedichte solcher Art haben in den fünfziger Jahren die Auslegungskunst der Lyrikkritiker zu einer kryptischen Spekulationskunst verkommen lassen.

Später erst formulierte Grass, vor allem in dem Band »Ausgefragt« von 1967, so etwas wie Botschaften. So markierte er in dem Zyklus »Zorn Ärger Wut« entschieden politische Positionen. Und mit den Gedichten, die in den großen Prosaströmen des »Butt« und der »Rättin« stehen, überführte er Themen seines Erzählen in den momenthaften Zustand des

Gedichts oder leitete Stimmungen des Gedichts in den Fluß seiner Prosa um – die Sprachprägungen, die sie da jeweils erfahren haben, unterscheiden sich in beiden Aggregatzuständen kaum.

Hugo Dittberner hat über die Gedichte von Grass geschrieben: »Ausgebildet zum Bildhauer, überträgt er sein handwerkliches Pathos auf das Schreiben. Günter Grass' Gedichte sind Werkstücke; er entwickelt eine eigene Werkstattform des Parlando; und er verleiht diesen Werkstücken lange die Dignität des Werks durch surrealistische Findungen (wie in jenem Titelgedicht die Windhühner) und durch beharrliches Festhalten an ihnen, was einer Leitmotivtechnik gleichkommt (...). In der Werkstatt denkt man in der Reichweite der Hand, man weiß das Handfeste der Materialien zu schätzen, ißt und raucht und gebraucht die Frau, zwischendurch.«[10]

Das ist herb formuliert, und anschaulich. Motivation und Motiv, Ort und Form korrespondieren miteinander – nicht das Labor, das Grass einst den konkreten und experimentellen Poeten als unfruchtbaren Raum ihrer nach seiner Meinung leblosen Kunstproduktion vorwarf, sondern die bodenständige Werkstatt, die er bewohnt, ist der Ort, an dem seine Gedichte entstehen – wie seine bildende Kunst.

Der Bildkünstler Grass holte die meisten seiner Motive aus der Natur und vor allem aus seiner unbelebten, oft vernutzten, ausgebeuteten, abgeernteten Umgebung. Schon immer liebte er die versehrten Stilleben. Als er nach langer Pause zu Anfang der siebziger Jahre seine bildkünstlerische Arbeit wieder aufnahm, radierte er zuerst die langsamen Schnecken des Fortschritts und das abgefressene Gerippe vom Butt, zeichnete er kippenquellende Aschenbecher und zerrissene Schuhe, lädierte Puppen und verlorene Handschuhe; in den achtziger Jahren lithographierte und modellierte er Köche, Fische, Vogelköpfe und Heuschrecken und dann endlos Ratten in Ton und machte seine Bildkunst immer mehr zur Begleitkunst seines literarischen Werks, bis er, Mitte der neunziger Jahre auf der Flucht vor der Kritik an seinem

Roman »Das weite Feld«, in den Kiefernwäldern der Insel Møn das Aquarellieren für sich wiederentdeckte – offenbar die schnellste Form der Kunstherstellung, zählt man nur die Hunderte von Aquarellen, die Grass seither veröffentlicht hat; erstmals als neuestes bildkünstlerisches Angebot in den »Fundsachen für Nichtleser« von 1997, dann in der Grabplatt(itüd)en-Galerie seines Buchs »Mein Jahrhundert« aus dem Jahre 2000.

Daß Grass, wie er später sagte, von der Lyrik herkomme, das gilt auf hintersinnige Weise sogar für seinen öffentlichen Erfolg. Denn 1955 gewann er den dritten Preis in einem Lyrikwettbewerb des Süddeutschen Rundfunks mit zwar eigenen Gedichten, die aber nicht er selbst, sondern seine Frau Anna, mit der er seit einem Jahr verheiratet war, und seine Schwester Waltraud eingereicht hatten. Der dritte Preis in einem Lyrikwettbewerb ist nicht gerade ein grundstürzendes Ereignis – für Grass aber bedeutete er den Eintritt in die literarische Welt, den literarischen Betrieb. Denn dieser dritte Preis trug ihm die Einladung Hans Werner Richters ein, an der Berliner Tagung der Gruppe 47 im Herbst 1955 teilzunehmen und dort Gedichte vorzulesen.

Über 40 Jahre später erzählte Günter Grass erinnerungsselig seinen ersten Auftritt: »Ich bin dann da hingefahren, die machten gerade eine Kaffeepause. Da kam eine Kellnerin auf mich zu und sagte: ›Sind Sie auch Dichter?‹ Ich sagte: ›Ja.‹ Und dann bekam ich also auch Streuselkuchen und Kaffee. Und dann kam der Richter auf mich zu und sagte: ›Sind Sie der, der mir empfohlen wurde? Wie war nochmal der Name?‹ Dann war ich in diesem Kreis. Jemand las etwas vor. Das fand ich literarisch ganz interessant. Und dann fielen sie über ihn her, und es blieb wenig übrig. (...) Und dann kam ich ran und war danach umringt von Verlegern, die flüsterten so Wunderworte wie ›Fischer-Verlag‹ und ›Suhrkamp-Verlag‹, und ich dachte, jetzt bricht das Goldene Zeitalter an. Aber ich war auch mißtrauisch, und als ich dann von der Tagung weg wollte, stand draußen jemand, der sich ein Taxi gerufen hatte und sagte: ›Wo wollen Sie hin?‹ und als wir dann losfuhren, sagte: ›Höllerer mein Name. Ich würde einige von den Gedichten drucken.‹ Ich dachte mir: Rede du mal. Der war der einzige. Von den anderen Verlagen habe ich lange nichts mehr gehört, bis dann der Luchterhand-Verlag kam. Und ein Jahr später kam dann mein erster Gedichtband. Aber die wirklich literarische erste Adresse war für mich Walter Höllerer.«[11]

Höllerer druckte nach dieser Tagung tatsächlich das erste Gedicht von Grass in der von ihm und Hans Bender seit 1954 herausgegebenen Zeitschrift für Dichtung »Akzente«. Und Grass fuhr seither zu jeder Tagung der Gruppe, las Gedichte und Auszüge aus seinen kleinen Theaterstücken »Hochwasser« und »Onkel, Onkel«, die der literarischen Tendenz der Zeit folgten, dem Absurdismus, und hin und wieder sogar von einer Studentenbühne gespielt wurden.

1958 tagt die Gruppe 47 in Großholzleute, sie war inzwischen zur wichtigsten literaturbetrieblichen Veranstaltung in der Bundesrepublik Deutschland avanciert und ihr hin und wieder vergebener Literaturpreis wog mindestens ebensoviel wie der Georg Büchner-Preis heute. Günter Grass las aus dem ersten Kapitel eines neuen Buches – eines Romans, den man von dem Lyriker, Theaterschreiber und Zeichner am wenigsten erwartet hatte –, und er las diese weltberühmt gewordenen Sätze: »Meine Großmutter Anna Bronski saß an einem späten Oktobernachmittag in ihren Röcken am Rande eines Kartoffelackers. Am Vormittag hätte man sehen können, wie es die Großmutter verstand, das schlaffe Kraut zu ordentlichen Haufen zu rechen, mittags aß sie ein mit Sirup versüßtes Schmalzbrot, hackte dann letztmals den Acker nach, saß endlich in ihren Röcken zwischen zwei fast vollen Körben. Vor senkrecht gestellten, mit den Spitzen zusammenstrebenden Stiefelsohlen schwelte ein manchmal asthmatisch auflebendes, den Rauch flach und umständlich über die kaum geneigte Erdkruste hinschickendes Kartoffelkrautfeuer. Man schrieb das Jahr neunundneunzig, sie saß im Herzen der Kaschubei, nahe bei Bissau, noch näher der Ziegelei, vor Ramkau saß sie, hinter Viereck, in Richtung der Straße nach Brenntau, zwischen Dirschau und Karthaus, den schwarzen Wald Goldkrug im Rücken saß sie und schob mit einem an der Spitze verkohlten Haselstock Kartoffeln unter die heiße Asche.«[12]

Viele Jahre später kommentierte Günter Grass seinen Auftritt damals so: »Ich war mir sicher, daß ich da etwas Wichtiges geschrieben hatte – und eigentlich war ich immer davon überzeugt, wenn ich etwas vorlas, ob zu Recht oder Unrecht, ich sage nur, also aus dem Arbeitsprozeß heraus und auch aus der Wertung der Gruppe 47.«[13]

Die Legende im Munde von Hans Werner Richter lautete, daß nach dieser Lesung alle anderen gelesenen Texte geradezu nebensächlich würden. Über Nacht wurde der vitale Grass zum literarischen Star der Gruppe. Und die Verleger rissen sich um sein Manuskript. Hans Werner Richter, von vielen gedrängt, rief erstmals seit 1955 wieder zur Wahl eines Preisträgers der Gruppe auf; und elf deutsche Verlage stifteten 5000,- DM. Grass wurde mit drei Vierteln der Stimmen gewählt. »Er war geschäftstüchtig. Kaum hatte er seinen Erfolg in der Tasche, trieb er seinen Verleger oder die Verleger auch schon in die Enge. Beim nächtlichen Skat mit Eduard Reifferscheidt vom Luchterhand Verlag ließ er die Prozente immer steiler nach oben steigen.«[14]

Das Manuskript, das da so souverän gewonnen hatte, bekam den Titel »Die Blechtrommel« und erschien ein Jahr später, im Herbst 1959, wie Grass' erster Gedichtband bei Luchterhand. Die literarische Kritik reagierte nicht so euphorisch wie die Autoren in der Gruppe 47; einhellig begrüßt wurde »Die Blechtrommel«, die inzwischen zur Ikone der deutschen Nachkriegsliteratur geworden ist und seinem Verfilmer Volker Schlöndorff sogar einen Oskar eingebracht hat, keineswegs. Von einer »Brechtrommel« war da die Rede, und von »epileptischen Kapriolen«; die in Würzburg erscheinende »Deutsche Tagespost« schrieb: »(›Die Blechtrommel‹) ist eine Rebellion des Schwachsinns und des erzählerischen Unvermögens, die in klinischen Phantasmagorien endet.«[15]

Den Rezensenten von »Christ und Welt« überkam nach dem Lesen der »Blechtrommel« das »Verlangen nach sehr viel heißem Wasser und nach guter Seife«[16]. Und der angesehene Kritiker der »Frankfurter Allgemeinen Zeitung«

Günter Blöcker sprach von einer »totalen Existenzkarikatur« und dem »Programm eines totalen, höchst mit sich zufriedenen, höchst vergnügten Nihilismus«, mit dessen Protagonisten Oskar Matzerath Grass »eine allegorische Figur von schwer zu bietender Scheußlichkeit gelungen« sei.[17]

Die »Blechtrommel« paßte noch nicht in die Zeit und gehörte genau deshalb dahinein. Das erkannten Kritiker wie Walter Widmer, der sie »eines der ehrlichsten Bücher unserer Zeit« nannte und dennoch betonte, es handle sich um ein »unsympathisches«, um ein »gräßliches Buch«, das »bedenkenlos über sämtliche Schranken bürgerlicher Moral« hinwegschreite; doch sei seine »Schamlosigkeit« nicht Frucht einer Jagd auf Tabus, sondern eine »fast kindhafte«. Und: »Man wird mit diesem Buch nicht fertig. (…) Wer unserer Zeit mutig ins Auge blicken will, muß es gelesen haben, wer sich Illusionen bewahren möchte, lasse die Finger davon.«[18]

Vor allem Mitglieder der Gruppe 47, die bei Grass' Lesung dabei gewesen waren, äußerten sich fast hymnisch. Hans Magnus Enzensberger setzte das Hammerwort vom »auf Blech getrommelten Wilhelm Meister«[19] in die Welt. Und Joachim Kaiser schrieb: »Alle diese Anteilnahme gilt einem Buch, das nichts weniger ist und sein will als sympathisch, das sogar mit Raubtiersicherheit die Zone des Ekelhaften, Entsetzlichen, Kraß-Schamlosen, Verwegenen und Mörderischen durchmißt.« Denn: »Oskars Grausamkeit steht in Niemandes Dienst. Lüsternheit, Schadenfreude und spöttische Noblesse sind ihr fern. Ja, jenes Kapitel, das den Tod des jüdischen Spielwarenhändlers überspitzt beschreibt, wird beinahe zum Requiem.« Aber: »Dem Rätsel dieses Buches kommt man auf die Spur, wenn man zu begreifen sucht, was alles sich der Autor versagt. Dann stellt sich nämlich heraus, daß Oskar (…) mit den mitleidlosen Augen eines Kindes die Welt erfährt.« Und: »Damit nun aber keinerlei Behaglichkeit entsteht (…), schafft Oskars Deformation ständig jene böse Distanz, ohne die der Roman harmonisierend verfälschen würde.«[20]

Kaiser kam hinsichtlich der epischen Qualität zu der Einschätzung, Grass bediene sich keiner modernistischen Stilmittel. Sein Buch schreite ruhig und übersichtlich voran.

Vermutlich war dies ein entscheidender Grund für den großen Erfolg der »Blechtrommel«: daß sie, frei von jeglicher Moralisierung, an Tabus rührte, die für den Abbruch reif waren, und dies auf sprachlich und sinnlich mitreißende Weise vermittelte, nicht aber zugleich noch sprachlich experimentierte, wie etwa Arno Schmidt, der ja lange vor Grass schon ähnlich radikal diese Themen bearbeitet hatte – zum Beispiel die doppelte Moral einer in ihren Institutionen demokratisch funktionierenden, in den meisten Familien aber noch autoritär verankerten Gesellschaft; oder den verschmockten Umgang mit der Sexualität. So verweigerten Ende 1959 ausgerechnet die Bremer Stadtverordneten der SPD dem Autor der »Blechtrommel« den Bremer Literaturpreis, den die Jury ihm bereits zugesprochen hatte, mit der bigotten Begründung, eine Preis-Verleihung »durch die Landesregierung« werde »eine Diskussion hervorrufen, welche (...) weite Bereiche des Inhalts nach außerkünstlerischen Gesichtspunkten kritisieren würde«[21] – die Spießer hatten Angst, öffentlich mit einem angeblichen »Pornographen« in Verbindung gebracht zu werden.

Vor allem aber hat Grass die in der deutschen Nachkriegsgesellschaft verdrängten Schuldkomplexe offengelegt und die Teilnahme dieser Gesellschaft, ob Bürger oder Kleinbürger, am Nationalsozialismus sehr konkret und anschaulich gemacht, »(...) um genau diese Legende, diese Dämonisierung der Nazizeit zu widerlegen –, mit dem Bedürfnis, die mir bekannte, vertraute und für den Nationalsozialismus besonders anfällige Schicht des Kleinbürgertums in ihren Wünschen und Verstiegenheiten und Sehnsüchten darzustellen«[22].

Mit der »Blechtrommel« fand Grass seine große künstlerische Form, und ihr Stoff lieferte die Materialien für zwei weitere Bücher – alle drei werden inzwischen bündig als »Danziger Trilogie« bezeichnet. Zwei Jahre nach der »Blechtrommel« erschien die Novelle »Katz und Maus« und zwei weitere Jahre später der voluminöse Roman »Hundejahre«. Nur »Katz und Maus« wurde ähnlich erfolgreich wie die »Blechtrommel«. Dabei war sie, als das Manuskript der »Hundejahre« noch den Arbeitstitel »Kartoffelschalen« trug, ein Teil dieses Manuskripts; aber weil die »Katz und Maus«-Geschichte zu viel erzählerische Eigenständigkeit gewann, hat Grass den Text aus dem Manuskript herausgenommen und ihn separat veröffentlicht. »Katz und Maus« gilt zwar als Bindeglied der »Danziger Trilogie«, steht aber nicht eigentlich zwischen den beiden Hauptbüchern, sondern gehört auch hinsichtlich ihres erzählerischen Personals ausschließlich zum »Hundejahre«-Komplex.

Dieser Roman wurde innerhalb der »Danziger Trilogie« und schon gar im Gesamtwerk von Grass von der Kritik stiefmütterlich behandelt und von den Lesern geradezu ignoriert – sehr zu Unrecht, denn er ist mindestens so großartig und bedeutend wie die »Blechtrommel«.

»Hundejahre« besteht aus drei aus unterschiedlicher Perspektive erzählten Büchern: In den »Frühschichten« berichtet der Vogelscheuchenfabrikant Brauxel alias Eduard Amsel von der in Danzig mit dem Freunde Walter Matern erlebten Zeit bis zum Jahre 1927. Wie der Blechtrommler Oskar beginnt er bei den Großmüttern, erzählt von seiner Blutsbrüderschaft mit Matern, von Amsels künstlerischem Eifer, der sich schon damals auf die Herstellung von Vogelscheuchen richtete.

Im zweiten Buch schreibt Harry Liebenau »Liebesbriefe« an seine Cousine Tulla Pokriefke, die spillerige kleine Hexe, die, wie Grass 1927 geboren, für seine Novelle »Im Krebsgang«, nun als Großmutter, recht künstlich reanimiert wurde. Bereits in »Katz und Maus« tauchte Tulla als bösartig schillernde Göre auf. Die »Liebesbriefe« schildern die Jahre 1927 bis 1945: Sie erzählen von der dicken Jenny, die eine berühmte Ballettänzerin wird, nachdem sie, von Tulla mißhandelt und in einen Schneemann verpackt, diesem schlank entsteigt. Sie berichten, wie der Kommunist Matern Mitglied der SA wird, um seinem dicken Freund, dem Halbjuden Eddi Amsel, SA-Uniformen zu besorgen, die der für seine Vogelscheuchen benötigt. Und sie erzählen die böse Geschichte von Eddis Abmagerung und mysteriöser Verwandlung in den Scheuchenfabrikanten Brauxel, nachdem er von neun vermummten SA-Männern verprügelt worden war – sein Freund Walter Matern schlägt ihm dabei alle 32 Zähne aus.

Die »Materniaden«, das dritte Buch, beginnen im Jahre 1945 und erzählen, wie Matern durch Nachkriegsdeutschland reist und alte Nazi-Kameraden richtet, indem er ihre Frauen und Töchter verführt und mit dem Tripper infiziert: »Wer heute nachliest in den Krankheitsstatistiken der ersten Nachkriegsjahre, wird bemerken, wie die Kurve dieser harmlosen, aber lästigen Geschlechtskrankheit ab Mai siebenundvierzig jäh ansteigt, ihren Höhepunkt Ende Oktober des gleichen Jahres erreicht, sodann spontan sinkt und endlich auf dem Frühjahrsniveau verbleibt (...). Matern (zog) privat und ohne Lizenz durch die Lande (...), um mit gonokokkengeladener Spritze Namen abzuzinken und einen weitverstreuten Bekanntenkreis zu entnazifizieren.«[23]

Matern braucht für diesen Feldzug 84 Kapitel, sogenannte »Materniaden«. Am Ende trifft er seinen alten Freund Amsel wieder, der nun eine unterirdische Scheuchenfabrik betreibt: eine mechanisierte Hölle, die da unter der Wirklichkeitsoberfläche existiert.

»Hundejahre« erzählt farbige und sarkastische, böse und bittere Geschichten aus der deutschen Geschichte, »Hundejahre« sind eine Art Lehr- und Wanderjahre durch die erste Hälfte des deutschen 20. Jahrhunderts, eine allerdings unpädagogische Provinz, wie die »Blechtrommel« ohne jegliche moralisierende Besserwisserei: klar und kalt erzählt, aber mitreißend in ihrer sprachlichen Sinnlichkeit; und raffinierter und komplizierter gebaut als die »Blechtrommel«, was ihren Publikumserfolg leider aufgehalten haben mag.

Als »Katz und Maus« und die »Hundejahre« erschienen, lebte Grass schon wieder in Berlin. »Die Blechtrommel« hatte er in Paris zu Ende geschrieben, wohin er 1956 mit seiner Frau Anna gezogen war. Nach vier Jahren in Paris waren die Grassens 1960 zurückgekehrt nach Berlin.

Hier nun eröffnete sich ihm mit der Zeit ein Resonanzraum, der größer war als jener der Literatur, und bald betrat er, ohne sie im Grunde je wieder zu verlassen, die öffentliche

Bühne der Politik. In Berlin war damals der Sozialdemokrat Willy Brandt, den die Nazis einst ins Exil getrieben hatten, Regierender Bürgermeister – in ihm erkannte Grass einen Politiker, der Politik und Moral in Einklang zu bringen suchte, und ihn unterstützte er zusammen mit einer Reihe von Schriftstellern, die fast alle aus der Gruppe 47 kamen, im Bundestagswahlkampf 1961. Noch während des Wahlkampfs baute die DDR ihre Mauer quer durch Berlin. Vergeblich protestierten auch Schriftsteller der Gruppe 47 bei ihren ostdeutschen Kollegen. Die Mauer wurde ausgebaut. Und die SPD verlor die Wahl.

Später, als er schon berühmter war, danach befragt, wie denn das zusammenginge: Literatur und Politik, antwortete Grass: »Ich habe mich nicht in erster Linie als Schriftsteller engagiert, sondern als Bürger, davon ausgehend, daß die Weimarer Republik in erster Linie zerstört worden ist, weil es zu wenige Bürger gegeben hat, die sich für die Weimarer Republik eingesetzt haben, auch zu wenige Schriftsteller, manche Schriftsteller viel zu spät. Das sind Lektionen, die die Geschichte erteilt, und daraus kann man, kann jeder, nicht nur der Schriftsteller, eine Lehre ziehen, er sollte es auf jeden Fall tun. (...) und für mich ist das der Anstoß gewesen, jetzt als Bürger auch aktiv zu werden, den jungen Ruhm, mit dem ich sonst nicht viel anfangen konnte, auf politischem Feld zu nutzen.«[24]

Und Grass nutzte ihn. Etwas kokett freilich hört sich an, wie er da seinen jungen Ruhm, mit dem er so gar nichts anfangen konnte, für sein politisches Engagement nutzen wollte; eine Konsequenz davon war ja doch auch die, daß über Grass nun nicht mehr nur auf den Feuilletonseiten, sondern auch im politischen Teil der Presse geschrieben wurde – so konnte er mit den Talenten seines jungen Ruhms auch für die weitere eigene, nicht unbedeutende Ruhmvermehrung wuchern. Schon da zeigte er sich als Multitalent einer selbstreferentiellen Medienbedienung, wie Mathias Mertens in einer Dissertation eindrucksvoll dargestellt hat.[25]

Bei der Bundestagswahl 1965 warb Grass erneut für einen Bundeskanzler Willy Brandt. Er organisierte die Sozialdemokratische Wählerinitiative und absolvierte eine Wahlkampftournee quer durch die Bundesrepublik. Das hatte es noch nie gegeben: 52 mal sprach da ein berühmter Schriftsteller vor vollen Häusern, hielt engagierte Reden, die auf pragmatische Politik zielten, und plädierte dafür, aus historischen und moralischen Gründen einen ehemaligen Emigranten zum Kanzler zu wählen, der im Stande sei, Geist und Macht miteinander zu versöhnen.

Mit dem Gegensatz von Geist und Macht, und also mit der Rolle des Intellektuellen in der Politik hat sich Grass immer wieder auseinandergesetzt. Und dabei war ihm die jüngste deutsche Geschichte mit ihrem Verrat der Eliten und Intellektuellen das treibende Motiv.

So hat er auch in seinem Theaterstück »Die Plebejer proben den Aufstand« von 1966 dieses Thema durchgespielt. Die Parabel führt einen Ostberliner Theaterchef vor, der während des Aufstands am 17. Juni 1953 in der DDR Arbeiter, die gegen politische Willkür rebellieren, als Bühnenstatisten ausgerechnet für ein revolutionäres Stück mißbraucht. Diesen Künstler, in dem unschwer der Stückeschreiber Bertolt Brecht auszumachen war, interessieren nicht die unterdrückten Menschen in ihrer konkreten, verzweifelten Lage. Ihn interessiert der revoltierende Mensch bloß als Bühnenfigur. Grass kritisierte an ihm einen Ästhetizismus, der so zum Diener der politischen Macht wird.

Aber auch der preiswerte literarische Protest war Grass verdächtig, wenn er sich nicht mit einem konkreten Engagement verbindet – gerade die Parteiendemokratie brauche die Mitwirkung der Bürger in den Parteien; doch Grass selbst trat der SPD erst 1982 bei, als sie die 1969 gewonnene politische Macht verloren hatte – und trat ein paar Jahre später wieder aus, als die SPD das Verfassungsrecht auf Asyl abschaffte. Bald ließ er verlauten, daß er der Partei gern wieder beiträte, ändere die nur ihre Position zum Asylrecht.

1967 veröffentlichte Grass nach den »Windhühnern« von 1957 und »Gleisdreieck« von 1960 seine dritte Gedicht-Sammlung: »Ausgefragt«. Darin ist eine Handvoll Gedichte mit »Zorn, Ärger, Wut« überschrieben, unverkennbar politische

Gedichte oder solche, in denen Politik thematisiert wird. Bereits damals nahm Grass auch jene aufs Korn, die, wie später üblich, die Literatur instrumentalisieren wollten für den politischen Kampf. Und konstatierte, in dem Gedicht »In Ohnmacht gefallen«, auch schon die Vergeblichkeit lyrischen Protests:

Unsere berechtigten Proteste, die wir jederzeit
verfassen falten frankieren dürfen, schlagen zu Buch
schlagen zu Buch,
die Napalm-Metapher im Protestgedicht der 60er Jahre.
Ohnmacht, an Gummifassaden erprobt.
Ohnmacht legt Platten auf: ohnmächtige Songs.
Ohne Macht mit Guitarre. –
Aber feinmaschig und gelassen
wirkt sich draußen die Macht aus.[26]

Grass favorisiert den Schriftsteller als engagierten Bürger, er wollte damals zwar sich selbst, nicht aber seine Literatur in den Dienst der Politik stellen. Das aber wollten Teile der jüngeren Generation. Sie protestierten gegen das sogenannte ›Establishment‹, sie wollten, und Rudi Dutschke war ihr wortmächtiger Anführer, die Literatur durch die politische Aktion ersetzen. Einige Autoren – unter ihnen Hans Magnus Enzensberger, Martin Walser, Erich Fried – verbündeten sich mit den protestierenden Studenten. Die demonstrierten auf den Straßen gegen eine im Materialismus erkaltete Gesellschaft, entdeckten die Not der »Dritten Welt«, protestierten gegen den Vietnam-Krieg. Sie wollten die Bevölkerung gegen soziale Ungerechtigkeit mobilisieren, wollten eine andere Gesellschaft, einen anderen Staat – und brachten die Bevölkerung, die sie erreichen wollten, in ihrer Radikalität doch nur gegen sich selbst auf.

Auch Günter Grass war anderer Meinung: »Ich bin davon ausgegangen, daß die Verfassung der Bundesrepublik die beste ist, die wir jemals in Deutschland gehabt haben. Das ist auch nach wie vor meine Meinung. Und daß es nicht darauf ankommt, das System zu zerschlagen, sondern daß es darauf ankommt, die Verhältnisse in diesem System dem Grundgesetz anzunähern, das Grundgesetz wahrzunehmen und damit zu arbeiten.

(...) Ich war gegen den Vietnam-Krieg, gegen die Kriegsverbrechen der Amerikaner dort an Ort und Stelle; aber ich konnte mich nicht, was viele Studenten taten, ich konnte mich nicht für Ho Chi Minh aussprechen.

Ich konnte nicht in einem Land, das nach einer Reform verlangte, nach Revolution schreien. Ich sah auch gar keine Basis dafür; und so gab es in Diskussionen zwischen meinem politischen Standpunkt und dem des Studentenprotestes, oder eines Teils des Studentenprotestes eine Diskrepanz, einen Widerspruch.«[27]

Grass beharrte gegenüber den kulturrevolutionären Phrasen und Phantasmen auf der aufklärerischen, an der Wirklichkeit sich messenden Vernunft. Nicht Revolution, sondern Reformen wollte Grass – die Schnecke wurde nun für Grass zum Symbol mühsamen Fortschritts: »Sie siegt nur knapp und selten. Sie kriecht, verkriecht sich, kriecht mit ihrem Muskelfuß weiter und zeichnet in geschichtliche Landschaft, über Urkunden und Grenzen, zwischen Baustellen und Ruinen, durch zugige Lehrgebäude, abseits schöngelegener Theorien, seitlich Rückzügen und vorbei an versandeten Revolutionen ihre rasch trocknende Gleitspur. – ›Und was meinste mit Schnecke?‹ – ›Die Schnecke, das ist der Fortschritt.‹ – ›Und was issen Fortschritt?‹ – ›Bißchen schneller sein als die Schnecke ...‹«[28] So feierte Grass sein Fortschrittssymbol im »Tagebuch einer Schnecke«, in dem er sich und seinen Kindern Rechenschaft ablegte über seinen für die Sozialdemokratie geführten Wahlkampf des Jahres 1969.

Also ein bißchen schneller als die Schnecke müsse der Fortschritt sein, meinte Grass Ende der sechziger Jahre – zehn Jahre später nahm er dann Abschied vom Fortschritts-Symbol der Schnecke und berief sich nun, deutlich pessimistischer gestimmt, auf Sisyphos.

Die sechziger Jahre waren für Grass die Hochzeit seiner politischen Aktivität – mit Entschiedenheit hat er sich den reaktionären ebenso wie den pseudorevolutionären Strömungen widersetzt, hat sie bekämpft und als seinen dritten

Weg die Politik Willy Brandts und der von ihm geprägten Sozialdemokratie verteidigt. Das Handwerkszeug des Schriftstellers ruhte währenddessen zwar nicht, wurde aber nach dem Abschluß der »Danziger Trilogie« häufiger ausgeliehen an den politischen Redner, den Initiator der Sozialdemokratischen Wählerinitiative.

Auch die Bundestagswahl 1965 ging für Willy Brandt und seinen Trommler verloren, worüber Grass, die Dimensionen des Angemessenen aus eigener Anmaßung überschreitend, in seiner Büchnerpreisrede bitter lamentierte und jene Kollegen anklagte, die abgelehnt hatten, sich an seiner Wahlkampagne zu beteiligen.

Vier Jahre später dann endlich, nach der ungeliebten Großen Koalition, wurde mit knapper Mehrheit eine sozialliberale Koalition Realität. Deren Kanzler Willy Brandt betrieb eine liberale Innenpolitik, soziale Reformen und eine versöhnliche Ostpolitik. 1972, nach einem gescheiterten Mißtrauensvotum, wurde Brandt mit großer Mehrheit im Amt bestätigt.

Damit waren die politischen Schlachten geschlagen, die Republik hatte endlich den Kanzler, den Grass ihr gewünscht, für den er gekämpft hatte. Nun aber wollte Grass Abstand gewinnen von der Politik. Er nahm 1972 einen zweiten Wohnsitz in Wewelsfleth in Schleswig-Holstein und zeichnete wieder ausgiebiger, radierte nun auch; und er begann mit den Vorarbeiten zu seinem Roman »Der Butt«, der von einem langen poetologischen Gedicht eröffnet wird:

Worüber ich schreibe

Über das Essen, den Nachgeschmack.
Nachträglich über Gäste, die ungeladen
oder ein knappes Jahrhundert zu spät kamen.
Über den Wunsch der Makrele nach gepreßter Zitrone.
Vor allen Fischen schreibe ich über den Butt.

Ich schreibe über den Überfluß.
Über das Fasten und warum es die Prasser erfunden haben.
Über den Nährwert der Rinden vom Tisch der Reichen.
Über das Fett und den Kot und das Salz und den Mangel.
Wie der Geist gallebitter
und der Bauch geisteskrank wurden,
werde ich – mitten im Hirseberg –
lehrreich beschreiben.

Ich schreibe über die Brust.
Über Ilsebill schwanger (die Sauregurkengier)
werde ich schreiben, so lange das dauert.
(...)[29]

Das dauert bekanntlich neun Monate, und neun Kapitel hat der »Butt«: ein vielschichtiges Buch mit Gedichten, Reflexionen, Reiseberichten. Im »Butt« erzählt Grass Legenden, Märchen, Geschichte aus 4000 Jahren menschlicher Ernährung. Er fabuliert von neun und mehr Köchinnen, setzt die Rolle der Frau in einer von Männern beherrschten Gesellschaft ins Licht. In Gestalt des alterslosen Butt stellt er das männliche Geschlecht vor ein Tribunal emanzipierter Frauen, das ihn verurteilt – ein zentrales Thema der siebziger Jahre; auch hier: Geschlechterkampf.

Für Grass war die Arbeit am »Butt« ein langer Moment der Selbstvergewisserung – die Paradigmen der Zeit wandelten sich in den siebziger Jahren. Die Idee des Fortschritts wurde problematisch. Eine neue Protestgeneration formierte sich: Anti-Kernkraft- und Friedensbewegung, die Partei der Grünen – äußere Signale für ein allgemeineres Umdenken, das sich verstärkte und zuweilen zu Katastrophenstimmung neigte. Auch Grass meinte, Literatur habe keine Zukunft mehr, sie laufe und schreibe der Wirklichkeit nur noch hinterher. Und man merkte es auch seiner Literatur an: Die antizipatorische Kraft seiner literarischen Phantasie wurde matter.

Wie zum Abschied schrieb er Hans Werner Richter und der Gruppe 47, der er soviel zu verdanken hatte, sein Geburtstagsbuch – in der hübschen Erzählung »Das Treffen in

Telgte« ließ er die Gruppe 47 in den Gewändern barocker Schriftsteller von Grimmelshausen bis Gryphius 300 Jahre zuvor wiederauferstehen. Und legte dann, wie er öffentlich verkündete, zu Beginn der achtziger Jahre eine Schreibpause ein. Doch er protestierte heftig, als ich ihn damals fragte, ob er sich vom Schreiben und aus der Politik zurückgezogen habe: »Mir gefällt das Wort Rückzug nicht. Ich habe wieder eine Arbeitsposition bezogen, die ich vorher schon hatte, und die Voraussetzung ist für die Arbeit an einem epischen Konzept, das geht bei mir nicht unter vier Jahren ab – am ›Butt‹ habe ich fünf Jahre gearbeitet. Anfang der achtziger Jahre, nach einem abermals politisch sehr pointierten Buch, dem ich keinen Gattungsbegriff gegeben habe, ›Kopfgeburten oder Die Deutschen sterben aus‹, in dem zum ersten Mal auch die ›Dritte Welt‹, die Verelendung, thematisch hineingenommen ist, legte ich eine Schreibpause ein.«[30]

Zwei Jahre lang dauert die schriftstellerische Selbstbesinnung – unterbrochen nur immer wieder von öffentlichen Auftritten: bei Friedensgesprächen zwischen Schriftstellern aus Ost und West, als Präsident der Akademie der Künste in Berlin. Und auch wieder in Wahlkämpfen. Immer häufiger aber hob er nun den mahnenden Zeigefinger; der Redner und Publizist verdrängte zuweilen den Schriftsteller, und seine Einmischungen in die gesellschaftlichen Diskussionen bekamen einen moralisierenden, und zunehmend einen rechthaberischen Ton.

Das zahlte ihm die Kritik heim, als 1986 sein Roman »Die Rättin« erschien. Darin spielt Grass auf vielen Registern Weltuntergang: Mit den Wäldern sterben die Märchen, das menschenleere Danzig wird von geklonten Ratten bevölkert, erzählt wird von der im Meer versunkenen Stadt Vineta, auch der Butt taucht wieder auf, und noch der fast sechzigjährige Oskar Matzerath wird herbeizitiert; aber auch seinem Zorn auf den regierenden Kanzler Kohl gibt Grass Zucker – zuviel wütendes Tamtam und zu wenig literarische Substanz, urteilte die Kritik nahezu einhellig.

In dieser katastrophischen Welt, in der alles in Frage steht, ließ Grass seinen allwissenden Erzähler in einem jener Gedichte, die er seit dem »Butt« gern in die Ströme seiner Prosa stellt, vom Abschiednehmen träumen: »Mir träumte, ich müßte Abschied nehmen / von allen Dingen, die mich umstellt haben / und ihren Schatten werfen (...).«[31] Grass selbst nahm damals Abschied von Deutschland: Für gut ein halbes Jahr ging er nach Indien, lebte in Kalkutta und notierte Eindrücke von dort in seinem Tagebuch »Zunge zeigen« – und nannte 1988 als seinen wichtigsten Eindruck von diesem Aufenthalt, »daß in diesem Elend – umgeben von Korruption, von Müll, wo Menschen mit zum Müll gehören – ein ungeheurer Lebenswille sich tagtäglich kundtut. Und das in einer Problemwelt, an der gemessen unsere Probleme hier in Europa zum Teil lächerlich wirken. (...) Das hat mir meinen politischen Standort, nämlich den eines demokratischen Sozialisten wieder deutlich gemacht, hat mich ermutigt, nach meiner Rückkehr mich auch wieder dort, wo ich es vertreten kann, politisch zu engagieren neben meiner schriftstellerischen Arbeit (...).«[32]

Ein Jahr später geschah, womit niemand gerechnet hatte: Erst fiel die Berliner Mauer, dann fanden in der DDR demokratische Wahlen statt, die die CDU haushoch gewann; und binnen Jahresfrist war das vierzig Jahre lang geteilte Deutschland wieder vereint – und dies ausgerechnet unter einem Kanzler der CDU, der nicht nur nach der Meinung des Günter Grass das Land, das er zu regieren hatte, aus eigenem Machterhaltungstrieb hat verludern lassen. Grass lief Sturm gegen die Vereinigung, er wollte, in Übereinstimmung mit einer Reihe von Schriftstellern der alten DDR, daß auf dem Staatsgebiet der DDR aus dem verkommenen sozialistischen Staat eine soziale Demokratie entwickelt würde: die Realisierung seines alten Traums vom Dritten Weg zwischen Kapitalismus und Kommunismus – auch habe der Einheitsstaat, so Grass, Auschwitz hervorgebracht. Grass hielt Rede über Rede, mehr als zwei Dutzend wurden es über wenige Jahre, und immer stärker wurde der besserwisserische Ton, das politische Rechthabenwollen – er sprach so »Vom Schnäppchen namens DDR«, das sich der Westen unter den Nagel gerissen habe; attackierte die Treuhand und die Gauckbehörde ohne jeden Unterschied; und als auch die Sowjetunion zerfallen war, verteidigte er Kuba als den letzten sozialistischen Staat auf der Welt; und er, der einst zu den schärfsten Kritikern ihres leitenden Personals gehört hat, nannte in Interviews nun die DDR verharmlosend, mit einem von Fontane geliehenen Wort, eine bloß »commode Diktatur«.

Aber auch was er nun literarisch hervorbrachte, trägt diesen moralisierenden und warnenden Verkündigungston, dessen Abwesenheit seine frühen Bücher so groß gemacht hatte, und die Kritik reagierte auf seine Bücher so bissig wie einst nach der »Rättin«. Schon damals hatten die meisten Kritiker die Oberflächlichkeit der politischen Botschaften in diesem Buch moniert. Der Schriftsteller Grass, der ja einst nur als Bürger sich politisch engagieren wollte, ohne sich seine Literatur von der Politik säuern zu lassen – er trennte nun kaum noch zwischen den Medien. Zunehmend wurden seine literarischen Figuren die Sprachrohre seiner eigenen Meinungen, eben nur noch »Kleiderständer für Meinungen«, wie ein Kritiker schrieb, waren keine kraftvollen Figuren mehr, die einst seine literarische Welt so farbig und besonders gemacht hatten.

Und auch die Lyrik verkam zum politischen Lamento: Nach der Erzählung »Unkenrufe« von 1992 erschien 1993 der kleine Gedichtband »Novemberland« mit 13 Sonetten – hier das sechste:

Vom ersten Advent

Was teuer wird: das Leben, der Kredit, Benzin!
Im kahlen Garten spärlich Hagebutten glühn.
Auf allgemeinem Grau ein Farbenklecks
erinnert uns an Ehestreit und sommerlichen Sex.

So abgefackelt nach nur bißchen Lustgewinn
krümmt sich Novemberland, bekümmert vom Gebrüll:
kein Penis mehr, doch tausendmal ein Skin
steht für Gewalt und unversorgten Müll.

Der gilt als schlau, der rechnet in Prozenten
den fremden Anteil nach bei deutschen Renten,
als könnte jenen eine Rechnung dienen,
die schweigend grinsen hinter den Gardinen,
wenn draußen Mölln ist, unsre kleine Stadt,
die sich ganz unverhofft ein Fest bereitet hat.[33]

Sah so der neue lyrische Realismus aus, ein nun gesamtdeutscher Bitterfelder Weg? Tagesschau- und Zeitungskommentar als Sonettenkranz? Der Kritiker Marcel Reich-Ranicki lobte die eher biederen Gedichte aus »Novemberland«, die ihr Autor gern mit den Sonetten des Andreas Gryphius verglichen wissen wollte, als meisterlich und schlug Grass für den Nobelpreis vor. Und lobte ein paar Jahre später auch Grass' neuesten Gedichtband »Letzte Tänze« über den grünen Klee[34] – eine Mischung aus Gelegenheitsversen, netten Tangogedichten und erotischen Altersphantasien: »Ein Wunder« überschrieb Grass diese Zeilen:

Soeben noch schlaff und abgenutzt
nach soviel Jahren Gebrauch,
steht er
– was Wunder!
er steht –,
will von dir, mir und dir bestaunt sein,
verlästert und nützlich zugleich.[35]

Da hatte Grass früher freilich Gedichte von anderer Art geschrieben, zum Beispiel »Ja«, das einen kleinen Zyklus im Band »Ausgefragt« von 1967 eröffnet – ein Gedicht, in dem sich viel von seiner vitalen poetischen Eigenart konzentriert und das gegen Ende hin das Bekenntnis ablegt: »Mein großes Ja / bildet Sätze mit kleinem nein: / Dieses Haus hat zwei Ausgänge; / ich benutze den dritten.«[36]

Das ganze Gedicht formt und formuliert in seinem Verlauf eine Art Dialektik, die das Titel-JA umspielt und aufweicht und am Ende dem kleinen Zyklus, den es eröffnet, die Botschaft liefert: Unumstößlich beharrt der Sprecher auf sich selbst und seinem großen JA zu diesem Leben; zwar nicht ganz ehrlich, aber ganz erfolgreich geht er den einen ihm eigenen Weg: den dritten zwischen den beiden begehbaren.

Solch differenzierte Poetik und listige Lebensregel des Schriftstellers Grass lag fast 30 Jahre zurück, als er 1995 jenes Buch veröffentlichte, das wie mit einem Paukenschlag als der deutsch-deutsche Staatsroman übers Land kommen sollte. Seine Urlesung fand in der Frankfurter Jüdischen Gemeinde statt und wurde von Marcel Reich-Ranicki eingeleitet; doch als das Buch dann erschienen war, ließ Reich-Ranicki an dem Roman »Ein weites Feld« kein gutes Haar.

»Ein weites Feld« ist eine Inszenierung aus Fontaneparaphrasen und langatmigen Nacherzählungen der Fontane-Biographie und reportiert dickleibig die Geschichte um einen in der DDR als Fonty reinkarnierten Fontane, der deutlich ein Meinungshalter von Grass' schon vorher in Interviews, Reden und Artikeln geäußerten Ansichten zur deutschen Einheit und ihren Begleitumständen ist. Dessen »Schatten«, den Stasi-Spitzel Hoftaller, hat Grass aus Hans Joachim Schädlichs großem Roman »Tallhover« übernommen – aber noch mehr: Grass hat aus dem unerbittlichen, jegliche Freiheitsregung verfolgenden deutschen Spitzel Tallhover Schädlichs einen freundlich-helfenden Stasi-Schatten Fontys namens Hoftaller gemacht.[37] Literatur wird da ebenso verbogen wie die Geschichte – politische Meinung infiziert nun auch die Grass'sche Prosa. Die hat nichts mehr gemein mit der kraftvollen poetischen Kunst der »Danziger Trilogie« und ihren impliziten klaren historischen und gesellschaftlichen Erkenntnissen. Nun macht Grass mit seiner Literatur bewußt Politik – und die Novelle »Im Krebsgang«, die angeblich das literarische Tabu der deutschen Vertreibung nach dem Zweiten Weltkrieg bricht, schreibt in ihrem journalistischen Habit die Fortsetzungsgeschichte dieser neuen Erzählstrategie des Günter Grass.

Daß diese Bücher – das eine gegen die Kritik, das andere getragen von ihrer Zustimmung – Bestseller wurden, verwundert nicht: Günter Grass ist ein berühmter Mann. Und so war es wohl nur zu selbstverständlich, daß, wie einst zum

100. Geburtstag Ernst Jüngers die konservativen Repräsentanten Herzog, Kohl und Teufel anreisten, zum 75. Geburtstag von Günter Grass sich deren sozialdemokratische Pendants Rau, Schröder und Gabriel einfanden, um ihr einziges verbliebenes nationales Denkmal deutscher Dichtung zu feiern.

Der junge literarische Ruhm, den er einst so selbstlos der Politik opferte, hat sich ums Vielfache ausgemünzt: Aus dem kleinen Kolonialwarenladen im Labesweg 13 von Danzig-Langfuhr wurde ein weltweit operierender Konzern, der sich durch manch mäzenatische Stiftungen auch von seiner noblen Seite zeigt.

Umkreisung eines Dividualisten

Über Martin Walser

Ich ertrage nichts unbeantwortet.
M. W.

I.

»Alle Menschen sind am 24. März 1927 in Wasserburg am Bodensee geboren. Das ist länger her, als die Jahreszahlenrechnung vermuten läßt. Alle Menschen wollen offenbar zurück zu ihrem 24. März oder sie wollen wenigstens jetzt nicht mehr weiter. Sie möchten endlich bremsen. Sie möchten sich des 24. versichern. Sie haben noch eine Ahnung, wie das war in einer Bahnhofwirtschaft, die dem Bahnhof gegenübersteht, aber sich durch ein paar Ziegelsteingesimse zu seiner gänzlichen Ziegelsteinhaftigkeit bekennt. Man kann sich schwer wehren gegen diesen Bahnhof, der ja der Bahnhof aller Bahnhöfe ist. Wo einer auf diesen Vergangenheitsboden tritt, ist er verloren, er versinkt wirklich, kommt nie mehr zurück. Das liegt einfach an der Tiefe des Bahnhofwirtschaftswesens in Wasserburg am Bodensee um das Jahr 1927. Wir waren der Tummelplatz jeder Geschichte; wir haben keine ausgelassen. Hier trennen sich Wege und jeder führt zum Entsetzlichen: Ein Krieg beginnt, ein Dorf überlebt, um dann in der Neubauzeit unterzugehen. Alle 1927 in Wasserburg Geborenen beziehungsweise alle Geborenen beziehungsweise Alle verlieren ihr Wasserburg. Es ist nicht zu retten – so wenig wie die Menschen selbst. Als wir alle noch in jenem Wasserburg lebten, wußten wir nicht, was das einmal für uns bedeuten würde. Von heute aus gesehen, bewegten wir uns damals wie im Traum, wie auf der Bühne, wie im Roman. Dann kam der Auszug.«[1]

Nicht alle Menschen zwar, aber doch Martin Walser, der da so poetisch über den Ort seiner Herkunft und dessen Verlust spricht, wurde am 24. März 1927 in Wasserburg am

Bodensee geboren. Dort hatte sein Vater die Bahnhofswirtschaft und einen Kohlenhandel als kleinbürgerliches Familienunternehmen betrieben, freilich auf unglücklichste Weise. Nach des Vaters frühem Tod 1938 kämpfte die glaubenskräftige Mutter den verschuldeten Betrieb mühsam frei, und ihre drei Söhne halfen ihr dabei. Einer von ihnen fiel im Krieg, der andere übernahm die Gastwirtschaft und blieb am Ort – und Martin zog aus.

Martin als einziger hatte die Oberschule in Lindau besucht. Er las schon als Knabe alles, was ihm unter die Finger kam: natürlich Karl May; dann die Galerie der katholischen Autoren von Peter Rosegger bis Peter Dörfler; später Schiller und Dostojewski, Klopstock und Hölderlin; und er schrieb die freigebliebenen Spalten der Wareneingangsbücher in der Kohlenhandlung voll mit Gedichten in Klopstockscher Form und Hölderlinscher Manier, versuchte sich auch an der Herstellung Schillerscher Dramen. Die Schule wurde zwar zur Qual. Doch das Fach Deutsch war darin das Asyl, da mußte er sich nicht anpassen; sein Lehrer hatte offensichtlich begriffen, daß Deutsch ein Fach ist, in dem jeder so sein darf, wie er ist.

1943 mußte die Schule abgebrochen werden: dem Dienst bei der Heimatflak folgten 1944 der Arbeitsdienst und das Militär, und 1945 eine kurze amerikanische Kriegsgefangenschaft. 1946 holte Walser in Lindau das Abitur nach und begann ein rudimentäres Literaturstudium in Regensburg und Tübingen, das begleitet wurde von Arbeiten für Studentenbühne und Kabarett und schließlich abgelöst wurde von einem Volontariat beim Süddeutschen Rundfunk. Da blieb er vorerst, machte viele Reportagen, schrieb zahlreiche kurze Hörspiele; und verfaßte Kurzgeschichten, die über eine Feuilleton-Agentur vertrieben wurden.

»Meine erste Geschichte, die in der ›Frankfurter Rundschau‹ veröffentlicht wurde, hieß ›Urläus‹: Einer vom Land kommt in die Stadt und er kommt zum ersten Mal an eine Straßenkreuzung, an der ein Polizist Zeichen gibt. Und er geht unentwegt diesen Zeichen nach – der kommt über die Kreuzung gar nicht hinweg: Der Polizist zeigt erst in die eine Richtung, und er geht dahin, dann winkt der Polizist in die andere Richtung, und er geht dort hinüber, er tanzt, bis ihn die Polizei festnimmt, pendelt dauernd am Arm des Polizisten auf dem Platz hin und her. Das war meine Situation damals (...): Wie ich damals in die Stadt kam, ohne jede Spur von Selbstbewußtsein und Festigkeit, nur mit diesem Bedürfnis nach Literatur ausgerüstet, obwohl das vielleicht keine Ausrüstung, sondern eine Schwäche war. Aber dieses Bedürfnis nach Literatur ist ja nicht nur eine edle Sache, wie man es idealistisch dargestellt hat, sondern das Bedürfnis nach Literatur ist eine Ausgeburt des Mangelerlebnisses an der Gesellschaft, der Unsicherheit und der Angst. Deswegen schaut man sich in diesen Büchern um, in denen Leute, die auch unsicher waren und auch Angst gehabt haben, das ausgedrückt haben.«[2]

Es waren vor allem die Bücher Franz Kafkas, in denen sich Martin Walser wiederfand, und für die er etwa Gides »Falschmünzer« schnöde beiseite legte: »Weil da eben das Schicksal immer so sichtbar gegenwärtig war, in jeder Zeile (...). Eben die Bestimmtheit der Personen bei Kafka, das Unfreiwillige aller Vorgänge, das Zwanghafte aller Vorgänge, das hat mich hineingezogen, weil das ganz meinen eigenen, noch nicht bewußten Erfahrungen entsprach. (...) Ich selber war doch auch aus diesem Dorf zuerst in die Schule geschickt worden, und dann von der Schule zu dieser Heimatflak und dann zum Arbeitsdienst und dann zum Militär. Und ich hab mich natürlich auch immer nach den lautesten Zurufen und Kommandos und Empfehlungen weiterbewegt. Natürlich hatte ich so ein bißchen ein eigenes Bedürfnis, das mit der Literatur, aber ich war andauernd irritierbar, ich hatte ja keine Identität, ich hatte keine Sicherheit, ich hatte keinen familiären Hintergrund.«[3]

Nicht nur ein bißchen Bedürfnis nach Literatur, möchte man meinen. Die Literatur ist der Wurzelgrund, aus dem Walser seine Individuationskraft schöpft, der Boden, auf dem er zuerst seine Existenz als Schriftsteller errichtet. Und so kehrte er schon gegen Ende der vierziger Jahre wieder an die Universität zurück und promovierte bei Friedrich Beißner in Tübingen über Kafka – den damals noch kaum ein Universitätsgermanist kannte; so daß sich, wie Walser gern erzählt, ein Germanist nur unter der Bedingung als Korreferent fand, daß er »diesen Kafka« nicht auch noch lesen müßte.

Auf der Suche nach seiner Identität, oder besser: nach Bewältigung seiner Dividualität wird Walser sein Leben lang sein – den familiären Hintergrund schafft er sich nun, 1950: Er heiratet, und seine Frau Käthe wird ihm ein Leben lang helfen, seine stets handgeschriebenen Manuskripte in lesbare Typoskripte zu verwandeln. Ein Jahr später schließt er die Promotion ab und entscheidet sich, fortan als freier Schriftsteller zu leben.

Noch vor der Promotion läßt Walser über den jungen Tübinger Assistenten Walter Jens, der, als Mitglied der Gruppe 47, in der Universitätsstadt schon literarisch Hof hält, ein erstes 150-Seiten-Manuskript mit dem Titel »Schüchterne Beschreibungen« an den Rowohlt Verlag vermitteln – doch dessen Lektor Wolfgang Weyrauch lehnt den Angsttraum-Text ab und übermittelt Jens in einem Brief die Nachricht, man müsse »den Autor davor bewahren, aus dieser literarischen Verrücktheit in eine medizinische hineinzugeraten«. Auch ein zweites 150-Seiten-Manuskript, anderthalb Jahre später, das nun an den Piper Verlag geht, wird abgelehnt – sein Titel: »Erinnerungen eines Chauffeurs«; Walser wird das Thema dreißig Jahre später wieder aufnehmen und daraus einen seiner besten Romane machen: »Seelenarbeit«. Damals aber war der Schock groß: »Ja, natürlich, es war ein ungeheurer Schock. Ich meine nicht, daß ich mir ausgerechnet hätte, das würde gleich gedruckt. Aber die Ablehnung ist eben doch ein Tor, das ganz hart zufällt.«[4]

Schon 1953 aber öffnet sich für Walser das Tor zu jener Gruppierung, in der einer neuen deutschen Literatur die Zukunft bereitet wird: Von Walter Jens empfohlen, wird Walser von Hans Werner Richter zur Gruppe 47 eingeladen. Noch stoßen bei den meisten der auf eine realistisch-naturalistische Kahlschlagprosa eingeschworenen Gruppenmitglieder die im Kafka-Ton gehaltenen Erzählungen Walsers auf entschiedene Ablehnung. Aber schon zwei Jahre später, im Mai 1955 in Berlin, wählen ihn die Autoren der Gruppe 47 zu ihrem 6. Preisträger für die Erzählung »Templones Ende«: Es ist die Geschichte eines alternden Mannes, der seine Beziehungen zu einer sich verändernden neuen, von ihm als feindlich empfundenen Umwelt abbricht, aber gleichwohl von ihrer Beherrschung träumt – und in solcher Selbsttäuschung, gänzlich vereinzelt, schließlich stirbt: »Der Gasmann, der ja sein monatliches Geld haben muß, kam später dazu und holte gleich die Nachbarn von links und rechts. Die besahen sich alles und sorgten für die Beerdigung des alten Herrn, der zwischen ihnen gelebt hatte, unverständlich wie ein Stein. Aber sie trugen es ihm nicht nach, daß er nie gegrüßt hatte, wenn man ihm begegnet war.«[5]

Die Geschichte erscheint noch im Herbst 1955 in Walsers erstem Buch »Ein Flugzeug über dem Haus und andere Geschichten«. Sie alle versuchen, gesellschaftliche Erfahrungen der fünfziger Jahre noch in Parabeln zu fassen, die an Kafka geschult waren.

Zwei Jahre später, nach einigen Jahren in Stuttgart, kehrt Walser mit seiner jungen Familie zurück an den Bodensee, lebt erst in Friedrichshafen, dann, seit 1968, in Nußdorf bei Überlingen. Der Bodensee ist und bleibt der Lebensraum der Familie Walser. Vier Töchter wachsen hier auf; alle begabt mit der künstlerischen Sensibilität der Eltern und seit langem schon aktiv in Theater und Literatur. Die Bodenseeheimat wird zum festen Grund der sich seither entfaltenden Walserschen Romanwelt, in der gerade die Familie als privater sozialer Ort die gesellschaftlichen Leiden und Niederlagen ihrer Figuren erträglicher macht. Da spiegelt sich ein wesentlicher Teil Walserscher Selbsterfahrung. Doch gerät das literarische Bild von Heimat und Familie nie zu falscher Versöhnlichkeit, verwäscht nie zur Idylle. Und noch das entschiedene Heimatlob bleibt nur auf der Suche nach Harmonie: »Ich liebe den See, weil es sich bei ihm um nichts Bestimmtes handelt. Wie schön wäre es, wenn man sich allem anpassen könnte, auf nichts Eigenem bestehen, nichts Bestimmtes sein, das wäre Harmonie, Gesundheit, Ich-Losigkeit, Todlosigkeit. Aber nein, dauernd muß man tun, als wäre man der und der, und genau der stirbt doch.«[6]

Solche Wünsche artikulieren spät erst in meditativ resignativem Ton die Sehnsucht nach einer Harmonie, die nur außerhalb der Wirklichkeit zu haben, nur durch Ich-Losigkeit zu gewinnen sei – als sei Templone wiederauferstanden. Aber damals, als er Templones Ende beschrieben hat, wollte der Schriftsteller Walser ja gerade eine selbstbewußte Ich-Haftigkeit erst gewinnen, um dem bei Kafka vorgefundenen fremdbestimmten Lebenszwang zu entkommen und ihm einen eigenen Lebensentwurf entgegenzustellen. Walser hatte als junger Mensch im eigenen Elternhaus erfahren, wie solche fremdbestimmten Lebenszwänge die Existenzen deformierten: »Ich habe das von meinem ersten Lebenstag an sozusagen miterlebt, wie in kleinbürgerlichen Verhältnissen ein Elternpaar in diesem elenden Konkurrenzkampf sich hat wehren müssen und dabei kaputt gegangen ist. Beide! Und ich habe so zugeschaut und hab's nicht begriffen. Heute wird es mir allmählich klar, warum die so kaputt gegangen sind: aus kleinbürgerlicher Verdinglichung und Selbstentfremdung im Konkurrenzkampf.«[7]

Als Walser dann – nach den zwei abgelehnten Roman-Manuskripten – wieder einen Roman zu schreiben beginnt, spürt er, daß er der großen Form mit den kafkaschen Parabeln nicht beikommt – den Lehrmeister Kafka, so Walser, konnte er »nur für die Erzählung bis zu 20 Seiten gebrauchen«[8]. Nach den gleichnishaften Sublimierungen in den frühen Erzählungen schreibt Walser seinen ersten Roman nun handfest realistisch. »Ehen in Philippsburg« von 1957 erzählt die journalistische Karriere des jungen Hans Beumann im Beziehungs- und Intrigengeflecht einer süddeutschen Kleinstadt und spielt, mitunter satirisch eingewürzt, bereits an auf das große, sich nun mit Macht entwickelnde Thema seiner Kristlein-Trilogie, an der er fast 15 Jahre arbeiten wird: das Thema von der Abhängigkeit des Einzelnen in der kleinbürgerlichen Konkurrenzgesellschaft der Bundesrepublik. Die Sozialisation des Walserschen Helden Hans Beumann im noch fast traditionellen Karrieresystem der fünfziger Jahre ähnelt einer Konfirmierung, die verhindert, daß er sich recht klar wird über die eigenen Stärken – er wird eingeprägt ins

Muster der Philippsburger Gesellschaft und läßt sich ihr auch gern einprägen, weil er sich nur dadurch Erfolg verspricht.

Martin Walser wurde für »Ehen in Philippsburg« mit dem »Hermann-Hesse-Preis« geehrt. Die materielle Ausbeute: zehntausend Mark. Und schon damals versah die Kritik Martin Walser mit dem Etikett »gesellschaftskritischer Autor«. Wogegen er sich stets gewehrt hat: »Ich habe meine Schreiberei nie als Kritik konzipieren können. Als ich meinen ersten oder meinen zweiten, den Hesse-Preis kriegte, mußte ich so eine kleine Rede halten, 1957, und von da ab habe ich gemerkt, daß man mich in den Zeitungen ... – das war damals so ein Wort: Man nannte das ›gesellschaftskritische Romane‹. Und da hab ich dann auch einmal Stellung dazu nehmen müssen, hatte ich das Gefühl. Ein Gesellschaftskritiker, das stell ich mir so vor, der ist außerhalb der Gesellschaft, hat einen etwas erhöhten Schreibtisch, einen tollen Überblick, von da aus übt er Kritik – das kann ich nicht. Ich bin nicht außerhalb der Gesellschaft, ich bin mittendrin. Und meine Figuren erleiden alles, was in dieser Gesellschaft einem zugefügt wird. Meine Figuren sind vor allem Leidende und eher Verlierer als Sieger, und in diesen Figuren werden gesellschaftliche Bedingungen unwillkürlich ausgedrückt. Und wenn das kritisch ist, dann kann ich nicht dafür, das ist dann halt so. Aber ich würde schon eine Absicht für schädlich halten, verstehen Sie, dieses Gefühl, ich bin jetzt jemand, der schreibt kritische Romane. Dann hätte ich schon eine Meinung und so weiter und dann könnte ich schon nicht schreiben. Eine Meinung ist, finde ich, für einen Schriftsteller, wenn er erzählen will, ein Kurzschluß.«[9]

»Ehen in Philippsburg« war nicht nur realistisch, sondern auch konventionell erzählt. Ein Verrat an Kafka, aber ein notwendiger – so Walser 1972 im Gespräch mit mir: »Ich mußte zu dem Roman zurück, den ich höhnisch um Kafkas willen verlassen und geopfert hatte, ich mußte zum Gide'schen Roman zurück. Im Grunde hat es in der deutschen Epik für mich keinen Lehrmeister gegeben. Denn der Goethesche Roman ist für mich keiner. Ich kann diese Begeisterung über die ›Wahlverwandtschaften‹ nicht teilen, die Begeisterung über ›Wilhelm Meister‹ kann ich nicht teilen. Für mich wurde erst wieder ein Lehrmeister Proust.« Und befragt nach der Leseerfahrung Joyce antwortet er: »Joyce habe ich erst gar nicht gelesen. Joyce habe ich erst nach der ›Halbzeit‹ angefangen, ich habe ihn auch bis heute nicht ganz gelesen. Also ich habe das nie verarbeitet. Proust habe ich 1957/1958 gelesen, und zwar zweimal.«[10]

Nicht Fontane, nicht die Brüder Mann, nicht Döblin, auch nicht Faulkner oder Dos Passos – Marcel Prousts »Suche nach der verlorenen Zeit« löste Kafka ab und wurde Walsers großes Lese- und formales Lern-Erlebnis vor der Niederschrift von »Halbzeit«. Dieses umfangreiche Buch hat denn auch nichts mehr vom klassischen Realismus – ist aber bei all seiner rauschenden assoziativen Suadahaftigkeit genau im Detail; nur meinten manche Kritiker damals: Das Thema der »Halbzeit« werde überlagert von der begeisterten Schilderung zahlreicher Kleinigkeiten, ja ertrinke darin.

Und natürlich berief sich die Kritik nach Erscheinen der 893 Seiten »Halbzeit« im Herbst 1960 auf die üblichen Verdächtigen der literarischen Moderne: Faulkner habe da Pate gestanden; man denke bei Walser an den großen John Dos Passos und sein filmisch konzipiertes Kameraauge; und weiter erzählte Hans Georg Brenner im Norddeutschen Rundfunk: »Und nicht zufällig ist die Hauptfigur hier ein Handelsvertreter (im ›Ulysses‹ von James Joyce ist es ein Annoncen-Acquisiteur), ein spürnasiger, stets redebereiter, quasselnder, schwadronierender Vertreter – bald das Ich, bald das Du, bald das Er der Erzählung.«[11]

Freilich ist Anselm Kristlein in der »Halbzeit« nicht zufällig ein wenig erfolgreicher Vertreter und Werbefachmann; und wird im Folgebuch »Das Einhorn« von 1966 zum ebenso erfolglosen Schriftsteller und schließlich im letzten Band der Kristlein-Trilogie, »Der Sturz« aus dem Jahre 1973, ein ebenso erfolgloser Leiter eines Betriebserholungsheims – und bleibt dabei ein vom alltäglichen Konkurrenzkampf deformierter kleinbürgerlicher Pseudointellektueller, der unentwegt versucht, seinen Mißerfolgen mit neuen, ebenso mißlingenden Unternehmungen zu begegnen, und der sich konformistisch und opportunistisch immer mehr in seinen Abhängigkeiten verstrickt. Aber nicht Leopold Bloom stand da Pate – wieso auch? –, sondern die Erfahrung mit dem eigenen Vater, über den Walser schon immer einen Roman schreiben wollte: »Ich habe uralte Erfahrungen damit durch meinen Vater, der starb, als ich elf Jahre alt war. Er hatte eine kleine Gaststätte und einen Kohlenhandel von meinem Großvater geerbt; aber mein Vater war ein Nichtgeschäftsmann. (...) und er hat dieses Doppelgeschäft von Gastwirt und Kohlenhändler auf die unglücklichste Weise betrieben. Und weil beides im Dorf schon übermäßig besetzt war, ist er dann natürlich dieser übermäßigen Besetzung auch erlegen und hat versucht zu fliehen; er hat immer kleinere Geschäfte anfangen wollen, obwohl das alte schon klein genug war; er wollte dann Vertreter machen, für Uhren, z.B. Schweizer Uhren, weil er Kaufmannschaft in Lausanne gelernt hat – später in ›Halbzeit‹ habe ich viel von dem verarbeitet. Denn mein Vater hat in dieser wirtschaftlichen Verzweiflung, in den zwanziger Jahren, Anfang der dreißiger Jahre, als jemand, der dafür überhaupt nicht taugt, angefangen zu schreiben und literarische Fluchtwege zu suchen, also völlig aus dem Stande Null – ich kann das beurteilen nach den Büchern, die ich nach seinem Tod auf dem Dachboden gefunden habe, die er gelesen hatte, und was er geschrieben hat – er hat auch so Hefte vollgeschrieben.«[12]

Nicht daß Walser in der »Halbzeit« ein Porträt seines Vaters gezeichnet habe – aber der Grundimpuls, der Erfahrungsdruck, die unter anhaltendem Atem aus sich herausgeschriebene Inventionswut, sie kommen aus der eigenen Erfahrung und aus dem eigenen Erleben; und aus der eigenen Anschauung, die Walser bei seinem Amerikaaufenthalt 1958 in den Vereinigten Staaten mit ihrer rasch sich umschlagenden Konsumtionswelt machen konnte: Es sei zwecklos, sich gegen den Konkurrenzmechanismus der Warenwelt zu wehren: »In der ›Halbzeit‹ versucht der Anselm Kristlein, der nicht das Selbstbewußtsein hat, sich gegen diesen Mechanismus zu wehren, sich anzupassen, um zu überleben. Aber wo landet er, nachdem er Vertreter war, dies und jenes, und schließlich Werbemann ist, wenn er nach Amerika geschickt wird? Die höchste Stufe dessen, was er machen kann in dieser Laufbahn, ist, daß er in Amerika lernt, das Image von Produkten rasch altern zu lassen, so daß neue Produkte produziert werden. Er wird also ein Produktverschrotter, ein psychologischer Produktverschrotter.«[13]

Der Kritiker Günter Blöcker schrieb in seiner Kritik zur »Halbzeit«: Ein Mann, der so extensiv wie Kristlein mitmache bei dem, was da von Walser kritisiert werde, eigne sich nicht als Vehikel der Kritik an dem, was er mitmache. Worauf Walser konterte: »Ich habe immer gesagt, für mich geht es nicht darum, Kritik zu üben, ich befinde mich nicht so sehr außerhalb dieses ganzen Betriebs, daß ich von irgendeiner Position aus da einfach Kritik üben könnte; das war nicht meine Position. Aber ich denke, wenn das überhaupt realistisch dargestellt wird, dann muß man nicht noch eine verurteilende Position einnehmen (...).«[14]

Vielleicht war es auch der Proust'sche Beschreibungsrausch, dem Walser sich in »Halbzeit« noch verehrend auslieferte und der die Distanz des Erzählers zu seinem Protagonisten vermissen ließ. Sicherlich verhinderte auch die Walsersche Innenperspektive, seine eigene Kristleinhaftigkeit die noch mangelnde Distanz zu seiner Erzählfigur, die er ja auch selber immer nach den eigenen Stimmungslagen formte, jene erzählerische Souveränität, die die Kritik von ihm verlangte – in einer kleinen Passage aus »Halbzeit« – »Gabi wartet« –, wird dieser selbstreferentiell sich steigernde Mangel an Souveränität der eigenen Figur gegenüber sehr gekonnt abgebildet: »(...) warum muß eine Frau widernatürlich schön sein, um schön zu sein, warum haben sie überall die Plakate aufgehängt, die Photographien, daß man keinen Schritt gehen kann, ohne daran erinnert zu werden, wie wenig man ist, man unterbricht das Gespräch fünfzigmal, wenn man mit einem Mann durch die Straßen geht, um ihn nicht zu stören, wenn so ein Bild ihm den Kopf im Vorbeigehen allmählich herumdreht. Oder man spricht weiter und weiß, daß er jetzt nichts hört, warum darf denn ein Mann sein wie er ist, er darf schwitzen, dreckig sein, nach Mann riechen, bloß von uns hat man künstliche Bilder angefertigt, uns wird eingehämmert, es genügt nicht, normal zu sein, wenn Er jetzt läutet, kann ich ihn nicht mehr einlassen, ich bin zu häßlich geworden, Warten macht häßlich und Er hat mich zu lange warten lassen, aber Er läutet auch gar nicht, ich würde ja doch hinausrennen und öffnen, aber Er kommt nicht, und ich muß froh sein, daß Er nicht kommt, trotzdem gelingt es mir nicht, froh zu sein.«[15]

Gabis Ich, das da zwischen fremden Ansprüchen und eigenem Wollen laviert, ist nach Walser nicht Individualität, sondern Dividualität; stellt kein souveränes Ego dar, sondern ein Dividuum: »360 Grad ist sein Horizont, und auf jedem einzelnen Grad ist ein Einflußnehmer angesiedelt, der sagen kann: mach das, mach das, und aus alle ›mach das‹ heraus entsteht seine Dividualität, seine Geteiltheit, seine Aufgeteiltheit, seine Gesellschaftlichkeit, seine Abhängigkeit.«[16]

Das hatte Walser, realistisch und strikt, schon an Hans Beumann aus den »Ehen in Philippsburg« vorgeführt. Nun, in der »Halbzeit«, hat er sich mit Anselm Kristlein jene Figur auf den Leib geschrieben, die er aktivieren, an der er sich abreagieren, an der er seine Befindlichkeiten in der Welt am ehesten und extensiv ausleben lassen konnte. Der »Halbzeit«-Stil ist atemlos, hastend; alle 360 Grad des Anspruchszirkels, von denen Walser sprach, werden assoziativ und sprunghaft ins Visier genommen: Kristlein, dieser »wirtschaftliche Abenteurer«, wie Walser ihn einmal nannte, hat auch alle vernichtenden Momente seines Mitmachens erlebt, nichts Haltbares hat er erreicht, weder in der Familie, noch im Beruf, noch bei seinen erotischen Abenteuern.

II.

Mit »Halbzeit« hat sich Martin Walser das Grundwerk seiner Schriftstellerei geschrieben – von diesem Buch her hat sich seine Literatur entfaltet. Vollgepackt mit den unterschiedlichsten Stimmungsvarianten der eigenen Zustände, leuchtet es tatsächlich den Erfahrungshorizont eines mit den besonderen Empfindlichkeitstentakeln ausgestatteten sozialen Wesens aus, als das sich Walser stets empfunden hat: Immer hat er seine Autorschaft definiert als eine geradezu angeborene Notwendigkeit, den Mängeln in der Wirklichkeit literarisch zu antworten: »Man macht eine scheußliche, negative Erfahrung und beantwortet sie: In der Wirklichkeit ist man unterlegen, aber als Schreibender hält man dagegen. Man ist dann nicht gerade Sieger, aber man ist beglückt darüber, wie gut man in der Antwort auf etwas Negatives wegkommt, obwohl man glaubt, nicht einfach zu färben oder positiv sein zu wollen, aber es ist schön, die Antwort zu geben, es so auszuarbeiten, wie du es ausarbeiten mußt, um weiterleben zu können.«[17]

Es ist also auch eine existentielle Notwendigkeit, die Walsers Schriftstellerei antreibt: »Mir ist die liebste Erfahrung, daß ich, ich übertreibe jetzt ein bißchen, keine Erfahrung ohne Antwort gelassen habe, daß mich das zum Schriftsteller gemacht hat, daß ich nichts unbeantwortet ertrage, daß ich erst leben kann mit der Wirklichkeit, mit ihren ganzen Hieben, Stichen, Streicheleien und Zärtlichkeiten und Brutalitäten, daß ich das alles nur ertrage, wenn ich es beantworte (...). Und (...) so ist das meine Grunderfahrung: das Leben ist nur erträglich, wenn man schreibend darauf antwortet.«[18]

Das Leben sei nur erträglich wenn man schreibend darauf antwortet – Schreiben ist für den Schriftsteller Walser also ein ständiger Prozess der Selbstbehauptung gegen den Ansturm der Wirklichkeit. Schreiben als Notwehr, als Überlebenshilfe. Walsers Schreibarbeit ist dabei nicht immer und nicht unmittelbar zur Publikation bestimmt. Es ist tägliche Übung, ein Programm, ja ein Training zur sprachlichen Sensibilisierung. Denn täglich hat man ja mit der Wirklichkeit zu tun, und täglich wollen die Wirklichkeitserfahrungen, so klein sie auch sind, beantwortet werden. Und so wie ein Pianist täglich seine Übungen absolviert, notiert Walser täglich: »Schreiben ist natürlich hauptsächlich Handwerk und bedarf der Übung, der täglichen Übung. Meine täglichen Schreibübungen, ganz egal, wo ich bin, ob im Zug oder hier, meine

Übungen mache ich hauptsächlich in diesen Notizbüchern – ich habe inzwischen 37 davon. Das sind die Fingerübungen, die man, glaube ich, braucht, die ich brauche wie ein Pianist, wenn er seine Hände nicht verkommen lassen will. Wenn ich ein paar Tage durch irgendwelche furchtbaren Umstände nicht dazu komme, hierin zu üben, dann komme ich mir völlig taub und zerfallen vor. In einem solchen Notizbuch kann man eben wirklich spielen, da darf man experimentieren, da ist sozusagen alles erlaubt, weil es ja nur für einen selber ist. Hier kann man Figuren entwickeln, über Jahre hinweg, kann mit ihnen experimentieren, sie bis zu jener Anfangsreife entwickeln, die sie brauchen, damit man mit so einer Figur auf das wirkliche Schreibpapier kann.

Aber bis dahin herrscht in diesen Notizbüchern die völlige experimentelle Laborfreiheit.

Und um in der Fülle dieser Notizen im Laufe der Jahre nicht völlig unterzugehen, mache ich mir am Schluß eines jeden Notizbuches ein Register nach bestimmten Gesichtspunkten, um das Ganze ein bißchen durchsichtig und brauchbar zu halten; und am Schluß eines jeden Registers dann noch eine Liste aller Projekttitel, Arbeitstitel oder endgültiger Titel, die hier noch einmal aufgezählt werden. Also etwa: ›Ohrfeige‹, ›Du sollst lügen‹, ›Das Ende der Geduld‹, ›Tragödie bei Krämers‹, ›Hirngespinst‹ usw.«[19]

Solche intimen Schreibprozesse machen das Wesen der Walserschen Schriftstellerexistenz aus. Die veröffentlichten Bücher enthüllen nur einen Teil dieser schreibenden Existenz; sie liefern den konzentrierten Selbstkommentar zum gelebten Leben. Viele Aspekte der Autorschaft bleiben geheim, andere drängen nach außen und hinterlassen auf der Bühne öffentlicher Wirkung Spuren unterschiedlichster Art. So hat Walser auch Stücke geschrieben und Kritisches zur Literatur, aber auch zu Gesellschaft und Politik publiziert.

In »Halbzeit« hat Walser seinen Helden Anselm Kristlein in immer neue erotische Verwicklungen geschickt und auf seine Weise Geschlechterkämpfe inszeniert. Der Geschlechterkampf, später auch das zentrale Thema seiner erfolgreichen Novelle »Ein fliehendes Pferd«, lieferte schon den Stoff für sein erfolgreichstes Theaterstück »Die Zimmerschlacht«. Fritz Kortner inszenierte die Uraufführung dieses »Übungsstücks für ein Ehepaar« 1967, ihm ist das fünf Jahre zuvor entstandene Stück gewidmet.

Walser hat damals in Stücken aber auch die jüngste deutsche Geschichte verhandelt. Er erklärte die Bühne zur moralischen Anstalt, um die falsche Kontinuität der deutschen Geschichte aus dem Faschismus in die restaurative Republik zu entlarven. »Eiche und Angora« und »Der schwarze Schwan« sind die beiden Stücke, in denen sich Walser mit Nationalsozialismus und Nachkriegszeit auseinandersetzte: mit den Verstrickungen der Mitläufer in »Eiche und Angora« und den Fragen der Täterkinder an ihre Eltern in »Der schwarze Schwan« – in der Vergeßlichkeit der Elterngeneration führt Walser da eine Gewissenlosigkeit vor, an der ihre Kinder, wenn sie bewußt leben, nicht teilhaben wollen.

Ein waches Gewissen haben, hieß für Walser damals explizit: aus den Verbrechen der Vergangenheit lernen, um Verbrechen in der Gegenwart zu verhindern. Und zwar nicht nur auf der Bühne oder im literarischen Werk, sondern auch als kritischer Intellektueller, mit Walsers Formulierung: als Arbeiter im Felde der öffentlichen Meinung. So nahm Walser 1966 im Fernsehen Stellung zur Haltung der bundesrepublikanischen Öffentlichkeit zum Vietnam-Krieg: »Wir in der Bundesrepublik sind vielleicht, was Vietnam angeht, noch ein bißchen mehr eingeschläfert. Bei uns funktioniert diese Einschläferung noch besser als in den USA. Wir bewältigen lieber Vergangenheit. Ich muß aber sagen, daß eine Gewissensprüfung, eine nationale Gewissensprüfung, die nicht von der Vergangenheit bis in die Gegenwart reicht, mir keine rechte Gewissensprüfung zu sein scheint. Es ist sehr leicht den Auschwitz-Prozess oder den 8. Mai zum Anlaß zu machen für eine nationale Gewissensprüfung und zu sagen, wie schlimm waren wir doch damals. Aber das ist kein Ausdruck von Gewissen. Das Gewissen kennt, glaube ich, keine Vergangenheitsform. Das Gewissen sagt nicht, ich war schuldig, sondern, wenn es überhaupt als Gewissen sich meldet, sagt es wohl, ich bin schuldig. Und eine Gewissensprüfung, die den aktuellen Konflikt ausschließt, ist keine. Wir sind heute in Vietnam beteiligt und nicht bloß mit einem Lazarettschiff, sondern als westliche Gesellschaft. Nun ist es möglich, daß Politik etwas ist, was das Gewissen dispensiert, dann sollte man das aber auch immer aussprechen, sich dessen immer bewußt sein und Politiker dementsprechend einschätzen. Ich jedenfalls glaube keinem ein Wort, der nach rückwärts bedauert und nach vorne die nächsten Tötungen gutheißt. Ich fürchte, wer bei uns zur Zeit kein schlechtes Gewissen hat, der hat keins.«[20]

Ein Muster für Walsers politisch-moralische Formulierungskunst; und sein politisches Engagement folgte der da artikulierten moralischen Forderung: 1961 noch hatte Walser öffentlich für die SPD votiert, 1966 stritt er auf Seiten der außerparlamentarischen Opposition gegen die große Koalition und deren Notstandsgesetze. Der gesellschaftspolitische Aufbruch der späten sechziger Jahre, von der Studentenbewegung getragen, hatte intellektuelle Verantwortung neu definiert, politisches Handeln anstelle von bloß verbaler Mentalität gefordert. Während Günter Grass sich von der studentischen Kulturrebellion der 68er distanzierte und sie mit guten Gründen bekämpfte, Enzensberger sich zu ihrem intellektuellen Sprachrohr machte, suchte Martin Walser nach einer neuen Parteilichkeit und stellte sich für eine Zeitlang an die Seite der Deutschen Kommunistischen Partei, ohne je deren Mitglied zu werden. Und schärfer als viele Kollegen und kritischer reagierte er 1974 auf den Rücktritt des ersten sozialdemokratischen Bundeskanzlers Willy Brandt. Sein Fazit: »Die herrschende Klasse läßt täglich betäubend laut verkünden, daß wir das Ziel unserer Geschichte erreicht hätten. Besser sei es uns noch nie gegangen. Was stimmt. Besser könne es uns nicht gehen. Was nur auf die zutrifft, die das sagen lassen. In so gut wie allen Publikationsmedien der BRD wird Literatur vermarktet unter dem Gesichtspunkt, daß wir Geschichte hinter uns haben. In einer Bedürfnislosigkeit, die in unserer Geschichte ohne Beispiel ist, arbeiten Ausbeuter und Intellektuelle zusammen als sogenannte Pragmatiker. Jeder Lyrikkritiker verlangt von sich Innenminister-Augenmaß, irrationale Heiligsprechungen und fanatische Beschwörungen eines Grundgesetzes, das noch keine 50 Jahre alt ist, Berufsverbote, Diffamierungsmechanismen leisester Art, lächelndste Intoleranz, auf Qualitätsurteile gegründete, also unpolitisch daherkommende, Zensur, honorigster Terror – das sind die Kennzeichen des intellektuellen Klimas der BRD in den letzten 5 Jahren. Der große Rechtsrutsch hat gezeigt, daß das Linke, Demokratiefreudige bei uns Intellektuellen von 1950 bis 70 nur eine Partyattitüde war.« [21]

So parteilich hat Walser seither öffentlich nicht mehr gesprochen. Denn bald erkannte er die Vergeblichkeit seiner Arbeit für die DKP: »Von 1972 an habe ich immer mehr gemerkt, daß – vielleicht schon '71, ich weiß es jetzt nicht mehr genau –, daß die SPD mir meine Wünsche nicht ohne weiteres erfüllt, und ich habe links von der SPD nach politischen Arbeitsmöglichkeiten, Mitarbeitsmöglichkeiten gesucht. Und ich habe gedacht, warum sollte eigentlich nicht die Deutsche Kommunistische Partei eine Partei sein, die eine hiesige Partei werden könnte, die eine bundesrepublikanische Sache werden könnte, nicht mehr eine Filialpartei der DDR, nicht mehr diesem Internationalismus-Diktat der Sowjetunion hörig. Ich habe wirklich einen Versuch gemacht, dieser Versuch – heute kann ich sagen, der ist mißlungen. Ich habe in dieser Partei, in den Freunden, die ich da hatte, nichts bewirkt. Es war nicht falsch, es war vergeblich. Gut. In den Jahren wurde ich in hochseriösen bürgerlichen Zeitungen als Mitglied der DKP verkauft. Es war halt dann interessanter, wenn sie da hinschreiben konnten: Martin Walser, Komma, so und so alt, Komma, DKP-Mitglied. Das hatte so einen kleinen Thrill. Das haben sie auch genutzt, weil mit solchen kleinen Reizpartikelchen füllen sie ihre Spalten.«[22]

Und die Literatur? 15 Jahre lang, in drei umfangreichen Romanen, hat sich der Erzähler Walser an seiner Spielfigur Anselm Kristlein abgearbeitet. Und diese Spielfigur, so das Fazit dieser Arbeit: der Vertreter aus »Halbzeit«, der Schriftsteller in »Das Einhorn« und der Angestellte in »Der Sturz« – diesen wandlungsfähigen Opportunisten Anselm Kristlein ließ Walser an der bestehenden bundesrepublikanischen

Ordnung rundum scheitern. Mit dieser Spielfigur ließ sich keine neue Zukunftsperspektive mehr entwickeln.

Deshalb entwarf Walser, noch während er am letzten Band der Kristlein-Trilogie arbeitete, eine neue Perspektive, die deutlich von der Nähe zur kommunistischen Partei bestimmt war. In dem Roman »Die Gallistl'sche Krankheit« schuf er sich eine neue Spielfigur: Gallistl hofft, aus den Leiden seiner kleinbürgerlichen Abhängigkeit in eine neue Solidarität aufzubrechen. Das letzte Kapitel des Buches »Es wird einmal« entwirft ein utopisches Hoffnungsbild, geschrieben in einem Futur, das in utopischer Ferne liegt, zu dem man aber nicht nur aufbrechen könne, sondern müsse.

Doch nun zahlt die Kritik dem Schriftsteller Walser seine klassenkämpferische Radikalität heim. Sie diffamiert seine Literatur wegen seiner persönlichen DKP-Position und denunziert das Gallistl-Buch als kommunistische Propaganda-Schrift. Und Walser reagiert. Er läßt zum einen die Gallistl-Figur, mit der er einige Romane schon geplant hatte, fallen und antwortet auf die Kritik am Gallistl mit einer neuen Figur und seinem nächsten Roman »Jenseits der Liebe«. Darin erfährt der Angestellte Franz Horn, daß bloße Hoffnung auf gesellschaftliche Solidarität, wie Gallistl sie noch erwartete, vergeblich ist. Und anders als Kristlein, der sich auf den wechselnden gesellschaftlichen Dünungen noch mitbewegte, wehrt sich Horn nicht einmal mehr gegen die sogenannten gesellschaftlichen Verhältnisse, denen er sich ausgeliefert fühlt. Gar noch der Selbstmord, mit dem Horn ihnen entkommen will, mißlingt. Damals, 1976, antwortete Walser einem Kritiker auf dessen Frage, ob angesichts solcher Erfahrung die Literatur nicht parteilich sein müsse: »Mehr Parteilichkeit kann man – soll man – wenn man an Literatur interessiert ist, von Schriftstellern nicht verlangen. Ich habe in den letzten 25 Jahren immer erst an meinen Büchern gesehen, welche Tendenz ich habe. Ich habe immer angefangen zu schreiben, weil ich mir etwas nicht gefallen lassen wollte, weil mir etwas unerträglich war, weil mir etwas nicht gepaßt hat, und nachher habe ich gesehen, das hat diese und diese Tendenz und das Buch ist parteilich, ohne daß ich parteilich war, als ich es schrieb. Wenn man sich das vornehmen könnte, so und so schreiben zu wollen, dann ist dieser ganze Schreibvorgang, glaube ich, nichts wert, und ersetzbar durch irgendeine wissenschaftliche Operation.«[23]

Aber auch dieser Roman findet keine Gnade vor der Kritik – auch keine Gerechtigkeit. Marcel Reich-Ranicki schreibt, an diesem Buch sei keine Seite lesenswert – da wurden dem Schriftsteller Walser Verletzungen zugefügt, die nicht mehr heilten. Aber erst 25 Jahre später folgte Walsers öffentliche Reaktion – eine blinde Rache: In »Tod eines Kritikers« läßt er einen Kritiker scheinbar sterben, der unverkennbar Marcel Reich-Ranicki ist.

Wer verletzt wird, sucht nach Heilung. Die Hoffnung, in die der Roman »Die Gallistl'sche Krankheit« mündet, wurde für gescheitert erklärt, das zeigte Franz Horns larmoyantes Schicksal. Der Schriftsteller Walser, das hat er ja als seine einzige Lebensbewältigungsarbeit bezeichnet, reagiert auf die Wirklichkeit mit Wörtern, Sätzen. Und so darf auch Franz Horn, im »Brief an Lord Liszt«, noch einmal seine zerquälte Verletztheit eloquent zur Sprache bringen.

Doch zuvor schon hatte Walser sein Figurenensemble fast vollständig ausgetauscht: »1976 habe ich dann sozusagen neu angefangen. Und da habe ich nun angefangen, eine Serie von miteinander eng verwandten Figuren zu entwickeln. In meinen Notizbüchern habe ich seit dem Jahre '64 den Wunsch nach solchen Figuren für mich schon einmal festgehalten und auch dann und wann ein bißchen vorprobiert. Ich habe mir '64 notiert: Ich möchte einmal einen Roman machen mit einer Figur Dr. Gottlieb Zürn, Immobilienmakler. Als ich dann '75/'76 soweit war, von Kristlein umzusatteln auf neue Figuren, und zwar auf Figuren, deren Namen einsilbig sein sollten, möglichst sollten sie Zürn heißen, da habe ich dann auch die Romanform ernster genommen als vorher. Und das erste Zürnbuch dann, das war ›Seelenarbeit‹, aber noch nicht der Immobilienmakler Dr. Gottlieb Zürn, sondern ein Vetter dieses Dr. Gottlieb Zürn, Franz Xaver Zürn, Chauffeur war der, und dann also Dr. Gottlieb Zürn. Ich habe weitergemacht mit diesen Figuren und will jetzt daraus so eine Familie entwickeln von einander sehr verwandten Figuren, und trotzdem haben sie für mich eine große Verschiedenheit. Ich könnte sie bezeichnen: verschiedene Tonarten, verschiedene Frequenzen, und jede Tonart, jede Frequenz erlaubt eine andere Nuance von Empfindlichkeit, von Leiden, von Problem auszudrücken.«[24]

Vor den Zürns trat aber noch eine andere neue einsilbige Walser-Figur auf: Helmut Halm, samt Ehefrau Sabine und Hund Otto. Diesen Helmut Halm schickte Walser in der endlich auch merkantil erfolgreichen Novelle »Ein fliehendes Pferd« in einen erbitterten Lebenskampf: den etwas behaglich intellektuellen Oberstudienrat gegen seinen alten Schulfreund Klaus Buch, einen dynamischen Macher, der Gott und die Welt schwadronierend zu beherrschen scheint. Beide verkrampfen sich im Kampf gegeneinander, weil ein jeder das Außenbild des anderen für wahr nimmt und sein verborgenes Selbstbild durch den anderen in Frage gestellt sieht. Die Psychologie, mit der Walser da operiert, ist disziplinierter als in den frühen Romanen und weniger dogmatisch als dann in den sehr viel späteren: »Die Verteidigung der Kindheit«, »Finks Krieg« und »Der Lebenslauf der Liebe«, die nicht mehr den eigenen Lebensstimmungen abgeschrieben, sondern authentischen Schicksalen nachgeschrieben sind.

Auch die Zürn-Bücher, die Walser nun schreibt – »Seelenarbeit«, »Das Schwanenhaus« –, ebenso wie dann die neuerliche Helmut Halm-Geschichte in der »Brandung« verteidigen den Einzelnen weiterhin gegen die deformierenden Ansprüche der Gesellschaft. Aber ihr Personal hastet nicht mehr orientierungslos durch die große Welt (sieht man von Halms Universitätsabenteuer in Oakland = Berkeley/Cal. einmal ab), es ist eher bodenständig und lebt, stellvertretend für ihren auch älter gewordenen Autor, ein schwieriges Leben in der Provinz, am Bodensee. Und Walsers Sprache ist mit der von ihr transportierten Psychologie milder geworden, auch humorvoller. Und manchmal sogar etwas mystisch.

»Es hatte wieder aufgehört zu regnen. Sogar die Sonne war durchgebrochen. Die Wolkenränder an der Durchbruchstelle gleißten. Gottlieb starrte in den blendenden Glanz, der aus dem Wolkenloch strömte. Wenn er so etwas sah, dachte er immer noch an Gott. Das war eine Vorstellung aus seiner Kindheit. Dieser aus einem Wolkenloch brechende Glanz kommt von Gott. Hinter dem Glanz wohnt Gott. Der Glanz, von dem er, weil die Augen schmerzen, jetzt wieder wegschauen muß, ist Gott. Er konnte sich sagen, er verfalle, wenn er in diesem aus den Wolken brechenden Glanz Gott sehe, lediglich einer Vorstellung, die in seiner Kindheit in ihm fixiert worden sei; aber dadurch ließ sich das Gefühl, der Glanz aus den Wolken sei Gott, nicht vertreiben. Dieses Gefühl ließ sich nur widerlegen. Aber das Widerlegen nützt nichts. Die Macht der Vorstellung aus der Kindheit ist nicht durch Widerlegung zu brechen. Du hättest dich entwickeln müssen, denkt Gottlieb Zürn. Es ist nicht so, daß du jetzt zurückfällst, du bist nicht weitergekommen. Du bist geblieben, was Du warst. Primitiv. Ein Kind.«[25]

Gottlieb Zürn, den Martin Walser in dem Roman »Das Schwanenhaus« so mystisch sinnieren läßt, ist Immobilienmakler, aber zu weich für den Konkurrenzkampf in dieser Branche. Er träumt davon, kampflos und friedlich im Umgang mit allen dennoch Sieger zu sein, stark und geliebt, autonom und autark. Auch die Zerrissenheit, die Dividualität von Walsers Spielfiguren, ist nun moderat geworden, geradezu erträglich.

Gottlieb Zürn ist der Vetter Xaver Zürns, jenes Chauffeurs aus »Seelenarbeit«, dem das Ausgeliefertsein an die Launen seines Chefs unentwegt Magenschmerzen bereitet. Auch Franz Horn ist mit den Zürns verwandt. Alle drei sind verheiratet, alle drei sind auch Väter einiger Töchter und alle leben in der Bodenseegegend, bewegen sich zwischen Lindau, Tettnang und Überlingen. Und alle suchen Zuflucht, finden sie in dieser Heimatwelt, in ihren Familien, in den Armen ihrer Frauen. Es scheint, als habe nur diese Welt noch Bestand und lindere ihre gesellschaftlichen Verwundungen. Aber das Thema, es blieb lebenslang, auch wenn Martin Walser sich nun nach einem Happy-End seiner gesellschaftlichen Leidensgeschichten sehnte: »Ich würde am liebsten aus der jeweils gegenwärtigen Romanmasse das beste herauswirtschaften. Es geht mir also jetzt um ein Happy-End. Dabei manipuliere ich die Themen nicht, kann ich auch gar nicht, sie bleiben hauptsächlich: die Abhängigkeit, Machtausübung, die Deformation des Bewußtseins von Abhängigen. Allerdings auch Herr und Knecht sollten gleich wichtig genommen werden; auch der Herr, von dem man abhängig ist, kann dadurch, daß er andere in Abhängigkeit hält, auch der Herr kann durch dieses Verhältnis deformiert werden. Dieses Programm will ich realisieren – allmählich, so daß am Ende vielleicht sechs bis acht Romane, eine Art Zürn-Epos, sehr pathetisch gesagt, nachher dastünde, also wiederum eine Geschichtsschreibung des Alltags, allerdings diesmal in einem größeren Maßstab.«[26]

III.

Dazu ist es nicht gekommen. Nur ein Zürn-Buch hat Walser noch geschrieben, »Jagd«, im Jahre 1988. Doch es blieb matt – offensichtlich konnte Walser den Zürns, diesen kleinen Anpassungsbegabungen, keine interessanten neuen Aspekte mehr entlocken. Freilich war mit der deutschen Einheit im Jahre 1990 auch die bundesrepublikanische Alltagsgeschichte an ihr Ende gekommen, der Walsers literarische Geschichtsschreibung gewidmet war. Und so schrieb Walser nun jene anderen Bücher, in denen er versuchte, privates und politisches, individuelles und dividuelles, also quasi öffentliches Schicksal zusammenzubinden und in denen auch das neue größere Deutschland vorkommen konnte: Beide Romane, »Die Verteidigung der Kindheit« und »Finks Krieg«, stammen nicht mehr aus den Tag- und Nachtbüchern Walsers, in denen er nach wie vor die eigenen Empfindlichkeiten penibel verzeichnet, sondern verarbeiten reale Biographien, die mit Walsers Existenz nur wenig zu tun haben. Immerhin sind beides Geschichten von Versagern, die genau ins Walsersche Figurentableau passen – der autistisch angehauchte Regierungsrat Alfred Dorn ebenso wie Stefan Fink, der nach einem Regierungswechsel aufs Abstellgleis verschobene Leitende Ministerialrat aus Hessen. Wenigstens »Die Verteidigung der Kindheit« wurde auf dem Markt einigermaßen erfolgreich.

Und Walser schrieb sich 1998 mit »Ein springender Brunnen« endlich den Roman seiner Kindheit. Eindeutiger als alle anderen Erzähl-Umsetzungen Walserscher Gestimmtheiten erzählt dieses Buch die Kindheits- und Jugendgeschichte eines Knaben namens Johann in den dreißiger und vierziger Jahren des 20. Jahrhunderts nahezu autobiographisch. Walser setzt damit den Schlußstein in der Architektur eines Gesamtwerks, das von »Ehen in Philippsburg« bis zum letzten Zürn- und Halm-Roman von den fünfziger bis in die neunziger Jahre Walsers Lebensstrecke in Romanwelten verwandelt hat: »In meinen Notizbüchern gab es eben eine Schublade, einen Titel, der immer wieder auftauchte, ernährt wurde, weitergeführt wurde, das hieß ›Der Eintritt der Mutter in die Partei‹. Und ich wußte, ich will einmal ein Buch schreiben, das als ganzes auch hätte heißen können: ›Der Eintritt der Mutter in die Partei‹. Nur nachher beim Arbeiten, Erarbeiten dieses Buches hat sich das als zu beschränkt erwiesen. Aber ich wußte, das ich das schreiben möchte. (...) jeder Erzähler hat ein Recht, auch seine Kindheit einmal als Roman zu erzählen.«[27]

Dieses Buch verbietet sich jegliche historische Reflexion ex post. In naiver Pose erzählt der siebzigjährige Walser von einer heillosen Zeit, von einer stets materiell bedrängten Familie, erzählt von schwer arbeitenden Müttern, aber auch von schwer arbeitenden Kindern, vom Krieg, vom Tode des Vaters und des Bruders. Und doch erzählt er all dieses ohne Aufgeregtheit, ohne Zorn, ohne Wut, vielmehr so, als trauere er dieser Zeit ein wenig nach, seiner Jugend, die er fast glücklich erlebt hat: »Das war für mich eine angenehme Schreiberfahrung, das muß ich sagen. Ich habe eigentlich noch nie ein solches Entgegenkommen des Stofflichen, des Geschehenen, erlebt, wie diesmal. (...) Natürlich hab ich auch eruiert und nachgedacht und Leitplanken gesetzt und so weiter und konstruiert, aber hauptsächlich hab ich entgegengenommen. (...) Ich fühlte mich so zuhause, ich weiß auch nicht, warum ich auf einmal den Herbst 1932 einfach erzählen konnte, wie wenn er gestern gewesen wäre. (...) Ich hab allerdings, das geb ich zu, diese Einsicht herrschen lassen, daß man mehr die Vergangenheit sich entgegenkommen lassen muß, als daß man ihr entgegenkommt. Ich hab gesagt, man muß sie ja nicht behandeln wie Träume. Nicht gleich nach der Bedeutung fragen: Was hat das für eine politische, historische Bedeutung? Sondern laß es zuerst einmal kommen, wie es kommen will, und dann schau, ob du's gelten lassen darfst.«[28]

Walser hat es gelten lassen und provozierte mit dem Buch eine Diskussion darüber, ob man als Siebzigjähriger so wertfrei und unbelastet von späterem Wissen über eine historisch so belastete Zeit reden könne. Diese Debatte fügte sich nahtlos ein in die Aufgeregtheiten, die Walser auslöste, als er zehn Jahre zuvor, 1988, in einer Rede über Deutschland sich auf sein »Geschichts-Gefühl« verließ und für die Utopie einer neuen deutschen Einheit plädierte – und die mangelnde Offenheit in Gesprächen über dieses Thema beklagte: »Zuerst glaubt man natürlich, man könne über dieses Land, über *unser* Land reden, ohne von Deutschland reden zu müssen. Aber die Geschichte ist unerläßlich. Wenn sie gutgegangen wäre, wäre Deutschland nicht zu einem solchen Tag- und Nachtthema geworden. Wenn die Geschichte gutgegangen wäre, würde ich heute abend in Leipzig ins Theater gehen und morgen wäre ich in Dresden, und daß ich dabei in Deutschland wäre, wäre das Unwichtigste. (...) Wenn sich das Gespräch um Deutschland dreht, weiß man aus Erfahrung, daß es ungut verlaufen wird. Egal ob ich mich allein in das Deutschland-Gespräch schicke, ins Selbstgespräch also, ob ich es schreibend oder diskutierend versuche – es verläuft jedesmal ungut: ich gerate in Streit mit mir und anderen. (...) Gerade beim Deutschland-Gespräch erlebt man, daß jeder recht hat. (...) Allmählich wird mir klar, daß jeder bei diesem Gespräch eine andere Geschichte aufarbeitet. Seine eigene und oft noch seine ganze Familiengeschichte.«[29]

Seither begann die Öffentlichkeit, sich nun nicht mehr über Walsers literarische, sondern über seine rhetorische Kunst zu ereifern. Und nicht nur über seine scheinbar nationalistische Rhetorik in Sachen Deutschland.

Mehr als mancher andere, mit Ausnahme des quecksilbrig mit den Zeitverläufen korrespondierenden Hans Magnus Enzensberger, hat Walser ja unmittelbar kommentierend auf die Zeit reagiert. Und verglichen mit dem früh zum Monument erstarrten Günter Grass ist Walser in dieser Kunst der Bewegungsmeister geblieben: Wo Grass immer schon die einfachen Antworten parat hatte, artikulierte Walser gerade erst seine komplexen Fragen. Walser ist der Schriftsteller, der am meisten in Konjunktiven denkt und formuliert, weil jeder Indikativ eine Festlegung bedeutet; ein Intellektueller, der, bevor er sich festlegt, jede denkbare Konsequenz durchprobieren möchte; und der auch deshalb Romane schrieb, weil er sich in ihnen Raum für solche breiten konjunktivischen Ausuferungen verschaffen konnte. Mit Recht aber hat Walser auch darauf aufmerksam gemacht, daß, wer einen Schriftsteller beurteile, einen Unterschied machen müsse zwischen dessen literarischem und seinem essayistischen Werk.

Die Deutschland-Melodie freilich ist in der reich instrumentierten Meinungs-Symphonie Walsers eine durchgehende, allerdings unterschiedlich gespielte Melodie, die schon früh intoniert wurde. 1961 gab Walser den Band »Die Alternative oder Brauchen wir eine neue Regierung?« heraus, der erstmals Intellektuelle und Autoren im Votum für die Wahl der Sozialdemokratie versammelte. In seinem Vorwort schrieb Walser zur Frage der deutschen »Wiedervereinigung«: »Ich habe keine Güter in Mecklenburg, von Groß-Deutschland träume ich nur, wenn ich schlafe, also höchst unfreiwillig, und gar nicht selig (...).«[30] Und in einem »deutschen Mosaik« von 1963 präludiert er das nationale Thema mit den Sätzen: »Was wir als Haut- und Haar-Deutsche anstellten, um uns endlich unserer Eigenart bewußt zu werden, ist bekannt. Seitdem möchte man am liebsten ein für allemal darauf verzichten, ein Deutscher zu sein. Da aber keiner freiwillig ein Deutscher ist, kann er seine Nationalität auch nicht mutwillig ablegen und so etwa der schmutzigen Geschichte entkommen. (...) Je mehr Europa uns aufnimmt, desto angenehmer wird es, ein Deutscher zu sein.«[31] 1967, in »Engagement als Pflichtfach für Schriftsteller«, forderte Walser, der Deutsche

Bundestag möge sich, statt ewig über die ›Deutsche Frage‹ zu debattieren, endlich der Vietnam-Frage zuwenden.[32]

Das liegt alles auf der Linie, die damals von den ›nonkonformistischen‹ Intellektuellen gezogen wurde – auch Walser waren damals andere Themen wichtiger, zum Beispiel das in dem Aufsatz »Unser Auschwitz«[33] formulierte und immer wieder der Komplex Vietnam, außerdem Divergentes und Konvergentes zu Demokratie und Kapitalismus usw. – die ganze Palette jener Fragen, die in den sechziger Jahren für wesentlicher gehalten wurden als die Deutschlandfrage; vielleicht gerade weil deren preiswerte und folgenlose Beschwörung zur Grundausstattung der alles beherrschenden CDU-Politik gehörte.

Erst 1977 stimmte Walser diese Melodie auf eine neue Tonlage: »Der von Unbelehrbarkeit strotzende Slogan der Adenauer-Zeit hieß ›Wiedervereinigung‹. Der historische Effekt dieses konservativen Slogans war Verhinderung, Polarisierung. (...) Inzwischen spricht man von zwei Deutschländern. Auf beiden Seiten. Daß es diese zwei Länder gibt, ist das Produkt einer Katastrophe, deren Ursachen man kennen kann.«[34]

Und nun folgte der Satz, der den Mangel formuliert, aus dem Walsers »Wunschdenken«[35] in Sachen Deutschland resultiert: »Ich halte es für unerträglich, die deutsche Geschichte – so schlimm sie zuletzt verlief – in einem Katastrophenprodukt enden zu lassen. (...) Aber ich glaube, es existiere ein historisches Bedürfnis, das Katastrophenprodukt zu überwinden. (...) Wir dürfen, sage ich vor Kühnheit zitternd, die BRD sowenig anerkennen wie die DDR. Wir müssen die Wunde namens Deutschland offenhalten.«[36]

Das Thema gewann hinfort an Intensität. Und fiel zusammen mit einem Paradigmenwandel in der deutschen Gesellschaft: Die 68er Generation war, wo nicht im Terrorismus verendet, mit dem Marsch durch die Institutionen befaßt, die Brandtsche Aufbruchseuphorie war dem Schmidtschen Pragmatismus gewichen, und Walser rückte erstmals öffentlich ab von älteren Positionen, schrieb am 1.9.1979 in »Händedruck mit Gespenstern«[37] über sich selbst: »Seine Meinungen und er sind einander ein bißchen fremder geworden. (...)

Viel von seinem Bewußtsein ist in diese veröffentlichten Meinungen nie eingegangen.«

Der Text markiert einen Umschwung. Denn das Deutschland-Thema, das er wieder aufnimmt, wird nun argumentativ verstärkt durch die Verknüpfung mit einem anderen Thema, das ihn zugleich, und wieder einmal, beschäftigt in einer Arbeit mit dem Titel »Auschwitz und kein Ende«. Darin heißt es: »In Auschwitz arbeitete unsere ganze Gesellschaft mit. (...) Wir sind die Fortsetzung. Auch der Bedingungen, die zu Auschwitz führten.«[38]

Die Argumentationsfigur, die so entsteht, ist ein Konstrukt: Wir nehmen die Teilung Deutschlands hin, weil wir darin unsere historische Bestrafung für Auschwitz (an)erkennen. Und stoßen uns damit zugleich von der Nation ab, die solches verschuldete: »Das heutige Individuum hat sich von der Nation emanzipiert. Das Individuum ist Gesellschaftsmitglied und läßt bewältigen. (...) Das Bewältigen gehört in jene Arbeitsteilung, die Auschwitz ermöglichte. Ins Delegiersystem.«[39] Somit kämen die diametralen Positionen von Günter Grass und Walser zur deutschen Einheit 1990 aus derselben Wurzel: Grass lehnte den vereinigten deutschen Nationalstaat ab, weil der »Einheitsstaat« einst Auschwitz ermöglicht hatte; Walser hingegen will den Einheitsstaat unbedingt, weil nur die deutsche Nation als ganze die Schuld Auschwitz wirklich annehmen kann: »Schlimm genug, daß wir nur durch Schlimmstes, durch die Auschwitz-Schuld auf unsere Gemeinsamkeit hingewiesen werden können.«[40]

Diese Überzeugung dirigiert alle politischen Äußerungen Walsers zu Deutschland und zur deutschen Nation: Wir fliehen eine Schuld, die wir nicht bewältigen können, weil sie nicht vergeht, wenn wir unsere nationale deutsche Identität leugnen. Denn erst sie ermöglicht das konkret sich bekennende Einverständnis mit uns selbst und unserer Geschichte, und Schuld ebenso wie Verdienst, weil die schuldig gewordene ungeteilte deutsche Nation der historische Ort ihrer Verantwortung ist.

Diese Gedanken grundieren auch Walsers Rede von 1988 »Über Deutschland«. Doch wegen ihres ganz gegen Walsers

Gewohnheit indikativischen Utopismus' geriet sie in massivste Kritik. Bemerkenswert an Walsers Münchner Rede aber war, daß das »Wunschdenken«, das aus ihr sprach: die deutsche Teilung müsse überwunden werden, gut ein Jahr später erfüllt wurde und Walsers heftig kritisiertes »Geschichtsgefühl« den pragmatischen ›Vernünftigmachern der Teilung‹ ein historisches Schnippchen schlug: »Wenn Sie nun Jahrzehnte lang lesen, in der Geschichte spazieren gehen, auf politischem, auf literarischem, auf philosophischem Feld, dann – gut, ein anderer hätte es vielleicht genannt ›Bewußtsein‹, ich hab's halt ›Gefühl‹ genannt –, dann kriegt man doch ein Gefühl, zum Beispiel gab es mir das Gefühl, daß Deutschland, weil es so lange unterwegs war, bis das, sagen wir mal: eine Nation wurde, die sich eine staatliche Fassung zu geben versuchte, weil das so lange unterwegs war, hab ich gedacht, dann kann das doch nicht durch so eine furchtbare Sache wie '33 bis '45 aus der Welt geschafft werden, das hieße ja nachträglich dem Hitler noch recht geben. Das war einfach mein Gefühl: Da kann man nicht zustimmen. Ich werde das nicht für vernünftig halten können. Gut, ich kann es nicht ändern, aber ich möchte bitte das Recht haben dürfen, zu sagen, daß für mich ein geteiltes Land ein Unding ist, gegen das sich mein Gefühl wehrt.«[41]

Walsers Gefühl hat sich seit einiger Zeit zunehmend gegen die unterschiedlichsten Dinge gewehrt; neu für ihn ist jedenfalls, daß das Gefühl für ihn offensichtlich zur einer leitenden Kategorie wurde. So bekannte er 1995 in der kleinen Schrift »Die Stimmung, das Wissen, die Sprache«, daß »Wissen auf mich erstaunlich wenig wirkte«, und der begnadete Interpret literarischer Werke plädierte ausgerechnet vor Literaturwissenschaftlern in Göttingen für ein Lesen von Literatur »ohne Wissensdurst (...) und ohne Beweisdrang und Interpretationsverpflichtung«.[42]

Aber gab Martin Walser 1998, in seiner skandalisierten Dankesrede für den Friedenspreis des Deutschen Buchhandels, auch eher dem Gefühl Raum als dem Bedacht, als er unter dem Beifall der deutschen intellektuellen und politischen Prominenz formulierte: »Auschwitz eignet sich nicht dafür,

Drohroutine zu werden, jederzeit einsetzbares Einschüchterungsmittel oder Moralkeule oder auch nur Pflichtübung. Was durch solche Ritualisierung zustande kommt, ist von der Qualität Lippengebet. Aber in welchen Verdacht gerät man, wenn man sagt, die Deutschen seien jetzt ein normales Volk, eine gewöhnliche Gesellschaft?«[43]

Und welchem Gefühl folgte er, als er seinen Roman »Tod eines Kritikers« schrieb? Rache und Haß, wie Kritiker schrieben? Ich denke, solche Phantasien sind dem Walserschen Gedankenhaushalt, sind seiner Gefühlswelt fremd. Der Überheblichkeitsgestus des Kritikers Marcel Reich-Ranicki hatte ihn nicht selten verletzt, und Walser hat sich, mit fragwürdigen Mitteln, gegen diese Verletzungen gewehrt – weil er eben nichts unbeantwortet erträgt.

IV.

In seinem Text »Über freie und unfreie Rede« von 1995, den er im Untertitel bloß »Andeutungen« nannte, hat Walser wieder einmal über das Gewissen nachgedacht, von dem er einst angesichts des Vietnamkriegs sagte: Wer derzeit kein schlechtes Gewissen habe, der habe keines. Dreißig Jahre später schreibt Walser: »Ein Ergebnis (meiner) Gewissensbildung ist, daß ich das, was in meinem Gewissen stattfindet, nicht veröffentlichen kann. Ich kann sagen, daß ich mein Gewissen für nicht vorzeigbar halte. Das, was heraus darf, ist dann das Zurechtgemachte, das dem Soll Entsprechende. Die Welt hat Anspruch nur auf das Bild von mir, das sie bei mir bestellt, verlangt, durchsetzt. Ich entspreche der Welt so, wie ich früher den Lehrern entsprach. Den Pfarrern entsprach. Man nennt das, glaube ich, Sozialisation.

Das heißt, man weiß in jedem Augenblick und unter allen Umständen, was und wieviel man vorzeigen darf, kann, soll, muß. Schriftsteller wird man vielleicht auch deshalb, weil man darunter leidet, daß man nichts von sich zeigen darf. Das Sagbare ist ja nur die Spitze eines Unsäglichkeitsberges. Den Bereich des Sagbaren ein wenig zu erweitern, das ist ein

Traum, ein Bedürfnis, ein Zwang. Und sei's durch freie Rede.«[44]

Das könnte ein Schlüsseltext sein, der uns die Befindlichkeit des alten Martin Walser erklärt. Es scheint, als habe sich Walser entschlossen, solchen Sozialisationszwängen zu entsagen und seinen Unsäglichkeitsberg durch freiere Reden etwas abzubauen. Seither hat das in vielen Jahren seiner literarischen Sozialisation entstandene große erzählerische und essayistische Werk des brillanten Intellektuellen Walser eine schillernde Nuance hinzugewonnen.

Zu seinem 70. Geburtstag jedenfalls meinte Martin Walser: »Ich werde mit dem Alter nicht fertig, ich bin nicht reif, ich fühle mich unfertig, ich habe so viel zu tun und so viel zu arbeiten, daß ich also deswegen auch mit kein bißchen – ja Weisheit?, fünfmal Anführungszeichen hinten und vorne – ich kann damit nicht dienen. Daß die Strecke überhaupt schmerzhaft ist, aber das war sie immer, für mich, von Anfang an, schmerzhaft ist, das – darüber muß man nicht reden, das ist ganz klar.«[45]

Beschreibung eines Beschreibers

Über Uwe Johnson

Für Hugo Dittberner

Die Beschäftigung der Person Gesine Cresspahl mit Erinnerung und Gedächtnis geht zurück auf das Bedürfnis herauszufinden, was in der Vergangenheit sie in ihren gegenwärtigen Zustand gebracht hat.

U. J.

I.

Annäherung an einen Ort: Als ich Uwe Johnson bei seinem Besuch zu einer Lesung in Göttingen am 25. Mai 1975, etwa ein Jahr nach seinem Umzug ins englische Sheerness-on-Sea, fragte, wie denn dieses englische Städtchen auf der in der Themsemündung gelegenen Kanalinsel Sheppey sei, in dem er nun lebe, antwortete er mir: »Keine Ahnung. Fragen Sie meine Frau. Ich sitze im Keller und schreibe.«

Im selben Jahr 1975 veröffentlichte Günter Kunert sein »Englisches Tagebuch«; darin berichtet er von einem Besuch bei dem Kollegen Johnson und beschreibt dessen Lebensort: »(...) ein menschenleeres Küstenstädtchen, das in seinem Zentrum um eine wildverschnörkelte, säulenhohe Gußeisenuhr gelagert, sich hauptsächlich an einer Mole und diese wiederum an einem steinigen Strand ins Endlose erstreckt. – Die Endlosigkeit nennt sich ›Marine Parade‹, besteht aus stets einstöckigen aneinandergeklebten Häusern, durch nichts sonst ausgezeichnet als durch die junge Mitbürgerschaft eines deutschen Schriftstellers in Nummer 26. Hinter dem Parterrefenster steht er wartend, was wir beim Näherkommen erkennen, um noch vor unserem Klingeln schattenhaft und hastig zu verschwinden. Doch kaum hat man den Knopf gedrückt, öffnet er sofort die Tür, deren Rahmen er, körperlich unübersehbar, ausfüllt.

Karg möblierte Räume, alles renoviert; vom ersten Stock bietet sich einem ein sinistres Panorama: eine eintönige Wasserfläche, fern am Horizont, damit der Blick einen Halt findet, mit einem Tanker oder Frachter ausgestattet.«[1]

Nicht einstöckig, wie Kunert schreibt, sondern dreistökkig kleben die Häuser an der Marine-Parade aneinander: ganz oben zwei leere Mansardenzimmer, darunter Schlafzimmer, Wohnzimmer und Bibliothek, die Küche – und ganz unten noch, in Johnsons eigener Beschreibung aus einem Brief an Max Frisch, »unter der Treppe ein ausgebautes Kellergeschoss, tiefer als die Strasse liegend, das hat vorn als Ausblick besten Falles Passanten und Autos in merkwürdiger Verkürzung, nach hinten zwar den Garten. Wer da aber ein komplettes Büro unterbringen könnte und beim Schreiben nicht aus dem Fenster sehen will, dem macht das nichts.«[2]

Ihm machte das nichts. Das komplette Büro ist karg eingerichtet. Auf einem Foto[3] aus dem Jahre 1984 ist freilich nicht zu sehen, was Johnson nach dem Einzug Hannah Arendt in einem Brief vom 18. Dezember 1974 erzählte: »Nun aber steht im Keller fast alles wie es an der friedenauer Hauptstrasse eingerichtet war, rechts von der Maschine das ›Sachwörterbuch der Geschichte‹ von Dietz neben dem ›Lexikon zur Geschichte und Politik im 20. Jahrhundert‹ von Kiepenheuer & Witsch, links davon ein Nachrichtenmagazin seit 1952, hinter mir das ›Luegersche Lexikon der gesamten Technik‹ und das ›Wörterbuch des Kaufmanns‹ (...).«[4]

Das Foto von 1984 zeigt nicht das Handwerkszeug des detailversessenen Rechercheurs, sondern auf dem nackten Fliesenboden einen gut zwei Meter langen, sperrigen Schreibtisch, rechts davor ein Klapptischchen mit Stövchen, links davor einen kleinen Tisch mit elektrischer Schreibmaschine und breiter Bürolampe; neben der Schreibmaschine links einen Weltempfänger, rechts die aufgeschlagene Agenda; gegenüber dem Schreibplatz an der Wand eine große Bahnhofsuhr mit römischen Ziffern; auf dem Schreibtisch zwei Pfeifen, Pfeifenstopfer und Aschenbecher, verstreut Papiere, Briefe, ein Päckchen, ein offenes Buch.

So hat Uwe Johnson seinen Schreibplatz hinterlassen, an dem er wohl bis zum 22. Februar 1984 gearbeitet hat, denn die Agenda lag offen bei diesem Tag. In dem kleinen Pub, wo er regelmäßig seine Pints trank, wurde er an diesem 22. Februar zum letzten Mal gesehen. Drei Wochen danach, am 13. März, öffnete man das Haus und fand den Schriftsteller tot im Wohnzimmer, vornüber aus dem Ledersessel gefallen, den Kopf am Couchtisch angeschlagen. Er hatte offensichtlich getrunken, wie immer viel getrunken. Er wurde nur 49 Jahre alt.

Im Wohnzimmer hing, neben einer großen Landkarte und alten Stichen von Mecklenburg, ein Gedicht von Thomas Brasch[5], ausgeschnitten aus der FAZ und gerahmt. Brasch hatte es anderthalb Jahre zuvor, im Herbst 1982, nach einem Besuch bei Johnson geschrieben und ihm gewidmet:

Halb Schlaf

Und wie in dunkle Gänge
mich in mich selbst verrannt,
verhängt in eigne Stränge
mit meiner eignen Hand:

So lief ich durch das Finster
in meinem Schädelhaus:
Da weint er und da grinst er
und kann nicht mehr heraus.

Das sind die letzten Stufen,
das ist der letzte Schritt,
der Wächter hört mein Rufen
und ruft mein Rufen mit

aus meinem Augenfenster
in eine stille Nacht;
zwei rufende Gespenster:
eins zittert und eins lacht.

Dann schließt mit dunklen Decken
er meine Augen zu:
jetzt schlafen und verstecken
und endlich Ruh.

Das Gedicht benennt Uwe Johnsons tiefe Depression der letzten Lebensjahre, und einen Verfolgungswahn, in den er sich damals so unbedingt hatte fallen lassen – vor allem mittels der fortwährenden Ineinanderspiegelung seiner jahrelangen Schreibhemmung und des angeblichen Verrats seiner Frau Elisabeth an ihm und dem Projekt »Jahrestage«, die durchaus auch als Instrumentalisierung eines nur vorgeblichen Verrats zur Erklärung der Schreibhemmung gelesen werden kann.

Der dritte Band seines opus magnum, der »Jahrestage«, lag immerhin neun Jahre zurück, war im Herbst 1973 erschienen. Schon zwischen diesem und den ersten beiden Bänden von 1970 und 1971 hatte es eine unvorhergesehene Pause gegeben. Danach stockte die Arbeit für viele Jahre. 1979, in der letzten seiner Frankfurter Poetikvorlesungen, veröffentlicht unter dem Titel »Begleitumstände«, hat Johnson dann mitgeteilt, was er als Grund für seine Schreibhemmung gelten und ansehen lassen wollte: Im Juni 1975, als er den letzten Band habe abschließen wollen, sei ihm nämlich eröffnet worden, seine Frau Elisabeth habe über anderthalb Jahrzehnte, seit 1961, während Johnson schon in Westberlin lebte und sie noch in Prag studierte, ein Verhältnis mit einem »Vertrauten« des tschechoslowakischen Staatssicherheitsdienstes gehabt.[6] Später behauptete er gar, die Tochter Katharina sei nicht von ihm. Bald danach erlitt Johnson einen Herzinfarkt, eine, so die Formulierung, auf der er bestand, »Beschädigung der Herzkranzgefäße«.

Solange niemand von dieser Eröffnung wußte, deren Wahrheitsgehalt bis heute höchst zweifelhaft ist, lebte die Familie Johnson zusammen in Sheerness, unternahm auch noch eine gemeinsame Reise in die USA. Erst 1978, als der private Fall zu einem öffentlichen wurde, trennte sich Johnson von Frau und Tochter, die – fortan ein paar Blocks entfernt von der Marine Parade – ebenfalls in Sheerness lebten. Sie haben, soviel man weiß, nie wieder miteinander gesprochen.

Das war die Situation, als Brasch 1982 Johnson besuchte. Um Johnson abzulenken von seiner paranoiden Vorstellung, der tschechische Geheimdienst habe an seinen »Jahrestagen«

gleichsam mitgeschrieben, hatte er Johnson vorgeschlagen, den vierten Band der »Jahrestage« nicht mehr auszuschreiben, sondern nach den drei komponierten Bänden als reine Sammlung des recherchierten Materials zu veröffentlichen. Johnson, der wohl gespürt hat, daß dieser Vorschlag nicht seriös, sondern eher als »pädagogische Maßnahme« gemeint war, bekam, so Brasch, »einen Wutanfall« und fragte ihn, ob er ihm nicht zutraue, »den Roman zu Ende zu schreiben«.

Er hat ihn zu Ende geschrieben, am 17. April 1983, ein Jahr später, setzte er den letzten Punkt unters Manuskript – Band 4 der »Jahrestage« erschien im Herbst dieses Jahres. Damit hatte Johnson das am 29. Januar 1968 in New York begonnene Projekt abgeschlossen: 15 Jahre hatte er gebraucht, um die 365 Tage des Jahres zwischen dem 21. August 1967 und dem 20. August 1968 zu erzählen: Jahrestage, wie er im März 1971 an Siegfried Unseld geschrieben hatte, als »Tage eines Jahres im Leben einer Person Gesine Cresspahl auf der Ebene familiären, beruflichen, städtischen Alltags zu unserer Zeit, in New York. Es sind zum anderen wiederholte Tage, Jahrestage (erwarteter Massen nicht Jubiläen) aus der Vergangenheit der Person, im Mecklenburg des Grossdeutschen Reiches.

Es ist demnach ein Bestandteil des Versuchs, dass eine der wichtigsten Funktionen des Erzählens, die Erinnerung, in ihren Wirkungen vorgeführt wird, also wie sie so genannte Fakten beschädigt, verunstaltet, mindert, verschönt und in der unwahrscheinlichen Version zuverlässig reproduziert.

Die Beschäftigung der Person G. C. mit Erinnerung und Gedächtnis geht zurück auf das Bedürfnis herauszufinden, was in der Vergangenheit sie in ihren gegenwärtigen Zustand gebracht hat.«[7]

Zwar war damit das Projekt der »Jahrestage« beendet. Aber die an Gesine Cresspahl gebundene Erinnerungsarbeit, also das Bedürfnis herauszufinden, wie die Erinnerung an Vergangenes das gegenwärtig Gedächtnis formt, war damit nicht zu Ende. Johnson hat diese Erinnerungsarbeit, die er schon vor den »Jahrestagen« begonnen hatte, später wieder aufgenommen und fortgesetzt mit dem Projekt »Heute neunzig Jahr«, das die »Geschichte der Familie Cresspahl« in Mecklenburg von der Geburt Heinrich Cresspahls im Jahre 1888 bis ins Jahr 1978 erzählen wollte. Was sich dazu an ausgearbeiteten Typoskripten und Materialien in Johnsons Nachlaß fand, wurde posthum veröffentlicht.[8] In diesem Material kam Johnson mit der Geschichte Heinrich Cresspahls nur bis ins Jahr 1946.

II.

Doch was da ein Ende fand, hat auch nicht erst in New York im Jahre 1968 begonnen. Schon 1959 überprüfte der erste veröffentlichte Roman Uwe Johnsons die Wahrhaftigkeit der Erinnerung und erklärte das Verfahren ihrer Überprüfung zur Mutmaßung.

Erstmals tauchen da auch Heinrich Cresspahl und seine Tochter Gesine auf: »Jerichow war früher eine Bauernstadt gewesen und zumeist im Eigentum einer einzigen Familie von Adel: das waren tausend und ein Haus an der mecklenburgischen Ostseeküste, wohin der Wind grau und rauh kam das ganze Jahr ...; zum Strand war es eine Stunde zu gehen, am Bruch entlang und dann zwischen den Feldern. Mit dem Neubau der Ziegelei nach dem faschistischen Krieg und mit der Einrichtung einer Möbelfabrik war mehr Bewegung in die Strassen gekommen, da schien Herr Rohlfs ein verspäteter Sommergast zu sein. Dort lebte ein Mann namens Cresspahl in einem langen ebenerdigen Haus am Bruch hinter der alten abgebrannten Ziegelei und gegenüber dem eingezäunten Park, in dem die Villa der sowjetischen Kommandantur stand. Gegen Ende des Krieges hatte der Ziegeleibesitzer seine Villa ohne Nachdenken und Ausräumen stehen lassen, aber die beiden Planwagen aus einem zersplitterten pommerschen Treck wendeten ohne Anhalten vor dem offenen herrschaftlichen Tor und blieben auf der Strasse stehen vor Cresspahls Haus, und weil er nun einmal aus der Tür gekommen war, nahm er die Flüchtlinge auf und verteilte die größere Hälfte seines Hauses unter sie. Er selbst zog mit seiner Tochter in die beiden Zimmer vor der Werkstatt zurück; Lisbeth Cresspahl war 1938 gestorben, ihre Tochter war in diesem April zwölf Jahre alt. Die hiess Gesine. Von den beiden Familien aus Pommern war die eine weitergezogen nach der Veröffentlichung des Vertrags von Potsdam; Frau Abs aber, die nur mit ihrem Sohn gekommen war auf dem anderen Wagen, hatte hier nun warten wollen wegen ihres Mannes und wegen der Erlaubnis zur Rückkehr ins Pommernland, das war abgebrannt: sangen die Kinder in Jerichow zu jedem Mai, in diesem Mai konnten sie sich etwas darunter vorstellen und erahnten die Grösse der Welt. Im nächsten Jahr verkaufte Frau Abs den Wagen und die Pferde gegen einen Vorrat von Korn und Kartoffeln und ging als Köchin in das Krankenhaus; sie war auch Köchin in Pommern gewesen aber auf einem Rittergut. Jakob hatte im ersten Sommer und Herbst mit den Pferden gearbeitet auf den Dörfern um Jerichow; winters in der Stadt fand sich für ihn wenig mehr als der verbotene Schnapshandel mit den siegreichen sowjetischen Streitkräften; er sah auch Cresspahl von seinem Handwerk ab, Jakob hatte die Schrift in die Tür der Werkstatt geschnitten CRESSPAHL INTARSIEN: aber als er achtzehn Jahre alt war, fing er an als Rangierer auf dem Bahnhof von Jerichow. Gesine Cresspahl war zu der Zeit in die Oberschule aufgenommen worden, auf einen solchen Gedanken für sich kam Jakob nicht, seine Mutter hielt es überdies für unnütz; zu der Zeit war Gesine fünfzehn Jahre alt, sie kam immer noch mit auf seine Wege, immer noch nahmen sie sich für Geschwister. Dann mit seiner Arbeit ging Jakob südlich bis an die Elbe, und Cresspahls Tochter traf sich da mit ihm zwischen zwei Schnellzügen, wenn sie aus ihrem Studium nach Jerichow fuhr zu ihrem Vater und zu Jakobs Mutter an den Wochenenden. Und in einer Nacht inzwischen kam sie mitten in der Woche nach Jerichow und redete in der Küche vor Jakob und seiner Mutter und Heinrich Cresspahl zwei Stunden lang, und die hagere bittergesichtige Frau stand am Tisch mit gekreuzten Armen gesenkten Kopfes unbeweglich und schwieg zu jedem Wort von Cresspahl und nahm wortlos Gesines heftige Gegenrede auf und war doch die einzige, die gegen

Morgen vor der Tür aufkommen konnte für den Abschied: Kind, – Kind: sagte sie, und Cresspahl vermied diese Anrede in den Briefbüchern, die er seiner Tochter über die Grenze schickte. Denn hinter der Grenze blieb sie in dem anderen Deutschland, da dolmetschte sie nun in einem Hauptquartier der amerikanischen Streitkräfte.«[9]

Mit wenigen Strichen skizziert Johnson da am Anfang seines Romans »Mutmassungen über Jakob« das Ambiente und die darin handelnden Figuren, die ihn bis zu seinem Lebensende begleiten und beschäftigen werden: die »kreisfreie Kleinstadt«[10] Jerichow in Mecklenburg-Schwerin, »einwärts der Ostsee zwischen Lübeck und Wismar gelegen«[11] –, ein Phantasieort, dessen genau und detailliert beschriebene Ausstattung Johnson aus Klütz und anderen Orten zusammengetragen hat; Heinrich Cresspahl, geboren 1888, der als Tischler sein bescheidenes Auskommen pflegt und an dessen bewegter Geschichte Johnson das Verhalten des Einzelnen in den wechselnden politischen Systemen, durch die Deutschland im 20. Jahrhundert gegangen ist, vorführt; Gesine, seine am 3. 3. 1933 geborene Tochter, deren Mutter Lisbeth im Jahre 1938 Selbstmord begangen hatte; Gesine hatte in Halle Anglistik studiert und war nach dem 17. Juni 1953 im Westen geblieben, wurde Diplomdolmetscherin bei einer NATO-Stelle und ging 1961 als Bankangestellte nach New York; mit ihr ging Gesines Tochter Marie, das Kind von Jakob Abs, das in den »Mutmassungen« gezeugt, aber erst nach dem Tode Jakobs geboren wird. Sie beide: Marie, die ihre Mutter nach der Vergangenheit und dem Leben der Großeltern ausfragt, und Gesine, die ihr antwortet, setzen und halten die Erzähl- und Erinnerungsmaschine in den »Jahrestagen« in Gang – und zwar zunehmend auf eine von Uwe Johnson gern verbreitete Weise, nach der nicht er der Autor all dieser Erinnerungen und Recherchen um Gesine sei, sondern er, der »Genosse Schriftsteller«, nur die Erlaubnis Gesines besitze, ihr Leben und ihre Erinnerungsarbeit zu beschreiben. Bald nach ihrer Erfindung in den »Mutmassungen« sei sie schon ›unabhängig‹ geworden, schreibt Johnson 1979 in den »Begleitumständen« über Gesine, mit der er »die Zeit vom

7. Oktober bis zum 10. November 1956 verbracht« habe: »(...) sie zu erfinden, war zwar der Anfang der Bekanntschaft gewesen; spätestens seit sie einen Namen hatte, war sie unabhängig geworden als eine Gesine Cresspahl. Was sie einmal bezogen hatte an Herkunft, menschlicher Umgebung, Ausbildung, Arbeitsstelle, alles hatte sie sogleich in Besitz genommen, sich anverwandelt als Eigenschaft und jenes unverlierbare Eigentum, das beschlossen ist in der Vergangenheit einer Person. Das machte sie zu einem ebenbürtigen Partner in dem Bewusstsein, in dem sie umging, so wirklich anwesend wie sonst Personen des Alltags, von denen Mimik, Sprechweise, Gangart erinnerlich waren.«[12]

Von den Ereignissen in den wenigen Wochen zwischen dem 7. Oktober und dem 10. November 1956 erzählt der Roman »Mutmassungen über Jakob«, und von der Unmöglichkeit seines Helden Jakob Abs, eine Heimat zu finden und trotz beruflicher Loyalität politische Enthaltsamkeit und persönlichen Anstand zu wahren. Doch das ist schwierig; denn Jakob Abs ist Dispatcher bei der Deutschen Reichsbahn in Dresden und muß nun bevorzugt die Züge mit den Soldaten aus den Garnisonen der DDR an die polnische Grenze leiten, die den Volksaufstand in Polen niederschlagen sollen. Außerdem liebt er Gesine, die im Westen bei der NATO arbeitet. Der Hauptmann Rohlfs von der Staatssicherheit zieht seine Fäden: Er gibt Jakob den Auftrag, Verbindung zu Gesine zu halten, und als die illegal in die DDR einreist, läßt er sie, nach einigen Grundsatzdiskussionen über den Sozialismus, wieder ausreisen; Jakob darf sie ein paar Tage später sogar besuchen; denn Rohlfs möchte, daß sich die beiden frei für den Sozialismus entscheiden. Doch Gesine bleibt, und Jakob, dem der Westen fremd ist, kehrt zurück. Im dichten Nebel, beim Gang quer über die Gleise, wird er von einer Lokomotive überfahren.

»Aber Jakob ist immer quer über die Gleise gegangen.«[13] Dieser eingeworfene Satz, mit dem der Roman beginnt, bezweifelt die einfache Version von einem Unfall Jakobs und überläßt alle weiteren Überlegungen zu Jakobs Tod und Leben der Mutmaßung. So daß die ganze Geschichte, die

Johnson da erzählt, die Beschreibung von Mutmaßungen ist. Die Mutmaßung wird zur Maßgabe eines erzählerischen Verfahrens, dessen Treibstoff Zweifel und Skepsis sind, die es zeigt, indem eine scheinbar kontinuierliche Handlung unentwegt unterbrochen wird durch Ereignisse und Überlegungen, in Monologen, Dialogen und Autorbericht. 1962 sagte Johnson dazu in einem Gespräch mit Horst Bienek: »Man weiß die Geschichte, wenn man anfängt, sie zu erzählen. Und ich versuchte mir klarzumachen, daß der Held, Jakob, tot ist, wenn der Erzähler anfängt. Das bringt natürlich die Frage herauf: was bleibt von einem toten Menschen übrig im Gedächtnis seiner Freunde oder seiner Feinde oder seiner Geliebten? Und da wurde mir klar: natürlich, die erinnern sich an ihn. Widersprüchlich, einer weiß was anderes als der andere, sie streiten sich mitunter, wenn nicht immer, sie erinnern sich. Das wäre der Monolog. Sie reden über ihn und versuchen ihre Meinung gegen andere durchzusetzen: das wäre der Dialog. Und dann ist der Erzähler berechtigt, das hinzuzutun, was er auch noch weiß. Und das ist wirklich der Anfang dieser Geschichte. Ich holte ihn aus dem ersten Satz: Jakob sei immer über die Gleise gegangen, und ich begriff, das war der Anfang eines Gesprächs, ein protestierender Anfang, der die Geschichte nicht glauben wollte.«[14]

Weil der Wirklichkeitsstoff nicht linear verfügbar ist, löst ihn der Autor auf in unterschiedliche, oft miteinander nicht vereinbare, ja gegensätzliche Perspektiven, kurz: in erzählerische Diskontinuität. Daraus schloß der mit Johnson befreundete Schriftsteller Jürgen Becker zurück auf das Thema des Buchs; es sei »mithin das literarische Dokument der politischen Situation unseres zweigeteilten Landes, verweigert es doch jegliches Argument, das politische Propaganda von ihm borgen möchte. Johnson entschlägt sich jenes Engagements, in dessen Sinne der eine gegen den anderen Teil Deutschlands auszuspielen wäre. Der Standort, den heutzutage zu halten das Individuum am schärfsten bedroht, die dünne Zone zwischen den Fronten, ist der Standort Johnsons.«

Dieser Kommentar begleitete eine Rundfunklesung Johnsons im Januar 1961[15], die von Jürgen Becker so eingeleitet wurde: »Im Herbst 1959 fand die deutsche Gegenwartsliteratur in Uwe Johnson ihre große Begabung. Dieser Name war bisher unbekannt. Auch über ein Jahr erst wird er in der Einwohnerliste der Stadt West-Berlin geführt. Zuvor hatte Johnson, doch nicht als politischer Flüchtling, seiner Bürgerschaft in unserem ostdeutschen Nachbarstaat entsagt. In Pommern 1934 geboren, lebte Johnson in Mecklenburg, in Mitteldeutschland. Er studierte zu Leipzig bei Hans Mayer und Ernst Bloch, während dessen schrieb er eben das Buch, das dem Gesicht unserer Literatur einen neuen Zug einzeichnete: die ›Mutmassungen über Jakob.‹«

III.

»Mutmassungen über Jakob« war aber nicht Johnsons erstes Buch. Das wurde veröffentlicht erst ein Jahr nach seinem Tod, 1985, 40 Jahre, nachdem es entstanden war.[16] Und manche sagen, es sei eines seiner besten.

Doch zuvor ein Blick noch etwas weiter zurück, auf eine Biographie, die der Schriftsteller Johnson stets sehr bewußt gepflegt hat.

Geboren im pommerschen Cammin, wuchs Uwe Johnson auf im ostvorpommerschen Anklam an der Peene und besuchte 1944/45 eine nationalsozialistische Erziehungsanstalt im besetzten Polen. 1945 flohen die Eltern nach Mecklenburg, der Vater starb 1947 oder 1948 in einem Internierungslager der Roten Armee. Uwe besuchte die Grund- und danach die Oberschule in Güstrow/Mecklenburg, wurde 1949 erst Mitglied, dann Jungfunktionär der Freien Deutschen Jugend (FDJ). Nach dem Abitur 1952 studierte er Germanistik zunächst an der Universität Rostock.

Als nach Stalins Tod 1953 die SED eine Kampagne gegen die evangelische »Junge Gemeinde« inszenierte und an die 50 Mitarbeiter der Kirche wegen westlicher Agententätigkeit verhaftet und über 300 Studenten der Universität verwiesen wurden, widersetzte sich Johnson der angeordneten öffentlichen Diffamierung seiner Kommilitonen und wurde deshalb selbst zwangsweise exmatrikuliert. Als die Kampagne plötzlich beendet wurde, konnte Johnson weiterstudieren. Doch er blieb nicht in Rostock, sondern ging 1954 zur Fortsetzung seines Studiums nach Leipzig – und hatte im Gepäck die erste Fassung seines ersten Romans: »Man hätte denken sollen, er sei längst fertig, nach einem ganzen Jahr immerhin. In der Tat gab es jetzt einen Text von 90 Seiten zu je zweitausend Anschlägen, und offenbar hatte er die bittere Prüfung bestanden, dass er einer alten Frau mit sehr erhobener Stimme in die Maschine diktiert werden musste, denn sie war recht harthörig, und es waren Dinge, die sagt man im Winter 1953 auf 1954 besser leise und nur zu Leuten, die Verlass bewiesen haben. Es gab den Text in drei Exemplaren, gebunden nach Art der Dissertationen, für den ersten Blick einer polizeilichen Durchsuchung wenig auffällig. Das zweite und dritte Exemplar waren beide zuviel, sie bewiesen die Absicht zum Weitergeben, zur Verbreitung von dem Staate abträglichen Erzählungen, die planmäßige Boykotthetze. Mildernde Umstände angenommen, sechs Jahre Zuchthaus. Der Test, in dem der Text versagte, war sein Wiederlesen durch den Verfasser in Leipzig. Es war zu offensichtlich, dass er im Mecklenburgischen geschrieben war, von einem Neunzehnjährigen obendrein.«[17]

Einige Male noch überarbeitete Johnson sein Manuskript – der Titel des Romans: »Ingrid Babendererde. Reifeprüfung 1953«. Seine Geschichte ist Johnsons Erfahrung in Rostock nacherzählt: Die Klasse 12A der Gustav-Adolf-Oberschule steht vor der Reifeprüfung. Elisabeth Rehfelde, Mitglied der evangelischen Jungen Gemeinde und bei der FDJ, wird wegen ihrer Zugehörigkeit zur Jungen Gemeinde von ihrem FDJ-Gruppenleiter angegriffen. Elisabeth wirft ihm darauf das FDJ-Mitgliedsbuch vor die Füße und wird der Schule verwiesen. Ingrid Babendererde, wie ihr Freund Klaus Niebuhr in Elisabeths Klasse, spricht sich, zur Distanzierung von Elisabeth aufgefordert, in einer öffentlichen Schulsitzung für Elisabeth aus – während Klaus segelt, statt ihr beizustehen; denn Klaus Niebuhr liebt keine sinnlosen Demonstrationen. Als Ingrid wegen ihrer Rede aus der FDJ ausgeschlossen wird, verläßt Klaus die Schule mitten in der Reifeprüfung – nun eine selbstverständliche Entscheidung für ihn. Elisabeth, Ingrid und Klaus gehen in den Westen.

Johnson bot den Roman in Sommer und Herbst 1956 verschiedenen DDR-Verlagen an – alle lehnten ab, einige verlangten grundlegende Änderungen des Manuskripts, was, so Johnson, »auf Streichungen in der Wirklichkeit« hinausgelaufen wäre, und der Cheflektor des Aufbau-Verlags konstatierte: »Autor braucht eine Gehirnwäsche. Als Talentprobe nicht von besonderem Rang.«[18]

Das war zu erwarten, obgleich ja der Kulturkampf zwischen Kirche und Staat, den Johnson da beschrieb, abgeblasen worden war. Denn Johnsons Schreiben zielte höher und ging ins Grundsätzliche. Johnson empfand diesen Kampf als einen um Wahrheit und Lüge, in dem die Wahrheit auf der Strecke blieb; aber auch jegliche Möglichkeit, Auseinandersetzungen um Wahrheit und Lüge offen auszutragen. Also nahm er sich des Themas als Schriftsteller an – und es blieb der Antrieb seines Schreibens ein Leben lang. Johnson hatte sich mit seinem ersten Buch entschieden: gegen das, was er als Lüge erkannte, und gegen jeglichen Verrat. Und das ging an die Wurzeln des kommunistischen Systems.

In Leipzig war Johnson Hans Mayer aufgefallen als kluger, klarer Kopf, und so blieb es nicht aus, daß er bald auch Johnsons Romanmanuskript las. Und während Johnson Mayer in einem Brief vom 4. Dezember 1956[19] schon den Stoff der späteren »Mutmassungen« als Erzählung von realen Erfahrungen mit den Folgen der Republikflucht seiner eigenen Mutter andeutete, setzte Mayer sich für ihn bei dem Verleger Peter Suhrkamp ein, dem Johnson das Manuskript der »Ingrid Babendererde« am 22. Februar 1957 nach Frankfurt am Main übersandte: »Dieser Brief betrifft das Manuskript INGRID BABENDERERDE/Reifeprüfung 1953 über das Sie durch Herrn Professor Mayer gesprächsweise unterrichtet sind und das ich Ihnen nun übersende. Ich bitte Sie also nachzusehen wie Sie es lesen mögen und ob Ihr Haus ein Buch daraus machen will.«[20] Nur zwei Sätze genügen, um den eigenwilligen Stil Johnsons zu dokumentieren.

Im Sommer reiste Peter Suhrkamp nach Berlin, um Johnson zu treffen; er hatte ihm zwar zuvor geschrieben, er wolle das Buch noch im Herbst herausbringen, doch der neue junge Mann im Verlag, Siegfried Unseld, hatte dagegen votiert – und das Treffen mit Suhrkamp endete im Streit: »Siegfried Unseld wünschte, das würde kein Buch in Peter Suhrkamps Verlag. (...) Der alte Herr, der den Besuch begrüsste mit ausgesuchten, verschollenen Manieren, hielt ihn sogleich an, mitzuarbeiten an der Ablehnung seiner eigenen Arbeit. Bequem zurückgelehnt in einem korrekten grauen Anzug, mit abgetragenen Pantoffeln wippend, nahm er gerade die unsicheren Lebensumstände und die Äusserungen des jungen Menschen vor ihm zum Anlass, seinem Versuch einen ›Mangel an Welt‹ nachzusagen; jedoch ausdrücklich lobte er die Art, in der darin die Natur vorkam und das Segeln beschrieben war. Gegen Fragen nach solcher ›Welt‹ sträubte er sich. Mangel an Welt sei anders zu verstehen denn als Gegensatz von Hauptstadt und Provinz, da verschlügen auch keine Aufenthalte in einem Ausland; da fehlte Weite des Lebensbewusstseins, vielleicht sei die aber neuerdings in der europäischen Literatur unerreichbar geworden. Er hielt die Lider gesenkt, vergewisserte sich mit heimlichem, befriedigtem Aufblicken der Verwirrung, die er angerichtet hatte. Der junge Mensch ergab sich in die Willensäusserung, die er verstanden hatte; das war dem Alten als Reaktion zu gehorsam. Er brach einen Streit vom Zaun: was das denn schon für ein Name sei, Babendererde. (...) Suhrkamp wurde laut und gab sich Mühe, den Jungen aufzubringen. Als der genug entrüstet war, ging der Alte über auf fürsorgliche Erkundigungen nach Berufsaussichten und Freunden, schenkte ihm Bücher, begann dann zu schweigen, und obwohl der Abschied ein Wegschicken war, kam er mit bis an die Haustür, als wolle er den Gast ehren. (...)

Nach einem Monat Nachdenkens war ein Brief an ihn möglich: Wenn Sie aus dem Manuskript kein Buch machen möchten, bin ich also einverstanden.

Bilanz:

Die Veröffentlichung der ersten Arbeit ist gescheitert. Negativ.

Positiv: Die Chance, anzufangen mit einer anderen Veröffentlichung als dieser.

Vier Jahre Lehrzeit.

Gewonnen: Den Auftrag, nach den Eltern der Brüder Niebuhr zu suchen.

Erworben: Den fortdauernden Umgang mit ihnen, ihrem Onkel Martin, auch der Babendererde. Erichson ist aufzuspüren. Frage: was hatte der mit Eva Mau?

An Immobilien: Eine kleine Stadt im südöstlichen Mecklenburg, samt Wallanlagen, Dom, Oberschule, Gastwirtschaft ›Zu den drei Raben‹, Bahnhof, Rathaus, siebzehn Strassen, Seeufer. Dazu: in gutem Zustand eine Havelschleuse, später kenntlich als die von Wendisch Burg. Samt Inventar.«[21]

Die Niebuhrs, nach denen er nun zu suchen begann, gehören zu jenem Personal, das noch nicht in den »Mutmassungen«, dann aber in den »Jahrestagen« auftaucht: in der angeheirateten Verwandtschaft der Cresspahls – so war Onkel Martin Niebuhr, Schleusenwärter in Wendisch Burg, verheiratet mit Heinrich Cresspahls Schwester, Gesines Tante Gertrud. Und die kleine Stadt im südöstlichen Mecklenburg samt Inventar ist jener Ort, an dem die Genealogien der Erzählwelt Uwe Johnsons zusammenlaufen und dessen Namen er gern an jenen aus der Bibel anklingen ließ: Jerichow.[22]

Auf diesen Ort konzentrierte sich seine Bemühung, die Chance wahrzunehmen, »anzufangen mit einer anderen Veröffentlichung als dieser«. Er legte das Manuskript von »Ingrid Babendererde. Reifeprüfung 1953« beiseite und entwarf eine neue Erzählung: den Versuch, den Tod des Jakob Abs aufzuklären – den ersten Einfall dazu stellte er in den »Begleitumständen« dar als die Eingebung ihres ersten, später sehr berühmt gewordenen Satzes: »Ihm wurde deutlich vorgesprochen, und gehorsam schrieb er nach: Aber Jakob ist immer quer über die Gleise gelaufen. – Es war ein Glück, dass da Papier bereit lag, dass da eine Maschine stand im Mai 1958, so ging kein Fetzen verloren. Nach fünfzehn, achtzehn Seiten war die Erzählung gesichert. Sie hatte ihre drei Gesten gesichert.

Den Dialog. Was bleibt übrig von den Toten? Sein Andenken. Hier waren zwei, die hielten ihn im Leben mit ihren Reden, um so mehr, als ihnen sein Unfall unbegreiflich war. (...)

Die zweite Geste war, bedauerlicher Weise, wiederum die des Erzählers. Aber er hatte sich jeden Anspruches auf Allwissenheit begeben (...).

Die dritte Geste war die des Monologs, betrieben von Personen der Erzählung, denen das Gespräch versagt war oder die sich genierten, ja schämten für den Anteil an diesem Todesfall, dessen Vorgeschichte abgesucht werden sollte nach Spuren, die ihn erklärten oder doch zumindest zu ihm führten.«[23]

Doch die drei poetischen Gesten, von denen Johnson da 1962 schon zu Bienek gesprochen hatte und von denen er nun 1979 in seiner Poetikvorlesung »Begleitumstände« wiederum sprach, waren, so erzählte sein Leipziger Freund Manfred Bierwisch, im ersten Entwurf noch keineswegs gesichert. Von diesem Entwurf, den er zufällig im Sommer 1958 zu Gesicht bekam, berichtete Bierwisch: »So war es ein ungewollter Zufall, daß ich bei einem Urlaub (...) auf meinem Leipziger Schreibtisch einen Abschnitt des Romans vorfand, der damals und noch lange Zeit den Titel ›Guten Tag, Jakob‹ hatte. Dies war ein ungebrochenes Stück Prosa in der geraden Erzählweise, die ich aus ›Ingrid Babendererde‹ kannte.«[24]

Nach der ersten Niederschrift im Mai 1958 erst ereignete sich im Sommer dieses Jahres, was Johnson offensichtlich zu jener Form führte, die dann die »Mutmassungen über Jakob« so berühmt machte: Johnson hatte sich intensiv mit dem Werk William Faulkners beschäftigt und seinen Leipziger Freunden, darunter auch seine spätere Frau, damals noch Elisabeth Schmidt, eine Vorlesung seines Romans »The Sound and the Fury« nachgerade verordnet. An vier Nachmittagen, so Manfred Bierwisch, las er ihnen jeweils »eins der vier Kapitel dieses auch im Werk Faulkners besonders exemplarischen Romans. Dies war ein Exerzitium für alle (...). Denn von diesem Roman hatte Johnson ein Exemplar des amerikanischen Originaltextes erhalten. (...) Das Exemplarische und

Frappierende war, daß Ossian (so wurde Johnson in seinem Leipziger Freundeskreis genannt, HLA) diesen komplizierten Text aus dem Original auf deutsch las. Diese stupende Lesung, die zugleich das Tempo, wenn nötig die Atemlosigkeit des Textes und den Rang einer literarischen Übersetzung hatte, war seine eigenste Sache. Es war nicht die Vermittlung eines fremden Autors (...), ›The Sound and the Fury‹ war seine ganz eigene Angelegenheit. Und er hatte sich diesen Text zu eigen gemacht. Im Garten am Haus meiner Eltern sitzend, hatte ich ihn die Lesungen vorbereiten sehen – ein Übersetzer, der der schriftlichen Fixierung nicht bedarf. Er hatte, muß man wohl sagen, beide Texte im Kopf, die Lesung war nur der Anlaß, sie zu vergegenwärtigen.«[25]

Ein Schlüsselereignis für Johnson nennt Bierwisch diese Begegnung seines Freundes Uwe mit Faulkners Werk – die Begegnung mit dem Schriftsteller selbst, 1961 in Amerika, war weniger ergiebig.[26] Und Bierwisch fährt fort: »Zwischen dieser (ersten) Fassung (›Guten Tag, Jakob‹) und dem gebrochenen, polyphonen Text der ›Mutmassungen‹, die die Vorgänge auf die Perspektiven der Personen verteilt und diesen auch die Architektur des Zeitablaufs abgewinnt, liegt jenes exorbitante Zusammentreffen mit Faulkner (...). Erst aus dem Ergebnis dieser Begegnung konnte auch der Titel hervorgehen, der wie ein Programm das Buch kennzeichnet, mit dem Johnsons literarische Wirkung begann.«[27]

Binnen Jahresfrist hat Johnson die »Mutmassungen« zu Ende geschrieben und hoffte nun, daß ihr Manuskript noch gelesen werden könne von Peter Suhrkamp, dessen Ablehnung seiner »Ingrid Babendererde« er so ganz ohne Widerspruch hingenommen hatte.

»(...) kräftig (hielt) sich der Wahn, ein vermeintlich abgeschlossenes Manuskript, in satzfertige Reinschrift gebracht, müsse verwandelt werden in ein Buch.

Erhalten war das Bewusstsein, einen Auftrag von Peter Suhrkamp erfüllt zu haben. Mehr als dass er es drucken liess wünschte ich mir, er werde es lesen und etwas darüber zurückgeben, sei es ein einziger Satz. Er war schon sehr krank; von ihm gehört habe ich nur noch die Todesnachricht, eine

Notiz von drei Zeilen in einer Zeitung in der Deutschen Bücherei zu Leipzig, im oberen Lesesaal.

Im Mai 1959 hatte der Verfasser von ›Mutmassungen über Jakob‹ Bericht zu erstatten vor dem Gremium, das sich eingesetzt hatte als dafür zuständig. Er teilte mit: das Manuskript sei vom Suhrkamp Verlag, Frankfurt am Main, zur Veröffentlichung angenommen.

Die erste Wortmeldung lautete: Schade.

Der Verfasser wollte jeden Vorschlag zu Änderungen bedenken.

– Jetzt kannst du einpacken: wurde ihm bedeutet, und der Verfasser wehrte sich gegen das genaue Verstehen dieses Befundes.

– Sobald das gedruckt wird, gehst du in den Westen: war die Übersetzung dieses Befehls.

Der Verfasser weigerte sich. Er zog das Land D.D.R. vor. Schreibend meinte er es endgültig erworben zu haben wie ein Eigentum. Er glaubte, es werde sich verändern, er wollte anwesend sein bei Veränderungen. Er war willens, in noch einer, oder zwei Werkskantinen den Arbeitern des Landes zuzuhören. Er hatte bewiesen, dass er überleben konnte ohne eine feste Anstellung; er stand vor diesem Tribunal in einem bezahlten Massanzug von der P.G.H. (Produktionsgenossenschaft des Handwerks) ›Neuer Weg‹, Leipzig. Er könne verzichten auf den eigenen Namen; ihm genüge ein Pseudonym.«[28]

Das Pseudonym wurde zwar gefunden und probeweise gesetzt: Joachim Catt – doch es wurde nie verwendet. Als am 10. Juni 1959 in der Setzerei der Verfassername ›Uwe Johnson‹ auf die Titelei der »Mutmassungen« gesetzt wird, fährt Johnson mit Aktentasche und Schreibmaschine von Leipzig nach Ost-Berlin und dann nach Westberlin, nennt es fortan einen Umzug, nicht Flucht: »Als er diesmal ausstieg im britischen Sektor von Berlin, verstand er es als einen Umzug. Er gedachte den Flüchtlingslagern mit ihren diversen Geldern fernzubleiben; er war kein Flüchtling (ausser im Verständnis von Behörden, die er aufgegeben hatte). Unter Flucht verstand er eine Bewegung in grosser Eile, unter gefährlicher

Bedrohung; er war mit der Stadtbahn gekommen. Er hatte vor, ein Westberliner zu werden, mit dem verlassenen Lande durch seine Freunde verbunden.«[29]

Siegfried Unseld, nunmehr Verleger des Suhrkamp Verlags, verhilft Johnson zum Aufenthaltsrecht in Westberlin, Johnson bezieht eine Wohnung in Friedenau und ist bald aufgenommen im Kreise der wichtigsten Schriftsteller, die damals in Berlin lebten. Im Herbst 1959 erscheinen, gleichzeitig mit der »Blechtrommel« von Günter Grass und Heinrich Bölls Roman »Billard um halb zehn«, die »Mutmassungen über Jakob«. Sie bringen ihrem Autor frühen Ruhm: das Lob der Kollegen und wichtiger Kritiker, den Fontane-Preis – und die heftige Ablehnung in der DDR; der Kulturfunktionär Alfred Kurella, der Dramatiker Peter Hacks und der angehende Schriftsteller Hermann Kant beschimpfen den ›Republikflüchtling‹ aufs Übelste – erst 1989 kann dort ein Buch mit Arbeiten von Uwe Johnson erscheinen.

IV.

Wenige Wochen, nachdem die »Mutmassungen« erschienen waren, nahm Uwe Johnson erstmals an einer Tagung der Gruppe 47 teil, ihrem 21. Treffen auf Schloß Elmau in Bayern. Hans Werner Richter schilderte später seinen ersten Eindruck von Johnson: »Er saß vor mir, nicht weit von mir entfernt, überragte auch im Sitzen noch alle anderen und wirkte auf mich, als hätte er sich einige Kissen untergeschoben. Er saß dort und schwieg, rauchte seine unvermeidliche Pfeife, sagte während der ganzen Tagung nicht ein Wort. Wahrscheinlich war ihm die Umgebung völlig fremd und vielleicht auch etwas verdächtig. Zwar hörte er aufmerksam zu, das sah ich wohl, aber was in ihm vorging, was er dachte, wie er die eine oder die andere Lesung empfand, wie er darüber urteilte, das wußte ich nicht und ahnte es auch nicht. Er war ein Neuling, kam mir sehr nordisch, sehr exotisch vor, nordisch exotisch, und interessierte mich infolge seiner Erscheinung. Er konnte ein Nordländer sein, ein vielleicht um ein Jahrtausend verspäteter Nachfahre der Wikinger, man konnte sich alles Mögliche vorstellen.«[30]

Vor diesem Treffen hatte Johnson bereits die Arbeit an einem neuen Buch begonnen, aus dem er freilich erst ein Jahr später, auf der Herbsttagung der Gruppe in Aschaffenburg, vorlas. Noch stand über dem Manuskript der Arbeitstitel »Beschreibung einer Beschreibung«[31], und Johnson las daraus mit spürbarem Erfolg.

Wiederum liefert die DDR den Ort, die Zeit und das meiste Personal. Konnten einst nur Mutmaßungen angestellt werden über den Tod von Jakob Abs, weil niemand gesehen hatte, wie er im Nebel von einer Lokomotive erfaßt und getötet wurde, so erzählt Johnson nun, warum trotz genauer Kenntnisse ermittelter Fakten und der Mitarbeit des zu Beschreibenden eine Biographie gar nicht erst zustande kommt: Der Hamburger Journalist Karsch – auch er taucht, zwar am Rande nur, in den »Jahrestagen« wieder auf – soll die Biographie des populären ostdeutschen Radrennfahrers Achim T. schreiben, der wegen seiner Verdienste um das Vaterland verdienter Abgeordneter der Volkskammer ist. Zwei Bücher über Achim T. gibt es bereits, Karsch soll, so der Auftrag der Funktionäre des Staatsverlags für junge Literatur, das dritte Buch über ihn schreiben. Karsch kommt an den Auftrag, weil die ostdeutsche Schauspielerin Karin F., mit der er nach dem Krieg befreundet war und die nun Achims Geliebte ist, ihn nach Leipzig eingeladen hat; freilich auf Achims Anregung.

»Was gab Karsch den Gedanken ein zu einem Buch über Achim?

Das fast vertraulich lärmende Gedränge unzählbarer Menschenmasse (aus einzelnen Gesichtern gepreßt) um den Hallenausgang, der wie ein Schacht in die Tribüne gestanzt war, Gestalten hingen wie überkochend an seinen Kanten; der Titel: Meister im Straßenfahren. Der hochatmende Ansturm junger Mädchen, die einander mit ihren Ellenbogen vordrückten zu Achim an ihn gepreßt mit Schenkeln und Busen und Haut, seine wachsame Kopfneigung inmitten all der hochgereckten duftenden Arme inmitten strahlend gläubigen Aufblicks; seufzend erfüllt wandten sie sich ab, wenn sie den dünnen scharfen Strich des großen A besaßen, verglichen ihn noch einmal mit Achims gefestigtem Gesicht, das von der Nervosität seiner langsamen Schriftbildung nichts zu erkennen gab. Achims gerühmte Tugenden: Höflichkeit, Bescheidenheit, Kameradschaft (die fast stets gesenkten Lider). Der offen verkrampfte Mund: die weit gesperrten Kiefer zu sehen auf einer Momentfotografie aus einem vorjährigen Rennen; seit zehn Jahren. Stell dir zehn Jahre vor. Auf jeden der hieß wie er fiel Glanz kostbaren Gefühls: zärtlicher wurde sein Name gebildet. Morgens in den Straßenbahnen und auf seinen Reisen zu den Orten von Achims Jugend fing Karsch die Bewegung, die die Zeitungen vorbereitete zum Lesen: geübter Griff schlug das Titelblatt mit Nachricht und Ansporn und Kommentar mit dritter und vierter Seite zusammen zwischen zwei Fingern oben und unten, zog das Papier straff zwischen den Daumenballen, fünfte Seite: Sport. Er war da und lebte öffentlich, die staatliche Hochschule für Körperkultur bezahlte ihn. Der Staat liebte ihn, er liebte den Staat: er hatte es selbst gesagt. Was sollte einmal daraus werden? Wie erklärt von den hohen schwarzen Buchstaben auf Weiß zuckten schreiende Personen am Rand der Bahn wie genährt aus der Schriftzeile: DER SPORT IST EIN MITTEL ZUR SOZIALISTISCHEN ERZIEHUNG. Der faserige Rand der Zeitung, ihre verstellte Sprache. Das muß doch herauszukriegen sein. (…) Wir werden unser Bestes geben: beantwortete er streng und vertrauenswürdig lächelnd die erste Frage des Interviews. Dies und mehr gab Karsch den Gedanken ein, nach dem du fragst, und wurde bestärkt durch den unversehens kühlen Blick, mit dem Achim ihn prüfte nach dieser Ankündigung.

– Über mich? sagte Achim. – Von mir gibt es schon zwei Bücher. (Er meinte: über ihn, und: daß er sie möglich gemacht hatte.) – Soll deins etwa besser werden? sagte er.«[32]

Karschs Buch sollte besser werden; denn keine der üblichen Sportlerbiographien sollte da entstehen, sondern eine biographische Analyse des Individuums im System, des Meister-Radfahrers im Räderwerk der sozialistischen Mechanik. Drei Monate lang bleibt Karsch in der DDR, um zu recherchieren und Gespräche mit Achim und über ihn zu führen. Doch am Ende gibt er auf. Zu häufig korrigiert Achim Karschs Erkenntnisse in seinem Sinne, zu sehr schönt er seine Geschichte. Was Karsch an historischen Fakten ermittelt hat, darf nicht geschrieben werden; denn es paßt nicht zur erwarteten Biographie eines verdienten Kommunisten: zum Beispiel daß Achim als Fünfzehnjähriger Pimpf bei der Hitlerjugend war und sein Vater für die Nazis Flugzeuge baute; und natürlich auch seine fotografisch belegte, aber von Achim bestrittene Teilnahme am Aufstand des 17. Juni 1953 gehört nicht ins idealisierende Bild. Nicht mangels, sondern wegen genauer Faktenkenntnis kann diese Biographie nicht geschrieben werden. Zwischen den Auftraggebern und Karsch läßt sich keine Einhelligkeit über Achims Lebenslauf erzielen. Die systemfremde Sonde Karsch fördert die falschen Ergebnisse zu Tage. Deshalb gibt Karsch es nach einer Weile auf, Achims Leben zu beschreiben, und fährt zurück nach Hamburg.

Vorbild für Achim T. war, obwohl Johnson es stets bestritten hat, der beliebte DDR-Radrennfahrer Täve Schur, und zwei Bücher über Schur gab es auch – Johnson hat sie für sein »drittes Buch über Achim« genutzt, souverän sich daraus bedienend: paraphrasierend, zitierend, konterkarierend.

Uwe Johnson hätte gern den Titel, der von Anfang an auf seinem Manuskript stand, auch als Titel des veröffentlichten Buches gesehen: »Beschreibung einer Beschreibung« – und beharrte noch 1962 im Gespräch mit Horst Bienek darauf: »Das ist die Beschreibung einer Beschreibung, die Umstände einer Biographie und was in dieser Biographie enthalten sein sollte.«[33]

Es wäre tatsächlich die genaueste Benennung seines literarischen Verfahrens gewesen: keine dritte Biographie über Täve Schur und auch kein drittes Buch über Achim, sondern, gleichsam ex negativo praktiziert: die Beschreibung vom Scheitern des Biographen beim Schreiben der Wahrheit. Doch genau diesen Titel verhinderte Unseld und setzte mit Hilfe von Martin Walser und Hans Magnus Enzensberger gegen Uwe Johnsons Wunsch durch: »Das dritte Buch über Achim«.[34]

Es wurde, wie auch die »Mutmassungen«, ein Erfolg bei der Kritik, und ausgelöst durch eine Rezension des Kritikers Günter Blöcker über die »Mutmassungen« in der »Frankfurter Allgemeinen«[35], wurde Johnson mit der Stempelmarke »Dichter der beiden Deutschlands« versehen, wogegen er stets heftig protestierte – hier 1967 in einem Gespräch mit dem Kritiker Reinhard Baumgart:

»BAUMGART: Sie sind (...) genannt worden: ›Der Dichter der beiden Deutschland‹.

JOHNSON: Also damit können Sie mich jagen.

BAUMGART: Das war eine patente Formel von einem uns bekannten Kritiker, die aber auch vom Verlag in der Werbung eingesetzt worden ist, und sie schien zu passen, aber Ihnen also paßt sie nicht?

JOHNSON: Ja, das macht einen Schriftsteller zu einem Markenartikel, nicht? Dies ist sein Monopolfeld, und darüber hat er zu schreiben. Nun halte ich aber die deutsche Teilung nicht für einen ganz isolierten Aspekt unserer zeitgenössischen Wirklichkeit, sondern für einen von vielen. (...) Das sind Erfahrungen in beiden Teilen Rest-Deutschlands. Diese Geschichten befassen sich mit Leuten, die entweder auf beiden Seiten leben oder nur auf einer Seite leben, jedoch mit der anderen Seite verbunden sind. (...) Das ist unsere Wirklichkeit insgesamt. (...)

BAUMGART: Nun verstehe ich, daß Sie allergisch sind gegen eine Formulierung wie ›Dichter der beiden Deutschland‹, die ja auch ein bißchen feierlich ist, in der ein bißchen Glück und Rührung mitzittert.

JOHNSON: Es ist eine ungeheure Fälschung, denn dieses Problem, das in der Politik nicht verhandelt oder behandelt wird, das soll nun wenigstens in der Literatur irgendwie von jemandem wahrgenommen werden, da dann endlich Ruhe sei. Denn ›Dichter der beiden Deutschland‹ würde doch heißen, daß man für beide spricht, und das ist in meinem Fall durchaus nicht so, und es würde heißen, daß man in beiden Ländern gelesen werden kann, dem ist auch nicht so.«[36]

V.

Johnson ist ein präziser Formulierer. Das erweckt manchmal den Anschein einer gewissen Umständlichkeit, die aber, bei näherem Hinsehen, Genauigkeit erst erzeugt. Denn er will sich nicht vereinnahmen lassen mit Formeln, die die Beschreibung der Verhältnisse verwischen, indem sie sie politisieren oder moralisieren. Zwar ist der Motor seines Schreibens von Anfang an durchaus ein moralischer, nämlich der Verrat seiner ehemaligen Heimat, der DDR, an den Prinzipien eines Sozialismus, der die Welt menschenwürdiger macht; und er nimmt den propagierten Antifaschismus der DDR als Verpflichtung auf die Zukunft durchaus ernst – und er sieht, daß in der westdeutschen Republik die Aufarbeitung des Nationalsozialismus eher nachlässig betrieben wird. Das aber um so mehr bedingt für ihn einen objektiven Blick auf die Wirklichkeit und eine Haltung, die sich nicht billig und oberflächlich an eine politische Option binden lassen möchte. Insofern ist Johnson auch nicht der propagierte »Dichter beider Deutschlands«, sondern vor allem ein Schriftsteller zwischen beiden Deutschlands, ein Beobachter, der sich auf der scharfen Kante ihrer ideologischen Trennlinie befindet und die Verhältnisse der unterschiedlichen ideologischen Terrains von außerhalb, um nicht zu sagen: von oben beschreibt.

Doch Objektivität in der Beurteilung der deutschen Fragen ist damals nicht gewünscht. Gewünscht sind Parteinahmen und Verurteilungen. Und wer sich dennoch bemühte, ohne sie zu einer objektiven Beurteilung der Lage zu kommen, wurde von beiden Seiten der jeweils anderen Seite zugerechnet. Johnsons Grundsatz aber war stets, daß er geschichtliche Fakten nicht mit moralischen Vorwürfen vermengen wollte; es sei, wie er einmal sagte, nicht die »Aufgabe der Literatur«, »die Geschichte mit Vorwürfen zu bedenken«.[37]

Beispielhaft für diesen Grundsatz Johnsons waren seine Äußerungen in Rom während einer öffentlichen Diskussion mit seinem italienischen Verleger Giangiacomo Feltrinelli und dem Schriftsteller Hermann Kesten nach dem Bau der Berliner Mauer 1961. Da ging es unter anderem auch um

nuar 1968 entstand, richtete sich darauf: vor allem der kleine Band »Karsch, und andere Prosa« aus dem Jahre1964 versammelte Bruchstücke aus dem Jerichower Umkreis der Familie Cresspahl.

Nicht aber das Buch »Zwei Ansichten« von 1965, das weder Roman noch Erzählung heißt. Es erzählt eine Ost-West-Beziehungsgeschichte eher kompliziert als komplex und beruht, wie Johnson mitgeteilt hat, auf Gesprächen mit Fluchthelfern. Die hatten 1961 auch Elisabeth Schmidt auf Umwegen aus der DDR herausgeführt. Elisabeth und Uwe Johnson haben im Februar 1962 geheiratet; ihre Tochter Katharina wurde im November 1962 geboren.

1962 sind die Johnsons dann doch in Rom in der Villa Massimo, und sie sind häufig zusammen mit Max Frisch und seiner späteren Frau Marianne, und vor allem mit Ingeborg Bachmann, die zuvor mit Frisch in Rom zusammengelebt hat – als Ingeborg Bachmann zehn Jahre später, 1973, in Rom auf unglückliche Weise ums Leben kommt, macht sich Uwe Johnson auf den Weg nach Klagenfurt, wo sie begraben liegt. Er wollte, so eine seiner unnachahmlichen Formulierungen, nachschauen, ob die Zeit, in der Ingeborg Bachmann ihre Kindheit in Klagenfurt verbracht hat, dort noch immer zu finden war.

Als Johnsons »Reise nach Klagenfurt« erschien, 1974, waren die drei ersten Bände der »Jahrestage« bereits da – mit drei Paukenschlägen hatte er die siebziger Jahre eröffnet.

Davor waren die sechziger Jahre schon eine erfolgreiche Zeit gewesen. Johnson hatte sich als Schriftsteller etabliert; er war, neben Günter Grass, Martin Walser und Hans Magnus Enzensberger, der vierte im Bunde jener, die damals die neue deutsche Literatur erfolgreich vertraten. Von ihrem Ruhm lebte die Gruppe 47, und die Autoren lebten von und mit dem Ruhm der Gruppe 47 und ihrem vielfältigen Freundschaftsklüngel. Hans Werner Richter hat über Uwe Johnson rückblickend gesagt: »Uwe Johnson konnte sehr unterschiedlich sein, manchmal sogar ein grober, ungeschlachter nordischer Klotz, doch sehr viel häufiger lernte ich ihn als einen höflichen, zuvorkommenden, liebenswerten und liebenswürdigen Menschen kennen. Es war gewiß schwer, einen Zugang zu ihm zu finden, man war sich seiner Reaktionen nie ganz sicher, oft wußte man nicht, ist er nun gekränkt oder erfreut, will er dir eine Freude oder sich nur über dich lustig machen, war er offen oder hatte er Hintergedanken. Eine Skala von Möglichkeiten tat sich auf, in denen man herumrätseln konnte. Auch von einer Freundschaft hatte er wahrscheinlich eine ganz andere Vorstellung als ich. Wo sie für mich selbstverständlich war, war sie es für ihn keineswegs. Dazu war er zu spröde. Er liebte keine Anbiederung. So war er wohl immer auf der Hut vor allzu großer Nähe.«[39]

VI.

Uwe Johnson war den Freunden kein leichter Freund. Er war als Person immer radikal, sehr entschieden in seiner Meinung, und unbestechlich; denn er bestand auf Wahrhaftigkeit. Sein Verleger Siegfried Unseld, der ihm von Anfang an bis zum Tode ein freundschaftlicher Begleiter war, nannte ihn einen »Renner nach dem Absoluten«. Der Kritiker Reinhard Baumgart, der die Arbeit Uwe Johnsons sehr genau beschrieben und ihm 1971 die Laudatio zum Büchnerpreis gehalten hat, sagte, Johnson sei immer ein einsamer Mann gewesen und ein ängstlich Liebender, der Angst hatte vor Verrat und der auf Treue bestand; darin sei er konservativ, ja altmodisch gewesen – und sein Werk sei von seiner Person nicht zu trennen; Johnson war, so Baumgart, ein »Riese im Nebel«. Und einer seiner wenigen wirklichen Freunde, Jürgen Becker, sagte noch lange nach seinem Tode: Johnson sei der rigoroseste Autor gewesen in seiner Methode, die Fiktion für die Wirklichkeit zu nehmen; und er habe seine Figuren mehr geliebt als die Menschen.[40]

Das erfuhr so mancher, der nach 1975 mit Johnson in Berührung kam und mit ihm über die »Jahrestage« sprach. Es war seine Welt, in der dachte er, mit deren Personen ging er um wie mit seinesgleichen. Fragte man ihn nach einem Detail aus Gesine Cresspahls Welt, so antwortete er mit seiner tiefen Stimme: Das weiß ich nicht. Fragen Sie Gesine Cresspahl.

Aber es war seine Welt, seine imaginierte Welt zwischen dem New Yorker Riverside Drive und dem kleinen mecklenburgischen Ort Jerichow, die auf dem Grunde seiner schriftstellerischen Existenz sein halbes Leben bestimmt und die er geformt hat. Geformt als geschichtlichen Entwurf ex post, um die Geschichte, die da geworden war, zu erklären und zu verstehen und anschaulich zu machen. Dieser historischen Geschichte erfand er ihre Personen und deren persönliche Geschichten, und alles, was in dieser imaginierten Welt vorkommt, ist genau recherchiert und penibel dokumentiert – es ist der detaillierte Realismus des 19. Jahrhunderts, den Uwe Johnson da mit den Methoden des 20. Jahrhunderts erzählt.

Denn die »Jahrestage«, die erzählt werden in den 365 Tagen zwischen dem 20. August 1967 und dem 21. August 1968, sind eine Polyphonie über Vergangenheit und Gegenwart, ein großer multipler Dialog, gebaut aus Gesprächen zwischen Gesine Cresspahl und ihrer Tochter Marie; zwischen beiden und der ›Tante‹ »New York Times«, also zwischen dem alten Europa und der neuen Welt Amerika; bestehend vor allem auch aus den Gesprächen zwischen Gesine und ihrem Vater Heinrich Cresspahl, aus denen wiederum Gesine sich und Marie die Geschichte ihrer Familie vergegenwärtigt. Heinrich Cresspahl ist nicht nur die wichtigste Person in Gesines Leben, sondern auch die wichtigste Person der »Jahrestage«; denn ohne ihn könnte Johnson der Gegenwart die Vergangenheit nicht vermitteln, oder, mit anderen Worten: Nur mit Bezug auf ihren Vater kann Johnson Gesine ihrer Tochter die deutsche Geschichte, die da im Focus des Örtchens Jerichow mit seinen etwa 2000 Bewohnern paradigmatisch stattgefunden hat, erzählen lassen; und nur mit Bezug auf ihren Vater kann Gesine dieses Gespräch nach vielen Seiten hin führen, auch mit den Abwesenden und den Toten, deren Stimmen sie kennt.

Heinrich Cresspahl ist trotz ihres Untertitels »Aus dem Leben der Gesine Cresspahl« auch deshalb die zentrale Person der »Jahrestage«, weil er die vier verschiedenen Gesellschaftssysteme der deutschen Geschichte im 20. Jahrhundert am eigenen Leibe erfahren hat und Johnson an ihm zeigen konnte, wie sich einer verhält in diesen wechselnden Zeiten – und ob und wie sich einer die persönliche Integrität bewahren kann trotz seiner Verstrickung in die Geschichte: Geboren 1888 im Kaiserreich, macht Cresspahl zwei Weltkriege mit, erlebt einige Jahre in der Weimarer Republik, hält sich zehn Jahre im Ausland auf, als Tischler in den Niederlanden und in England, und kehrt Anfang 1933 zurück in das nationalsozialistische Deutschland, wo am 3. 3. 33 Gesine geboren wird; und stirbt im Herbst 1962 in Jerichow, DDR.

Es verwundert nicht, daß Johnson an und mit dieser Figur weiterarbeiten wollte – in Cresspahls Leben gab es noch viel zu erforschen und zu beschreiben. Die »Jahrestage« hatten ja vornehmlich Cresspahls Leben im Nationalsozialismus und in der DDR erzählt. Aber was war vorher? Warum war er ins Ausland gegangen, warum war er ausgerechnet 1933 wieder nach Deutschland zurückgekehrt? Johnsons fragmentarisch gebliebenes Erzählprojekt von Cresspahls Lebensgeschichte beginnt im Jahr seiner Geburt; und offensichtlich wollte Johnson die Cresspahlsche Familiengeschichte bis ins Jahr 1978 fortführen; dann wäre Heinrich Cresspahl 90 Jahre alt geworden; dann hätte Gesine ihren 45. und ihre Tochter Marie ihren 21. Geburtstag gefeiert.

»Heute neunzig Jahr« stand auf dem nachgelassenen Manuskript, das aus Johnsons »Versuch, einen Vater zu finden«, hervorgegangen ist. Darin bricht die Beschreibung vom Leben des Heinrich Cresspahl freilich schon mit dem Jahre 1946 ab. Und auch von Gesines und ihrer Tochter Leben nach dem 21. August 1968 wird nichts mehr zu erfahren sein. Abbrüche überall.

Erschöpft war auch ihr Beschreiber. Sein Herz blieb stehen im Februar des Jahres 1984.

Poet auf dem Hochseil

Über Peter Rühmkorf

Aber immer gewußt, wer man war
und was man wirklich wollte.
P. R.

I.

1972 eröffnete der damals 43jährige Schriftsteller Peter Rühmkorf sein Buch »Die Jahre die ihr kennt«, in dem er die eigenen und die Anfänge der westdeutschen Nachkriegsrepublik kritisch erinnert, mit einer scheinbar lapidaren Aufzählung. Mit lakonisch linker Hand inszeniert Peter Rühmkorf da den ersten Fünfjahresplan seines Lebens und schreibt sich subtil eine Rolle, in die er hineinwachsen wollte und die er sein Leben lang erfüllt hat:

»1.) Geboren am 25. 10. 1929 als Sohn der Lehrerin Elisabeth R. und des reisenden Puppenspielers H. W. (Name ist dem Verfasser bekannt) in Dortmund. (…)

2.) Aufgewachsen in Warstade-Hemmoor (Portland-Zement, Binnenschifferei, Landwirtschaft) im Kreis Land Hadeln, Reg. Bez. Stade, Land Niedersachsen. Frühe Eindrücke: Tausend Stecknadeln, Ohren Abschneiden, Bremer Gänse Sehen, Knüppelrieden, Schorse Schikorrs Hund und der nicht zu Hilfe eilende Liebegott. Seitdem keine Beziehung zu Vaterfiguren, Götternaturen, Hundekreaturen. Auch nicht vergessen: alle dürfen Kasper spielen, nur nicht ich. Seitdem: Kasper im Kasten gelassen – Knüppel aus dem Sack!

3.) Einige Jahre lang Schlafwandler. Ich zünde die Kerze an und schreite gemessen wie das Darmolmännchen durch das ganze Haus. Einmal erwache ich vor brennenden Gardinen. Eine Geburtstagsgesellschaft wirbelt heran und löscht mit Kleidern und Waschwassergüssen. Nachhaltige Eindrücke von großer Festlichkeit.

4.) 1934: Lektüre ›Häschenschule‹ plus Erlebnis Hasenbraten-mit-Grünkohl ergeben Lied ›Es ging Meister Hase mal durch einen Wald‹. Gutes Publikumsecho.«[1]
Die hier schon aufscheinenden Grundmarkierungen der Rühmkorfschen Biographie sind: eine farbige, weil unbürgerliche Herkunft, gemischt aus mütterlichem Aufklärungsgestus und väterlich hallodrihaftem Spiel, die frühe Skepsis gegenüber paternalistischer Autorität, eine schlafwandlerisch entflammbare Phantasie – und auch das ästhetische Prinzip der eigen- und mutwilligen Anverwandlung traditioneller literarischer Vorlagen wird schon praktiziert, und zwar durchaus publikumsbezogen.

Eine so erinnerte, gleichsam rückwärts bis in die Haarspitzen präparierte Selbstbiographie zeugt von einer stolz und bewußt gelebten künstlerischen Existenz mit allen Risiken und Spannungen. Damals, in der Mitte seines Lebens, hat Peter Rühmkorf sich auch eines seiner schönsten Gedichte auf den Leib geschrieben: »Hochseil«, in dem er über die herausgehobene Existenz des Künstlers und explizit des Schriftstellers anschaulich nachdachte, der, wie ein Tänzer auf seinem Hochseil, auf die Welt herabblickt und dabei ständig in Gefahr ist, auf sie hinabzustürzen:

Wir turnen in höchsten Höhen herum,
selbstredend und selbstreimend,
von einem I n d i v i d u u m
aus nichts als Worten träumend.

Was uns bewegt – warum? wozu? –
den Teppich zu verlassen?
Ein nie erforschtes Who-is-who
im Sturzflug zu erfassen.

Wer von so hoch zu Boden blickt,
der sieht nur Verarmtes / Verirrtes.
Ich sage: wer Lyrik schreibt, ist verrückt,
wer sie für wahr nimmt, wird es.

Ich spiel mit meinem Astralleib Klavier,
vierfüßig – vierzigzehig –
Ganz unten am Boden gelten wir
für nicht mehr ganz zurechnungsfähig.

Die Loreley entblößt ihr Haar
am umgekippten Rheine …
Ich schwebe graziös in Lebensgefahr
grad zwischen Freund Hein und Freund Heine.[2]

Das ist ein eingängig tönender, leichtmündig singbarer Text. Doch er steckt voller Vertracktheiten und Spannungen: Ein ungebundenes lyrisches WIR träumt von einem Unteilbaren, einem (noch) unbekannten, unerforschten Individuum, das es mit Worten ergreifen, das es schaffen, ja das es werden möchte. Indem es dies mit handfesten poetischen Mitteln versucht und die Spannungen, von denen es spricht, auf dem Weg vom Vers zur Strophe mit Assonanzen und den unterschiedlichsten Reimen ausbalanciert, verwandelt sich das lyrische WIR tatsächlich in das erträumte Individuum, das aus nichts als aus Wörtern besteht und das wir Gedicht nennen.

Rühmkorf hat es ein »Vorführgedicht« genannt, ein »poetisches Exerzitium, das sein eigenes Programm vorzuturnen versucht«[3]. Es artikuliert aber mehr als diese hochartifizielle Selbstreferenz. Seine Spannung gewinnt es aus verschiedenen Gegensätzen und Ambivalenzen. Da ist das Gegenüber von literarischem Produzenten – »wer Lyrik schreibt« – und ihrem Rezipienten: Der eine, der Produzent, *ist* verrückt, der andere, der Leser, der sie wahr-, gar für wahr nimmt, *wird* verrückt. Oder da ist der gegensätzliche Blick auf die Wirklichkeit: Aus allzu großer Entfernung betrachtet, erscheint sie armselig und irrgängig; andersherum halten jene, die da unten in dieser armseligen Wirklichkeit herumirren, von denen, die sie aus so großer Ferne beschreiben, nichts, ja sie halten sie gar für unzurechnungsfähig. Da gibt es offenbar nichts mehr zu vermitteln zwischen Wirklichkeit und Kunst.

Der Dichter kann die Wirklichkeit nicht verändern. Aber er gibt nicht auf. Er beharrt dennoch darauf, mit und in seiner

Sprache das Abbild, die Metapher zu versuchen, die der Wirklichkeit wenn schon nicht beikommen kann, so aber doch auf den Begriff helfen möge. Dies ist das Metier, das der Künstler beherrscht: Das Ich spielt Klavier auf seinem Seelenleib, produziert also Kunst: »vierfüßig – vierzigzehig«, schafft durch solche Neologismen die bildhafte Vorstellung neuer Wirklichkeiten. Für was stehen die? Für kreatürliche Lust, wild Animalisches? Oder für eine krankhaft mutierte Welt? Die Ambivalenz von romantischer Anschauung und realistischer Einschätzung, also zwischen der locker lockenden Loreley oben und dem verseuchten Rhein unten signalisiert eine aus den Fugen geratene Welt, die so eben mal noch im Gedicht, in Rhythmus und Reim, ordentlich verfugt wird. Denn der Dichter gibt nicht auf – credo quia absurdum. Zwar ist er bedroht, als Gattung und als Individuum, als Mensch und Künstler – doch der Künstler genießt diesen Schwebezustand zwischen Wirklichkeit und Kunstcharakter, weil einzig der ihm dazu verhilft, der Erdenschwere wenigstens für ein Weilchen zu entkommen: mittels der Leichtigkeit des gelungenen Gedichts. Es allein ist seine Legitimation.

»Hochseil« ist nicht nur ein poetologisches »Vorführgedicht«, sondern es artikuliert auch das literarische Glaubensbekenntnis Peter Rühmkorfs, aber, typisch für Rühmkorf, nicht als griffige Formulierung, sondern als poetische Formel. Die ist freilich nicht einfach und eindeutig zu haben. Die wird sich entfalten, wenn man das in 50 Jahren entstandene Werk Rühmkorfs aufblättert.

Der erfuhr seine ersten Anregungen zum Dichten aber schon viel früher, wie er im eingangs zitierten biographischen Abriß bezeugte und später noch einmal bekräftigte: »Die allerersten Anregungen zum Schreiben sind mir sicher durch den Kindervers zuteil geworden. (...) ich bin nicht im Umkreis von Ober- oder Mittelschicht aufgewachsen, sondern mit Proletarierkindern – und das war für mich eine wirkliche Entdeckung, daß all die andern Kinder, mit denen ich gespielt habe, genau den gleichen Schatz an Poesie von etwa achtzig bis hundert Stücken zur Verfügung gehabt haben. Also insofern ist die Poesie gar nicht so etwas Weltfremdes, Aufgepfropftes und von oben, sagen wir mal: durch deutsche Klassik und Romantik Indoktriniertes, sondern es zählt zu unserem menschlichen Hausvorrat.«[4]

Und in seiner Göttinger Poetikvorlesung hat Peter Rühmkorf Mitte 1999 dazu ausgeführt: »Es ist ja bemerkenswert, daß der Kindervers – nicht der altbackene Kinderstubenvers, für den ich nicht zuständig bin – über all seine Gattungen und Unterarten hinweg ein anarchisches, antiautoritäres, despektierliches Wesen offenbart, das keine Obrigkeit ungeschoren läßt und übermenschliche Helden gar nicht erst aufkommen läßt (...). Und wenn sich der Kindervers seinen eigenen Reim auf solche Magnifizenzen macht, dann hat das schon was zu bedeuten. Der Kindervers verfährt aber gar nicht so eindeutig. Und was sich zunächst wie eine Abwertung der Autorität ausnimmt, erscheint alsbald als Umwertung.«[5]

Da ist das Zauberwort: Umwertung. Der Kindervers ist nach Rühmkorf, als urliterarische Form der Umwertung, die Urzelle gesellschaftlicher Demokratisierung. Er holt die Großen, Mächtigen, Berühmten vom hohen Podest herunter und zeigt sie in verfänglichen Situationen, sie werden gleichsam zu Kindern gemacht, die genau das tun, was man den Kindern vorwirft und verbietet. Deutlich wird daran, daß Rühmkorf schon früh ein, wenn man so will: materialistisches Dichtungsverfahren entworfen hat, dem jedenfalls ein antiautoritäres und antiideologisches Immunsystem gleichsam eingeschrieben ist.

Doch das kam nicht von ungefähr. Derlei durchaus politische Imprägnierungen sind fast so alt wie Rühmkorfs Vorstellungen vom Kinderreim und vom Willen zur Kunst und entspringen demselben antiautoritären Impuls. Seine oppositionelle politische Sozialisation geschieht bereits während des »Dritten Reichs«. »Mein Patenonkel war der von den Nazis verjagte Theologe Karl Barth, das sprach sich herum in unserm Haus. Dann fand ich auf einmal im ›Stürmer‹-Kasten, also in dieser Nazi-Zeitung ›Der Stürmer‹, eine Zeile ›Karl Barth der Kriegshetzer‹ und da fragte ich meine Mutter ganz entsetzt ›Karl Barth, ist das der Onkel Barth, ist das mein Patenonkel?‹ Und das war so richtig ein Aha-Erlebnis für mich. (...) Und auf einmal zerspaltete sich für mich die Welt in zwei politische Fraktionen, das eine war die öffentliche Welt, das war das öffentliche Wir, und das war das kleine Wir unserer Familie und auch einiger Anti-Freunde, wir standen dem System kritisch gegenüber. Und (...) ich habe eines gelernt: daß die eigenen Leute nicht immer die besten sein müssen. Ganz im Gegensatz zu anderen Leuten, die glauben, daß die ethnische Säuberung und die ethnische Reinerhaltung der eigenen Gruppe das politische und moralische Großziel sein muß. Die eigenen Leute kritisch zu beobachten: Das hat sich dann in der Adenauerzeit, die bei uns die Adenauer-Reaktion hieß, fortgesetzt – Globke, der Erklärer der Judengesetze, war auf einmal eine entscheidende Einflüsterungsfigur an Adenauers Ohr, dann kam Kanzler Kiesinger, das waren Figuren, die in der Nazizeit bedeutende Rollen gespielt hatten und nahtlos in diese neue deutsche Gesellschaft übergegangen waren – auch als Einflüsterer und Mitmacher und Vortreiber. Und da wurde ich kritisch gegenüber diesem neuen Wiederaufbau Deutschlands.«[6]

Das besondere Gemisch solcher Erfahrungen macht den Stoff, aus dem die Rühmkorfsche Existenz sich geformt hat. Ihrer durch autodidaktisches Interesse ausgebildeten und immunisierten Selbständigkeit verdankt sich ein literarisches Werk, das in der deutschen Literatur auffällig sperrig steht und das die Symbiose von Politischem und Artistischem wie bei keinem anderen lebenden deutschen Schriftsteller repräsentiert: Weder säuert die politische Meinung den ästhetischen Anspruch noch sieht die künstlerische Wahrnehmung: die Ästhetik des Gedichts wie der Prosa von der existentiellen Erfahrung, von der Wirklichkeit ab.

Freilich führte der Weg dahin über Versuche, die sich an wechselnden Vorbildern orientierten, formal und inhaltlich gedanklich. Rühmkorf imitierte Rilkes Verse und verstand, was er da hingeschrieben hatte, ein paar Wochen später nicht mehr. Literarisch ging er dann bei den Verfolgten in die Schule, las Alfred Döblin, lernte bei Bertolt Brecht, traf Hans Henny Jahnn, dessen monumentales Werk zugleich verwunderte und erschreckte. Die radikale Polemik lernte er bei Kurt Hiller.

Später wuchs die Begeisterung für die Expressionisten, für Jakob van Hoddis, Alfred Lichtenstein, Else Lasker-Schüler.

Ab Ende 1947 entstanden die ersten Gedichte, die Rühmkorf selbst überliefert hat: ausdrücklich als Gegenproduktion zur traditionellen Lyrik, die ihm in die Hände fällt:

Verzeihung
Haben Sie den Menschen gesehn?
Zwischen Bittesehr und Dankeschön
Ein wenig Mode ein wenig Müller
Als Lieblingsdichter Friedrich von Schiller
Von 18 – 20 revolutionär
Pubertät zu Ende Abitur Militär
Zu Befehl!
Das Gewehr
98
Hat einen brünierten Lauf
Einerseits schießt man andrerseits spießt man
Lehrer Friseure Arbeiter auf
Was gibts sonst neues?
Kinos und Kirchen zur Erbauung
Das Herz intakt noch klappt die Verdauung
Bis auf die Juden –
Sonst Keller Storm und Meyer
Die Füße im Feuer
Und wie man's schreibt im Duden.
NSU HSV SRP
DP NWDR
Dr. hc BBC
Fahn und Sä-
Bel und noch mehr
Und dann grüßen Sie bitte recht schön!
Aber vorher Füße abtreten!
Stiiiiiistannnnn!
Wir treten zum Beten –
Verzeihung
Haben Sie den Menschen gesehn?[7]

Das paßte in die Zeit wie die Gedichte Wolfgang Borcherts, mit dem sich Rühmkorf früh – und später als Biograph – beschäftigt hat, und hat trotz aller Unzulänglichkeit schon einen eigenen Klang, aber außer dem entschiedenen Wunsch, sein »Ich zum Selbstkostenpreis in Kunst aufgehen zu lassen«[8], noch kein Ziel. Und wer noch kein Ziel gefunden hat, streift suchend und versuchend durchs Gelände. Rühmkorf studiert Kunst und Pädagogik, gründet mit Gleichgesinnten nacheinander eine Studentenbühne, ein Kleinkunsttheater, einen »arbeitskreis progressive kunst« und ein Kabarett mit Namen »Die Pestbeule«. Zu den Gleichgesinnten gehörten damals schon Peggy Parnaß und Klaus Rainer Röhl, der Mitte der fünfziger Jahre den »Studentenkurier« gründete. Im Oktober 1957 wurde er in »konkret« umbenannt und bald zur erfolgreichsten linken Zeitschrift der damals oppositionellen jungen Generation. In »konkret« hat Peter Rühmkorf später viele seiner kulturpolitischen Polemiken und literarischen Kritiken publiziert.

Noch aber sucht Rühmkorf nach Orientierung zwischen Literatur und Politik, begründet zusammen mit dem früh verstorbenen Werner Riegel den »Finismus« als »letzten aller Ismen«: »Als wir anfingen zu schreiben, da wußten wir in der Tat noch nicht, in welche Richtung unser Schreiben gehen sollte. Und ich hatte mit meinem Freund Werner Riegel eine Zeitschrift ›Zwischen den Kriegen‹, wir hatten eine Literaturrichtung ins Leben gerufen, die hieß ›Finismus‹. Und eine Literaturrichtung kann man nicht durch zwei Leute bestreiten. Insofern spalteten wir uns auf in soundsoviele Teilexistenzen, da gab es einen Leo Doletzki, der kriegte meine abgelegten Sachen mit auf den Weg, die ich als Student glaubte nicht mehr verantworten zu können. Als Leslie Meyer schrieb ich meine Avantgarde-Gedichte, die noch sehr heikel waren und bei denen ich auch ein bißchen Angst hatte, meinen bürgerlichen Studentennamen dafür herzugeben. Und dann hab ich auch unter meinem Namen publiziert: die Dinge, von denen ich glaubte, daß ich darin gesammelt vorhanden bin.«[9]

Vor allem als jener Leslie Meyer wurde Rühmkorf früh bekannt, als der in »konkret« seinen »Lyrikschlachthof« einrichtete und zum gefürchteten Kritiker der lyrischen Zunft wurde. Da musterte er die zeitgenössische ebenso wie die aus vergangenen Jahrzehnten herüberwirkende traditionelle Lyrik mit kritischem Scharfblick und befand sie meist als ihrer Zeit unangemessen und für untauglich.

Einer der wenigen älteren Lyriker, die ihm damals einleuchteten, war Gottfried Benn. Obgleich Benn als Mitläufer der Nationalsozialisten für Leute seiner Gesinnung keine empfehlenswerte Adresse war, fand Rühmkorf in Benns Gedichten gleichsam die andere, die komplementäre Seite der eigenen Kunstvorstellung: Kunst nicht als Spiegelung oder kritische Korrektur der Wirklichkeit, sondern als autonome lyrische Form, als Selbstausdruck. Und danach suchte Rühmkorf. Was ihn abschreckte, war die enorme, fast schlagerhafte Wirkung des Bennschen Sounds, der in den fünfziger Jahren eine Generation von Pubertierenden zu Lyrikern machte. Wovon Rühmkorf sich absetzte, indem er, im Stile Benns, sein »Lied der Benn-Epigonen« schrieb.

Klar scheidet Rühmkorf zwischen der politischen Anrüchigkeit des »Sängers« Benn, der es einst mit den Barbaren trieb und nun allen reaktionären Verdrängern der nationalen Schuld als Garant geistiger, weil geschichtsferner Dichtung gilt, und seiner sowohl persönlichen als auch autonomen Ausdruckspoesie, für die er eine damals vielleicht noch nicht so deutlich benennbare verwandtschaftliche Zuneigung empfunden haben mag. Erst in seinem großen Aufsatz über das »Lyrische Weltbild der Nachkriegsdeutschen«[10] von 1960 bezeichnet er Benn als einen wichtigen Lehrmeister der Nachkriegslyriker – die ihn freilich viel zu viel imitiert und viel zu wenig erreicht hätten. Und er zitiert nachdrücklich Benns Satz, wonach das Wort des Lyrikers keine Idee, keinen Gedanken und kein Ideal vertrete, sondern Existenz, Ausdruck, Miene und Hauch an sich sei.

Ein anderer Dichter, den Rühmkorf schon favorisierte, hatte damals noch keinen Ort im lyrischen Weltbild der Nachkriegswestdeutschen, der lebte in der DDR und war Kommunist: Bertolt Brecht – Meister der einfachen, zielgenauen Form, die immer von dem inspiriert war, was er

›Wirklichkeit‹ nannte, auch ein Autor von Kinderliedern. Und in allem das Gegenteil von Gottfried Benn.

»Ich glaube, und das ist etwas wirklich Verwunderliches, was nicht nur mich betrifft, daß man emotional und gehirnlich von zwei so unterschiedlichen Typen affiziert oder emotionalisiert werden kann. In diesem Fall haben wir in der deutschen Sprachkunst das eigenartige Phänomen, daß zwei solche Polbilder wie Benn und Brecht in unserem Traditionskatalog stehen. Benn: der Ausdruck des einsamen Ich. Bertolt Brecht: die Mitteilung an die Genossen, an die Freunde, an die Gesellschaft, an die Masse – der Appell auch an die Masse. Und beides hat sich für mich auf eine seltsame Art amalgamiert. Das kann man sogar an Gedichtzeilen und zumal an Titeln überprüfen, daß auch meine Gedichte zum Teil, selbst wenn es introvertierte, nach innen gewandte Gedichte sind, doch den Appell nach außen haben und dann sagen: ›Bleib erschütterbar und widersteh‹, ›Komm raus‹ und ›Phönix voran‹«.[11]

Diese drei Gedichte, die alle erst in den späten siebziger Jahren entstanden sind, belegen, wie grundlegend diese literarische Symbiose aus Benn und Brecht war und wie sehr sie Peter Rühmkorfs Lyrik geprägt hat. Politik und Gesellschaft auf der einen, Poesie und Selbstausdruck auf der anderen Seite – in diesem Spannungsfeld hat sich der Schriftsteller Peter Rühmkorf sein Leben lang bewegt, dieses Spannungsfeld hat, wie er einmal sagte, auch seine unterschiedlichen Interessen dirigiert. Oder, mit anderen Worten, auf die Figur Rühmkorf appliziert: hier der rationale Aufklärer und engagierte Intellektuelle – dort der vitalistische Lyriker und Hymniker; hier der solidarische – dort der einzelgängerische Rühmkorf; dies aber eben nicht als je unterschiedliche, je nach Stimmung gefärbte ambivalente Haltungen, sondern als miteinander zu verbindende, in ihrer Widersprüchlichkeit gleichwohl erkennbare Pole: »Die wechselseitigen Bezüge empfinde ich seit langem nicht mehr als ambivalent, sondern als dialektisches Zusammenspiel. Keineswegs nur ein ›einerseits so – andererseits so‹, kein disparates Nebeneinander sich bekämpfender Schreibtriebe, der Antriebe, sondern eine ziemlich klare Bewußtheit, an beiden teilzuhaben und beide vermitteln zu sollen.«[12]

II.

Solche dialektische Vermittlung gilt auch für ein anderes wesentliches Phänomen im Spannungsfeld von Rühmkorfs unterschiedlichen Interessen: seiner lebenslangen Beschäftigung mit dem literarischen Erbe. Rühmkorf hat sich durch die literarischen Erbgüter gearbeitet, um darin Nähe und Verwandtschaft aufzuspüren und um sich von den alten Stoffen und Themen herauszufiltern, was ihm noch tauglich schien. Er hat die alten Texte dem kritischen Sondierungsverfahren der Parodie ausgesetzt und so Walther von der Vogelweide, Klopstock, Matthias Claudius, Hölderlin, Eichendorff und andere auf eigene Weise an unsere Zeit weitergereicht: nicht theoretisch, sondern als praktischer Anverwandler und Umwandler, als Meister der literarischen Variation.

»Es tauchte bei mir schon sehr früh die Frage auf, ob alte Dichtung eigentlich noch für uns verbindlich ist. Natürlich haben wir auf der Schule sehr viele Gedichte zum Beispiel, um's mal darauf zu konzentrieren, auswendig gelernt. Aber irgendwo war da irgendwas in der Sangesart oder im Glaubensleben der Gedichte, (...) was für mich kein Glaubensinhalt mehr war. Also tauchte in meinen Variationen gleichzeitig wohlgefälliges Echo auf und irgendwo knirschende Widersprüche. Und diesen Gesamtzusammenhalt zwischen auf der einen Seite dem Wohllaut, dem alten Wohllaut und den neuen Verwerfungen, dies habe ich beides zusammen in solchen Formen wie Variationen auf alte Stücke oder Parodien darzustellen oder auszudrücken versucht – wobei der Übergang zwischen Parodie und Variation für mich immer fließend gewesen ist.«[13]

Ein berühmtes Beispiel dieser Rühmkorfschen Verwandlungskunst ist seine Variation auf das »Abendlied« von Matthias Claudius, die 1959 entstanden ist, nachdem die sowjetische Raumsonde »Lunik II« auf dem Mond gelandet war. Dieses Ereignis hatte einige Lyriker der DDR zu pseudoprogressiven hymnischen Gedichten auf die sowjetische Raumfahrt hingerissen, worauf besorgte konservative Feuilletonisten mit dem Vorschlag antworteten, man solle sich doch zurückbesinnen auf des Matthias Claudius schönes »Abendlied«. Außerdem wurde im selben Zusammenhang in den Feuilletons besorgt die Frage debattiert, ob denn nun der Mond als lyrisches Objekt oder gar Subjekt ausgedient habe, weil seine bis dato unantastbare Würde durch den Eingriff des Menschen in die Natur verlorengegangen sei. Rühmkorf vernahm in dieser Kontroverse falsche Töne und ideologische Dissonanzen, »die Hymnen der Forschen und der Frommen, die Heilsbotschaften der Stürmer und Verdränger«, und antwortete darauf mit einer »Variation auf ›Abendlied‹ von Matthias Claudius«, die zwar im alten Klang, aber in kritischer Aneignung der berühmten Vorlage die Wirklichkeit und das Bewußtsein des 20. Jahrhunderts zum Thema machte und damit auch noch den Text von Matthias Claudius gegen eine falsche Inanspruchnahme durch die neuen Dunkelmänner in Schutz nahm.

Der Mond ist aufgegangen.
Ich, zwischen Hoff- und Hangen,
rühr an den Himmel nicht.
Was Jagen oder Yoga?
Ich zieh die Tintentoga
des Abends vor mein Angesicht.

Die Sterne rücken dichter,
nachtschaffendes Gelichter,
wie's in die Wette äfft –
So will ich sing- und gleißen
und Narr vor allen heißen,
eh mir der Herr die Zunge refft.

Laßt mir den Mond dort stehen.
Was lüstet es Antäen
und regt das Flügelklein?
Ich habe gute Weile,
der Platz auf meinem Seile
wird immer uneinnehmbar sein.

Da wär ich und da stünd ich,
barnäsig, flammenmündig
auf Säkels Widerrist.
Bis daß ich niederstürze
in Gäas grüne Schürze
wie mir der Arsch gewachsen ist.

Herr, laß mich dein Reich scheuen!
Wer salzt mir dort den Maien?
Wer sämt die Freuden an?
Wer rückt mein Luderbette
an vorgewärmte Stätte,
da ich in Frieden scheitern kann?

Oh Himmel, unberufen,
wenn Mond auf goldenem Hufe
über die Erde springt –
Was Hunde hochgetrieben?
So legt euch denn, ihr Lieben
und schürt, was euch ein Feuer dünkt.

Wollt endlich, sonder Sträuben,
still linkskant liegen bleiben,
wo euch kein Scherz mehr trifft.
Müde des oft Gesehnen,
gönnt euch ein reines Gähnen
und nehmt getrost vom Abendgift.[14]

Wieder behauptet ein ICH, das als »Narr« gescholten wird, seinen zwar gefährdeten, aber uneinnehmbaren Platz auf dem Seil hoch oben über denen, die in Matthias Claudius' »Abendlied« als WIR vor Gottes Angesicht gestellt werden. Rühmkorf zielt nicht platt parodierend auf den alten Text, um ihn oder seinen Autor Claudius bloßzustellen – sein parodierendes Verfahren stellt seine Form der Auseinandersetzung mit der Geschichte und dem gegenwärtigen Umgang mit dieser Geschichte dar.

Rühmkorf hat eine neue, seine, unsere gegenwärtige Welt im Visier, und zwar so, wie sie ist, nicht wie sie im ursprünglichen und längst vergangenen Geiste der alten Lieder noch lebt und von manchen Interpreten – ahnungslos oder willentlich, je nach ideologischer Präferenz – noch immer durch die Vergangenheit definiert wird. Rühmkorf nutzt den weithin bekannten Text als eingängiges Medium, durch das er ein verändertes Bewußtsein von der Welt transparent macht. Während Claudius den Blick seiner Leser aufs Jenseits und damit auf ein Leben nach dem Tode, auf ein Leben in Gott ausrichtet, scheut Rühmkorfs Sänger dessen in weite Ferne gerücktes Reich und zieht ihm das irdische »Luderbett« vor.

Dieser gänzlich diesseitige Materialismus der Rühmkorfschen Variation folgt dem Geiste seines 1959 erschienenen Gedichtbands »Irdisches Vergnügen in g«. Dessen Titel variiert Barthold Hinrich Brockes' in neun Bänden zwischen 1721 und 1748 erschienene Dichtungen »Irdisches Vergnügen in Gott« und vollzog programmatisch jene Säkularisierung, die den »Gott« der Dichtungen Brockes' ins kleine »g« für ›Gravitationskonstante‹ übersetzte – jene physikalische Konstante, die den Arsch des Dichters, wenn der denn endgültig vom Hochseil fällt, nicht gen Himmel schweben, sondern auf »Gäas grüne Schürze« stürzen läßt.

»Ja, ich bin in gewisser Hinsicht literarischer Traditionalist. Und die Formel, die ich für mich gefunden habe, diese Formel Parodie oder Variation heißt kritische Tradition. Ich habe nicht alte Weisen einfach nur nachgesungen, sondern ich habe sie umgesungen. Ich habe sie mir angeeignet, ja ich möchte sagen: ich habe sie mir einverleibt und auf eine besondere Art fermentiert und verdaut wieder von mir gegeben. Es sind ganz organische Prozesse der Aneignung und des Wieder-von-sich-Gebens.«[15]

Die parodierenden oder variierenden Verfahren sind Prozesse der kritischen oder, wie Rühmkorf selbst gern sagt: dialektischen Auseinandersetzung mit dem literarischen Erbe. In diesem Prozeß wird die Geschichte in ihrer literarischen Erscheinungsform positiv vermittelt – wie schon der musikalische Begriff der Variation besagt, die ein Thema beziehungsweise eine Melodie bewußt aufnimmt und verwandelt. Rühmkorfs Vermittlungsarbeit lädt nun ihrerseits die alten Formen mit neuen Bedeutungen auf. Dabei benutzt Rühmkorf den literarischen Fundus nicht, wie die Postmoderne, als Steinbruch, sondern er fühlt sich der Geschichte verpflichtet, nimmt ja auch nur solche Texte wieder auf, die selbst in wirkungsgeschichtlicher Tradition stehen, um ihre historischen Formen mit zeitgemäßem Ausdruck zu versehen und weiterzutragen – gleichsam als poetische Beiträge zu literarischen Rezeptionsdebatten.

Dieses Verfahren literarischer Anverwandlung traditioneller Formen durchzieht Rühmkorfs gesamtes Werk, bis hin zu seinen kritischen Märchen aus den achtziger Jahren. Nicht immer wird es so offen vorgezeigt wie in dem Band »Kunststücke« von 1962, der die Vorlagen benennt und eben jene Paradebeispiele enthält, die Rühmkorf selbst als »Variationen« bezeichnet: »Variation auf ›Gesang des Deutschen‹ von Friedrich Hölderlin«, »Variation auf Klopstock ›Dem Erlöser‹«, »Auf eine Weise des Joseph Freiherrn von Eichendorff«. Oder jene Gedichte, die sich als »Oden« gebärden und die Rühmkorf spöttisch mit Titeln versieht wie »An-ode«, »Methode«, »Kathode« oder »Kommode«; denn Rühmkorf hält die Odenform zwar nicht mehr für glaubwürdig, möchte sie aber doch noch einmal singen und muß sie deshalb umsingen, wie er sagt: als »gebrochene Oden«[16]. Schon einige große Gedichte im »Irdischen Vergnügen in g« gehören, ohne ausdrücklich so genannt zu sein, in jene Reihe der »Hymnen und Gesänge«, die in den »Kunststücken« zu finden sind. In ihren freien Rhythmen zitiert Rühmkorf das Pathos Klopstocks oder Hölderlins, distanziert sich aber nicht davon, sondern nutzt es bis heute für seine großen Gedichte, die der Welt- und Lebensfeier gewidmet sind.

Peter Rühmkorfs Gedichte, von denen einige ja ausdrücklich auch Lieder heißen, wurden nie vertont, obgleich sie sich, reimgebunden oder mit freien Rhythmen, gut dafür eigneten. Aber schon in den fünfziger Jahren hat Rühmkorf seine Gedichte mit musikalischer Begleitung vorgetragen – auch da beruft er sich, auch wenn seine Begleitmusik der Jazz ist, auf die Übernahme einer uralten Tradition: »Die Lyrik kommt von der Lyra her. Die Sappho ist immer mit der Lyra dargestellt, Walther von der Vogelweide zog mit einem Fiedler über die Lande, Carl Michael Bellman schlug selbst die Laute. Also: hier ist eine ganz alte Symbiose, wirklich eine uralte Symbiose noch einmal neu belebt worden eben durch den Kontakt mit der Jazzmusik.«[17]

III.

1966 findet die erste Großveranstaltung »Lyrik und Jazz« auf dem Hamburger Adolphsplatz hinter dem Rathaus statt. Rühmkorf liest Gedichte, Michael Naura am Klavier und Wolfgang Schlüter am Vibraphon begleiten ihn. Sie haben über 3000 Zuhörer. Doch in der sich nun öffnenden ganz großen Arena ging es nicht nur um Jazz und Lyrik. Rühmkorf hielt eine Rede über »Lyrik auf dem Markt«, in der sich auch wieder der alte Traditionalist äußerte, aber mit einem durchaus aktuellen Thema: »Während (...) der Poet der Antike, immer schön mit seinesgleichen in Konkurrenz, auf Zuwendungen aus höchster Hand getrost vertrauen konnte; während der Sänger des hohen Mittelalters sich ebenfalls im Wettbewerb mit lieben Sangesbrüdern bewähren durfte und ihm auf der Höhe seines Ruhms oder am Ende seiner Tage immerhin eine Art von ›lehen‹, Sinekure oder handfesten Besitztums winkte, hat sich der zeitgenössische Versproduzent auf gänzlich andere Wettbewerbsbedingungen einzustellen. Das alte Monopol der Poesie als öffentlicher Alleinunterhalter ist längst nur noch eine literaturhistorische Erinnerung. (...) Die schöne Poetisierung des Daseins und die Versorgung breitester Verbraucherschichten mit Überhöhungsartikeln ist in Hände übergewechselt, die, wenn ich es einmal so metaphorisch sagen darf, den einen Finger am Puls des Volkes haben, den anderen am Drükker der Repro-Betriebe. So denn sieht sich der Dichtersmann unserer Tage auf Turnierbedingungen verpflichtet, die ihn an der Seite von Abi Ofarim und Drafi Deutscher, (...) Schulter an Schulter mit den großen Unterhaltungskanonen der Saison zeigen – aber was heißt hier schon Schulter an Schulter, die gleichen Start-, die gleichen Markt-, die gleichen Publikationschancen stehen wohl doch nur auf dem Papier, und *realiter* darf sich jeder noch praktizierende Poet als lebender Leichnam einer aussterbenden Gattung fühlen.«[18]

Unverkennbar begann damals, Mitte der sechziger Jahre, eine neue Zeit. Und in die öffentliche Arena, die sich den Kritikern von Staat und Gesellschaft auftat, stürmten bald andere, die mit anderen als literarischen Mitteln die Welt verändern wollten.

Das Wohlstands- und zugleich Restaurationsmodell Bundesrepublik Deutschland geriet in die Krise, 1966 trat der Kanzler Ludwig Erhard, der als Wirtschaftsminister den Wohlstand angeblich geschaffen hatte, zurück und machte einer großen Koalition aus CDU/CSU und Sozialdemokraten Platz. Gegen diese Große Koalition bildete sich eine außerparlamentarische Opposition, die Apo der dann Achtundsechziger genannten Generation, die das ganze System der repräsentativen parlamentarischen Demokratie nicht mehr wollte.

Rühmkorf hatte eine durchaus positive Beziehung zur Apo, ja fühlte sich als einer, der ihr in den fünfziger Jahren politisch und literarisch vorgearbeitet hatte: »Die Beziehung war zunächst sehr positiv, weil der gesamte Fächer, das gesamte Spektrum, das die antiautoritäre Bewegung entfaltet hatte und entfaltete, bei mir und bei unserer Gruppe um den ›Studentenkurier‹, später ›konkret‹, praktisch bereits voll entfaltet war. Antikolonialismus, Antiimperialismus, der Kampf gegen den Paragraphen 218, der Kampf gegen den Paragraphen 175 usw. Eine allgemeine Liberalisierung der Gesellschaft war bei uns schon angelegt. Und wir kannten die Feinde; die Feindbilder, die dann ausgebildet wurden, waren bereits die unsern gewesen und wir empfanden uns zunächst als Patenonkel der Bewegung. Bis die Geschichte dann überbordete und die Apo zerfiel in eine Fülle von kaum noch überschaubarer Vielfalt von Alleinvertretungsansprüchen. Die Truppe wußte es besser als jene andere und diese besser... Und es war eigenartigerweise das antiautoritäre Virus, das diese Bewegung auseinandersprengte. Keine Gruppe wollte sich von der andern was sagen lassen, und das große Ideal Solidarität wurde durch das antiautoritäre Virus zersetzt. Und die ganze Bewegung war ja sehr kurzlebig, hatte ganz kurze Halbwertszeit und explodierte.«[19]

Rühmkorf kannte ja viele jener Intellektuellen und Studenten, die sich damals radikalisierten, aus der Mitarbeit an der Zeitschrift »konkret«, so deren Kolumnistin Ulrike Meinhof, aber seine Beziehung zur 68er Szene war eher die eines mahnenden Beobachters und kühlte mit ihrer Radikalisierung ab.

»Der Bruch damals zwischen radikalen, fundamentalistischen Gesellschaftsgegnern und Reformleuten, Melioristen, Verbesserern, Verbessern-Wollenden, der ging kraß bei uns durch die eigene Stube, durch die eigene Redaktion, durch ›konkret‹ hindurch, und das Blatt wurde dadurch nachher auch auseinandergerissen. Das läßt sich ja heute alles noch nachlesen, daß ich immer versuchte, die radikalen Truppen, ich kann fast sagen: zur Ordnung zu rufen, sie an die Gesellschaft zu erinnern, ihnen das Gemeinwohl wieder vor Augen zu rücken. Aber es hatte keinen Zweck mehr, auf diese radikalisierten Truppen noch einzureden. Es war nicht nur Ulrike Meinhof allein, sondern es war eine breite Sympathisantengalerie, die da bis zu Wagenbach und Enzensberger reichte. Es war ein heimliches Sympathisantenspiel mit dem terroristischen Angriff auf die Gesellschaft, den ich nie gut geheißen habe.«[20]

Rühmkorf hatte dem antiautoritären Gedanken, der sich mit der Apo verbreitete, schon selbst etwas vorgearbeitet, indem er nämlich zwischen 1964 und 1966 Kinderverse gesammelt hatte, die klassische Beispiele für antiautoritäre Erziehung waren: als Selbsterziehung des Kindes gegen Erziehungspersonen – vom Polizisten bis zum Schornsteinfeger, aber auch gegen die zwangserziehenden Eltern. Diese »Exkurse in den literarischen Untergrund« erschienen 1967 mit dem Titel »Über das Volksvermögen«.

Eine andere Folge der kulturrevolutionären Bewegung kostete Rühmkorf mehr Zeit und war wenig erfolgreich: Er schrieb drei sozialkritische Theaterstücke, die antike Parabel »Was heißt hier Volsinii« und die beiden Zeitstücke »Die Handwerker kommen« und »Lombard gibt den Letzten«, um am öffentlichen Ort: auf der Bühne sein politisches Engagement auszuformulieren. »Und dieser Trieb, politisch in die Arena hineinzufunken, machte sich bei mir auch derart stark bemerkbar, daß ich meinte, nicht mehr in kleinen, hermetischen Gedichten für ein Klassenzimmer voller Leute ... heranbilden zu müssen, sondern ich suchte andere Bühnen. Und ich dachte, die Theaterbühne ist ein anderer Austragungsort, den man auch als Paukboden der Gesellschaft betrachten kann und auf dem man Gedanken austragen kann, für die das Gedicht nicht geeignet ist. Deswegen habe ich mich so heftig aufs Theater gestürzt.«[21]

Doch keines der Stücke errang auch nur einen Achtungserfolg, ihre Aufführungen lassen sich an einer Hand abzählen. Unterm Strich bleiben fünf Jahre intensiver Lehr- und Arbeitszeit bei entsprechender Kapitalinvestition und eine unglückliche, noch immer nicht erloschene Liebe zu diesen drei zwittrigen Kindern.

Und ein Drittes muß der kulturrevolutionären Zeit angerechnet werden: daß Peter Rühmkorf in diesen Jahren kein einziges Gedicht geschrieben hat. Bis dahin war ja der Begriff von der »engagierten Literatur« ein Topos der deutschen Nachkriegsliteratur von Enzensberger über Walser und Grass bis zu Rühmkorf. Doch als aus jedem Gedicht eine Waffe gemacht werden sollte, hat Rühmkorf sich dieser kunstfeindlichen Zumutung verweigert: Was ihm auf dem Theater oder in der Prosa möglich war, nämlich literarische Formen mit kämpferischen politischen Inhalten zu füllen, hat er dem Gedicht versagt. »Es war für mich sehr schwer, von Gedichten aus, die ja auch vergleichsweise esoterische Gebilde sind, schon weil sie Gedichte sind und ein paar empfindsame Leute erreichen, es war für mich schwierig, vom Gedicht aus politische Frontlinien auszubilden. Was mir in der Prosa zweifellos gelungen ist, daß ich mit meinem Prosabesen die politische Arena ausfegte, das wollte mir im Gedicht nicht so gelingen. Ich habe auch so einen Duktus, wie Brecht, des Lehrgedichtes nie erzeugen können, dazu war das alles zu bunt gemischt und zu individuell unterwandert. Es war manchmal so, und da wurde es wirklich kritisch, daß ich in Gedichten etwas trieb, was der politische Prosamann in mir ablehnte beziehungsweise daß der Prosakritiker in mir etwas vom Gedicht abverlangte, was das Gedicht gar nicht dachte, es zu erfüllen – im Gegenteil: Es brach aus, es war anarchistisch, es war individualistisch und ließ alle möglichen St. Elms-Feuer phosphoreszieren, trieb allerlei Allotria und richtete sich überhaupt nicht gegen die Gesetze des aufklärenden Besens.«[22]

Mit diesem aufklärenden Besen hat Rühmkorf nicht nur als Essayist und auf der Bühne gekehrt, sondern auch in der Prosa. Erzählende Prosa war lange Zeit nicht Rühmkorfs Metier. Und wiederum geht der Impuls, Märchen zu schreiben, von einem Traditionsgedanken aus: »Ich sah nämlich, daß der ganze literarische Unterbau, auf dem wir gründeten, unsere ganze Tradition zusammengebrochen war. Das Kirchenlied saß nicht mehr, Volkslieder wurden nicht mehr gesungen, es gab überhaupt keine literarischen Traditionen mehr. Und die letzten Traditionen waren – und das zählt auch zu den, na, wie soll ich sagen, Mankos der Apo, daß sie die letzten Bildungsbastionen der deutschen Literatur geschleift hatten. (...) Und da dachte ich, wo kann Literatur überhaupt noch anknüpfen? Auch die Bibel war nicht mehr vorauszusetzen, die Odyssee war abgesunkenes Kulturland, und da dachte ich: Märchen. Märchen hat jeder, auch später Erwachsene, irgendwo in seiner Jugend in sich hineingefuttert, und eine Grundschwingung des Märchentons ist in jeder Seele vorhanden. (...) Und nun ging es mir mit den Märchen aber auch ähnlich wie mit den Oden und Hymnen der Poesie, daß ich nicht ungebrochene Märchen weiterschreiben konnte. Und insofern hab ich meine Märchen ›aufgeklärte Märchen‹ genannt. (...) Das normale Märchen verhüllt, allegorisiert, symbolisiert, das aufgeklärte Märchen knackt diese Allegorien und Symbole auf. Im Rotkäppchen-Märchen ist das Rotkäppchen ein kleines Trottelchen, das schließlich vom Wolf gefressen wird. Das ist eigentlich ein uraltes Warnmärchen. Und das gefiel mir. Ich habe z.B. das Rotkäppchen emanzipiert. Ich hab daraus eine freche junge Dame gemacht, die schließlich den doofen Wolf übertölpelt. Und so kleine Tricks. Das heißt, ich habe dann durchaus auch die Rolle der kleinen Frau in dem Märchen mächtig gestärkt (...).«[23]

IV.

Die Märchen erschienen 1983 und wurden ein großer Erfolg. Kontinuierlich hat Rühmkorf neue Gedichte, Essays, Lesebücher veröffentlicht; seine Auftritte mit dem Jazzpianisten Michael Naura und anderen Musikern wurden gefeiert. Und in den achtziger Jahren wurden ihm dann endlich auch jene großen Literaturpreise zugesprochen, die er schon längst verdient hatte. Und dennoch notierte er unter dem Datum des 9. September 1990: »Gefühl wiedermal von einem bis auf den Grund verfehlten Schriftstellerleben. Opus magnum ohne die mindeste öffentliche Resonanz; kein einziges Buch bislang in eine Fremdsprache übersetzt und bei Auslandsreisen als sozusagen Meisterbrief oder Diplom vorzuweisen; aufs Ganze gesehen nur 2 1/2 Bücher in Hardcover erschienen und der Rest kleene Bändchen, Hefte, Broschüren, ein gelumbecktes Lebenswerk. – Ach, Theater ja auch noch, und der mehrfach unter mir eingebrochene Bühnenboden.«[24]

Das war dann nachzulesen in seinem 1995 erschienenen umfangreichen Tagebuch »TABU I«. Dieses Tagebuch ist eine spannende Wahrnehmungsmaschine des Schriftstellers und Zeitgenossen Rühmkorf und vermittelt die bewegten Auflösungs- und Zersetzungs-Zeiten von DDR- und Mauerfall, von Zwischenzeit und Vereinigung samt absehbaren Folgen vom 21. Dezember 1988 bis zum 26. März 1991. Es sind, auf andere Weise und an andere Leser gerichtet, wieder einmal »die Jahre, die Ihr kennt«; aber das »Ihr kennt« ist hier nicht einverständnisvoll an die alten Zeit-Genossen gerichtet, sondern stets ironisierend bis zuweilen resignativ an die Zeitgenossen jenseits der verwehten sozialistischen Visionen.

Durchgehend spricht Rühmkorf in diesen Notaten von einem Zeitroman, den er schreiben will; und zu diesem Zweck ordert er die schon im Marbacher Archiv eingelagerten alten Tagebuch-Bestände zurück, weidet sie aus und schreibt sie ab, um Material eben für diesen ZEITROMAN zu gewinnen. Der freilich deutet sich in diesen Notaten nur an. Diese Notate verzeichnen Alltägliches – Essen, Saufen, Lieben, Tourneen mit Jazz & Lyrik, Freundschaftsbesuche,

Zeitungslektüre, Schreibarbeit – und umschließen die Ergebnisse dieser Schreibarbeit: viele neue Gedichte, aber auch Essays und Rezensionen, die, da Rühmkorf sein Stöhnen über die massige Schreibarbeit oft mit Gründen versieht, das Anschauungs-Material seiner Mühsal als Autor sind. Niemand hat sich als Schriftsteller so in die Karten schauen lassen wie Rühmkorf in diesem Tagebuch.

Da Rühmkorfs Notate immer getragen sind von seinen momentanen Stimmungen, spürt man sein wahrnehmendes und Welt zentrierendes Ego auf Schritt und Tritt. Wofür die Notiz vom 9. September 1990 über das Gefühl seines verfehlten Schriftstellerleben ein, freilich seltenes, Beispiel ist. Aber auch der Gegenton gehört zum Grundelement Rühmkorfscher Weltanschauung und Egozentrierung – nur zwei Monate nach den zitierten Selbstzweifeln notiert er am 5. November 1990: »Nach Jahren der Selbstskrupel und Auto-Autodafés zum 1. Mal wieder Gefallen an mir selbst gefunden – in effigie. Das geschwinde Wesen meines Daseins als die andere, positive Seite meiner quälenden Schlaflosigkeiten.«[25]

Diese Erkenntnis hängt ganz zweifellos zusammen mit der Lektüre der aus Marbach herbeizitierten alten Tagebücher. Denn nur zwei Tage zuvor liest man: »TB-Abschriften: Die Welt zu meinen Gunsten gesehen, natürlich. Oft langanhaltend und berufsmäßig geheult wie ein Coyote, aber manchmal auch richtig hübsche Szenen dabei. Was jemand unwissentlich Beobachtetes so mit Gesichtszuckungen morst.«[26]

Eben dies charakterisiert die besondere Rühmkorfsche Methode der Egozentrierung via Tagebuch: Das trotz Hasch und Schnaps wache Wahrnehmen, lebendige Erfahren, von kindlicher Freude und wütendem Zorn begleitete Erleben der Welt – und deren spontane Entäußerungsmethode im Niederschreiben.

Was, um einen Schritt weiterzugehen, dann, durchaus wieder dialektisch, jene letzte gültige Selbstbeschreibung begründet, und eben auch zu ihr berechtigt, die der Selbstgefallens-Bekundung auf dem Fuße folgt, nämlich die Notiz: »Rückblickend: recht gehabt haben, ist nicht schwer. Aber immer gewußt, wer man war und was man wirklich wollte.«[27]

Dieser Satz ist der intellektuelle und moralische Fundus dieses Tagebuchs. Die Egozentrierung des Autors hat ihre Glaubwürdigkeit, ihre historische Spiegelfunktion und ihr Interesse in dieser Selbstklärung und -voraussetzung: Sich selbst treu geblieben zu sein; auch wenn die Brille, durch die er jeweils auf die Welt und die Menschen blickte, den unterschiedlichen Stimmungslagen entsprechend changierte. Und den unterschiedlichsten Interessen folgte.

*

»Ich habe mich mit vielen Gegenständen meines Interesses herumgetrieben mein Leben lang, und die Gegenstände haben oft gewechselt und neue Seiten gezeigt. Ich bin kein Romancier, der einen Backstein nach dem anderen in den Brennofen schiebt oder aus dem Brennofen herausholt, sondern habe mich versucht eher zyklisch zu erweitern und meinen Interessen zu folgen, die nicht immer gerade die vorigen waren.«[28]

Peter Rühmkorf ist Poet und Poetologe, Polemiker und subtiler Essayist, Sammler von Volks- und Kinderversen und expressionistischer Lyrik, Prosaschreiber und Erzähler kritischer Märchen, Erinnerungsarbeiter und Tagebuchschreiber und noch manches mehr. Sein Werk ist so vielgestaltig wie die Zahl der Felder, auf denen es gewachsen ist: »Wenn man fragt nach dem Zentrum meines Schreibens, dann kann ich Ihnen keinen Punkt benennen, ich kann Ihnen nicht mal eine Kugel oder einen Stein benennen, sondern nur eine Spannung benennen. Diese Spannung ist mein Leben lang Politik, Gesellschaft, Poesie und Selbstausdruck gewesen. In diesem Spannungsfeld habe ich mich mein Leben lang bewegt und dieses Spannungsfeld hat auch meine unterschiedlichen Interessen dirigiert.«[29]

Der subversive Chronist

Über Hans Joachim Schädlich

Ich liefere bloß eine Beschreibung.
Machen Sie damit, was Sie wollen.
H. J. Sch.

I.

Der Schriftsteller Hans Joachim Schädlich hat einen seiner wichtigsten poetologischen Texte ins Zentrum seines Romans »Schott« gestellt – versteckt in der schönsten anarchischen Poesie: »Es ist aber im Moment vom Verfasser die Rede. Schott hat keine Verfasser-Ängste. Er hat gerade, oder kürzlich, die Unsinnigkeit der Angst abgehandelt.

Kein Leser oder keine Leserin wird es verübeln, daß der Verfasser in seiner gegenwärtigen Gefühls-Lage den Ausruf tut, Noch einmal tön, o Harfe, den er, der Peinlichkeit gewiß, in solcher Lage gelegentlich tut, allerdings leise, und ohne Zuhörer.

Der Verfasser, so sagt er, fragt sich, welcher Ausgang naheliegt. Unbekümmerte Mißachtung aller Gefahr? Die Sätze weiterhin lang, das Tempo largo? Oder, von Angst gehetzt, Sätze kurz, prestissimo?

Der Verfasser, in der Vorliebe für den zweiten Satz, könnte durch irgend etwas dazu gebracht werden, bei mittellangen Sätzen, adagio, zu landen.

Aber wodurch? Das ist noch immer ein Satz des Verfassers. Er behauptet, er sei gezwungen, die Antwort schuldig zu bleiben. Was sollte es sonst noch, mit der Niederschrift fortzufahren? So er.

Wenn der Verfasser schon selber zu Worte kommt, noch etwas (oder ist das vielleicht schon zuviel?): Tochtergeschwulst. Die Geschwulst bringt eine Geschwulst hervor. Kennen Sie das? Jemand fragt, Wovon ist eigentlich die Rede? Als ob ausgerechnet ich das wüßte! Ich mache mir keine

Gedanken über den Inhalt. Jemand wird antworten, Haha, das sagen alle! Ich sage: Meinetwegen, antworten Sie das. Es hilft nicht weiter. Ich weiß trotzdem nicht, wovon die Rede ist. Selbst ein Elefant weiß erst, wohin er wollte, wenn er angekommen ist. Und ich glaube gar nicht, daß ich ankommen werde. Ich liefere bloß eine Beschreibung. Machen Sie damit, was Sie wollen. Das geht mich nichts an. Es wird sich schon jemand finden, der eine Beschreibung der Beschreibung liefert. Das dazu, sagt der Verfasser. Ich sage nichts mehr. Hören Sie doch nicht zu. Gehen Sie doch raus. Werfen Sie das Buch doch weg. Oder schenken Sie es Ihrer Tochter. Oder verkaufen Sie es an eine Wohlfahrts-Organisation. Oder verbrennen Sie es. Das geht schon. Übergießen Sie es mit Benzin und zünden Sie es an. Oder werfen Sie es in den Ofen. Oder legen Sie es ins Scheißhaus, blättern beim Scheißen darin, reißen nach dem Scheißen ein, zwei Seiten heraus und wischen sich mit diesem Textabschnitt den Arsch ab. Das Papier ist heutzutage saug- und wischfähig genug. Aber fragen Sie nicht mich. Stellen Sie sich vor, daß ich vor längerer Zeit gestorben bin. Ich kann Ihnen nicht antworten. Sie müssen selber sehen, wie Sie weiterkommen. Eines Tages wird es sowieso keine Verfasser mehr geben. Und keine Bücher. Das wäre schön, wenn es schon soweit wäre. Aber noch leben Sie in der Bücher-Zeit. Da kommen Sie um diese Dinger nicht immer herum. Solange heißt es eben: Rein und durch. Oder wie gesagt. Ach, Sie lesen gerne Bücher? Na, um so besser. Ich werde auf der Stelle freundlich. Ich sage, Sehen Sie mal. Versuchen Sie es. Weiter im Text. Irgendwann kommt ein Satz, der Ihnen zusagt. Entweder weil er vieldeutig ist, und Sie können sich Gedanken machen. Oder weil er eindeutig ist. Bei mir finden Sie beides. Für jeden etwas. Oder für jede Lage. Und fühlen Sie sich bitte oder bloß nicht brusquiert. Ich fühle mich auch nicht. Wie würden Sie sich vorkommen, wenn jemand zu Ihnen sagte, Ich weiß nicht, was es bedeutet. Ich erkenne die Wirklichkeit nicht mehr. Ich vermisse eine Absicht. Das ist doch alles Un-Sinn, was Sie schreiben! Fühlen Sie keinen Auftrag? Einen politischen, religiösen, pädagogischen, ideologischen, moralischen, ethischen, schwedischen? Einen ästhetischen, kybernetischen, geheimen, verantwortungsvollen, weiteren, heiteren, historischen, militärischen, hysterischen, inneren Auftrag? Einen Dienst-, Dauer-, Lehr-, Produktions-, Partei-, Export-, Sonder-, Rüstungs-, Wählerauftrag? Wie würden Sie sich fühlen, wenn jemand Sie fragte, Wer soll das denn lesen. Wen oder was wollen Sie denn oder denn Sie erreichen. Das ist doch kein Spiel! Neulich, sagt der Verfasser, war ich in der Nationalgalerie. Ein Ehepaar steht vor einem Bild. Der Mann liest den Bildtitel: Der Kuß. Die Frau sagt, Der Kuß? Der Mann sagt, Ja. Die Frau sagt, Nein. Ich sehe doch nur ein Bein.

Es reicht Ihnen jetzt? O.K. Nur eins noch, sagt der Verfasser. Seien Sie vorsichtig! Auf den ersten Blick sieht alles anders aus.«[1]

Als der Schriftsteller Hans Joachim Schädlich den imaginierten Verfasser seines Romans »Schott« diesen poetologischen Sprachzauber formulieren ließ, verging gerade jene Deutsche Demokratische Republik, die ihn als Schriftsteller jahrelang verhindert hatte. Der Roman »Schott« erschien 1992 und ist Schädlichs Meisterwerk: ein, wenigstens literarischer, Sieg der individuellen Freiheit über den totalitären Machtanspruch. Denn »Schott« ist mehr als ein Roman und als seine tragende Figur, »Schott« wird zum Inbegriff eines Verhaltens, das, wie Schädlich einmal formulierte, »frei von Geschichte (history) zur Freiheit der Geschichte (story)«[2] gelangt – ein Verhalten, das den Menschen nicht zum Objekt, sondern zum Subjekt der Geschichte macht.

Der Roman inszeniert den Kampf des Un-Mächtigen Schott, wie Schädlich sagt, mit den Mächtigen nicht als parabelhaft auftrumpfende Erzählung – die wiederum einem ideologischen, diesmal didaktischen Muster folgte –, sondern als vergnügliche, vexatorisch irritierende und assoziativ überraschende Folge vieler kleiner Erzählabschnitte. Auch bindet nicht die klassische Großform des Romans strukturell das Erzählen. Schädlich will das Erzählen freimachen von jeglichen vorgegebenen, geschichts- und ideologiebefrachteten Mustern, damit es frei werde für Geschichten; er will nicht Realität nacherzählen oder Authentizität erfinden, die angeblich mit der Realität übereinstimmt, sondern Verhaltensverläufe erzählen, die die Verhärtungen der Geschichte aufbrechen, mit ihren Elementen spielen und ihre Teile neu zusammensetzen. Die Geschichten Schotts machen die Köpfe frei für spielerische, von Ideologie unverstellte Wahrnehmung. Der Leser begreift das Verfahren im Verlauf der Lektüre – so er sie annimmt –, er lernt die Sprache mit der Erkenntnis eigener Wahrnehmung semantisch neu zu besetzen: »Der Verfasser sagt, Jetzt die Beschreibung eines engen tiefen steilwandigen Taleinschnitts? Felsig, dunkel, unwegsam? Rauschte kein reißender Bach? Der Leser oder die Leserin, der oder die das Buch bis hierher nicht in die Ecke geworfen hat, weiß inzwischen, daß er oder sie durch das bloße Wort Schlucht zu je einer Vorstellung von Schlucht gelangt, die jede Beschreibung hinfällig macht.«[3]

Die Variationen von Erfahrungsmöglichkeiten, die in den Geschichten und Geschichtssegmenten in »Schott« präsentiert werden, öffnen des Lesers Bewußtsein für seine subjektive Wahrnehmung von Welt und plädieren für eine Sprache, in der nicht die Welt als verfestigtes Ensemble von Klischees sich dem Bewußtsein wie selbstverständlich oktroyiert, sondern in der Erscheinungsweisen von Welt erprobt, unterschiedliche Perspektiven ihrer Betrachtung durchgespielt und Verhaltensmöglichkeiten variierend vorgeführt werden.

Solches Verfahren realisiert ein anarchisches System der Systemlosigkeit, ist ein produktiver Widerspruch in sich selbst – ein ästhetisches Verfahren, in dem aufklärerischer Geist, sprachlicher Witz und experimentelle Lust im virtuellen Zusammenspiel eigenwillige literarische Welten hervorbringen. Oder, in einer Formulierung Schädlichs aus seinem kleinen Aufsatz über »Literatur und Widerstand«, der 1985, also vor »Schott«, geschrieben, aber erst im Jahr von »Schott«, 1992, erschienen ist: »Es ist die Rede von einem subversiven Strom, der in einem Text fließt und eine das Denken befreiende oder eine zum Denken zwingende Helle bewirken kann, also eine Stärke im Kopf eines Lesers oder Hörers.«[4]

II.

Der Roman »Schott« erschien 15 Jahre nach Hans Joachim Schädlichs Umzug aus der Deutschen Demokratischen Republik in die Bundesrepublik Deutschland. Die DDR hatte ihn als Schriftsteller nicht zu Wort kommen lassen, weil sie seinen von der Ideologie der Partei unverstellten Blick auf die Wirklichkeit nicht ertragen konnte.

Geboren 1935 im vogtländischen Reichenbach als einer von drei Söhnen eines Wollkaufmanns, gehörte Schädlich von Anfang an zu jenen Bürgerkindern der DDR, die im markigen Titel des »Arbeiter- und Bauernstaates« nicht genannt wurden und deshalb besondere Anstrengungen zu unternehmen hatten, um in den Genuß einer höheren Ausbildung zu kommen. Was bedeutete, daß der Internatsschüler Schädlich nicht nur ein normales, sondern ein ausgezeichnetes Abitur machen mußte, um zum Studium zugelassen zu werden. Und Schädlich machte eine erste Erfahrung: »Eigentlich ein kleiner Staat im Staate, dieses Internat, dort bin ich schon früh mit etwas bekannt geworden, das mir dann immer vertrauter wurde – der Internatskomplex war von einer hohen Mauer umgeben. Natürlich konnten wir raus in die Stadt, aber gegen Abend wurde die Schul-Kaserne geschlossen.«[5]

Im Internat entdeckte Schädlich Sprache und Literatur als Felder seines besonderen Interesses. Doch viel Freiheit blieb da nicht zwischen den Ansprüchen des Staates – einerseits der notwendigen Mitarbeit in der FDJ, andererseits dem gewaltigen Leistungsdruck, um studieren zu können. Und Schädlich wollte, trotz allen Hürden, die dem Bürgersohn im Wege standen, unbedingt studieren.

Er studierte dann deutsche Literatur an der Ostberliner Humboldt-Universität, wechselte aber nach zwei Jahren an die Leipziger Karl-Marx-Universität, um dort Sprachwissenschaft zu betreiben, weil das Studium der deutschen Literatur »eher der politischen Indoktrination als der literarischen Ausbildung diente«[6]. Auf die Idee, sich an der Freien Universität in Westberlin einzuschreiben, die ja bis zum Mauerbau 1961 noch unmittelbar erreichbar war, kam er nicht, zu sehr fühlte er sich gebunden an die Familie, an die Mutter, die, wie er einmal schrieb,[7] so ganz fraglos festgelegt war auf dieses Land DDR.

1960 promovierte er und wurde Mitarbeiter am Institut für deutsche Sprache und Literatur der Ostberliner Akademie der Wissenschaften. Der berufliche Weg danach ist solide, wenig spektakulär. Schädlich arbeitet an der Akademie für Jahre erst auf dem Gebiet der deutschen Dialektologie, dann auf jenem der Phonologie, speziell zur deutschen Satzintonation. Später wirkte er in der Akademie an der wissenschaftlichen Erarbeitung einer Reform der deutschen Orthographie mit.

Als 1961 die Mächtigen in der DDR mit der Mauer in Berlin den letzten offenen Zugang zur westlichen Welt verschlossen, war Schädlich 25 Jahre alt. Später erinnert er sich, und ist noch unverkennbar der Sprachwissenschaftler, dessen Erkenntnismittel sein gesamtes Werk grundieren, an die eigene Frage: Was »eigentlich bedeutete für einen Ostberliner: die Mauer? Mauer – ein Wort, das in frühester Wortbedeutung einen Steinbau bezeichnet, der zur Sicherung oder Befestigung um einen Hof oder Ort gezogen wird gegen eine Gefahr oder Bedrohung von außen. Wie den Schock angesichts des Mauerbaus erklären, daß unter dem Vorwand äußerer Bedrohung eine Vorrichtung installiert wurde, die sich gegen die Einwohner des Ortes selbst – also gegen die Bewohner Ostberlins und der DDR richtete. Also ging die Gefahr von denen aus, die angeblich geschützt werden sollten durch die Vorrichtung. Schutzwall wurde diese Vorrichtung von der DDR-Propaganda genannt. Jeder, der am 13. August 1961 sah, was da aufgerichtet wurde, sah, daß die Männer der Kampfgruppen, die Maschinenpistolen vor der Brust, mit dem Rücken zum Westteil der Stadt standen. Das Gesicht wem tapfer zugewandt? Dem Feind? Es stand also der Feind innerhalb der Mauer. Wer war dieser Feind? Der Feind war jener, der den Ostteil der Stadt, den Ostteil des Landes verlassen wollte.«[8]

Schädlich empfand die Deformation des Lebens in der DDR, die von der Perversion des Mauerbaus nurmehr unterstrichen und herausgestellt wurde, früh; zu schreiben aber begann er erst gegen Ende der sechziger Jahre, um die Erscheinungen dieser Deformation zu benennen. Von den Geschichten, die langsam entstehen, reflektieren die ersten das Schreiben: »Lebenszeichen« zum Beispiel, oder »Papier und Bleistift«, die, 1971 geschrieben, so beginnt:

»Ich besitze einen Bogen Papier, einen einzigen vorläufig, und einen Bleistift. Auf den Bogen schreibe ich: Ich gehe in ein großes Haus mit leeren Zimmern, ich gehe in ein großes Zimmer. Vor das Fenster stelle ich einen Tisch, vor den großen leeren Tisch stelle ich einen bequemen Stuhl.

Ich lege den Bogen Papier, den einzigen vorläufig, auf den Tisch. Ich setze mich auf den Stuhl und schreibe: Auf die linke Papierhälfte lege ich neunundvierzig Bogen Papier, auf die rechte Hälfte lege ich vier Bleistifte.«[9]

Und so weiter. Der Schreiber erschafft sich die Welt, in der er schreiben wird, selbst: schreibend. Schreibend generiert er seine Phantasie – was nicht vorhanden ist, erfindet er sich auf dem Papier. Die Instrumente, deren der Schriftsteller bedarf, werden vorbereitet, geschliffen, geschärft. Wesentliche Bedingung: Die Voraussetzung, aber auch das Ziel ihrer Verwendung ist die Autonomie ihres Verwenders.

Deren Begrenzung erfährt der Schreiber in einem Text, der fünf Jahre später entstand: »Kleine Schule der Poesie«[10]. Darin schreibt ein junger Mensch »unbedacht und unüberlegt« halbe Sätze und Verse, »läßt seine Verse zurück in Händen flüchtig Gekannter«, »läuft unter Kinder, liest ihnen vor«. Schließlich bündelt er seine Verse, »schickt sie den Büchermachern, die ihn bestellen zu bedenklicher Vorhaltung. Verkennt ihre Strenge als Ausflucht und nennt sie noch Anbeter.

Nimmt seine Blätter, verschließt sie.

Schreibt auf mannshohen Bogen einzigen Satz und entrollt das Papier auf offener Straße: Hinweg fege losbrechende Wirklichkeit Heere hündischer Aufpasser und die großen Sachverständigen.«

Solch freimütiger, ja aufsässiger Umgang mit den Mitteln der Sprache, der Poesie, solches Verhalten des Schreibers dieser Verse hat Konsequenzen: »In einem Haus der Behörde wird erfragt, ob es, erstens, zutreffe, daß er, wie ermittelt, also bei verschiedener Gelegenheit, geäußert habe, wer die Wahrheit sage, worüber, das werde noch erörtert, der spüre doch bald die Folge? Sogar wer sie lese nur, könne, ungünstigen Umstand angenommen, Nachteil erleiden?

Und was überhaupt Wahrheit heiße? Er meine Wahrheit, die nur seine sei, nicht die anderer. Keiner wolle seine hören, die zu klein sei vor einer größeren. Die größere aber rücke auch seine kleinere zurecht. Dies für den Anfang.«

Das war für den Schriftsteller Hans Joachim Schädlich die Metapher für den Anfang vom Ende seiner Schriftstellerei in der DDR. Mit Texten wie diesen konnte er nicht reüssieren. Seit 1971 bemühte sich Schädlich, seine Prosatexte in der DDR zu veröffentlichen. Die Antworten sind hinhaltend, zuratend, ablehnend, und meist wird ihm nahegelegt, »einen Blick für Wirklichkeit zu gewinnen, einen neuen Schreibansatz zu finden«[11]; dem Sprachwissenschaftler wird empfohlen, mal in einem Bergwerk zu arbeiten oder bei der Ernte zu helfen – wohl auch, damit er den richtigen Blick für die Wirklichkeit gewinne.

Mustergültig für den Geist dieser sogenannten ›Wirklichkeit‹ ist ein Absage-Brief des Redakteurs Eduard Klein von der Zeitschrift »Neue Deutsche Literatur«, herausgegeben vom DDR-Schriftstellerverband, in dem es heißt: »Mehrere Kollegen unserer Redaktion haben die Manuskripte gelesen, doch können wir uns zu einem Abdruck nicht entschließen. Übereinstimmend finden wir, daß dic Arbeiten gut geschrieben sind, nicht nur, was die Beherrschung der Sprache angeht, sondern auch die Fähigkeit zu verknappen, Stimmungen einzufangen usw. Unsere Einwände richten sich gegen den Inhalt. Mit Unterschieden von einer Arbeit zur anderen finden wir, ist er zu sehr verschlüsselt und geht andererseits in eine zu stark verneinende Richtung.«[12]

Der Brief offenbart die perverse Instrumentalisierung der Kunst, der Literatur: Schädlich, so urteilen die Redakteure einer Literaturzeitschrift, sei zwar ein guter Schriftsteller, nur habe er leider die falsche Gesinnung und befasse sich mit den falschen Themen und könne deshalb im Zentralorgan der DDR-Literatur nicht veröffentlicht werden – das hieß aber: nirgendwo in der DDR.

Schädlich bleibt sich treu und gerät immer mehr in die Isolation. Und als er am 17. November 1976 auch noch seine Unterschrift unter den Protestbrief gegen die Ausbürgerung Wolf Biermanns setzt, beendet die Akademie der Wissenschaften die Zusammenarbeit mit ihm, bekommt er auch keine Verlags-Aufträge mehr für Übersetzungen.

Freilich gab es andere, inoffizielle Kontakte: Seit 1974 trafen sich regelmäßig Schriftsteller aus Westberlin und der Bundesrepublik mit Schriftstellern aus der DDR, wechselnd in Ostberliner Wohnungen, um einander neue Texte vorzulesen. Viele Autoren, die bis Ende der siebziger Jahre, die meisten nach der Ausbürgerung Biermanns, die DDR verließen, nahmen an diesen Treffen teil: unter anderen Thomas Brasch, Bernd Jentzsch, Sarah Kirsch, Günter Kunert. Und eben Hans Joachim Schädlich.

Vierzehnmal hat er an diesen heimlichen Treffen, die vom Staatssicherheitsdienst argwöhnisch beobachtet wurden, teilgenommen. Vielleicht hat er an einem der letzten Treffen auch diesen Text vorgetragen, der die einzig mögliche Konsequenz aus seiner staatlichen Verhinderung als Schriftsteller bedenkt:

»Schwer leserlicher Brief, der auf geliehener alter Maschine geschrieben wird von unkundiger Hand. Die letzte Kopie, für das Gedächtnis, nur entzifferbar durch den Absender.

Der Entschluß ist gefaßt worden mittags, Montag. Es war zu besorgen dreierlei Papier. Wenige Bogen von jeder Sorte. Ein Laden für Schreibwaren bietet Kohlepapier. Verkäuflich in unverbrauchbarer Menge. Einzelne Bogen, fünf genügen, nicht. Aber es findet sich wer. Briefumschläge, Marken aus eigenem Vorrat. Die Empfänger wohnhaft in der Hauptstadt. Ihre Anschriften liest man.

Ich, Arbeiter, alleinstehend, Alter vierunddreißig, erhielt Nachricht von schwerer Krankheit des Vaters, welcher wohnt im westlichen Teil der Stadt. Beantragte Reise abgelehnt von zuständiger Behörde am heutigen Tag. Meine Frage, die laut gestellt wurde vor mehreren Angestellten, aus welchem Grunde dem Antragsteller Genehmigung zu kurzer Reise nicht erteilt wird, ohne Antwort.

Bertolt Brecht, den Hermann Kesten heftig als Kommunisten attackierte, während ihn Johnson kühl und nüchtern verteidigte; und dann sagte Johnson zum Bau der Berliner Mauer: »Die ostdeutschen Kommunisten haben, als sie diese Mauer zogen, nicht die Absicht gehabt, unmoralisch zu handeln, sondern sie befanden sich in der Notwehr. Ihre Maßnahmen mussten, da sie den Sozialismus gewaltsam und nicht mit der Zustimmung der Bevölkerung einführen konnten, Unpopularität erwecken. Der Sozialismus in Ostdeutschland wurde nicht in einem geschlossenen Lande eingeführt, sondern in einem halbgeteilten. Da die Grenze offen war, war die natürliche Folge, dass vier Millionen Leute weggingen, weil es ihnen nicht gefiel. Dies stellte die ostdeutschen Behörden einem Arbeitskräftemangel gegenüber, den sie nicht länger aushalten konnten. Darum versperrten sie alle Fluchtwege, denn sie wollten weiterleben.«[38]

Das war eine typische Johnsonsche Beschreibung: alle Fakten in Beziehung gesetzt, ohne die Beschreibung der Lage moralisierend oder ideologisierend einzutrüben. Wo er tatsächlich stand, konnte jeder wissen, der seine Bücher gelesen hatte – an seiner Ablehnung des Mauerbaus konnte kein Zweifel sein. Und dennoch war das manchem zu wenig: Stimmung war gefragt, nicht kühle Analyse und Beschreibung der Lage. Die Auseinandersetzung über diese Äußerung schwappte bis in den Bundestag – dort wurde Johnson vom damaligen Außenminister Heinrich von Brentano attakkiert: Johnson sei unwürdig eines Stipendiums der Bundesrepublik in der Villa Massimo zu Rom, und er solle sich schämen, sich vom Geld des Kapitalistenstaats aushalten zu lassen.

Johnson hatte damals um seine Reputation zu kämpfen, und er wurde dabei von vielen unterstützt. Er war beharrlich, was seine Ansicht von einer objektiven Beschreibung von Wirklichkeit betraf – sie war ja sein Schreibprogramm: Nur mittels seiner literarischen Polyphonie konnte die Komplexität dieser Wirklichkeit annähernd getroffen werden. Dafür standen seine Romane – und dafür stehen schließlich seine »Jahrestage«.

Auf dem Wege in diese große erzählerische Geschichtsarbeit befand er sich ja schon, und einiges, was bis zum 28. Ja-

Da also ich, Einwohner meines Landes, trotz genanntem Grund aufgehalten werde, ersuche ich hiermit Sie, auf der Liste der Einwohner mich auszustreichen.

Weil ich anderer Ansicht bin über Gründe. Weil, wenn nicht gelten soll, was meine Sache ist, ich an falschem Ort wohne.

Ich bringe bei Zeugnis über gute Arbeit in fünfzehn Jahren (beteiligt an Erfüllung des Plans und Übererfüllung); Mitglied in freiem deutschem Gewerkschaftsbund seit erstem Arbeitsjahr; Einsatz bei Ernte und Verschönerung der Stadt.

Mit meinem Geld war ich zufrieden und bin es. Wohnung wurde mir zugeteilt nach sechs Jahren. Ich bin gewöhnt an mein Leben; was ich brauche, habe ich. Von kurzem Aufenthalt wäre ich zurückgekehrt.

Jetzt will ich fort. Hoffe, daß ich gehen kann, wo ich zum Land nicht mehr gehöre.

Wer den Freund verliert, der soll ihn lassen. So halten *wir* es. Kann ihn nicht einschließen und sagen, Mach ein glückliches Gesicht, ich bin Freund dir.

Ich kenn mich nicht aus in Akten. Aber soviel weiß ich: daß ich nicht Zubehör bin des Landes, nicht bleiben muß, wo ich geboren bin.

Ich frag nicht mehr, glaub auch nicht. Bitte um Antwort nach gesetzlicher Frist.

Der Briefschreiber hat einen Brief vierfach. Den ersten dem Vorsitzenden. Den zweiten dem ersten Minister. Den dritten dem Sekretär.«[13]

Diesen Text hat Schädlich 1976 geschrieben. Er gehört zu einem Manuskript mit insgesamt 25 Texten allermeist aus den siebziger Jahren, das Christel Sudau, die Korrespondentin der »Frankfurter Rundschau« in Ostberlin, Anfang 1977 mit in den Westen nahm und es zu Günter Grass brachte, der es in seinem, dem Luchterhand Verlag veröffentlichen lassen wollte. Doch dessen Leiter Hans Altenhein bangte feige um seine DDR-Lizenzen und lehnte die Publikation ab. Ein Jahr später, im August 1977, erschien Hans Joachim Schädlichs erstes Buch »Versuchte Nähe« in der Bundesrepublik: bei Rowohlt.

III.

Die Reaktionen in der DDR waren stereotyp: Noch im August meldete sich das Büro für Urheberrechte der DDR und monierte, daß Schädlich keine Genehmigung zur Vergabe des Buches an Rowohlt eingeholt habe – gern hätte die DDR für Texte, deren Publikation im eigenen Lande sie verbot, wenigstens vom Honorar kassiert. Anfang September belehrte der stellvertretende Kulturminister Klaus Höpcke die versammelten belletristischen Buchhändler, Schädlich habe sich mit der Veröffentlichung seines Buches im Rowohlt Verlag in die Front der psychologischen Kriegsführung gegen den ersten Arbeiter- und Bauern-Staat auf deutschem Boden eingereiht. Und in der Mitgliederversammlung des Berliner Schriftstellerverbandes lamentierten Kollegen, diese Veröffentlichung erfülle den Tatbestand der »staatsfeindlichen Hetze« und es sei nur der Großzügigkeit der Staatsorgane zuzuschreiben, daß Schädlich noch auf freiem Fuße sei.[14]

Noch im selben Monat stellte Schädlich einen Antrag auf Ausreise, der zuerst abgelehnt, dann am 2. Dezember genehmigt wurde. Am 10. Dezember 1977 verließ Schädlich die DDR.

Was Schädlich damals nicht wußte, erfuhr er fünfzehn Jahre später, als nach dem Vergehen der DDR die Akten ihres Staatssicherheitsdienstes zugänglich wurden: daß er damals nicht nur systematisch seiner literarischen Existenzmöglichkeiten beraubt wurde, sondern daß er auch als Bürger der DDR kriminalisiert werden sollte: »Am 21. Januar 1992 konnte ich zum erstenmal in der Akte lesen, die das Ministerium für Staatssicherheit der ehemaligen DDR über mich angelegt hat. Der Name, den die Hauptabteilung XX/Abteilung 7 des MfS meiner Akte gegeben hat, lautete OV ›Schädling‹. Das Kürzel OV bedeutet: Operativer Vorgang. In der ›Richtlinie Nr. 1/76 zur Entwicklung und Bearbeitung Operativer Vorgänge (OV)‹ des MfS heißt es, eine der ›politisch-operativen Zielstellungen der Bearbeitung Operativer Vorgänge‹ bestehe darin, ›durch eine offensive, konzentrierte und tatbestandsbezogene Bearbeitung die erforderlichen Beweise für den Nachweis des dringenden Verdachtes eines oder mehrerer Staatsverbrechen bzw. einer Straftat der allgemeinen Kriminalität zu erbringen‹.«[15]

Bei Durchsicht seiner Akten las Hans Joachim Schädlich auch, daß einer der produktivsten Informanten des Staatssicherheitsdienstes sein eigener Bruder gewesen war, und zwar noch zu Zeiten, da er selbst schon jahrelang in der Bundesrepublik lebte. In einem eindrucksvollen Text hat er »Die Sache mit B.« erzählt: »Obwohl ich die Sache mit B. nur unvollständig erzählen kann, komme ich leider nicht ohne Zeitangaben aus, der Zeitlücken wegen. Mein Text klebt eben gewaltig an der wirklichen Wirklichkeit. Anders wäre es mir lieber.

Ein Dutzend Jahre nach meinem Verschwinden tauchte ich im ehemaligen Einheimischen auf, weil es die Grenze plötzlich nicht mehr gab. Ach war das ein ›Guten Tag! Wie geht's Dir?‹

Ich war zwar ein Auswärtiger, aber als ich B. traf, war mir fast heimisch zumute.

Irgendwann kurz vorher war B. einer neuen Partei beigetreten, oder B. trat kurz nachher einer neuen Partei bei. Er war zwar ein Einheimischer, aber als er mich traf, war ihm fast auswärtig zumute, glaube ich.

Reichlich zwei Jahre nach dem ›Guten Tag! Mir geht's gut!‹ – ja, was war da. Eine staatliche Partei war da nicht mehr (...). Etwas aber war da noch. Das wollte ich gerne einmal sehen. Dahin ging ich, und da habe ich es beziehungsweise ein- bis zehnmal gesehen.

Vor ewigen Zeiten, hinter der Grenze, als B. bei mir erschienen war und gesagt hatte, seine staatliche Partei habe ihm gedroht, ihn aus seiner staatlichen Partei zu werfen, falls er sich nicht von mir trenne – da war B. zu seiner geheimen staatlichen Polizei gegangen und hatte gesagt: ›Jetzt arbeite ich schon seit ewigen Zeiten für euch, und jetzt macht mir die Partei Ärger. Wäre es da nicht das beste, ich sagte zur Partei: ›Werft mich meinetwegen hinaus.‹

Die geheime staatliche Polizei hatte zu B. gesagt: ›Nana. Es ist schließlich unsere Partei, und wir sind nur die Polizei.‹ Aber am Ende hatte die geheime staatliche Polizei zu B. gesagt: ›O.K. Laß dich aus der Partei hinauswerfen. Es dient letzten Endes unserer Partei, und wir sind nur ihre Polizei.‹

Jetzt, also damals, wurde B. aus seiner staatlichen Partei geworfen, jetzt war er aber stark erleichtert, jetzt konnte er weiterhin bei mir erscheinen.

Jetzt, also eine Ewigkeit später, sah ich ungerne, daß B. der staatlichen geheimen Polizei nicht bloß einmal die Geheimnisse aufgezählt hat, die ich mit B. hatte.

Über Dort, diese weit entfernte Gegend jenseits der Grenze, wohin ich hatte fahren dürfen und wohin B. hatte fahren dürfen und wo wir uns gerne wieder einmal gesehen hatten, fand sich auch etwas.

Es wäre nicht schlecht, darüber zu reden, wie mir zumute war, als ich das gesehen hatte. Obwohl ich meinen Unmut vollständig erzählen könnte, komme ich nicht ohne Abkürzungen aus. Mein Text klebt eben gewaltig an der wirklichen Unwirklichkeit. Anders wäre es mir lieber.«[16]

Und ein Drittes entdeckte Hans Joachim Schädlich in den Akten: den sogenannten »Sachverständigen-IM« – den Literaturwissenschaftler und -kritiker im inoffiziellen Dienst der Staatssicherheit.

»Das Gutachten des IM, das ich in meiner Akte fand, handelt von meinem Buch ›Versuchte Nähe‹ und stammt vom 8. September 1977. ›Versuchte Nähe‹ war im August 1977 bei Rowohlt in Reinbek erschienen; ich lebte seinerzeit noch in Ostberlin. Die Art der Betrachtung, die dem IM eigen ist, erschließt sich auf den ersten Blick. Unter Punkt I. behandelt der IM die ›politisch-ideologische Position‹ und die ›Wirkungsabsicht‹ des Buches. Unter Punkt II. ist die Rede von der ›Wirkung/Zielgruppe‹ und von der ›vermutbaren Entwicklung des Autors‹. – Die ›politisch-ideologische Position‹ des Buches hat der IM schnell ausgemacht. Das Buch richtet sich ›gegen unsere sozialistische Gesellschaftsordnung‹. So ist der Verfasser vorsorglich als Staatsfeind fixiert. (…) Vielleicht hat es den IM enttäuscht, daß es nicht zu einem Ermittlungsverfahren gegen mich kam. Den Grund für die Aussetzung eines Ermittlungsverfahrens habe ich aus demselben ›Einschätzungsbericht‹ der Untersuchungsabteilung des Ministeriums für Staatssicherheit erfahren.«[17]

Und: »›Ein auf dieser Rechtsgrundlage einzuleitendes Ermittlungsverfahren würde jedoch zu einer weiteren Solidarisierung von Schriftstellern und anderen Personen der BRD sowie weiterer kapitalistischer Staaten mit Schädlich führen. (...)‹ Diese Sätze (...) wurden am 12. September 1977 (...) niedergeschrieben. Ich verdanke es auch der ›Solidarisierung von Schriftstellern (...) der BRD‹ mit mir, daß ich die DDR am 10. Dezember 1977 verlassen konnte.«[18]

Schriftstellerinnen und Schriftsteller, die damals die DDR verließen, wurden von den westlichen Medien mit offenen Armen empfangen und hatten, wenn sie sich auf deren Spielregeln einließen, alle Chancen, in der westdeutschen Öffentlichkeit bekannt zu werden.

So erinnere ich, daß, als ich Hans Joachim Schädlich, im Monat nach seiner Ankunft in der Bundesrepublik, zu einer Lesung am 22. Januar 1977 ins Göttinger Deutsche Theater eingeladen hatte – es war seine erste öffentliche Lesung überhaupt –, sogleich mehrere Fernsehteams sich ansagten, um über diese Lesung zu berichten. Das Theater war am Abend der Lesung überfüllt. Die Zuhörer waren gespannt auf die Lesung und ihren noch unbekannten Autor. Die Fernsehredakteure aber erwarteten eine politische Demonstration. Sie waren nicht interessiert an der Lesung, deren Texte in ihren Berichten dann auch nur am Rande vorkamen; die versammelten Redakteure waren erpicht auf Äußerungen des Schriftstellers zu seiner Ausreise und auf politisch verwertbare Kommentare.

Hans Joachim Schädlich hat sie alle enttäuscht. Er bat mich in meiner Ansage ausdrücklich darauf hinzuweisen, daß er in der Diskussion ausschließlich zu seinen Texten zu sprechen wünsche und er für politische Kommentare nicht zuständig sei. Einer der Fernsehredakteure vom Südwestfunk tat sich durch besondere Instinktlosigkeit hervor: Als Schädlich sich auch seinem Drängen, wenigstens nach der Lesung noch einen Kommentar zu seiner Ausreise in die Kamera zu sprechen, beharrlich verweigerte, raunzte der ihn an, in ein paar Monaten werde Schädlich, ich erinnere genau noch die Formulierung, auf Knien zu ihm hinrutschen, um ins Fernsehen zu kommen.

IV.

Schädlich hatte sich in der DDR weder politisch noch publizistisch instrumentalisieren lassen, und auch in der Bundesrepublik wollte er nichts dergleichen. Er wollte seinen eigenen Weg gehen, eigene Erfahrungen machen. Und er hat sie gemacht, ist ihn gegangen: unbestechlich und klar.

Die Anfänge waren schwierig. Schädlich mußte erst einmal ankommen in einem fremden Land: »In Westberlin waren mir Straßen, Plätze, die Mentalität der Menschen glücklicherweise vertraut. Die politische Ordnung war mir hingegen völlig fremd, in ihr hab ich mich nicht wiedergefunden, die mußte ich erstmal erkennen, um mich darin vertraut zu fühlen. Gehört hatte man ja viel, und ›gesehen‹, im Fernsehen. Aber Bilder und Worte über den Westen, die man von Osten her kennt, waren mit keiner praktischen Erfahrung verknüpft. Ich konnte mir wohl einbilden, ich wüßte etwas, aber in Wirklichkeit hatte ich die realen Entsprechungen dieser Eindrücke nie lebendig erlebt. Insofern war das fremd.

Die Notwendigkeit, mich als Schriftsteller frei zu betätigen, hatte ich im Osten auch nicht kennengelernt. Ich war ein wissenschaftlicher Angestellter gewesen. Nachdem ich mich entschieden hatte, das Schreiben zu meinem Hauptberuf zu machen und freiberuflich zu leben, gehörte dieser ganze Bereich zunächst einmal zu etwas Fremdem. Ich hab Jahre gebraucht, um mich hier zurechtzufinden – in der Sache, mit den Leuten. Mit diesem ganzen Literaturbetrieb, mit der Möglichkeit, von einer Arbeit zu leben, die ich zuvor als Lieblingsbeschäftigung ausgeübt hatte. Ich hab bestimmt vier bis fünf Jahre gebraucht, um mich so zurechtzufinden, daß ich sagen kann: es geht jetzt.«[19]

Es wurden Jahre des Abtastens, des Versuchens, Jahre der kleinen Texte, die fast alle noch zu tun haben mit der Erfahrung der Diktatur. Sie mußte aufgearbeitet werden, ihre typischen Phänomene wurden durchleuchtet, poetisch analysiert. Dafür hat Schädlich seinen markanten Stil ausgebildet, dessen Entwicklung sich an den Texten des Bandes »Versuchte Nähe« ablesen läßt. Er arbeitet explizit mit der verfremdenden Inversion, die angemaßter Erhabenheit und falscher Erhebung der Machthaber über die Unmächtigen entlarvenden Ausdruck verleiht. Schädlich will seinem Blick auf die erfahrenen gesellschaftlichen Verhältnisse die angemessene sprachliche Form geben – schon im Titel »Versuchte Nähe« wird signalisiert, daß die Distanz zwischen Mächtigen und Unmächtigen unüberwindbar ist. Um diese nicht immer sichtbare, aber faktisch vorhandene Distanz erkennbar zu machen – und der Schriftsteller, anders als der Maler, kann dies nur durch Sprache –, ver-rückt Schädlich die auf uns vertraut wirkende Perspektive auf die Dinge, indem er sie in uns fremden Formulierungen, etwa inversen Sätzen, beschreibt. Zum Beispiel in diesem Text aus dem Jahre 1978:

»In abgelegener Provinz, die aber ein schöner Landstrich ist, an einem Ort, den der Gouverneur zu seinem Sitz gewählt hat wegen ausreichender Gebäude, ist es regnerisch zu einer Jahreszeit, die Sonne bieten muß und milden Wind.

Der Mißmut des Gouverneurs am Morgen rührt zuerst her von dem Blick aus dem Fenster auf den Platz vor dem Haus. Pfützen, in denen Pfützen sich spiegeln. Niemand ist da, dem er klagen kann, daß es ist, wie es ist.

Der Gouverneur kleidet sich an ohne Helfer, damit er verschont bleibe von Gerede oder Nachricht vor dem Frühstück. Die Morgenwäsche läßt er aus. Er weiß nicht, will er auch allein sein beim Frühstück, abgesehen von denen, die die Mahlzeit ihm bringen, aber wieder verschwinden?

Daß er aber hören will, was er nicht hören will, ist auch im Kopf, also frühstücken mit dem Ratgeber, der Neuigkeiten vorsagt aus einer Mappe.

Vorgestern, daß das Korn nicht ausreicht für den König, wenn das Korn ausreichen soll für die Bauern, gestern, daß die Bauern, weil das Korn nicht ausreicht für die Bauern, das Korn verfaulen lassen,

und heute, der Gouverneur hat den ersten Bissen in der Kehle, daß etliche Schreiber, gewöhnliche Dichter, den Hals aufreißen.

Was schreien sie?

Daß sie, was sie sollen, nicht wollen. Und sagen frech, weil der Gouverneur Schweigen verlange, müsse geredet werden.

Worüber?

Daß die Gründe des Gouverneurs die Gründe des Gouverneurs seien.

Der Gouverneur springt auf, das Frühstück ist übrig.

Was ist zu tun? fragt der Ratgeber.

Was zu tun ist? sagt der Gouverneur. Einige füttere ich, daß sie mir vorpfeifen. Für andere stampfe ich mit dem Fuß auf. Den dritten zertrete ich den Kopf.«[20]

Deutlich hat diese schon in der Bundesrepublik entstandene Erzählung noch den subversiven Parabel-Charakter der meisten Texte aus »Versuchte Nähe«, der sich in wesentlichen Teilen von der politischen und gesellschaftlichen Wirklichkeit der DDR her schrieb. Und das Parabelhafte wird sich auch noch in den kleinen Texten der achtziger Jahre erhalten. Zu ihnen gehört »Der Sprachabschneider«[21], den Schädlich wie ein Kinderbuch anlegte, das nicht minder für Erwachsene gilt: eine märchenhafte Parabel auf die Zensur. Und schließlich wird noch die Großform des Romans vom unsterblichen Polizeispitzel Tallhover parabolisch grundiert sein. Für all diese Texte gilt noch nicht, was dann »Schott« ausmacht: die Entwicklung erzählerischer respektive literarischer Realität nicht aus realer, sondern aus ästhetischer Wirklichkeit; oder, wie Ruth Klüger es 1996 in ihrer Rede[22] zur Verleihung des Kleistpreises an Schädlich gesagt hat: auch bei »Schott« unübersehbar die politische Dimension, die aber nicht an historische Ereignisse gebunden ist, nicht, wie die Texte bis dahin, von ihnen her geschrieben wurden. Aber auch die in »Schott« hergestellte Wirklichkeit will sich an der realen Wirklichkeit messen lassen. Bis »Schott« geschrieben werden konnte, mußte aber die Last der Geschichte:

die Erfahrung der kommunistischen Diktatur und das Erbe des nationalsozialistischen Terrors abgearbeitet werden. Schädlich wurde zum unbestechlichen Chronisten dieser Erfahrung.

Den für sein Schreiben grundlegenden Ansatz deutete Schädlich bereits 1978 in einem Gespräch mit Nicolas Born an: »Denn das Moment des Widerstandes ist nicht der Impuls für meine Arbeit gewesen und wird es in dieser vordergründigen Form auch nie sein. Der eigentliche Impuls für die beobachtende und schreibende Tätigkeit ist in erster Linie das, was ich meine Wirklichkeit nenne, also die Wirklichkeit, in der ich mich befand oder jeweils befinde. Aber das ist keine Haltung, die auf die Arbeit eines Schriftstellers in der DDR beschränkt ist, sondern das ist eine generelle Grundhaltung, die ich für mich in Anspruch nehme und die sich in einer anderen Gesellschaft für mich in gleicher Weise realisiert. Denn, das versteht sich ja von selbst, die Gesellschaft in der Bundesrepublik enthält in vergleichbarer Weise, allerdings auf andere Art und auf anderer Ebene, Konflikte genug, also auch Stoffe, nämlich Konfliktstoffe, die dem Beobachter und Beschreiber mittelbar oder unmittelbar aufgehen.«[23]

Und grundsätzlicher, über den historischen Ort und politischen Anlaß hinausgehend, ist der Schreibprozeß für Schädlich immer ein Erkenntnisprozeß, der nicht selten mit subversiven ästhetischen Mitteln inszeniert wird: »Ein Schreibimpuls für mich war zunächst einfach das Bedürfnis, Gegenstände oder Umgebungen oder Zusammenhänge oder Verhältnisse, die ich nicht genau zu erkennen vermochte, durch den Schreibvorgang für mich persönlich durchschaubar und erkennbar zu machen. Das ist natürlich bei weitem nicht alles, aber ein wesentlicher Aspekt, daß es sich bei dem Schreibvorgang um einen Erkenntnisvorgang handelt.«[24]

Dabei sei, sagt Schädlich an anderer Stelle, die Wahl der Gegenstände, die er sich für die erst ziellose Erkundung, dann das zielgerichtete Schreiben wähle, nicht zufällig; doch die Auseinandersetzung mit diesen gewählten Gegenständen selbst müsse dann kalt aus ihnen entwickelt werden, dürfe weder ideologisch noch auch nur appellativ intendiert sein.[25]

Zwei Texte, beide aus den achtziger Jahren, sind mit dem Schlüssel dieser Maßgabe aufzuschließen: »Mechanik«, ein kürzerer, und »Tallhover« der erste große Text von Schädlich.

»Mechanik«[26] entfaltet, ausgehend von Fragen im Zusammenhang mit dem authentischen Euthanasiemord an Fritz Ruttig im Jahre 1940, die fragile, wenn man so will: sozialpathologische Geschichte der Familie des Ermordeten.

»Tallhover«[27] erzählt revolutionäre Bestrebungen und deren Scheitern im deutschen 19. und 20. Jahrhundert aus der Perspektive des unsterblichen Agenten der politischen Polizei Ludwig Tallhover, der 1819 geboren ist und sich 1955, nun im Dienste der DDR, selbst den Prozeß macht, weil er versagt habe: Es sei ihm nicht gelungen, die Überwachung und Verfolgung von Aufsässigen zur Vollkommenheit zu bringen, wie es seiner Idee vom »bedingungslos reinen Staat«[28] folgend nötig sei.

Schädlich entwickelt die Form der Darstellung beider Texte aus den spezifischen Bedingungen ihren Gegenstände.

»Mechanik« bringt im Jahre 1985 die überlebenden Verwandten der Familie Ruttig zur Sprache, sie alle antworten auf die eine Frage: Was geschah damals mit Fritz und seinen Geschwistern? Schädlichs neutrales Protokoll der Antworten wird zur eindringlichen Diagnose einer Sprach- und Ahnungslosigkeit, die subjektiv nicht zur Erkenntnis der tatsächlichen Ursachen: weder der familiären Disposition zur Krankheit noch der Zwangsmaßnahmen im »Dritten Reich« fähig ist. »In [der Anstalt] Rodewisch ist der Fritz schlecht geworden. Dort ist er schlecht geworden. Der war erst nicht so krank. Dort ist er ganz krank geworden. – Hat er oft keinen Kontakt mehr gehabt zu uns. Die Mutter hat immer geweint, hat sie ihm was gegeben, was zu essen, oder was anderes. Und er, so mechanisch. Hat uns gar nicht richtig wahrgenommen.«[29]

Alle berichtenden Figuren verhalten sich wie Teile eines Räderwerks, in dem sie einerseits stecken, das sie aber andererseits auch selbst erst herstellen und dann am Leben halten, indem sie seine Mechanik bedienen – das heißt: Sie folgen den

Gesetzen seiner Konvention, leisten nicht Widerstand, verharren in ihrer Unmächtigkeit.

Dieser Konvention folgt auch Tallhover, er aber im Dienste der Mächtigen, die sich der komplexen Räderwerke bedienen, um ihre Macht zu etablieren und zu befestigen. Tallhover ist ihr perfekter Agent, ein Anhänger der absoluten »Idee des reinen ordnenden Staates«[30], seines reibungslosen Funktionierens, seiner geschmierten Mechanik – alles, was Sand in ihrem Getriebe ist, wird überwacht, kaltgestellt, abserviert, umgebracht: die Sozialisten und Kommunisten, die Revolutionäre und Unbotmäßigen im 19. Jahrhundert, die Widerständler der ideologischen Reinheit im 20. Jahrhundert. Aber am Ende wird Tallhover, obgleich im Dienste seines Prinzips so viele, die gegen die Mechanik des absoluten Gesetzes aufbegehrten, verfolgt und umgebracht wurden, doch nicht gesiegt haben, weil die menschliche Natur der reinen Theorie zuwider ist.

Deshalb macht sich Tallhover am Ende dieser großen Parabel von der pervertierten Utopie selbst den Prozeß: »Ich erkläre hiermit, daß ich als lebenslanger Mitarbeiter der Dienste einer der Schuldigen bin an schwerwiegenden Unterlassungen, deren sich die Dienste schuldig gemacht haben.

Wie oft habe ich mich anheischig gemacht, Verbrechen am Staat unnachgiebig zu entdecken und bin doch auf halbem Wege stecken- oder stehengeblieben. Wohl gab es noch meine Dienstvorgesetzten, ja Verantwortliche von allerhöchstem Rang – den Kaiser und König, den Reichspräsidenten (...) den Führer, den Chef des Reichssicherheitshauptamtes, den Präsidenten der Republik, den Vorsitzenden des Ministerrates, den Minister des Dienstes; aber im Grunde sind es meinesgleichen und bin ich es, die in der Ermittlung, im Verhör, in der Strafverfolgung oft und oft versagt haben. Eine Kette von Nachlässigkeiten, die sich vor meinen Augen reiht, ein Berg historischer Schuld, der sich vor mir, einem schwach gewordenen Mann der Dienste, türmt. Ein Alp für jeden, der die Geschichte und ihre tatsächlichen Einzelheiten kennt – ein Alp, von dem ich mich am Ende meines Lebens befreien möchte. (...) Strikt verlange ich lückenlose Geheimhaltung meines Prozesses, damit nicht gegenwärtige und zukünftige Feinde der staatlichen Ordnung billig Nutzen ziehen können aus der Aufdeckung der Fehler, die die Dienste und ihre Mitarbeiter, darunter ich, begangen haben. Es handelt sich unter anderem um Fehler, die einen fehlerhaften, unheilvollen Verlauf der Geschichte erst zugelassen haben.«[31]

V.

Nun verläuft jene Spur der menschlichen Natur durch die Zeit, welche wir Geschichte nennen, in Tallhovers Sinn fehlerhaft – doch an welchem Maß mißt er? Das 20. Jahrhundert hat die im 19. Jahrhundert ausgedachten Geschichtsentwürfe so menschenfeindlich, weil mit Absolutheitsanspruch und deshalb totalitär verwirklicht, daß auch deren von den Sehnsüchten der Menschen produzierten utopische Antriebsanteile weitgehend denunziert sind. Und damit ganze Literaturen, die die Mechanik der totalitären Herrschafts- und Staatssysteme schmierten. Sie konnte das Maß nicht sein; denn an ihr gemessen ist der Mensch qua Mensch der Fehler des Systems. Ihn auszumerzen oder zu vernichten, war Tallhovers Aufgabe; ihn der Mechanik des Systems anzupassen, war Aufgabe der dienstbaren Literatur.

Nun erscheint der Mensch zurückgeworfen auf seine existentielle Erfahrung; tatsächlich ist er frei von den Zwängen bloß theoretischer Erfahrungssurrogate. Nun kann er sich wagen. Aber Freiheit ist Risiko und Chance, gesellschaftlich und also politisch. Deshalb ist nach den Erfahrungen des 20. Jahrhunderts gegenüber allen heilsversprechenden Konzeptionen endlich Skepsis angesagt: der fruchtbare Zweifel einer Vernunft, die mit der Dialektik von Intellekt und Sinnlichkeit begabt ist. Ihr redet Schädlich das Wort – und einer Literatur, die ihr folgt: »Diese Skepsis ist aber kein Plädoyer für Politiklosigkeit, etwa im längst widerlegten bildungsbürgerlichen Sinn. Die Skepsis ist nur eine Form der dringlichen Frage nach dem *literarischen* Ausdruck des Politischen.

Gibt es politische Texte, die überhaupt nicht von Politik handeln? Man weiß schon, daß es sie gibt.

Es ist die Rede von Literatur als einem autonomen Feld. Nicht vorsätzliche oder aufgeschwatzte Politisierung, die wie ein Spruchband aus dem Text flattert, sondern innere Verwirklichung eines Textes ist gemeint. Es ist die Rede von unausgesprochener Anstiftung zu etwas, zum Beispiel, im natürlichsten Fall, durch eine natürliche Erscheinung wie ›des Himmels Luft‹, die, mit Hölderlin zu reden, ›der Knechtschaft Schmerzen‹ ›löst‹. (...) Es ist die Rede von einem subversiven Strom, der in einem Text fließt und eine das Denken befreiende oder eine zum Denken zwingende Helle bewirken kann, also eine Stärke im Kopf eines Lesers oder Hörers.«[32]

Sieben Jahre vor seinem Erscheinen spricht Schädlich da über »Schott«. Mit diesem Buch, das er, anders als noch »Tallhover«, ausdrücklich als ›Roman‹ bezeichnet, hat er jenes autonome Feld etabliert, auf dem die Phantasie unabhängig vom Zwang der Geschichte ihre Geschichten produziert: Fiktion als Ausdruck von Freiheit.

Die ist weit, aber nicht grenzenlos. Denn die Figuren der Fiktion, die da recht frei agieren, bewegen sich weder zufällig noch folgen sie gar einer écriture automatique. Schott, ihre zentrale Figur, setzt auch im Roman die Gesetze der realen Wirklichkeit nicht prinzipiell außer Kraft. Aber sie ist nur die Folie, vor der er als Handelnder erkennbar wird im Ensemble der anderen Figuren: Mott, Tomm, oder Lisch, seine luftige Geliebte Liu, der bedrohlich autoritäre Schill oder die Nachbarin Semper, die Schott beständig in kleine Alltagsgespräche hineinzieht. Diese Gespräche geben dem Roman fast so etwas wie eine Struktur; denn man erwartet sie, nachdem sie ein paarmal stattgefunden haben.

Alles andere ist für den Leser überraschend, folgt einer Erzählstrategie, die das Erzählen aus sich selbst heraus generiert – als offene Form, die der Autor braucht, um gleichsam im Schreiben das Gelände zu erkunden, auf dem er seine Figuren ins Handeln schickt. Doch wird auch dieses ins Ungewisse sich entwickelnde Schreib-Handeln unter Kontrolle gehalten: von einem »Verfasser«, der den Autor kontrolliert, damit er nicht zu weit abschweife oder zu ausfällig werde.

»Neulich, sagt der Verfasser, neulich geriet ich in einer kleinen Stadt auf einem mittelhohen Gebirgszug in eine bedrohliche Lage. Ein Leser und eine Leserin, die gut genährt und ordentlich gekleidet waren, sagten, als sie mich kommen sahen, fast gleichzeitig, Schweinerei! und wechselten die Straßenseite. Ich tat, als ginge ich unbeirrt weiter, aber es fiel mir auf, daß die Leute verzerrte Gesichter hatten.

In derselben Stadt, in derselben Stunde sollte ich bestimmt getröstet werden. Eine Leserin, von der ich es nicht geglaubt hätte, fragte mich unvermittelt, Schreiben Sie nichts Nettes?«[33]

Doch dazu ist der Schriftsteller nicht da. Zumal Hans Joachim Schädlich Wirklichkeit nicht bloß abschreibt und unter wechselnden Erzählkulissen das immer gleiche Erfahrungsstückchen inszeniert, sondern mit jedem Buch neue Erfahrungsmöglichkeiten und Wahrnehmungsformen ausprobiert.

So auch in den beiden komplementären Erzählungen »Mal hören, was noch kommt« und »Jetzt, wo alles zu spät ist«. Sie führen sehr klar – und deutlich gegen alle in verschwiemelter Sprache versteckte falsche Scham – Verhaltensformen angesichts abgelebter Leben vor: einmal aus der Erinnerungssicht eines Mannes, der im Sterben liegt und nach Liebe lechzt, einmal mit dem Blick einer Frau, die viele Männer hatte, ohne je geliebt zu haben.

So liegt in der ersten Erzählung »Mal hören, was noch kommt« der Sterbende fast bewegungslos im Bett, lamentiert und memoriert sein Leben und Lieben. In seiner erbärmlichen Situation hat er nur noch ein einziges Lebewesen, dem er vertraut: »Die einzige Freude heute war meine Fliege. Sie sagt mir alles. Das ist Liebe. Sie hat gesagt: Im Nachbarzimmer der Typ hat mich angemacht. Er hat gesagt: Bleib doch bei mir. Ich hab eitrige Beulen unter der Achsel. Unter meiner Achsel kannst du dein Wochenbett einrichten. Da finden deine Kinder ein warmes Plätzchen und jede Menge Kindernahrung. – Ich hab gesagt: Neinnein. Ich lebe nicht allein. Ich brauche deinen Eiter nicht. Mein Partner hat einen offenen Rücken. Da ist es warm, und Essen gibt es genug. Ich bin kein besonderer Eiterfan. Ich hab's lieber, wenn meine Kinder frische Blutsuppe kriegen.

Meine Fliege. Ich habe zu ihr gesagt: Flieg auf meine Lippen. Ich will dich küssen.

Die Fliege ist das einzige Wesen auf der Welt, dem was an mir liegt.«[34]

Auch die Frau in der Komplementär-Erzählung »Jetzt, wo alles zu spät ist« sehnt sich nach einem Wesen, dem sie sich anvertrauen kann. Gerade die Fülle ihrer Liebhaber, die sie Revue passieren läßt, offenbart die Leere, in die sie gefallen ist. Aber der Text erreicht die sprachliche Radikalität der ersten Erzählung nicht, weil die existentielle Situation bei weitem nicht so extrem, ja fast konventionell ist: »Hätt ich mich doch bloß mal auf einen festgelegt! Wenigstens für drei, vier Jahre. Gewollt hab ich's. Aber ich hatt auch Angst davor. Also ewig auf Suche. Und was hab ich gefunden? Immer wieder'n andern. Und mit kei'm war's was.

Meine Mutter hatte zwei Männer. Dem einen war se nich gut genug, der andere is mein Vater.

Manchmal wach ich nachts auf und heule. Weil ich vom Munk geträumt hab. Warum hab ich den gehen lassen! Den hab ich geliebt. Ich setz mich auf im Bett und ruf: ›Munk! Munk! Wo bist du denn. Ich will 'n Kind von dir.‹ Aber der Munk kommt nich.«[35]

Schädlichs »Trivialroman«[36] erkundet einen neuen Ansatz, einen neuen Zugang zu einem alten Thema: seiner Auseinandersetzung mit dem totalitären Staat. Er unternimmt einen systemkritischen Schnitt in verschworene menschliche Gemeinschaften, die aus unterschiedlichen Interessen autoritäre Organisationsstrukturen ausbilden, in denen ausschließlich eben diese Interessen mit aller Macht verfolgt werden.

Darin wird erzählt von einem Dutzend Menschen, Typen, deren Namen sie charakterisieren, die in bestimmten Arbeits- und Abhängigkeitsverhältnissen zueinander stehen: Da sind der Chef, der offensichtlich eine »Firma« leitet, die weiter nicht bezeichnet wird, und seine Frau, die von den Untergebenen des Chefs »Äbtissin« genannt wird; dicht unter dem Chef arbeiten Kralle, der Finanzchef, und Dogge, eine Art Geschäftsführer, ein ›scharfer Hund‹, dem Qualle und Biber zugeordnet sind; die Leibwache des Chefs und, nun schon deutlicher zur Sprache gebracht: die »Oberkiller« der Firma sind Ratte und Natter, und ihre beiden »Nachrichtenleute« heißen Wanze und Aal; außerdem gibt es noch Dogges Geliebte Clarissa und ein wenig Personal. Und schließlich ist da Feder, ein Journalist, der sich von seiner Zeitung abwerben ließ und nun seit zehn Jahren der Propagandist der Firma ist. Er erzählt den »Trivialroman«, die Geschichte der »Firma«, die vor ihrem Ende steht.

Doch diese Erzählung changiert, Schädlich entwirft ein vielschichtiges Vexierbild. Denn wenn man das Bild ein wenig ›dreht‹ und den Text etwas anders liest, erkennt man unter seiner Oberfläche auch andere Formen interessegeleiteter Organisationen von ähnlicher Struktur: etwa eine totalitäre – faschistische oder kommunistische – Partei, oder einen monopolkapitalistischen Geschäftsbetrieb, aber auch eine religiöse Sekte und sogar eine straff durchorganisierte Kirche. Sie alle aber scheinen entworfen zu sein auf dem Palimpsest alter Ordenskongregationen, auf deren unterschiedliche Zielsetzungen viele der von Schädlich beschriebenen Verhaltensweisen passen.

Schädlichs »Trivialroman« ist eine raffiniert angelegte und genau ausdifferenzierte Gleichung, von der man paradoxerweise sagen muß, daß sie zwar nur bekannte Faktoren hat, aber dennoch nicht aufgeht. Die doppelte Trivialität dieser paradoxen Gleichung besteht darin, daß sie mit den einfachsten erzählerischen Mitteln komplexe Verhältnisse anschaulich macht und deren Komplexität zugleich auf die einfachsten Strukturen reduziert.

Dieser Text muß, wie alles, was der subversive Chronist Hans Joachim Schädlich geschrieben hat, mehrschichtig gelesen werden – erst dann schließt er sich auf als das, was er tatsächlich ist: das Axiom der Struktur aller denkbaren undemokratischen Organisationen von Macht und Gewalt.

Ihre Strukturen erkennbar zu machen und den Menschen zu helfen, sich aus ihrer selbstverschuldeten und oktroyierten Unmündigkeit zu lösen, ist Aufgabe und Ziel der poetischen Erkenntnisarbeit des Schriftstellers Hans Joachim Schädlich. Dafür steht er mit seinem gesamten Werk und von Anfang an.

Immer wieder erzählt Schädlich seine Geschichten so, daß aus ihnen die Leser selbst ihre Schlüsse ziehen können. Schädlich stellt, wie ausdrücklich auch der Fabelerzähler Lessing, Fakten dar, ohne sie zu bewerten. Zum Beispiel in dem Roman »Anders«[37]. Da berichten zwei pensionierte Meteorologen einander authentische Fälle: Beispiele von Menschen, die anders sind, als sie scheinen.

Nicht alle ihre Fälle sind moralisch gleich zu bewerten. Schädlich zeigt Rollenspiele noch erst von harmloser Art. Doch zunehmend führt Schädlich seine Leser mit Hilfe seiner Meteorologen, die ja wissen müssen, wie der Wind weht, in die Abgründe der menschlichen Camouflage, wie sie in den Wechseln der zur Macht gekommenen mörderischen Ideologien des 20. Jahrhunderts gang und gäbe war; denn da wurden der Verrat, die Verstellung, die Lüge geradezu endemisch, weil, wie es Primo Levi formuliert hat, den Menschen der »Zugang zur Wahrheit verboten und verweigert« und so eine »Verseuchung ihrer Moral und ihrer Erinnerung« betrieben wurde.[38]

Die Menschen sind ihr auf unterschiedliche Weise erlegen. So fragen Schädlichs Meteorologen, wie etwa die Menschen in Weimar neben, mit und vor allem von dem Konzentrationslager Buchenwald lebten – und wie sie ihr Erleben dann verdrängten: denn wer wußte schon was?

Aber »Anders« ist kein Enthüllungsbuch. Wohl ein Anschauungsbuch menschlicher Abgründe. Schädlich läßt seine Meteorologen nicht polemisieren oder moralisieren, er läßt sie ihre Fälle fast kalt erzählen. Sie sind Wissenschaftler, beobachten ihre Fälle wie das Wetter aus großer Distanz. Und gerade das macht angesichts der Perfidie dieser Fälle sprachlos. Die Literarisierung der Stoffe, die Schädlich da auf seine unaufgeregte Erzählweise unternimmt, führt nämlich weiter als bloß zur Kenntnis der widrigen Geschichten; sie führt zur eindringlichen Erkenntnis der unauslotbaren menschlichen Natur.

Von ihrer Erkenntnis handelt auch die Geschichte, die Schädlich von »Leben und Tod des Dichters Äsop«[39] mitteilt. Äsop ist im Grunde ein uralter Verwandter von Hans Joachim Schädlich. Er soll im 6. Jahrhundert vor Christus auf der ionischen Insel Samos gelebt haben, ist aber selbst zur legendenhaften, ja zur Fabel-Figur geworden.

Überliefert wird die Geschichte vom Fabel-Erzähler Äsop im sogenannten »Äsop-Roman«. Dessen Kern ist sicherlich die Lebensgeschichte Äsops, wie sie von Erzählern der Fabeln einst nebenher auch mitgeteilt worden ist. Doch im Laufe der Jahrhunderte müssen diese Erzähler die Geschichte Äsops selbst fabulös ausgeschmückt und ihren Helden ausgestattet haben mit den mustergültigen Verhaltensweisen eines Underdog, der den Mächtigen mit Klugheit und eulenspiegelhaftem Witz zu begegnen wußte und in seinen Fabeln den Menschen mit moralisierender und erzieherischer Absicht einen Spiegel erfand, in dem sie sich erkennen sollten. So beglaubigten sie Klugheit und Witz der Fabeln mit Klugheit und Witz ihres Erfinders, und indem sie ihn als häßlichen und mißgestalteten Sklaven darstellten, der, anfangs stumm, erst von einer Göttin zur Sprache gebracht wurde, vergrößerten sie die Fallhöhe zwischen den Mächtigen und jenen Unmächtigen, als deren Fürsprecher der Äsop des »Äsop-Romans« über zweieinhalb Jahrtausende hinweg entwickelt und tradiert wurde.

Der knapp hundertseitige Text des »Äsop-Romans« war bislang Objekt eher literaturwissenschaftlichen als literarischen Interesses, wurde also häufig wörtlich und meist schlecht aus dem Griechischen übertragen.

Schädlich hat daraus ein wunderbares Buch gemacht, das sich, weil seinem Autor dieser Stoff auf den Leib gewebt ist, als Lehen sogar ins eigene Werk einreihen läßt: Denn Hans Joachim Schädlich hat »Leben und Tod des Dichters Äsop« unter dem programmatischen Titel »Gib ihm Sprache« erzählt als Geschichte eines Unmächtigen, der, begabt mit genauem Denken und Sprechen, das immer ungenaue, weil falsche Bewußtsein der Mächtigen vorführt und sich von ihnen befreit. Äsops Karriere beginnt auf der Insel Samos, wo er vom Sklaven des Philosophen Xanthos zum Ratgeber aller Samier wurde, und er brachte es dank seiner Klugheit bis zum Wesir von Babylon. Gestorben ist er in Delphi, wo er, von den Delphern zum Tode verurteilt, sich von einem Felsen stürzt – angeblich weil er sie bestohlen habe; eher wohl, weil der erkenntniskritische Witz des Äsop ihre wolkigen Orakel störte.

Damit hat Schädlich das Schicksal vieler konsequenter Aufklärer beschrieben.

Nachbemerkung

Die von Stendhal entliehenen Motti habe ich gefunden in Elisabeth Edls Anmerkungen zu ihrer schönen neuen Übersetzung von »Le rouge et le noir. Chronique du XIXs siècle«: »Rot und Schwarz«, München 2004, S. 719 f.

*

Den Versuch über Ernst Jünger »Krieger, Waldgänger, Anarch« habe ich 1990 für Hanjo Kesting vom Norddeutschen Rundfunk geschrieben; *Lettre international* druckte die Funkfassung in Heft 9, 1990; die erweiterte und überarbeitete Fassung erschien in der ersten Lieferung der von mir herausgegebenen »Göttinger Sudelblätter«, Göttingen 1990.

Die Überlegungen über die Differenz zwischen E.M. Remarque und E. Jünger habe ich zur Eröffnung des Erich Maria Remarque-Friedenszentrums in Osnabrück am 19.6.1998 vorgetragen; gedruckt wurden sie im Erich Maria Remarque Jahrbuch/Yearbook IX, 1999.

Über die zweite Karriere des Friedrich Dürrenmatt habe ich gesprochen beim 7. Internationalen Neuenburger Colloquium 2000 im Dürrenmatt-Zentrum/Neuchâtel.

Die Skizze über Rolf Hochhuth stand zur Hälfte in der *Frankfurter Allgemeinen Zeitung* (28. Mai 2002), zu drei Vierteln in den *Schweizer Monatsheften* (Februar 2003).

Die meisten anderen Porträts schrieb ich für Gunter Schäble, das Porträt über Martin Walser für Marlies Gerhardt, alle wurden zuerst im Südwestrundfunk gesendet. Gedruckt erschienen das Porträt über Hans Henny Jahnn in den *Schweizer Monatsheften*, Dezember 1999/Januar 2000; das Porträt über Günter Grass unter dem Titel »Rückblick auf Günter Grass« in der *Neuen Rundschau*, 114. Jahrgang 2003, Heft 4, und das Porträt von Peter Rühmkorf in: Peter Rühmkorf: »Das Lied der Deutschen«, Göttingen 2001.

Anmerkungen

Krieger, Waldgänger, Anarch
Über Ernst Jünger

1 Zur Verleihung des Rudolf-Alexander-Schröder-Preises der Freien und Hansestadt Bremen am 26.1.1956. In: Ernst Jünger, Sämtliche Werke in 18 Bänden, Stuttgart 1978-1983. Künftig zitiert als ›SW‹, Bandnummer und Seitenzahl, hier: Bd. 14, S. 169/170. Das Kämpferisch-Trotzige lag vor allem auf den letzten zitierten Sätzen, wie die Tonaufnahme vernehmen läßt. — 2 Jünger war mit einem Publikationsverbot belegt worden (wie übrigens auch Gottfried Benn), weil er sich geweigert hatte, sich dem »Spruchkammerverfahren« zu stellen, das die Alliierten zur »Entnazifizierung« angeordnet hatten. — 3 Interessant ist, daß in der apologetischen Publizistik der Nachkriegszeit, noch in den frühen fünfziger Jahren, die Nationalsozialisten als Nachfahren der Jakobiner bezeichnet wurden. Emil Franzel schrieb in seiner Rezension von Ludwig Dehios Buch *Gleichnis oder Hegemonie. Betrachtungen über ein Grundproblem der neueren Sittengeschichte*, Krefeld 1949, in: Neues Abendland 5, 1950: »(…) bei Dehio (werden), wie ich glaube zum erstenmal in einer wissenschaftlich historischen Arbeit, die Nazis als die deutschen Jakobiner bezeichnet. Es ist ungeheuer wichtig, daß diese These (…) in die Geschichtsschreibung Eingang findet. Sie hebt unser tragisches Schicksal aus der Isolierung und ordnet es in die größere europäische Tragödie ein.« Dieses Zitat stammt aus Winfried Schulzes Vortrag *German historiography from the 1930s to the 1950s*, den er im März 1990 in Atlanta gehalten hat. — 4 Nach der *großen* Schlacht heißt es nur im Redetext, sonst zitiert nach *Goethepreis 1982. Ernst Jünger*, hg. vom Dezernat Kultur und Freizeit der Stadt Frankfurt am Main 1982, S. 21 und S. 25. — 5 So Günter Blöcker – auch über Sieburg – in seiner Rezension zu *Siebzig verweht*, Frankfurter Allgemeine Zeitung, 24.12.1981. — 6 vgl. Jüngers *Ansprache zu Verdun am 24. Juni 1979*, SW 7, S. 732: »Die Zeit der Feindschaft zwischen unseren beiden Völkern, einer Feindschaft, zu der wir von früh auf erzogen wurden, ist vorbei. Ich habe sie nie akzeptiert.« — 7 Friedrich Hansen-Loewe sprach mit Ernst Jünger in einem Fernsehfilm über Jün-

ger, den der Bayerische Rundfunk am 3.10.1975 ausgestrahlt hat. Künftig zitiert als ›Gespräch Hansen-Loewe‹. — 8 Der französische Professor für Vergleichende Literaturwissenschaft Julien Hervier, Poitiers, führte 1985 ein Gespräch mit Ernst Jünger, das der Südwestfunk in seiner Reihe *Neue Bücher – Neue Texte* zu Jüngers 90. Geburtstag im März 1985 gesendet hat. Künftig zitiert als ›Gespräch Hervier‹. — 9 Ernst Jünger, Subtile Jagden, SW 10, S. 11 und 22. — 10 Ebd., S. 32. — 11 Aus Ernst Jüngers Vortrag *Forscher und Liebhaber. Ansprache vor den Bayrischen Entomologen* im Jahre 1965. Dieser Passus so nur in der Tonaufnahme vom 22.4.1965, nicht mehr im gedruckten Text SW 10, S. 328-341. — 12 Ernst Jünger, Die Zwille, in: SW 18, S. 19. — 13 Ebd., S. 174. — 14 Ebd., S. 269. — 15 Martin Meyer, Ernst Jünger, München 1990, S. 587/588. — 16 Gespräch Hervier. — 17 Ebd. — 18 Ebd. — 19 Vgl. Ernst Jünger, Die Zwille, Stuttgart 1973, auf den Seiten 66, 92, 96, 97, 121, 145, 161, 176, 180, 202, 235. — 20 Ebd., S. 97. — 21 Ebd., S. 96 — 22 Zu Liebe und Sexualität vgl. auch Martin Meyer, a.a.O., S. 222 ff., der diese im Zusammenhang mit Jüngers *Arbeiter* und dem Essay *Über den Schmerz* von 1934 (in *Blätter und Steine*) diskutiert: »So definiert Jünger das Geschlechtliche ex negatione als jene subversive Macht, die sich dem Arbeitscharakter entzieht.« (Meyer, a.a.O., S. 223) In *Über den Schmerz* hatte Jünger 1934 geschrieben, »daß die Entdeckung des Arbeiters irgendwie mit der Entdekkung eines dritten Geschlechtes gleichbedeutend ist« (Blätter und Steine, 1934, S. 180), in SW 7, S. 165 heißt es – wie Meyer schreibt: »abgewandelt und entschärft« —: »daß die Entdeckung des Arbeiters von der Entdeckung eines dritten Geschlechtes begleitet wird«. – Unübersehbar jedenfalls scheint mir, daß Jüngers literarische ›Vorstellung‹ von ›Liebe‹ keinerlei existentielle Erfahrung vermittelt und keinerlei Sinnlichkeit evoziert; wie jene bürgerliche ›individuelle Freiheit‹, die die *Arbeiter*-Schrift von 1932 hinwegzufegen bemüht ist, kann ›Liebe‹ in Jüngers damaliger Auffassung nur als »Störfaktor« (Meyer) vorgestellt werden. — 23 Gespräch Hansen-Loewe. — 24 Gespräch Hansen-Loewe. — 25 Ernst Jünger, In Stahlgewittern. Aus dem Tagebuch eines Stoßtruppführers, Dritte Auflage, 6.-8. Tsd., Berlin 1922, S. 1. In der letzten Fassung liest man: »Aufgewachsen in einem Zeitalter der Sicherheit, fühlen wir alle die Sehnsucht nach dem Ungewöhnlichen, nach der großen Gefahr. Da hatte uns der Krieg gepackt wie ein Rausch. In einem Regen von Blumen waren wir hinausgezogen, in einer trunkenen Stimmung von Rosen und Blut.« (SW 1, S. 11). — 26 Gespräch Hansen-Loewe. — 27 Ernst Jünger, Das Wäldchen 125. Eine Chronik aus den Grabenkämpfen 1918, Berlin 1925, S. 185. — 28 Ernst Jünger, Der Kampf als inneres Erlebnis, Fünfte Auflage, Dreizehntes bis vierzehntes Tausend, Berlin 1933, S. 2/3. Auch in SW 7, S. 11/12. — 29 Ebd., S. 6/7. — 30 Aus einem Rundfunk-Gespräch Curt Hohoffs mit Ernst Jünger zu dessen 70. Geburtstag, ausgestrahlt im März 1965 vom Deutschlandfunk. Interessant an diesem Gespräch ist die Form: Fragen und Antworten wurden vorher schriftlich formuliert und dann im ›Gespräch‹ von den ›Gesprächs‹partnern abgelesen. — 31 Ernst Jünger, In Stahlgewittern, 6. Auflage, Berlin 1925, S. 20/21. — 32 Martin Meyer, a.a.O., S. 25. — 33 Ernst Jünger, Sturm, SW 15, S. 18. — 34 Ebd., S. 20. — 35 Ebd., S. 37. — 36 Ebd., S. 38. — 37 Vgl. Anmerkung 31. — 38 Ernst Jünger, Sturm, a.a.O., S. 60/61. — 39 Ebd. — 40 Ernst Jünger, Feuer und Blut, Berlin 1926, S. 8 f. — 41 Ebd., S. 9.f. — 42 Ernst Jünger, Politische Publizistik 1919-1933, herausgegeben, kommentiert und mit einem Nachwort von Sven Olaf Berggötz, Stuttgart 2001. — 43 Ernst Jünger, Ausgehend vom Brümmerhof. Alfred Toepfer zum 80. Geburtstag, 1974, SW 14, S. 128/129. — 44 Der Wille, erstmals in: Standarte, 6.5.1926. Hier, ebenso wie *Der Geist*, zitiert nach: Grundlagen des Nationalismus. Vier Aufsätze von Ernst Jünger, in: Stahlhelm-Jahrbuch 1927. Im Auftrage der Bundesleitung des »Stahlhelm«, Bund der Frontsoldaten, herausgegeben von Frank Schauwecker, Magdeburg (Stahlhelm-Verlag) 1927, S. 74-76. – Die vier Aufsätze heißen: Das Blut, Der Wille, Der Charakter, Der Geist. — 45 Ernst Jünger, Der Geist, a.a.O., S. 84-86. — 46 Ebd., S. 87/88. Im Text steht »Beratungsziffern« statt »Beratungszimmern«, offensichtlich ein Druckfehler. – Der nationalistisch-völkische Schwulst, wie er nicht nur aus diesen Zitaten von 1926 und 1927 zu erkennen ist, grundiert, trotz aller späteren ästhetisierenden Überhebung über die Wirklichkeit, Jüngers Haltung zur Wirklichkeit – und auch zur Literatur und zum eigenen Werk. Dafür gibt es zahlreiche Belege. Vor allem den, daß Jünger seinen *Arbeiter*, der eben diese Sprache spricht, nie eigentlich revoziert hat – wie Thomas Mann, nach einer Zeit der politischen Desorientierung, seine *Betrachtungen eines Unpolitischen* von 1918 schon in den zwanziger Jahren —, sondern daß er ihn stets als sein Hauptwerk verstanden hat. Das belegen

Äußerungen in Interviews, in denen er immer wieder auf die ›zutreffende Diagnose‹ zu sprechen kommt, die er mit dem *Arbeiter* geleistet habe, und auch zahlreiche Anspielungen im Werk. Das gilt auch von der Schrift *Die totale Mobilmachung* aus dem Jahre 1930, die Jünger laut *Spiegel*-Interview (16.8.1982) für »einen der wichtigsten Essays, die ich überhaupt geschrieben habe«, hielt. In diesem Interview bekundete Jünger auch, daß ihn bei der Niederschrift des *Arbeiter* eine »gewisse Begeisterung« befallen habe. Ich meine schon, daß Jünger Zukunft durchaus konkret gestalten wollte mit dem, was er nun als bloße ›Diagnose‹ ausgab. – Im übrigen wäre es interessant, im *Arbeiter* die Konvergenz von faschistischen und stalinistischen Komponenten zu untersuchen. — 47 Die zweite Maxime wurde in der Paulskirche so verlesen, wie hier zitiert, im Buch geht sie weiter: »Im Abstieg liegen zerbrochene Tafeln verstreut. Die Texte sind lesbar wie die Schuppen versteinerter Fische im Wüstensand. – Dieses Amt wird durch die Drohung großer Vernichtung nicht gestört. Sein zelebrierender Kern wird vom Überflüssigen befreit.« — 48 Die drei ›Maximen‹ aus: Autor und Autorschaft, Stuttgart 1984, in der Reihenfolge wie zitiert: S. 39, S. 84, S. 20. — 49 A.a.O., S. 16. — 50 Nach Menge-Güthling, Enzyklopädisches Wörterbuch der lateinischen und deutschen Sprache, Erster Teil: Lateinisch-Deutsch. Unter Berücksichtigung der Etymologie von Prof. Dr. Hermann Menge, Berlin 1911, hier 10. Auflage 1967. — 51 Hans-Peter Schwarz, Der konservative Anarchist. Politik und Zeitkritik Ernst Jüngers, Freiburg im Breisgau 1962, das Zitat daraus S. 12. – Über Jüngers Militarismus schreibt Schwarz: »Jüngers politische Ideen bis zur Machtergreifung durch den Nationalsozialismus, der sie realisieren sollte, stellen also nichts anderes dar als eine Übertragung seiner militärischen Wertvorstellungen und Organisationserfahrung auf alle Daseinsbereiche. Es ist echtester Militarismus sans phrase! Freilich, wir haben es von Anfang an mit dem Militarismus eines feinen Kopfes zu tun. Man hat es sich zu einfach gemacht, wenn man wie eine Reihe der Kritiker seines *Arbeiters* darin ausschließlich Barbarei, Landsknechtstum, Ressentiment des nicht Resozialisierten und berserkerhafte Raserei erkennen wollte. Zwar zählte er viele solcher Landsknechte zu seinen Kameraden, und die von ihm herausgegebenen Zeitschriften wandten sich bewußt an dieses Publikum. (...) Jüngers geistige Gestaltung des Fronterlebnisses, die er in einer Reihe von

Kriegsbüchern und Sammlungen sowie in zahllosen Aufsätzen unternommen hat, läßt indessen neben einem Preis der kompromißlos militaristischen Haltung von Anfang an drei bestimmte Tendenzen erkennen, die innerhalb der für die Zwischenkriegszeit typischen Ideen seiner Spielart des Militarismus ein unverkennbar eigenes Gepräge geben: 1. ontologische Rechtfertigung des Kriegertums; 2. Erfassung des Kämpfers in seiner neuartigen Gestalt als Arbeiter in einem technischen Vorgang; 3. geschichtsphilosophische Ortsbestimmung des Frontkämpfers im Krieg und in der Nachkriegszeit.« (Ebd. S. 66) — 52 Ernst Jünger, Der Waldgang, SW 7, S. 297. — 53 Ernst Jünger, Die Staubdämonen, zuerst unter dem Titel: Alfred Kubins Werk in: Hamburger Nachrichten, 30.12.1931, hier zitiert nach SW 14, S. 34. — 54 Ernst Jünger, Das abenteuerliche Herz, erste Fassung 1929, hier zitiert nach SW 9, S. 36/37. — 55 Vgl. Anm. 46. — 56 SW 2, S. 74. — 57 Ebd., S. 68. — 58 Gespräch mit Hervier, vgl. Anm. 8. — 59 Ernst Jünger, Auf den Marmor-Klippen, Hamburg 1939, S. 75/76. Auch in SW 15, S. 296/297, stilistisch leicht verändert: »fielen wir zuweilen wie Kinder in die frühe Welt zurück«. Das Buch wird später immer *Auf den Marmorklippen* geschrieben. — 60 Zur Ästhetisierung in den *Marmor-Klippen* vgl. Eberhard Geisler, Ein Text von Henri Michaux als Replik auf Ernst Jünger, in TEXT + KRITIK, Heft 105/106: Ernst Jünger, München 1990. Darin behandelt Geisler eine literarische Replik Michaux' von 1947, *Lieux inexprimables*, auf die *Marmor-Klippen*, die 1939 in der Übersetzung von Henri Thomas in Frankreich erschienen waren; jenseits politischer oder moralischer Wertung ist für Michaux entscheidend »die spezifische Jüngersche Optik, die er einzelnen Differenzierungen und Korrekturen des Autors zum Trotz nach wie vor für bestimmend erachtet, weshalb für ihn auch durch die *Marmor-Klippen* noch immer Kugeln aus den *Stahlgewittern* sausen können. Michaux hebt als Grundstruktur der *Marmor-Klippen* ein Verhältnis von Peiniger, Opfer und Beobachter hervor, wobei er letzteren eher in die Nähe des Peinigers als die der Opfer rückt.« (Ebd. S. 67) — 61 Jünger im Gespräch mit Curt Hohoff; vgl. Anm. 30. — 62 SW 2, S. 367. — 63 Ernst Jünger, Siebzig verweht II, Stuttgart 1981, S. 121/122. — 64 Vgl. Anm. 44. — 65 Ernst Jünger, Der Friede. Ein Wort an die Jugend Europas, ein Wort an die Jugend der Welt, in: SW 7, S. 236. — 66 Ernst Jünger, Am Kieselstrand, zitiert nach SW 13, S. 22. Das genaue

Zitat lautet: »Die Zeit ist Bühne, doch hinter den Kulissen verwandeln wir uns in uns selbst.« — 67 SW 7, S. 306. — 68 SW 7, S. 320. — 69 Jünger im Gespräch Hansen-Loewe, vgl. Anm. 7. Und im Gespräch mit dem *Spiegel* von 1982 (vgl. Anm. 46) fügte er noch hinzu: »Ich habe für Ordnungssysteme ein Faible, für den Jesuitenorden, die Preußische Armee, den Hof Ludwig XIV.« Vielleicht brachte dieses Faible den alten Protestanten Jünger dazu, noch kurz vor seinem Tode zum Katholizismus zu konvertieren. — 70 Ernst Jünger, Eumeswil, Stuttgart 1977, S. 44. Danach folgt der Satz: »Es kann als Lava aus ihm hervorbrechen, kann ihn vernichten, ihn befreien.« – Über den Anarchen sagte Jünger im *Spiegel*-Gespräch von 1982 (vgl. Anm. 46): »Ein Anarch kann alles sein, zum Beispiel der größte Spießbürger, der an seinem Schreibtisch sitzt und sagt: Ich mache alle diese Sachen mit, weil es für mich am bequemsten ist. Oder einer, der sich über alles mokiert.« Der Anarch ist dann möglicherweise aber auch der totale Konformist, der sich für etwas besseres hält, immer nur räsoniert und nicht handelt. Mehr ist dazu eigentlich nicht zu sagen. — 71 Ernst Jünger, Eumeswil, a.a.O., S. 96/97. Dort auch das nächste Zitat: »— es gibt keine Ewige Wiederkehr. Besser ist Wiederkehr des Ewigen; sie kann nur einmal stattfinden – dann ist die Zeit zur Strecke gebracht.« — 72 Ernst Jünger, Die Schere, Stuttgart 1990, S. 185. — 73 Ebd., S. 31.

Zerstört oder *gestählt*

Über eine Differenz zwischen Erich Maria Remarque und Ernst Jünger

1 Der Vorspruch zu Erich Maria Remarque, Im Westen nichts Neues, Berlin 1929, lautet: »Dieses Buch soll weder eine Anklage noch ein Bekenntnis sein. Es soll nur den Versuch machen, über eine Generation zu berichten, die vom Kriege zerstört wurde – auch wenn sie seinen Granaten entkam.« (künftig: ›W‹ und Seitenzahl). — 2 Ernst Jünger, Der Kampf als inneres Erlebnis, Berlin 1923, S. 47. — 3 Das Wort »Stahl« ist ein Zentralwort in Jüngers Kriegsprosa, nicht nur im Titel seines berühmtesten Buchs *In Stahlgewittern*. Daß er von einer »vom Krieg gestählten Generation« schrieb, geht aus mancher Passage seiner Kriegsbücher mittelbar oder unmittelbar hervor, etwa dieser aus *Der*

Kampf als inneres Erlebnis, S. 33: »Der Geist der Materialschlacht und des Grabenkampfes, der rücksichtsloser, wilder, brutaler ausgefochten wurde als je ein anderer, erzeugte Männer, wie sie bisher die Welt nie gesehen hatte. Es war eine ganz neue Rasse, verkörperte Energie und mit höchster Wucht geladen. Geschmeidige, hagere, sehnige Körper, markante Gesichter, Augen in tausend Schrecken unterm Helm versteinert. Sie waren Überwinder, Stahlnaturen, eingestellt in den Kampf in seiner gräßlichsten Form.« Ich zitiere *In Stahlgewittern* künftig als ›ST‹ mit der Auflage und der Seitenzahl. — 4 Ich zitiere im Text aus der 3. Auflage (6.-8. Tausend) von *In Stahlgewittern* (1922); immer wieder hat Jünger die *Stahlgewitter* von Auflage zu Auflage bearbeitet – mal in den späteren 1920er Jahren im nationalistischen Geiste, später, in der ersten Auflage nach dem Kriege, der »26., vom Autor erneut durchgesehenen Auflage (235.-244. Tausend)« aus dem Jahre 1961 etwa in dem Sinne, daß aus dem Absatz von den »kurzen, sportsmäßigen Sensationen« dieser Absatz wurde: »Diese kurzen Streifzüge, bei denen man das Herz fest in die Hand nehmen mußte, waren ein gutes Mittel, den Mut zu stählen und die Eintönigkeit des Grabendaseins zu unterbrechen. Der Soldat darf sich vor allem nicht langweilen.« — 5 W, S. 116 f. — 6 W, S. 138 f. — 7 St (6. Auflage, 1925) S. 20 f. — 8 Ernst Jünger, Der Kampf als inneres Erlebnis, a.a.O., S. 49. — 9 Ebd., S. 76. — 10 Axel Eggebrecht, Gespräch mit Remarque, in: Die Literarische Welt, 14.6.1929, auch in: E. M. Remarque: Im Westen nichts Neues. Roman. Mit Materialien und einem Nachwort von Tilman Westphalen, Köln 1996, S. 302-312, das Zitierte auf S. 303. Der Band wird zitiert als ›W 1996‹. — 11 K.N., Remarque: ›Im Westen nichts Neues‹, in: Die rote Fahne, Berlin, 4.3.1929, abgedruckt in W 1996, S. 289 f. — 12 Vgl. das Gespräch zwischen E.M. Remarque und Heinz Liepmann: Remarque und die Deutschen, in: E.M. Remarque, Ein militanter Pazifist. Texte und Interviews 1929-1966, hg. und mit einem Vorwort von Thomas Schneider, Köln 1994, S. 110-117, hier S. 112: »Ich war dasselbe, was ich noch heute bin: ein militanter Pazifist.« Künftig zitiert als ›Schneider 1994‹ und Seitenzahl. — 13 In Schneider 1994, S. 56. — 14 Carl von Ossietzky, Der Fall Remarque, in: Die Weltbühne, 12.4.1932, in Auszügen in: W 1996, S. 31 ff. — 15 Rote Fahne, a.a.O., S. 289. — 16 W 1996, S. 292. — 17 W 1996, S. 313 ff. — 18 Vgl. Schneider 1994, S. 10. — 19 Ebd. — 20 In der Frankfurter Allgemeinen Zeitung vom 25.1.1980, in W 1996, S. 242. — 21 Ernst Jünger, Feuer und Blut, Berlin 1926, S. 8-10. — 22 Ernst Jünger, Gärten und Straßen, Berlin 1942, S. 50. — 23 Ernst Jünger, Strahlungen, Tübingen 1949, S. 9.

Der Fremde

Über Hans Henny Jahnn

1 So Thomas Freeman, Hans Henny Jahnn. Eine Biographie, Hamburg 1986, S. 522. — 2 Hans Henny Jahnn, Oskar Loerke bereitete mir den Weg, 1958, in: TEXT + KRITIK, 1964, Heft 2/3: Hans Henny Jahnn, S. 1; auch in: H. H. Jahnn, Schriften zur Kunst, Literatur und Politik 1946-1959, hg. von Ulrich Bitz und Uwe Schweikert, Hamburg 1991, S. 61. — 3 Walter Muschg, Gespräche mit Hans Henny Jahnn, Frankfurt/Main 1967, S. 16. — 4 Hans Henny Jahnn, Briefe I. 1913-1940, hg. von Ulrich Bitz, Jan Bürger, Sandra Hiemer, Sebastian Schulin, Hamburg 1994, S. 24 f. (künftig: ›Briefe I‹ und Seitenzahl). — 5 Ebd., S. 33. — 6 Ebd., S. 129. — 7 Ebd., S. 134 f. — 8 Ebd., S. 59. — 9 Julius Bab, Unterwelt, in: Die Weltbühne, 16.6.1921, S. 649-653. — 10 Hans Henny Jahnn, Oskar Loerke bereitete mir den Weg, a.a.O., S. 2. — 11 Hans Henny Jahnn, Mein Werden und mein Werk (1948), in: H. H. Jahnn, Schriften zur Kunst, Literatur und Politik 1946-1959, a.a.O., S. 23. —12 Hans Henny Jahnn, Pastor Ephraim Magnus, in: H.H. Jahnn, Dramen I. 1917-1929, Hamburg 1988, S. 178 f. — 13 Hans Henny Jahnn, Der Arzt / sein Weib / sein Sohn, in: H.H. Jahnn, Dramen I, a.a.O., S. 488 f. und S. 492. — 14 Briefe I, S. 212 f. — 15 Hans Henny Jahnn, Verfassung und Satzungen der Glaubensgemeinde Ugrino, in: H.H. Jahnn, Schriften zur Kunst, Literatur und Politik 1915-1935, hg. von Ulrich Bitz und Uwe Schweikert, Hamburg 1991, S. 94. — 16 Thomas Freeman, a.a.O., S. 154 f. — 17 Vgl. Reiner Niehoffs vorzügliche Untersuchung: Hans Henny Jahnn, Die Kunst der Überschreitung, München 2001, für die beiden letzten Absätze besonders die Seiten 41-148. — 18 Walter Muschg, Gespräche mit Hans Henny Jahnn, a.a.O., S. 136, 138 f. — 19 So buchstäblich in: Briefe I, S. 256. — 20 Hans Henny Jahnn, Medea, in: H.H. Jahnn, Dramen I, a.a.O., S. 800. — 21 Ebd., S. 838. — 22 Ebd., S. 846. — 23 H.H. Jahnn, Mein Werden und mein Werk, a.a.O., S. 20. — 24 Briefe I,

S. 285. — 25 Ebd., S. 329. — 26 Ebd., S. 456 f. — 27 Ebd., S. 461. — 28 Ebd., S. 492. — 29 Ebd., S. 791 f. — 30 Ebd., S. 949 f. — 31 Ebd., S. 966. — 32 Hans Henny Jahnn, Briefe II. 1941-1959, hg. von Ulrich Bitz, Jan Bürger, Sandra Hiemer, Sebastian Schulin, Hamburg 1994, S. 113. — 33 Ebd., S. 243 f. — 34 Ernst Kreuder, Hans Henny Jahnn. Nachlaß Ernst Kreuder, DLA, vermutlich 1963, Zugangsnummer: 77.6211/6. — 35 Hans Erich Nossack, Hans Henny Jahnn. Rede am Grabe, Sonderdruck der Europäischen Verlagsanstalt für die Freie Akademie der Künste in Hamburg, o.J. (1959), unpaginiert. — 36 Hans Henny Jahnn, Aufgabe des Dichters in dieser Zeit, 1932 in *Der Kreis* erschienen, auch in: H.H. Jahnn, Schriften zur Kunst, Literatur und Politik 1915-1935, a.a.O., S. 794 und S. 801 f.

Die Entdeckung des Erzählens
Über die zweite Karriere des Friedrich Dürrenmatt

1 Friedrich Dürrenmatt, Dokument, in: F. Dürrenmatt, Werkausgabe in siebenunddreißig Bänden, Zürich 1998, Bd. 32, S. 13 ff. (künftig: ›WA‹ und Seitenzahl). — 2 WA 36, S. 19 und S. 35. — 3 Heinz Ludwig Arnold, Querfahrt mit Friedrich Dürrenmatt, Zürich 1998, S. 17-33. — 4 Friedrich Dürrenmatt, Gespräch mit Heinz Ludwig Arnold, Zürich 1976, auch in: F. Dürrenmatt, Gespräche 1961-1990, hg. von Heinz Ludwig Arnold in Zusammenarbeit mit Anna von Planta und Jan Strümpel. Vier Bände, hier: Band 2, Die Entdeckung des Erzählens. Gespräche 1971-1980, Zürich 1996, S. 147 (künftig: ›G 2‹ und Seitenzahl). — 5 G 2, S. 151. — 6 Aus einer unredigierten Fassung eines Gesprächs von Horst Tim Lehner und Heinz Ludwig Arnold mit FD im Süddeutschen Rundfunk, 2. Programm, 9.7.1976, in von mir redigierter Fassung abgedruckt in G, der redigierte Passus in G 2, S. 184 f. — 7 G 2, S. 162. — 8 Ebd., S. 138 f. — 9 Ebd., S. 153. — 10 Friedrich Dürrenmatt, Gespräche 1961-1990, a.a.O., hier: Band 3, Im Bann der *Stoffe*. Gespräche 1981-1987, Zürich 1996, S. 17 f. (künftig: ›G 3‹ und Seitenzahl). — 11 G 3, S. 52 f. — 12 WA 28, S. 15. — 13 Ebd., S. 69. — 14 Ebd., S. 285. — 15 G 3, S. 13 f. — 16 WA 29, S. 32. — 17 Ebd., S. 35. — 18 Ebd., S. 36. — 19 G 3, S. 51. — 20 Gesprächsweise auch mal so, in WA 28 auf S. 14 aber schreibt Dürrenmatt: »Ich zähle zu den Gedankenschlossern und -konstrukteuren«.

Die anarchische Vernunft der Poesie

Über Heinrich Böll

1 So die Begründung in der Nobelpreisurkunde. – 2 Heinrich Böll, Essayistische Schriften und Reden, 3 Bände, hg. von Bernd Balzer, Bände 1 und 2 Köln 1979, Band 3 Köln 1980, zitiert als ›ESR‹ 1, 2 oder 3. Hier ESR 2, S. 621-623. – 3 Willy Brandt, Die Kunst des Anstands, in: L'80. Zeitschrift für Literatur und Politik, Dezember 1985, Heft 36, S. 27. – 4 Günter de Bruyn, Die Ärmel aufgekrempelt und nichts vergessen. Wandelstern an meinem Lesehimmel: Über Heinrich Böll, die liebenswürdige Bosheit und die Genialität des weisen Führers der Völker, in: Frankfurter Allgemeine Zeitung, 2.9.1997, S. 43. – 5 Heinrich Böll, Über mich selbst, ESR 1, S. 284 f. – 6 Im Gespräch: Heinrich Böll mit Heinz Ludwig Arnold, München 1971, S. 8 f. – 7 Heinrich Böll, Briefe aus dem Krieg 1939-1945, hg. und kommentiert von Jochen Schubert, Köln 2001, Band 1, S. 170. – 8 Ebd., S. 208 f. – 9 Willy Brandt, a.a.O., S. 28 f. – 10 Heinrich Böll, Bekenntnis zur Trümmerliteratur, ESR 1, S. 31-35. – 11 Bernd Balzer, Heinrich Bölls Werke: Anarchie und Zärtlichkeit, Vorwort zu: Heinrich Böll, Werke. Romane und Erzählungen I, 1947-1952, hg. von Bernd Balzer, Köln 1987, S. 37. – 12 Heinrich Böll, Interview mit Alois Rummel (1962 im Südwestfunk), in: Heinrich Böll, Werke, Interviews 1, 1961-1978, hg. von Bernd Balzer, Köln o.J., S. 55. – 13 Heinrich Böll, Frankfurter Vorlesungen, Köln 1966, S. 75 (künftig: ›FV‹). – 14 Ebd., S. 14. – 15 Walter Muschg, Die Zerstörung der deutschen Literatur, München 1963, S. 7. – 16 FV, S. 10. – 17 Ebd., S. 45. – 18 So der Titel seines 1951 erschienenen Buches zu Motiven und Problemen der modernen Literatur. – 19 FV, S. 56, auch S. 81. – 20 Ebd., S. 56. – 21 Ebd., S. 74 f. – 22 Ebd., S. 107. – 23 Heinrich Böll, Ansichten eines Clowns, Köln 1963, S. 230. – 24 Im Gespräch: Heinrich Böll mit Heinz Ludwig Arnold, a.a.O., S. 55-58. – 25 Heinrich Böll, Versuch über die Vernunft der Poesie. Nobelvorlesung, gehalten am 2. Mai 1973 in Stockholm, ESR 3, S. 38 f. – 26 Heinrich Böll, Das Risiko des Schreibens, ESR 1, S. 205 f.

Auf der Suche nach dem revolutionären Ich
Über Peter Weiss

1 Heinz Ludwig Arnold, Gespräch mit Peter Weiss, Stockholm, 19. September 1981, in: Schriftsteller im Gespräch mit Heinz Ludwig Arnold, Band II, Zürich 1990, S. 266 (künftig: ›GmA‹, Seitenzahl). — 2 GmA, S. 268 f. — 3 Ebd., S. 281. — 4 Ebd., S. 281. — 5 Ebd., S. 283f. — 6 Peter Weiss, Der Schatten des Körpers des Kutschers, Frankfurt/Main 1964, S. 47 f. — 7 GmA, S. 285. — 8 Ebd., S. 285. — 9 Peter Weiss, Abschied von den Eltern, Frankfurt/Main 1964, S. 7. — 10 GmA, S. 289 f. — 11 Peter Weiss, Abschied von den Eltern, a.a.O., S. 87 f. — 12 Ebd., S. 69. — 13 Ebd., S. 59. — 14 Ebd., S. 59 f. — 15 Ebd., S. 146. — 16 Peter Weiss, Notizbücher 1971-1980. Zweiter Band, Frankfurt/Main 1981, S. 728. — 17 Peter Weiss, Das Gespräch der drei Gehenden, Frankfurt/Main 1963, S. 80-82. — 18 GmA, S. 291 f. — 19 Vgl. Akzente, 1965, Heft 2. — 20 Peter Weiss, Auschwitz – 20 Jahre später, in der Reihe *Gedanken zur Zeit* des Westdeutschen Rundfunks, 1. Hörfunkprogramm, 17.1.1965. — 21 Ich folge hier der wörtlichen Abschrift des von Peter Weiss gelesenen Textes in: Christoph Weiß, Auschwitz in der geteilten Welt. Peter Weiss und die *Ermittlung* im Kalten Krieg, 2 Teile, St. Ingbert 2000 (künftig: ›ChW 1‹ bzw. ›ChW 2‹), hier: ChW 2, S. 5-11, hier S. 5 f. Verändert ist der Text auch erschienen in: Atlas, zusammengestellt von deutschen Autoren, Berlin 1965. — 22 ChW 1, S. 106. — 23 ChW 1, S. 111. — 24 Interview mit Wolfgang Gersch in: Theater der Zeit (Berlin/Ost), Heft 9. — 25 Anonymes Interview mit Peter Weiss in: Der Demokrat, Rostock, 30.3.1965. — 26 BILD-Zeitung (20.4.1965): »Man dreht sie zu marxistischer Propaganda um. Sätze und ganze Seiten, die den Kommunisten nicht in den Kram passen, wurden gestrichen. Ein penetranter, hinzugedichteter Schluß wurde angehängt. So zeigte sich, wie in der Zone Kunst zu Politik verfälscht wird.« — 27 Unter dem Titel: Partisanen der Wahrheit in: Neues Deutschland, 21.5.1965; ChW 2, S. 100. — 28 In der Sendung *Treffpunkt Berlin*, Deutscher Fernsehfunk (Berlin/Ost), 19.5.1965; das Gespräch ist nachzulesen bei ChW 2, S. 92 f. — 29 Das ganze Interview in: ChW 2, S. 172-175. — 30 In: Neues Deutschland am 2.9.1965; Konkret Heft 9, September 1965; Deutsche Volkszeitung, 6.9.1965; Theater heute, Oktoberheft 1965. ChW 2, S. 214-219. — 31 ChW 2,

S. 218. — 32 Der Brief ist abgedruckt in ChW 1, 221 f. — 33 Der ganze Text in ChW 2, S. 98. — 34 Peter Hornung, Peter Weiss entdeckt seine Liebe zum Kommunismus, Bayern-Kurier, 2.10.1965; ChW 2, S. 284 f. — 35 ChW 2, S. 174. — 36 Joachim Kaiser, Plädoyer gegen das Theater-Auschwitz, in: Süddeutsche Zeitung, 4./5.9.1965; ChW 2, S. 222-227. — 37 Siegfried Melchinger, Auschwitz auf dem Theater?, in: Stuttgarter Zeitung, 11.9.1965; ChW 2, S. 162-166. — 38 Gesendet im NDR/SFB 3 am 28.10.1965; abgedruckt in: ChW 2, S. 632-646; hier S. 633 f. — 39 Hermann Naber, Ein Auschwitz-Stück im Streit der Meinungen, in: Frankfurter Rundschau, 2.10.1965; ChW 2, S. 286- 289. — 40 Brief von Manfred Wekwerth an den Präsidenten der DDR-Akademie der Künste, Friedrich Wolf, in: ChW 1, S. 285 f. — 41 Ernst Schumacher, Die Opfer sind unter uns – die Mörder unter ihnen, in: Berliner Zeitung (Ost), 21.10.1965; ChW 2, S. 479-482, hier S. 481. — 42 Helmut Raddatz, *Die Ermittlung*. Alexander Abusch, Stellvertreter des Vorsitzenden des Ministerrates der DDR, beantwortet *Zeit im Bild* Fragen zur Ringaufführung des szenischen Oratoriums *Die Ermittlung*, in: Zeit im Bild, Nr. 45, 1. Novemberheft 1965; ChW 2, S. 702-704, hier S. 703. — 43 Cinna Gehrke und Werner Timm, Die Szene wird zum Tribunal, in: Norddeutsche Neueste Nachrichten, 21.10.1965; ChW 2, S. 414-417, hier S. 414. — 44 Horst Prignitz, Auschwitz 65. *Die Ermittlung* von Peter Weiss im Volkstheater Rostock, in: Der Demokrat, Rostock, 25.10.1965; ChW 2, S. 577-580, hier S. 579. — 45 Unter dem Titel: Moralisch-politische Manifestation, in: Neues Deutschland, 21.10.1965; ChW 2, S. 434. — 46 Hans Daiber und Heinz-Ludwig Schneiders, Teils Herausforderung, teils Pflichtübung. Die Uraufführung von Peter Weiss' Auschwitz-Drama *Die Ermittlung* an west- und ostdeutschen Bühnen, in: Handelsblatt, 21.10.1965; ChW 2, S. 393-396, hier S. 393. — 47 Axel Eggebrecht im NDR 2 am 31.10.1965; ChW 2, S. 688-692, hier S. 689 f. — 48 Eva Stolze, Im blinden Gehorsam liegt die Gefahr. Auschwitz-Drama von Peter Weiss in der Freien Volksbühne, in: B.Z. (Berlin/West), 21.10.1965; ChW 2, S. 482 f. — 49 Marianne Koch, Auschwitz-Prozeß: Großer Bühnenerfolg, in: BILD-Zeitung, 21.10.1965; ChW 2, S. 446. — 50 Günther Zehm, Gehirnwäsche auf der Bühne. *Die Ermittlung* von Peter Weiss – Dokumentation oder Kunstwerk? – Propaganda im Sinne der Zone, in: Die Welt, 25.10.1965 (auf der Titelseite); ChW 2, S. 584-586. —

51 Dieter E. Zimmer, Die Lesung in der Volkskammer der DDR, in: Die Zeit, 29.10.1965; ChW 2, S. 662-664. — 52 In einem Podiumsgespräch im Plenarsaal der Deutschen Akademie der Künste (Berlin/Ost); Teilnehmer: Manfred Wekwerth (Leitung), Peter Weiss, die Akademiemitglieder Max Burghardt, Peter Edel, Stephan Hermlin, Werner Klemke, Wieland Herzfelde, Alfred Kurella, Hermann Kant. Die Abschrift des Mitschnitts in ChW 2, S. 804-827, hier: S. 814. — 53 So formulierte Peter Weiss in der *Zeit* (17.12.1965), um, zusammen mit Heinrich Böll, gegen die Behandlung Wolf Biermanns im Vorfeld des 11. Plenums des ZK zu protestieren. Der ekelhafte Klaus Höpcke hatte im Auftrag des ZK den Vorwurf erhoben, »Biermann habe mit seinen Liedern den eigenen, als Antifaschist im Konzentrationslager ermordeten Vater verraten« (so ChW 1, S. 320). — 54 GmA, S. 296 f. — 55 Peter Weiss, Abschied von den Eltern, a.a.O., S. 119. — 56 Ebd., S. 303. — 57 Ebd., S. 304. — 58 Peter Weiss, Die Ästhetik des Widerstands. Roman, Dritter Band, Frankfurt/Main 1981, S. 267 f. — 59 GmA, S. 315. — 60 Ebd., S. 318 f.

Einzelkämpfer für Heldenfiguren
Über Rolf Hochhuth

1 Rolf Hochhuth, Die Geburt der Tragödie aus dem Krieg. Frankfurter Poetikvorlesungen, Frankfurt/Main 2001, S. 12. — 2 Ebd., S. 49. — 3 Vgl. die Gedichte *Wir zehn kleinen Negerlein*, *Mayas – ewig aussichtslose*, *Wirtschafts-›Ordnung‹* und *Arbeitslose* in: Rolf Hochhuth, Alle Erzählungen, Gedichte und Romane, mit einem Nachwort von Albert von Schirnding, hg. von Hans Georg Heepe, Reinbek bei Hamburg 2001, S. 1399 f., S. 1403 f., S. 1407 f., S. 1411. — 4 Rolf Hochhuth, Einsprüche. Zur Geschichte, Politik und Literatur, hg. von Gert Ueding, Tübingen 2001, S. 9. — 5 Ebd. — 6 Das dokumentiert eindrucksvoll der von Hochhuths Rowohlt-Lektor Hans Georg Heepe herausgegebene über 1600 Seiten starke Band *Alle Erzählungen, Gedichte und Romane*, a.a.O. — 7 Ebd., S. 193-207. — 8 Rolf Hochhuth/Leopold Ahlsen, Die Berliner Antigone. Erzählung und Fernsehspiel, Paderborn 1980, S. 64. — 9 Rolf Hochhuth, Die Geburt der Tragödie aus dem Krieg. Frankfurter Poetikvorlesungen, a.a.O., S. 57. — 10 Rolf Hochhuth, Burck-

hardt, Bismarck und das ›Recht auf Arbeit‹, in: R. Hochhuth, Zwischen Sylt und Wilhelmstraße, Essays, Gedichte, Reden, Berlin 2001, S. 393. — 11 Ernst Jünger, Der Waldgang, Frankfurt/Main 1951, S. 122. — 12 Rolf Hochhuth, Alle Erzählungen, Gedichte und Romane, a.a.O., S. 1563.

Katz und Krebs

Über Günter Grass

1 Günter Grass, Die Blechtrommel, Darmstadt, Berlin-Spandau, Neuwied 1959, S. 731 f. — 2 Wortlaut der Fernsehsendung *Solo*. — 3 Alle folgenden Zitate aus Marcel Reich-Ranickis Rezension: Auf gut Glück getrommelt, in: Die Zeit, 1.1.1960; auch in: M. Reich-Ranicki, Unser Grass, München 2003, S. 13-18. — 4 Am 22.5.1963 im Westdeutschen Rundfunk in einer Sendereihe *Selbstkritik der Kritiker*; abgedruckt auch in: M. Reich-Ranicki, Unser Grass, a.a.O., S. 19-26. — 5 So Günter Grass in einem Gespräch mit mir für einen Porträt-Film über Grass, den ich 1988 für InterNationes gedreht habe (künftig: ›Film-Porträt‹). — 6 Zitiert aus dem unveröffentlichten Tonbandprotokoll eines Gesprächs, das Heinrich Vormweg am 8. und 9.7.1985 mit Günter Grass in Hamburg geführt hat – die Passage hier zitiert nach: Heinrich Vormweg, Günter Grass, Reinbek bei Hamburg 2002, S. 26. — 7 Günter Grass, Aus dem Bildnerischen ins Wörtliche. Ein Gespräch mit Stephan Lohr, in: TEXT + KRITIK, 1997, Heft 1: Günter Grass, siebte, revidierte Auflage, S. 70. — 8 Ebd., S. 71. — 9 *... aber am meisten liegt mir Lyrik*. Erstes Gespräch mit Günter Grass, in: Schriftsteller im Gespräch mit Heinz Ludwig Arnold, Band I, Zürich 1990, S. 115-157. — 10 Hugo Dittberner, Das Gedicht als Werkstück. Ein Essay zur Lyrik von Günter Grass, in: TEXT + KRITIK, a.a.O., S. 22 f. — 11 Abschrift einer Tonaufnahme aus einem Gespräch über die Gruppe 47 im Jahre 1997 im Literarischen Colloquium Berlin. Bei mir zitiert in: Die Gruppe 47. Zwei Jahrzehnte deutsche Literatur, München (der hörverlag) 2002, 2 CDs. — 12 Günter Grass, Die Blechtrommel, a.a.O., S. 12 f. — 13 Film-Porträt. — 14 Hans Werner Richter, Simon Dach als Geburtstagsgeschenk, in: H. W. Richter: Im Etablissement der Schmetterlinge. Einundzwanzig Portraits aus der Gruppe 47, München 1986, S. 125. — 15 Zitiert in Heinz Ludwig Arnold, Grass-Kritiker,

in: TEXT + KRITIK, 1963, Heft 1, S. 17. — 16 Ebd. — 17 Ebd., S. 19. — 18 Ebd., S. 18. — 19 Hans Magnus Enzensberger, Wilhelm Meister, auf Blech getrommelt, Süddeutscher Rundfunk, 18.11.1959, gedruckt in: H.M. Enzensberger, Einzelheiten, Frankfurt/Main 1962, S. 221 ff. — 20 Zitiert in: Heinz Ludwig Arnold, Grass-Kritiker, a.a.O., S. 20 f. — 21 Heinz Ludwig Arnold/Franz Josef Görtz (Hg.), Günter Grass – Dokumente zur politischen Wirkung, München 1971, S. 265-281, Zitat S. 266. — 22 Film-Porträt. — 23 Günter Grass, Hundejahre, Neuwied, Berlin 1963, S. 469. — 24 Filmaufnahme aus dem Jahre 1965, zitiert in: Film-Porträt. — 25 Mathias Mertens, Figurationen von Autorschaft in Öffentlichkeit und Werk von Günter Grass. Dissertation von 2003, VDG Weimar 2005. — 26 Günter Grass, Ausgefragt. Gedichte und Zeichnungen, Neuwied, Berlin 1967, S. 58 – dort die bearbeitete Fassung; hier steht eine frühere Fassung, die Grass in einer öffentlichen Lesung aus dem Manuskript vorgetragen hat – zitiert nach einer Filmaufnahme in: Film-Porträt. — 27 Film-Porträt. — 28 Günter Grass, Aus dem Tagebuch einer Schnecke, Neuwied, Darmstadt 1972, S. 9. — 29 Günter Grass, Der Butt, Darmstadt, Neuwied 1977, S. 14 f. — 30 Film-Porträt. — 31 Günter Grass, Die Rättin, Darmstadt, Neuwied 1986, S. 115 f. — 32 Film-Porträt. — 33 Günter Grass, Novemberland. 13 Sonette, Göttingen 1993, S. 17. — 34 Marcel Reich-Ranicki, Jenseits des Schreckens tanzende Paare, in: Frankfurter Allgemeine Zeitung, 30.8.2003. — 35 Günter Grass, Letzte Tänze, Göttingen 2003, S. 62. — 36 Günter Grass, Ausgefragt, a.a.O., S. 15 f. — 37 Hans Joachim Schädlich, Tallhover, Reinbek bei Hamburg 1986. Dazu ergänzend von Hans Joachim Schädlich, Tallhover – ein weites Feld. Autobiographische Notiz, in: H.J. Schädlich, Zwischen Schauplatz und Elfenbeinturm, Göttingen 2001, S. 25-39.

Umkreisung eines Dividualisten

Über Martin Walser

1 Text Martin Walsers aus meinem Fernsehfilm *Von Wasserburg an* (NDR, 1983) (künftig: ›VWA‹). — 2 Dies und folgende Zitate aus einem Gespräch, das ich 1972 in Nußdorf mit Martin Walser geführt habe. Das mehrere Stunden dauernde Gespräch ist nicht gedruckt veröffentlicht, der NDR hat daraus eine Stunde

gesendet (künftig: ›W 72‹). — 3 W 72. — 4 W 72. — 5 Martin Walser, Aus dem Wortschatz unserer Kämpfe. Prosa Aufsätze Gedichte, Frankfurt/Main 2002, S. 66. — 6 Martin Walser, Heimatlob mit Legende, in: Merian (1/XXXII): Bodensee, o.J., ca. 1980, S. 35 f. — 7 VWA. — 8 W 72. — 9 Gespräch am 26.4.1990 in Nußdorf mit Gerhard Kluge für *Gedanken zur Zeit*, Deutsche Welle. — 10 W 72. — 11 Zitiert in der Klappe von Martin Walser, Halbzeit, Frankfurt/Main 1973, 16. und 17. Tausend. — 12 W 72. — 13 W 72. — 14 W 72, dort auch Walser über Blöcker. — 15 Martin Walser, Halbzeit, a.a.O., S. 128. — 16 W 72. — 17 Martin Walser in der Sendung *Die Verlierer ziehen mich mehr an als die Gewinner*. Martin Walser zum 70. Geburtstag. Interviews, Selbstzeugnisse, Umfragen bei Prominenten, Lesungen. Eine Sendung von Dieter Heß und Peter Laemmle. Bayerischer Rundfunk, 19.3.1997 (künftig: ›MW 70‹). — 18 W 72. — 19 Martin Walser in einem Film, den ich 1985 für Inter Nationes gedreht habe. Gedruckt in: Porträt Martin Walser, Inter Nationes 1986, S. 7 (künftig: ›IN‹). — 20 VWA. — 21 VWA, das war auf dem Internationalen Deutschlehrerkongreß 1974 in Kiel, der Walser als Gastredner geladen hatte. — 22 MW 70. — 23 VWA. — 24 IN, S. 19 f. — 25 Martin Walser, Das Schwanenhaus, Frankfurt/Main 1980, S. 219 f. — 26 IN, S. 21. — 27 Martin Walser in einem Gespräch mit mir, das ich anläßlich eines Filmberichts über seine Auszeichnung mit dem Friedenspreis des Deutschen Buchhandels und über *Ein springender Brunnen* im Mai 1998 in Nußdorf geführt habe. — 28 Ebd. — 29 Martin Walser, Über Deutschland reden. Ein Bericht, in: M. Walser, Ansichten, Einsichten. Aufsätze zur Zeitgeschichte, Frankfurt/Main 1997, S. 898 f. (künftig: ›AE‹). — 30 Martin Walser, Das Fremdwort der Saison (1961), in: AE, S. 28. — 31 Martin Walser, Ein deutsches Mosaik (1963), in: AE, S. 51, S. 72. — 32 AE, S. 190-210. —33 AE, S. 158-172. — 34 Martin Walser, Über den Leser – soviel man in einem Festzelt darüber sagen soll (1977), in: AE, S. 569. — 35 Ebd., S. 571: »Mein deutsches Wort für Utopie ist ›Wunschdenken‹.« — 36 Ebd., S. 569 ff. — 37 In der Frankfurter Rundschau; auch in: AE, S. 617-630. Die beiden zitierten Sätze S. 618 und S. 619. — 38 Martin Walser, Rede zur Eröffnung der Ausstellung mit Zeichnungen von Häftlingen des Konzentrationslagers Auschwitz 1940-1946 (1979), in: AE, S. 631-636, Zitate hier S. 632. — 39 Ebd., S. 635. — 40 Ebd. —

41 Gespräch am 26.4.1990 in Nußdorf mit Gerhard Kluge, vgl. Anm. 9. — 42 Martin Walser, Die Stimmung, das Wissen, die Sprache, in: Martin Walser, Über freie und unfreie Rede. Parerga 16, Eggingen 1995, S. 38 und S. 44 f. — 43 Martin Walser, Erfahrungen beim Verfassen einer Sonntagsrede, in: Martin Walser: Aus dem Wortschatz unserer Kämpfe, a.a.O., S. 303. — 44 Martin Walser, Über freie und unfreie Rede. Parerga 16, a.a.O., S. 12. — 45 MW 70.

Beschreibung eines Beschreibers
Über Uwe Johnson

1 Günter Kunert, Ein englisches Tagebuch, Berlin, Weimar 1975, S. 37f. — 2 Der Briefwechsel Max Frisch / Uwe Johnson 1964-1983, hg. von Eberhard Fahlke, Frankfurt/Main 1999, S. 87. — 3 Brief an Hannah Arendt, 18.12.1974, zitiert nach *Die Katze Erinnerung*. Uwe Johnson – Eine Chronik in Briefen und Bildern. Zusammengestellt von Eberhard Fahlke, Frankfurt/Main 1994, S. 314/315 (künftig: ›Katze Erinnerung‹). — 4 Katze Erinnerung, S. 259/262. — 5 Uwe Johnson. Befreundungen. Gespräche, Dokumente, Essays, hg. von Roland Berbig, gemeinsam mit Thomas Herold, Gesine Treptow und Thomas Wild, Berlin, Zepernick 2002, S. 516 f. — 6 Uwe Johnson, Begleitumstände. Frankfurter Vorlesungen, Frankfurt/Main 1980, S. 451 ff. (künftig: ›BU‹) — 7 Uwe Johnson – Siegfried Unseld. Der Briefwechsel, hg. von Eberhard Fahlke und Raimund Fellinger, Frankfurt/Main 1999, S. 663 f. — 8 Uwe Johnson, Heute neunzig Jahr, aus dem Nachlaß hg. von Norbert Mecklenburg, Frankfurt/Main 1996. — 9 Uwe Johnson, Mutmassungen über Jakob, Frankfurt/Main 1959, S. 15ff. (künftig: ›Mutmassungen‹). — 10 Kleines Adreßbuch für Jerichow und New York. Ein Register zu Uwe Johnsons Roman *Jahrestage*. Angelegt mit Namen, Orten, Zitaten und Verweisen von Rolf Michaelis, Frankfurt/Main 1983, S. 283. — 11 Uwe Johnson, Jahrestage. Aus dem Leben von Gesine Cresspahl, Frankfurt/Main 1970, S. 30 (künftig: *Jahrestage* und Bandzahl). — 12 BU, S. 299. — 13 Mutmassungen, a.a.O., S. 7. — 14 Horst Bienek, Werkstattgespräch mit Uwe Johnson (am 3.-5.1.1962 in West-Berlin), in: *Ich überlege mir die Geschichte* .... Uwe Johnson im Gespräch, hg. von Eberhard Fahlke, Frankfurt/Main 1988, S. 203 (künftig:

›UJiG‹). — 15 Sendung am 23. Januar 1961 im Westdeutschen Rundfunk. — 16 Uwe Johnson, Ingrid Babendererde. Reifeprüfung 1953. Mit einem Nachwort von Siegfried Unseld, Frankfurt/Main 1985. — 17 BU, S. 73f. — 18 So der Cheflektor des Aufbau Verlags Max Schroeder laut *Katze Erinnerung*, S. 62. — 19 Katze Erinnerung, S. 64 f. — 20 Katze Erinnerung, S. 69. — 21 BU, S. 97 f. — 22 Zu entnehmen einem Brief an seinen Lektor Walter Boehlich vom 28. August 1959, in: Katze Erinnerung, S. 86. — 23 BU, S. 139. Der erste Satz samt dem Zitat aus *Mutmassungen* steht so nicht in BU, sondern wurde von Johnson bei seiner Poetikvorlesung unmittelbar im Zusammenhang, wie hier zitiert, vorgetragen, statt »gegangen«, wie im gedruckten Text, las Johnson »gelaufen«. In BU steht dieser Satz auf S. 133. — 24 Manfred Bierwisch, Erinnerungen Uwe Johnson betreffend, in: Uwe Johnson in der D.D.R. *Wo ich her bin …*, hg. von Roland Berbig und Erdmut Wizisla, Berlin 1993, S. 85. — 25 Ebd. S. 84. — 26 Dazu ausführlich Bernd Neumann, Uwe Johnson, Hamburg 1994, S. 381-386. — 27 Manfred Bierwisch, a.a.O. — 28 BU, S. 151 f. — 29 BU, S. 153. — 30 Hans Werner Richter, Aufforderung zum Tanz. Uwe Johnson, in: H.W. Richter, Im Etablissement der Schmetterlinge. Einundzwanzig Portraits aus der Gruppe 47, München 1986, S. 175. — 31 Vgl. Brief an Siegfried Unseld vom 20.5.1961, in: Uwe Johnson – Siegfried Unseld. Der Briefwechsel, a.a.O., S.132 f. — 32 Uwe Johnson, Das dritte Buch über Achim, Frankfurt/Main 1961, S. 46-48. — 33 Bienek, Werkstattgespräche, a.a.O., S. 199 f. — 34 Vgl. Uwe Johnson – Siegfried Unseld. Der Briefwechsel, a.a.O., S. 134-141. — 35 Günter Blökker, Roman der beiden Deutschland, in: Frankfurter Allgemeine Zeitung, 31.10.1959. — 36 Reinhard Baumgart, Uwe Johnson im Gespräch (am 2.8.1967 in München), in: UJiG, S. 223 f. — 37 BU, S. 217. — 38 Ebd. — 39 Hans Werner Richter, Im Etablissement der Schmetterlinge, a.a.O., S. 176f. — 40 All diese Äußerungen fielen in einem Fernsehgespräch mit Manfred Bierwisch, Rolf Michaelis, Reinhard Baumgart, Sibylle Cramer und Siegfried Unseld, Leitung Wilfried F. Schoeller und Martin Lüdke, am 13.9.1991 im 3. Programm des Hessischen Rundfunks.

Poet auf dem Hochseil

Über Peter Rühmkorf

1 Peter Rühmkorf, Die Jahre die Ihr kennt. Anfälle und Erinnerungen, Werke 2, hg. von Wolfgang Rasch, Reinbek bei Hamburg 1999, S. 7 (künftig: ›Jahre‹ und Seitenzahl). — 2 Peter Rühmkorf, Gedichte, Werke 1, hg. von Bernd Rauschenbach, Reinbek bei Hamburg 2000, S. 287 (künftig: ›Gedichte‹ und Seitenzahl). — 3 Peter Rühmkorf in seiner Poetikvorlesung *Über den Reim* in Göttingen am 20.1.1999. — 4 Peter Rühmkorf in einer Vorlesung vor Schülern des Theodor-Heuss-Gymnasiums Göttingen am 9.6.1999. — 5 Peter Rühmkorf in seiner Poetikvorlesung *Über den Endreim* in Göttingen am 9.6.1999. — 6 In einem unveröffentlichten Gespräch mit mir, Sommer 1999 (künftig: ›Gespräch 1999‹). — 7 Peter Rühmkorf, Die Jahre die Ihr kennt. Anfälle und Erinnerungen, Reinbek bei Hamburg 1972, S. 29. — 8 Jahre, S. 53. — 9 Gespräch 1999. — 10 Peter Rühmkorf, Schachtelhalme. Schriften zur Poetik und Literatur, Werke 3, hg. von Hartmut Steinecke, Reinbek bei Hamburg 2001, S. 7-42 (künftig: ›Schachtelhalme‹ und Seitenzahl). — 11 Gespräch 1999. — 12 Ebd. — 13 Ebd. — 14 Gedichte, S. 240. — 15 Gespräch 1999. — 16 Ebd. — 17 Ebd. — 18 Peter Rühmkorf, Lyrik auf dem Markt, Rede, gehalten im August 1966 auf dem Adolphsplatz in Hamburg, in: Schachtelhalme, S. 277-280, S. 279. — 19 Gespräch 1999. — 20 Rühmkorf in einem Fernsehgespräch mit Paul Kersten, NDR. — 21 Gespräch 1999. — 22 Ebd. — 23 Ebd. — 24 Peter Rühmkorf, TABU I. Tagebücher 1989-1991, Reinbek bei Hamburg 1995, S. 388. — 25 Ebd., S. 462. — 26 Ebd., S. 459. — 27 Ebd., S. 462. — 28 Gespräch 1999. — 29 Ebd.

Der subversive Chronist

Über Hans Joachim Schädlich

1 Hans Joachim Schädlich, Schott, Reinbek bei Hamburg 1992, S. 184 ff. — 2 Hans Joachim Schädlich, Der Roman, in: Rowohlt Literaturmagazin 30: Siegreiche Niederlagen. Scheitern: die Signatur der Moderne, hg. von Martin Lüdke und Delf Schmidt, Reinbek bei Hamburg 1992, S. 147-153, S. 150: »Nun erst war ich als Erzähler wirklich frei, und um mich in der

Selbsterklärung auch noch wortspielerisch zu betätigen, füge ich hinzu: frei von ›history‹ gelangte ich zur Freiheit in der ›story‹. Falls Sie aber lieber mit etwas Mehrdeutigem beschäftigt sein wollen, sage ich vielleicht: frei von Geschichte gelangte ich zur Freiheit in der Geschichte.« — 3 Hans Joachim Schädlich, Schott, a.a.O., S. 292. — 4 Hans Joachim Schädlich, Literatur und Widerstand, in: H.J. Schädlich, Über Dreck, Politik und Literatur, Berlin 1992, S. 66. — 5 Hans Joachim Schädlich, Diese sonderbare Bindung an den *Stall*, aus dem man kommt. Ein Gespräch mit Martin Ahrends vom Februar 1989, in: TEXT + KRITIK, 1995, Heft 125: Hans Joachim Schädlich, S. 9. —6 Hans Joachim Schädlich, Selbstvorstellung, in: Deutsche Akademie für Sprache und Dichtung. Jahrbuch 1992, Darmstadt 1993, S. 151. — 7 Es war immer mit einer latenten Gefahr verbunden, in die Schule zu gehen. Gespräch mit Hans Joachim Schädlich, in: Achim Leschinsky / Gerhard Kluchert, Zwischen zwei Diktaturen. Gespräche über die Schulzeit im Nationalsozialismus und in der SBZ/DDR, Weinheim 1997, S. 91. —8 Hans Joachim Schädlich, Deutsche im deutschen Exil?, in: H.J. Schädlich, Über Dreck, Politik und Literatur, a.a.O., S. 89. — 9 Hans Joachim Schädlich, Papier und Bleistift, in: H.J. Schädlich, Versuchte Nähe. Prosa (künftig: ›VN‹), Reinbek bei Hamburg 1977, S. 183-192, hier: S. 183. — 10 VN, S. 26-43. — 11 Hans Joachim Schädlich, Der andere Blick, in: H.J. Schädlich, Über Dreck, Politik und Literatur, a.a.O., S.106. —12 Ebd., S. 104 f. — 13 VN, S. 71 f. — 14 Hans Joachim Schädlich, Der andere Blick, a.a.O., S. 110 f. — 15 Hans Joachim Schädlich, Jeder ist klug, der eine vorher, der andere nachher, in: H.J. Schädlich (Hg.), Aktenkundig, Berlin 1992, S. 166-172, hier S. 166. — 16 Hans Joachim Schädlich, Die Sache mit B., in: Kursbuch, 1992, Heft 109, S. 81-89, hier S. 88 f. — 17 Hans Joachim Schädlich, Literaturwissenschaft und Staatssicherheitsdienst, in: Die Abwicklung der DDR, hg. von Heinz Ludwig Arnold und Frauke Meyer-Gosau, Göttingen 1992, S. 92-95, hier S. 92. — 18 Ebd., S. 95. — 19 Hans Joachim Schädlich, in: TEXT + KRITIK, a.a.O., S. 12. — 20 Hans Joachim Schädlich, In abgelegener Provinz, in: H.J. Schädlich, Ostwestberlin. Prosa, Reinbek bei Hamburg 1987, S. 7 f. — 21 Hans Joachim Schädlich, Der Sprachabschneider. Mit Zeichnungen von Amelie Glienke, Reinbek bei Hamburg 1980. — 22 Ruth Klüger, Stein des Anstoßes: Die Bücher von Hans Joachim Schädlich. Rede zur

Verleihung des Kleist-Preises 1996, in: Kleistjahrbuch 1997, im Auftrage des Vorstandes der Heinrich-von-Kleist-Gesellschaft hg. von Sabine Doering, Stuttgart, Weimar 1997, S. 6-11. — 23 Hans Joachim Schädlich, Ich bin mit den Un-Mächtigen. Gespräch mit Nicolas Born, in: H.J. Schädlich, Über Dreck, Politik und Literatur, a.a.O., S.121. — 24 Ebd., S. 121 f. — 25 Ebd., S. 124 f. — 26 Hans Joachim Schädlich, Mechanik, Niddatal 1985. — 27 Hans Joachim Schädlich, Tallhover, Reinbek bei Hamburg 1986. — 28 Ebd., S. 280. — 29 Hans Joachim Schädlich, Mechanik, a.a.O., S. 24 f. — 30 Hans Joachim Schädlich, Tallhover, a.a.O., S. 273. — 31 Ebd., S. 271 f. — 32 Hans Joachim Schädlich, Literatur und Widerstand, a.a.O., S. 65 f. — 33 Hans Joachim Schädlich, Schott, a.a.O., S. 192. — 34 Hans Joachim Schädlich, Mal hören, was noch kommt – Jetzt, wo alles zu spät ist. Zwei Erzählungen, Reinbek bei Hamburg 1995, S. 29 f. — 35 Ebd., S. 117. — 36 Hans Joachim Schädlich, Trivialroman, Reinbek bei Hamburg 1998. — 37 Hans Joachim Schädlich, Anders. Roman, Reinbek bei Hamburg 2003. — 38 Primo Levi, Ist das ein Mensch? Die Atempause, München 1988, S. 13. — 39 Hans Joachim Schädlich, Gib ihm Sprache. Leben und Tod des Dichters Äsop, Reinbek bei Hamburg 1999.